SV
international
SCHWEIZER
VERLAGSHAUS

Mit den besten Wünschen
zum Geburtstag.
Wir wünschen viel Freude
beim Lesen.

Die „Waiters"

Frankfurt, 18.11.93

Viel Spaß bei der Lektüre!

&

[illegible]

STEFAN SCHAUB

EWIG FERNES PARADIES

Eine Einführung in klassische Musik

SV international
Schweizer Verlagshaus AG
Zürich

Schutzumschlag: Heinz von Arx, Zürich,
unter Verwendung eines Photos von
Bruno Kirchgraber-Lang, Zürich
Satz: Jung SatzCentrum, Lahnau
Druck und Bindung: Franz Spiegel Buch GmbH, Ulm
Printed in Germany

ISBN 3 7263 6527 3

2 4 6 5 3 1

Gewidmet meinen Seminarteilnehmern,
deren Fragen es waren, die mich zu diesem
Buch angeregt haben.

Inhalt

Vorwort

Die Musik, liebe Leserinnen und Leser, ist eine sinnliche Erfahrung. Nicht nur weil sie uns über die Sinne, in diesem Falle über das Ohr, vermittelt wird. Nein, auch und gerade weil sie sich nicht nur unser Herz erobert, sondern auch unseren Körper. Wenn uns ein Musikstück richtig packt, dann steigt unser Blutdruck, die Atmung wird schneller, der Puls beschleunigt sich, oder aber – wenn's ganz ruhig zugeht – es setzt eine körperliche Umschaltung ein, die sich mit dem Stichwort Entspannung nur halbwegs zutreffend umschreiben läßt.

Manchem ist diese Beschreibung von Musik – »seelische und körperliche Wirkung« – zu nüchtern. Er bevorzugt die Sprache des Dichters, beispielsweise die des romantischen Dichter-Komponisten E. T. A. Hoffmann: »Die Musik schließt dem Menschen ein unbekanntes Reich auf, eine Welt, in der er alle bestimmten Gefühle zurückläßt, um sich einer unaussprechlichen Sehnsucht hinzugeben.« Oder wie es Schopenhauer klangvoll formuliert: »Das unaussprechlich Innige aller Musik, vermöge dessen sie als ein so ganz vertrautes und doch ewig fernes Paradies an uns vorüberzieht, beruht darauf, daß sie alle Regungen unseres innersten Wesens wiedergibt, aber ganz ohne die Wirklichkeit und fern von ihrer Qual.«

Dann gibt es natürlich auch die andere Seite von Musik. Sie ist weit weniger romantisch und spielt sich auf der Ebene des Komponierens ab. Hier bedeutet Musik handwerkliches Können, Ideenreichtum und die Fähigkeit, musikalische Probleme mit musikalischen Mitteln zu lösen.

Eine weitere Seite offenbart sich in einer Tatsache, welche auch die Musikforschung erst in den letzten Jahren ernst genommen hat: daß sich Musik nur verstehen läßt in der Betrachtung ihrer gesellschaftlichen Umgebung, welcher sie entstammt oder in der sie aufgeführt wird. Die ganze Bedeutung des Vorganges, daß ein deutscher Komponist namens Händel in London für die Engländer italienische Oper schreibt, läßt sich nur würdigen, wenn man weiß, daß mit europäischer Musik im 18. Jahrhundert primär die Musikkultur der Höfe gemeint war, wobei das System der italienischen Hofoper absolut dominierte und sich von Neapel bis London, von Wien bis St. Petersburg, von Madrid bis Dresden erstreckte. Wer in dieser Zeit keine Opern schreibt, fällt aus dem Rahmen. Selbst wenn er Bach heißt.

Schließlich gibt es noch die Ebene der Reflexion, des Denkens über Musik. In der Regel wird vollkommen unterschätzt, welchen Stellenwert die Ästhetik in der Musikgeschichte hat. Vielen erscheint sie als eine überflüssige Disziplin, da man angeblich über Geschmack ohnehin nicht sinnvoll streiten könne. Dabei geht völlig unter, welche unheimlichen Rückwirkungen ästhetisches Denken, und sei es noch so spekulativ, auf den Fortgang der Musikgeschichte gehabt hat. Das eben zitierte Wort von der »unaussprechlichen Sehnsucht«, die sich allein in der Musik darstellen lasse, hat das Denken und die Empfindungen ganzer Generationen von Musikliebhabern geprägt.

Eine weitere Möglichkeit, sich der Musik zu nähern, besteht darin, die Biographien der großen Künstler in den Mittelpunkt der Betrachtung zu stellen. Dieser lange Zeit gerade in der populären Musikliteratur bevorzugte Ansatz ist schon deshalb ziemlich gefährlich, weil eine sinnvolle Deutung des Werkes aus dem Lebenshintergrund heraus nur möglich ist, wenn man – auch in psychologischer Hinsicht – genügend über dieses Leben weiß. Wie unsicher dieses Wissen jedoch selbst in solchen Fällen, die wir längst abhaken zu können glaubten, in Wahrheit ist, wollen wir exemplarisch am Falle Mozarts demonstrieren. Auch auf die Gefahr hin, daß mancher Leser von Vorstellungen Abschied nehmen muß, die ihm lieb geworden sind.

Alle diese Ebenen werden somit in diesem Buch zusammenfließen. Mit unterschiedlichen Gewichtungen. In einem Kapitel spielen vielleicht die musiktheoretischen Gesichtspunkte eine größere Rolle, in einem anderen die ästhetischen oder die musikpsychologischen. Es kommt mir dabei nicht auf lexikalische Vollständigkeit an. Wer diese sucht, kann sich anhand der angegebenen weiterführenden Literatur informieren. Was mich bewegt, ist die Absicht, Zusammenhänge aufzuzeigen und Querverbindungen zu ziehen. Daß dies nur möglich ist, wenn man bisweilen seinen eigenen subjektiven Perspektiven freien Raum gewährt, ist selbstverständlich. Insofern gleicht das Buch weniger einer Faktensammlung als einer permanenten Einladung, sich über die Musik Gedanken zu machen. Auch wenn es paradox klingt: Die Freude an klassischer Musik beginnt von dem Punkt an spannend zu werden, an welchem wir uns bewußt werden, was wir über diese Musik eigentlich denken und was die Generationen unserer Vorfahren darüber bereits philosophiert haben. Und gerade den Lesern, die an dieser Stelle vielleicht sagen: »Ich denke gar nichts beim Musikhören, ich will etwas fühlen und genießen«, will ich das Wissen und die Erfahrung vermitteln, daß sich diese beiden Ebenen – nämlich das Denken *und* das Fühlen – in der Musikgeschichte niemals im Wege standen, daß es lediglich wechselnde Gewichtungen gab. Schließlich ist Musik beides: Herzensschrei *und* klingende Architektur.

Appenweier, im Herbst 1987 *Stefan Schaub*

Für diejenigen Leser, welche sich während oder nach der Lektüre dieses Buches mit weiteren Aspekten befassen wollen, seien die folgenden Titel genannt:

Musik-Duden. Bibliographisches Institut, Mannheim.
Herausgegeben von H. H. Eggebrecht (identisch mit Meyers *Kleinem Lexikon der Musik*).
Handliches, wissenschaftlich fundiertes Lexikon.

Arnold Schering: *Tabellen zur Musikgeschichte*. Breitkopf & Härtel, Wiesbaden.
Chronologisch aufgebaute Datensammlung. Jedes Jahr wird aufgeführt, mit stichwortartigen Hinweisen auf Ereignisse innerhalb und außerhalb der Musikgeschichte.

Walter Kolneder: *Geschichte der Musik*. Heinrichshofen's Verlag, Wilhelmshaven.
Eine komprimierte Musikgeschichte auf 90 Seiten. Gut und übersichtlich gegliedert. Besonders geeignet, um sich einen ersten Überblick zu verschaffen oder zum zusammenfassenden Wiederholen bereits gelernter Fakten.

dtv-Atlas zur Musik. 2 Bände.
Auf den ersten Blick durch eine scheinbare Überfülle an Fakten eher erschlagend. Zur Klärung von Detailfragen allerdings äußerst hilfreich, da der Anspruch auf größtmögliche Vollständigkeit besteht. Didaktisch gelungen, da jeweils die linken Seiten für graphische Verdeutlichungen, für Bilder und Notenbeispiele reserviert sind.

Kurt Honolka (Hrsg.): *Knaurs Weltgeschichte der Musik*. Gebunden in einem Band, als Taschenbuch zweibändig.
Eine Musikgeschichte, welche die Vermittlung der Fakten in einen erzählenden Stil einbettet. Gerade als erster Einstieg in die Musikgeschichte sehr empfehlenswert.

Akustische Hilfen sollen die beiden Tonkassetten geben (Musikverlag und Versand Halter, Karlsruhe):
Stefan Schaub: *Vom strengen Satz zur Empfindsamkeit*. Die Stilwende vom

Barock zur Klassik, dargestellt an der Entwicklung der Sonatenform.
Eine ideale Ergänzung zur Lektüre des Kapitels »Der große Umbruch«, da einige der dort angesprochenen Musikbeispiele sich auf dieser Kassette wiederfinden.

Stefan Schaub: *Die Eroica – 1. Satz.* Eine exemplarische Einführung.
Beethovens »Neuer Weg«, von dem er seit 1802 sprach, findet in der »Eroica« seinen klingenden Niederschlag. Eine Kassette für »Aktivhörer« und die, die es werden wollen.

Hermann Grabner: *Allgemeine Musiklehre.* Bärenreiter-Verlag, Kassel.
Für alle, die der »Harmonie« in der Musik etwas ausführlicher auf die Spur kommen wollen. Das Buch enthält in didaktisch gut aufgebauter Form die elementarsten Grundkenntnisse der musikalischen Handwerkslehre.

Kurt Pahlen: *Wunderland Musik.* Schweizer Verlagshaus, Zürich.
Eine »fröhliche Entdeckungsreise« in das weite Land der Musik.

Zur Einführung in Leben und Werk Mozarts empfehlen sich folgende Bücher:

Mozart – Dokumente seines Lebens, hrsg. von Otto Erich Deutsch und Joseph Heinz Eibl, dtv Dokumente, München.

Wolfgang Amadeus Mozart, Chronik eines Lebens, zusammengestellt von Joseph Heinz Eibl, dtv/Bärenreiter, München.

Beide Werke sind reine Dokumentarbände und vermitteln keine interpretatorische Hilfe.

Als Einblicke in das »große Jahrhundert der Musikgeschichte« eignen sich die beiden folgenden Lebensbeschreibungen:

Hector Berlioz: *Memoiren.* Athenäum-Verlag, Königstein.

Martin Gregor-Dellin: *Wagner.* Piper-Verlag, München.

Beide Bücher gehen über die jeweils dargestellte Person weit hinaus und vermitteln ein anschauliches Bild eines Zeitalters, das so ungeheuer kreativ war, im Guten wie im Schlechten, und das uns auch heute in vielen Bereichen noch prägt.

Was heißt aktiv Musik erleben?

Wo auch immer ich mit Leuten zusammenkomme und sie danach frage, in welcher Weise sie sich mit Musik beschäftigen, höre ich meistens die folgenden Arten von Antworten: Die eine ist, daß der oder die Betreffende aufzählt, welches Instrument er oder sie gerade spielt, in welchem Chor er oder sie singt oder daß zu diesen Dingen jetzt, wo man erwachsen ist, leider keine Zeit mehr bleibe. Die zweite stereotype Reaktion ist diese: »Ich spiele *leider* kein Instrument. Ich höre *nur* gerne.«

Die Häufigkeit dieser Antworten und der Gesichtsausdruck derer, die sie geben, signalisiert eines: Das reine Hören ist etwas Zweitrangiges. Die Wörtchen »leider« und »nur« machen dies allzu deutlich.

Eine ganz andere Sache ist, daß es vor guten Aufführungen, nicht nur in Bayreuth oder Salzburg, an der Met oder in Verona, nein, auch in jedem heimischen Sinfoniekonzert fast keine Karten gibt oder daß die Schallplattenindustrie nach einer angeblich totalen Sättigung einen regelrechten Boom durch die neuen Laserplatten registriert. Musikhören hat nach wie vor Konjunktur. Das ist der Kontrast: Massenandrang zu Konzerten, gleichzeitig aber eine abwertende Haltung dem »Nur«-Hören gegenüber. Fragt man aber einmal konkret nach, so löst sich der Widerspruch ein wenig auf. Es scheint so, als ob die Einstufung des »Nur«-Hörens als weniger wertvoll tatsächlich etwas mit den Erfahrungen zu tun hat, die viele Leute in Konzerten und Opernaufführungen immer wieder machen: »Die Musik«, so sagen mir viele Musikfreunde, »rauscht einfach viel zu schnell an einem vorbei. Bis ich einen Eindruck habe, was sich da eigentlich abspielt, ist schon das nächste Stück dran!«

Dies ist die typische Haltung, die ich als »Passivhören« bezeichne: Man hört zwar, registriert allerdings bestimmte Ereignisse erst dann, wenn sie vorbei sind. Der Hörer liegt bildlich gesprochen mit dem Rücken zu den Wellen am Strand und bekommt ab und zu, vielleicht gerade dann, wenn er am wenigsten damit rechnet, eine kühle Dusche ab. Woraufhin er dann sagt: »War die aber kalt!« Der berühmte Bekkenschlag war so gesehen unvorbereitet laut, die ganze Sinfonie arg lang, das Ende dann aber doch etwas zu plötzlich.

»Aktives Hören« bedeutet bewußtes Hinhören mit ungeteilter Aufmerksamkeit. Es bedeutet auch Mitdenken in dem Sinne, daß man alles abruft, was man an Hintergrundinformationen zu einem bestimmten Musikstück parat hat, um es in den Hörvorgang mit einzubringen. Zu diesem Wissen können auch biographische Fakten gehören.

Was heißt aktives Hören und Erleben darüber hinaus? Um hierauf eine Antwort zu geben, will ich den Begriff des Übens heranziehen. Daß ein Sänger oder Instrumentalist üben muß, versteht sich von selbst. Was aber übt ein Aktiv-Hörer? Eben das Hören, das Wahrnehmen, das Erleben, das Verstehen. Aber warum? Hört man nicht so oder so, nimmt man nicht automatisch wahr, erlebt man nicht spontan? Erst beim Verstehen wird es schwierig, so scheint es. Doch nur deshalb, weil wir es uns vorher mit dem Hören so einfach gemacht haben. Wie oft haben wir schon die Eroica gehört? Wann haben wir dabei aber wahrgenommen, daß sie weder mit einer langsamen Einleitung beginnt noch direkt mit dem Hauptthema, was der Erwartung der damaligen Zeit entsprochen hätte, sondern mit zwei martialischen Akkordschlägen, die paradoxerweise eher so klingen, als ob das Stück bereits zu Ende wäre. Wenn wir diese zwei Akkorde nicht mehr hören (und wir merken, hören und hören ist zweierlei), wenn wir sie nicht mehr als etwas Besonderes wahrnehmen, wenn wir ihr Erklingen nicht wie eine Überraschung erleben, dann haben wir einen Bedarf an aktiver Hörarbeit.

Jetzt kommen die Einwände: Aber ich kann doch, wenn ich zu Hause die Regale voller Schallplatten und Tonbänder habe und mir gelegentlich mal ein Stück auflege oder wenn ich jeden vierten Donnerstag ins Konzert gehe, die Ferien ausgenommen, ich kann da doch nicht vorher noch jedesmal ein musikwissenschaftliches Kolleg besuchen! Richtig, das kann man nicht, muß man nicht, ja selbst wenn man es wollte, wer hätte dazu die Zeit?

Wir kennen ja auch niemanden, der Klavier spielen kann und tatsächlich alles spielt, was ihm in die Finger kommt: alle Beethoven-Sonaten, Bachs Wohltemperiertes Klavier, die ganzen Romantiker. Nein, jeder Instrumentalist baut sich ein Repertoire auf. *Sein* Repertoire. Stücke, die er sich ausgewählt hat oder die ihm nahegelegt wurden.

Mit ihnen hat er viele Stunden, Tage und Wochen verbracht: üben, auswendiglernen, im Kreise von Freunden vorspielen und wie das so geht.

Und genau so macht es ein Aktivhörer. Zumindest am Anfang. Er blättert im dicken Buch der Musikgeschichte (oder in seinem Konzert-Abo), findet vielleicht, daß es nicht schlecht wäre, die Eroica mal etwas besser kennenzulernen. Und dann nimmt er sich dieses Werk vor. So, wie andere Klavier üben, wöchentlich so und so viele Stunden, so lange beschäftigt er sich zunächst mit dem ersten Satz: mehrfaches Anhören, allmählich wissen, wo's lang geht, sich wundern, daß der Böhm auf der Platte es viel langsamer macht als der Gielen neulich im Konzert, etwas Biographisches lesen, spätestens hier das Heiligenstädter Testament, aber auch etwas über Beethovens »Neuen Weg« und zum Abschluß noch eine fundierte, aber verständlich verfaßte Analyse. Können Sie sich vorstellen, welchen Puls unser Aktivhörer hat, wenn er diesen Satz im nächsten Konzert erlebt? Wenn er es nicht erwarten kann, bis endlich die berühmten zwei Akkordschläge – ja wie: laut donnernd oder verhalten – zelebriert werden? Und was denkt sich der Dirigent eigentlich dabei?

So wird Musikhören zum Erlebnis: Von der Bühne oder aus dem Lautsprecher kommen nur fünfzig Prozent der Information. Die andere Hälfte kommt aus unserem präparierten Hinterkopf, aus dem Bereich strukturierter Erwartung. Es verhält sich beim Musikhören nicht anders als überall sonst auch: Wo man sich ohnehin schon am besten auskennt, hat man auch den größten Genuß. Wer botanisch gänzlich unbedarft durch eine Frühlingswiese stapft, findet vielleicht die eine oder andere Blume »schön«, kein Vergleich allerdings zu einem, der sich auskennt: Er wundert sich, daß diese Pflanzen zu dieser Jahreszeit überhaupt schon da sind, andere haben wohl von dem langen Frost zuviel abbekommen, die nächsten waren überhaupt noch nie so herrlich anzusehen.

Musikhören als Erlebnis! Ein Erlebnis, das Kopf und Herz und Körper gleichermaßen anspricht. Welche andere Kunstform als die Musik hat eine vergleichbare körperliche Wirksamkeit? Was bringt unsere Füße mehr zum Schwingen, unsere Hände mehr zum Kribbeln, unseren Puls mehr in Schwung als ein grandioses Crescendo in einer Mahler-Sinfonie – oder eine feingliedrig aufgebaute Steigerung in einem Klavierkonzert von Mozart, wenn man es nicht überhört! (Sieht man einmal von der Musik ab, die genau zu diesem Zweck entwickelt wurde: die Tanzmusik.)

Da ist also nichts von »Verkopfung« oder »Intellektualisierung«, wie viele Musikfreunde befürchten, wenn sie etwas von »musikalischer Analyse« hören. Die Analysen sind lediglich Durchgangsstation beim

Aufbau eines »präparierten Hinterkopfes«. Wer frustriert in einem Konzert sitzt, weil er in seiner Lieblingssinfonie das zweite Thema nicht gefunden hat, bestraft sich selbst. Wem allerdings beim Registrieren dieses Themas ein »Aha-Erlebnis« zuteil wird, weiß sich im Kreise der »Kenner und Liebhaber«, wie man in der Mozart-Zeit zu sagen pflegte. Und das ist doch schon ein bißchen etwas, wenn man einmal geglaubt hatte, zu denen zu zählen, die halt »nur« hören.

Wie schreibt man eine »Musikgeschichte«?

Das »klingende Museum«, das Repertoire der (fast) immer gleichen Stücke, die heutzutage in Konzerten gespielt werden, spiegelt nur unzureichend wider, was uns die Musikgeschichte in ihrer ganzen Vielfalt zu bieten hat. Wer entscheidet jedoch darüber, ob ein Werk oder gar alle Werke eines Komponisten der »Geschichte« angehören? Ihr Erfolg oder Mißerfolg bei der Uraufführung? Eine vielleicht auf Zufall beruhende spätere »Wiederentdeckung«? Ein von Verlagen, der Plattenindustrie, von Radio und Fernsehen, also von den Medien inszeniertes Jubiläumsspektakel (»200. Todestag des großen Meisters«)?

In solche Gedankengänge gleitet man unwillkürlich hinein, wenn man beim Durchblättern eines Konzertführers sich auch einmal fragt, warum gerade diese Werke und keine anderen darin abgehandelt werden. Der Nichtfachmann mag sich die Frage stellen, ob es vielleicht gar nicht mehr Kompositionen gibt als die, welche heute immer wieder gespielt werden. Wenn der Vorrat an komponierter Musik aber größer ist als das heute ständig wiederholte Konzertrepertoire, was waren dann die ausschlaggebenden Kriterien für diese Auswahl? Sind die heute nicht gespielten Werke »schlechter« als die anderen und deshalb, gewissermaßen mit gutem Grund, eliminiert? Gibt es in der Ästhetik eine Art von Darwinismus in der Form, daß sich nur das Beste durchsetzt?

Blicken wir in die Musikgeschichte zurück. Das 18. Jahrhundert wird in der neueren Forschung als ein Zeitalter beschrieben, das in allererster Linie durch das System der italienischen Hofoper (der »Opera seria«) geprägt wurde. Dieses System erstreckte sich weit über Italien hinaus bis nach London, Wien, St. Petersburg, Madrid oder Dresden, war also international. Wie viele Werke dieser Gattung »ernste Oper«, die damals im wahrsten Sinne des Wortes »Epoche machte«, sind heute noch im Repertoire? Welcher Musikfreund kennt den Namen des Pietro Metastasio, der als Textdichter jahrzehntelang diese Operntradition mitgestaltet hat, dessen Libretti oft bis zu sechzigmal(!) vertont wurden? Was ist heute von dieser großen Pracht geblieben? Herzlich wenig!

Bei der Musik des 19. Jahrhunderts verhält es sich nicht anders. Die majestätische Würde der Pariser »Grand Opéra« läßt sich heute im Opernbetrieb kaum mehr nachvollziehen, weil so gut wie keines dieser Werke mehr gespielt wird. Dabei haben wir es bei den »Hugenotten« von Meyerbeer, um ein Beispiel zu nennen, mit einer der erfolgreichsten Kompositionen der Musikgeschichte zu tun: Allein in Paris erreichte das Werk bis zur Jahrhundertwende über tausend Aufführungen! Oder wer kennt heute noch den »Faust« oder »Jessonda« des damals »großen« Louis Spohr, der inzwischen zum »Kleinmeister« degradiert wurde. »Das Panorama, als das sich die Musikgeschichte des 19. Jahrhundert präsentiert, wenn man vom Opern-, Konzert- und Schallplattenrepertoire der Gegenwart ausgeht, ist von dem Bild, das sich ein Zeitgenosse in Paris, Wien oder Leipzig um 1830 oder 1870 machen konnte, grundverschieden«, urteilt Carl Dahlhaus [15, S. 3]*.

Überlagert wird das Auf und Ab der ästhetischen Wertschätzung durch die Nachzüglereffekte der Neu- oder Wiederentdeckungen. Wichtigstes Beispiel nach wie vor: Johann Sebastian Bach. Bereits zu Lebzeiten war er ein von der damaligen musikalischen Umwelt abgekapselter Esoteriker, der in zwei Stufen, 1802 durch die Biographie von Forkel, 1829 durch die Wieder-Uraufführung der Matthäus-Passion durch Mendelssohn, in das Bewußtsein der Nachwelt gehoben wurde.

Musikgeschichte ist somit mindestens zweierlei: Einmal ist sie die *Chronologie* der komponierten Werke. Zum anderen aber auch deren *Rezeptionsgeschichte.* Diese geht der Frage nach, in welchem Umfang und vor allem wann ein bestimmtes Stück oder ein Komponist wahrgenommen und geschätzt worden ist. Das eine bedingt dabei das andere. Daß Gustav Mahler einer der bedeutendsten Komponisten sei, war bei dessen Tode im Jahre 1911 noch nicht abzusehen. Erst in den sechziger und siebziger Jahren entstand ein Vakuum, das eine regelrechte Mahler-Renaissance ausgelöst hat.

Eine Musikgeschichtsschreibung, die meint, nur von den »Größten« ausgehen zu brauchen – also eine Heroengeschichte im Stile des 19. Jahrhunderts –, begibt sich aufs Glatteis. Hat man nämlich erst ein-

* Die Angaben in eckigen Klammern beziehen sich auf die Quellennachweise am Schluß des Buches

Kleine Geschichte der Musikgeschichtsschreibung

Nach den ersten neuzeitlichen Versuchen im 17. Jahrhundert, die Musikgeschichte darzustellen, brachte der Geist der Aufklärung im 18. Jahrhundert die Idee einer Universalgeschichte hervor, wie sie beispielsweise von Padre Martini, Charles Burney oder Johann Nikolaus Forkel in Angriff genommen wurde. Ausgangspunkt des Denkens über Musik ist dabei die Auffassung, daß es einen stufenweisen Fortschritt zur Vollkommenheit gibt. Erst im 19. Jahrhundert setzt sich allmählich der Gedanke von der Gleichwertigkeit der einzelnen musikgeschichtlichen Epochen durch. Gleichzeitig kommt es in dieser Zeit zu einem wahren Entdeckerrausch: Die großen Komponisten der Vergangenheit werden erstmals in der Gattung der Monumentalbiographie dargestellt. So etwa der legendäre »Mozart« von Otto Jahn (1856–59), der »Händel« von Friedrich Chrysander (1858–67), der »Beethoven« von Alexander Thayer (1866–1908) oder der »Bach« von Philipp Spitta (1873–80). Den großen Verdiensten dieser Autoren und Wissenschaftler, die genannten Komponisten einem breiteren Publikum verständlich gemacht zu haben, stehen zwei negative Nebenwirkungen gegenüber, die nicht unterschlagen werden dürfen. Die eine liegt in der Auffassung, daß man eine bestimmte Musik dadurch besser versteht, wenn man die Biographie ihres Schöpfers genauer kennt. Musik erscheint dabei als »tönende Biographie«. Wir werden uns in diesem Buch mit dieser These immer wieder auseinandersetzen. Eine zweite Komponente hat sich noch schädlicher ausgewirkt: Die Autoren dieser Generation bemühten sich nicht nur, einen neuen und wissenschaftlichen Zugang zur Musik »ihrer« Komponisten zu gewinnen, sondern auch darum, diese in einen mythologischen Himmel zu heben. Die damit verbundene Stilisierung der Personen schlug manchmal um in schiere Heiligenverehrung unter weitgehender Unterschlagung all der Persönlichkeitsmerkmale, die diesem Mythos nicht dienlich waren. Das Schicksal Mozarts in seinen Biographien soll uns in diesem Buch ein Exempel sein. Das 20. Jahrhundert bringt eine Hinwendung zur Musikgeschichte als Problem-, Stil- oder Gattungsgeschichte; die neuere Forschung bezieht auch Erkenntnisse sonstiger Forschungsgebiete, etwa der Soziologie, Psychologie oder Ethnologie mit ein. Sowohl die zusammenhängende, organische Darstellung einzelner Epochen als auch die Monumentalisierung großer Komponisten gehören inzwischen der Vergangenheit an.

mal erkannt, daß die Bedeutung eines Komponisten nicht nur in seinem tatsächlichen Schaffensvermögen liegt, sondern eben auch in der Einschätzung, die man von außen an ihn heranträgt, dann wird die Frage aktuell, welches denn die Kriterien sind, nach denen solche Einschätzungen erfolgen. Und hier befinden wir uns dann bereits mitten im Gebiet der systematischen Musikwissenschaft mit ihren Disziplinen der Musikpsychologie, Musiksoziologie, Musikästhetik.

Es gehört mit zu den Errungenschaften der neueren Musikforschung, diese verschiedenen Aspekte alle gemeinsam mit im Auge zu behalten. Eine Matthäus-Passion fällt nicht vom Himmel. Es bedarf verschiedener günstiger Umstände, die ein Kunstwerk entstehen lassen. Was Genialität auch immer sein mag, sie kann nicht die Tatsache außer Kraft setzen, daß ein Johann Sebastian Bach ein lebender Mensch war, unter Einflüssen, die ihn geprägt haben oder denen er zu entkommen suchte, und daß es wiederum Menschen waren, die diese Musik hören wollten oder auch nicht. Deren Motive zu verstehen gehört ebenso zu einer soliden Musikforschung wie die Analyse des reinen Notenmaterials.

Große Probleme bereiten auch die Epochengliederungen, die uns teilweise von der Schule her noch vertraut sind.

Der menschliche Geist neigt dazu, unüberschaubare Datenmengen auf einige wenige Kerninformationen zu reduzieren, mit denen sich handlicher umgehen läßt. So schrumpfen in der Statistik beispielsweise Tausende von Einzeldaten zu sogenannten Mittelwerten zusammen. Den Vorteil der leichteren Grobinformation erkauft man sich jedoch mit dem Verlust individueller Einzelinformationen.

Die Geschichtsschreibung bedient sich eines ähnlichen Mittels zur Datenreduktion: Sie gliedert größere zeitliche Abschnitte in sogenannte »Epochen«. Unter einem solchen Epochenbegriff werden ähnliche Stilmittel als Erkennungsmerkmale zusammengefaßt, wobei zwangsläufig der Blick auf das Individuelle sehr leicht verlorengeht. Auch in der Musikwissenschaft war es bis in die jüngste Zeit üblich, mit diesen »Epochen« zu operieren. Der Vorteil der Epochengliederung ist vor allem ein gedächtnispsychologischer. Wer in einem ersten Schritt die Fülle an Namen, Daten und Ereignissen, die er bereits, wenn auch noch unstrukturiert, im Kopfe hat, »in die Reihe« bringen will, mag über eine grobe Zuordnungsmöglichkeit zuerst einmal froh sein. In dem Maße allerdings, wie sich das konkrete Sachwissen im Detail zu strukturieren beginnt, wird man diese Schablonen schnell vergessen können.

Führt man sich die übliche Epochengliederung einmal vor Augen, wird man schnell erkennen, wie problematisch diese ist:

Mittelalter (600–1400)
Renaissance (15./16. Jahrhundert)
Barock (1600–1750)
Klassik (1750–1800)
Romantik (1800–1910)
Neue Musik (1910 bis heute)

Offenkundig vermischen sich in diesen Epochenbezeichnungen verschiedene Kriterien. Die Bezeichnung »Klassik« beispielsweise ist eindeutig wertender Natur. »Klassisch« ist das, was gewissermaßen den »ewigen Werten« standhält. Dementsprechend sind es auch nur drei Komponisten, die aus diesem Zeitraum zwischen 1750 und 1800 für würdig befunden wurden, Klassiker zu sein: Haydn, Mozart und Beethoven. Gelegentlich wird der Name Gluck noch genannt. Doch weder die Frühklassiker wie Johann Stamitz, dem die Musikgeschichte, wie wir sehen werden, so unendlich viel verdankt, noch die damals anerkannten Größen wie Salieri oder Clementi tragen das Prädikat des Klassischen. Sie sind epochenspezifisch gesehen heimatlos. Denn zum Barock gehören sie längst nicht mehr, zur Romantik noch nicht.

Tendiert der Klassikbegriff zur elitären Verkürzung, so neigt der Begriff der Romantik zur Inflation. Läßt man die ungeheuere Zahl von Komponisten des 19. Jahrhunderts an seinem inneren Auge vorbeiziehen, wird schnell klar, daß ein solches Etikett nicht in der Lage ist, eine sinnvolle Einheit zu stiften. Wagners Musik klingt wahrlich anders als die von Verdi. Was bedeutet es also, wenn man sagt, daß beide Komponisten »Romantiker« seien (was bei Verdi nicht einmal stimmen würde)? Abgesehen davon ist dieser Begriff psychologisch überfrachtet durch eine trivialisierte Gefühlsästhetik. Natürlich geht ein Intermezzo von Schumann ans Herz, aber welche Musik geht da nicht hinein, wenn dasselbe nur offen ist? Und die Verwirrung wird perfekt, wenn man weiß, daß die frühen »Romantiker«, wie beispielsweise der Dichter-Komponist E.T.A. Hoffmann, die Musik der später sogenannten »Klassiker«, also Haydn, Mozart und Beethoven, als Inbegriff des Romantischen preisen.

Es wird sich nicht vermeiden lassen, diese offenkundig sehr problematischen Epochenbegriffe auch in diesem Buch immer wieder zu verwenden, denn sie sind einfach auch zu einem Teil der Alltagssprache über Musik geworden. Daß wir die Grenzen dieser Begriffe kennen, erscheint mir deshalb um so wichtiger. An den betreffenden Stellen werden wir daher auf diese Probleme zurückkommen. Glatt heruntergeschriebene »Musikgeschichten«, die meinen, dem Musikliebhaber solche unerfreulichen Hintergrunddiskussionen ersparen zu können, orientieren sich an Ordnungsschablonen, die lediglich einen schönen Schein erwecken. Wesentlich interessanter ist es, meine ich, den Aktenkoffer voller Probleme mit auf den Tisch zu legen und zu öffnen. Nur so wird auch einem Außenstehenden klar, daß Wissenschaft nicht nur darin besteht, Daten und Fakten zu sammeln und zu sortieren, sondern viel eher darin, dafür die richtigen Kategorien zu finden. Die Musikgeschichte wird somit in diesem Buch nicht so sehr unter dem Aspekt zum Zuge kommen, daß dargestellt wird, »was war«, sondern auch und vor allem in Verbindung mit der Frage, wie spätere Generationen über bestimmte musikalische Ereignisse gedacht haben, welche bevorzugt wahrgenommen oder ausgeblendet wurden und welche Gewichtungen diesen Vorgängen beigemessen wurden. Das »Denken über Musik« wird uns als der Gegenstand der Musikgeschichte mehr interessieren als die Aufzählung von Daten und Fakten.

Von der Antike bis zur Renaissance

Musik im Altertum

Wir gehen heute davon aus, daß sich in Mesopotamien die erste musikalische Hochkultur entwickelt hat. Bereits im vierten und dritten Jahrtausend vor Christus finden wir hier Darstellungen und älteste Überreste von Musikinstrumenten, ebenso die ältesten Berichte über die Ausübung von Musik. Überliefert sind Leiern, Harfen, Lauten, Flöten, Doppeloboen und Trompeten, daneben eine große Zahl primitiver Schlaginstrumente: Rasseln, Klapperstäbe, Bronzeglocken, aber auch große Kesselpauken aus Metall. Es wurden auch bereits verschiedene Instrumente zu Orchestern zusammengestellt. Die Bibel schreibt im 3. Buch Daniel über das »Orchester« Nebukadnezars II. Es umfaßte Trompeten, Hörner, Pfeifen, Doppeloboen und Leiern. Streichinstrumente waren dem ganzen Altertum fremd. Bilder zeigen (Berufs-)Musiker bei Kultfeiern, beim Tanz und bei Wettkämpfen. Man kann davon ausgehen, daß die Musik des Altertums, sofern wir von ihr wissen, hauptsächlich eine Musik der gehobenen Schichten war. Über eine breitere Volksmusik gibt es fast keine Zeugnisse. In erster Linie war die Musik Teil des Kultes, sie war noch nicht ästhetischer Selbstzweck. Man kann davon ausgehen, daß bei Hochzeiten oder bei der Weinlese Lieder gesungen wurden und daß die Hirten ihre Flöten spielten, doch das sind alles nur Vermutungen. Eine Vorstellung davon, wie diese Musik geklungen haben mag, haben wir nur vage. Das Tonsystem war fünfstufig (pentatonisch) ohne Halbtöne. Es hatte also die Grundstruktur, wie sie in fast allen außereuropäischen Musikkulturen anzutreffen ist. Die Tatsache, daß sich in Europa ein Tonsystem mit sieben Tönen herausgebildet hat, ist eine Ausnahmeerscheinung!

Kithara-Spieler. Die ursprünglich sieben-, später zwölfsaitige Kithara stellt eine Weiterentwicklung der viersaitigen Phorminx dar. Sie wird an einem Schulterband getragen, die rechte Hand zupft oder spielt mit dem Plektron, die linke Hand dämpft die Saiten. Die Zahl der Saiten steht in direkter Beziehung zur Entwicklung des europäischen Tonsystems.

Die Grundlagen unseres modernen Tonsystems entstehen in Griechenland

Diese typisch europäische Erscheinungsform von Musik erkennen wir in ersten Ansätzen, wenn wir uns den Griechen zuwenden. Hier finden wir die Wiege unseres heutigen abendländischen Tonsystems, die ersten Ausprägungen einer mathematischen Musiktheorie sowie die Auffassung, daß Musik in der Lage sei, den menschlichen Charakter positiv oder negativ zu beeinflussen.

Zu den ältesten griechischen Instrumenten zählen aus der Homer-Zeit (ca. 8. Jhdt. v. Ch.) der Aulos (die Doppeloboe, die allerdings bereits einige Jahrhunderte vorher entstanden war) und die Phorminx, eine Art Leier mit vier oder sieben Saiten, die in erster Linie als Begleitinstrument für den Sologesang eingesetzt wurde.

Über die Entwicklung von Musikinstrumenten hinaus lag der Beitrag der Griechen zur Entstehung der abendländischen Musik vor allem in einer veränderten Auffassung über die Funktion von Musik. Neben die traditionellen Aufgaben, religiöse Zeremonien, repräsentative Festlichkeiten, ja auch medizinische Rituale zu umrahmen, tritt jetzt ein ethisch-pädagogischer Aspekt: Musik sollte den Charakter prägen, wobei den verschiedenen Tonarten unterschiedliche Wirkungen zugesprochen wurden. In gewisser Weise handelt es sich dabei um eine extrem ausgeprägte Vorform der Auffassung, die sich auch heute noch in vielen Musikbüchern findet: Dur-Tonarten machen fröhlich, Stücke in Moll dagegen traurig.

In Platons »Staat« finden wir dazu den berühmten Dialog zwischen Glaukon und Sokrates:

Sokrates: »Wir sagten: Gedichte klagenden und traurigen Inhalts hätten wir nicht nötig?«

Glaukon: »Nein.«

»In welchen Tonarten stehen denn nun die klagenden Melodien?«

»In der mixolydischen und ähnlichen.«

»Sie sind also auszuschließen. Für Frauen sogar, die tüchtig sein sollen, sind sie ungeeignet; erst recht also für Männer.«

»Jawohl.«

»Welche Tonarten sind weichlich und eignen sich zu Trinkliedern?«

»Die ionische und die lydische. Man heißt sie die schlaffen.«

»Haben sie für die Kriegsmänner irgendeinen Wert, Freund?«

»Nein, keinen«, entgegnete er. »So bleiben anscheinend nur die dorische und die phrygische übrig.«

»Ich kenne die Tonarten nicht. Laß die Tonart übrig, die dem Ton und der Ausdrucksweise des tapferen Mannes entspricht, wenn dieser im Kriege ist oder sonst Gewalt braucht. (...) Und eine zweite Tonart laß übrig, die ihn im Frieden zeigt, willig und milde, wie er überredet und wie er bittet. (...) Auch umgekehrt, wie er einer Bitte Gehör gibt, wie er Lehren und Reden beherzigt, folgsam, nicht hochfahrend ist, sondern stets besonnen und bemessen, zufrieden mit dem, was kommt. Diese beiden Tonarten laß übrig.« (...)

»Auf die Melodien folgen die Rhythmen. Auch hier dürfen wir nicht nach Mannigfaltigkeit und nach Taktwechsel streben. Wir müssen uns an die Rhythmen halten, in denen ein geordnetes und mannhaftes Leben dahinfließt.«

Schließlich müssen wir untersuchen, »welche Taktarten zu knechtischem Wesen, welche zu Hochmut, zu Tollheit und zu anderen verwerflichen Eigenschaften passen und welche zu den umgekehrten, welche also erhalten werden sollen.«

Und zusammenfassend sagt dann Sokrates: »Nun, so ist gute Dichtung, gute Melodie, gutes Betragen, guter Rhythmus eine Folge der gutartigen Seelenverfassung.« [73, S. 88f.]

In der griechischen Ethos-Lehre mischt sich somit das ästhetische

Urteil mit dem moralischen. Musik ist nicht mehr nur reiner Stimmungshintergrund bei Kultveranstaltungen, aber auch noch nicht ästhetischer Selbstzweck. Sie ist vielmehr ein Mittel der Pädagogik und damit auch der Staatsführung. Denn in diesem Dialog spiegelt sich deutlich die Auffassung wider, daß die Musik sich ihre Ziele nicht selber setzt, sondern diese, wenn es sein muß, mit Gewalt, vom Standpunkt eines funktionierenden Staatsgefüges von außen aufgedrängt bekommt. Jahrhunderte sollte es dauern, bis sich die Musik von der Vorherrschaft der Moralphilosophie und klerikaler oder staatlicher Bevormundung lösen konnte und zu einer absoluten und autonomen Kunst wurde, ja, es sollte ein Merkmal totalitärer Systeme bis in unser Jahrhundert hinein bleiben, der Musik von oben herab ihre Ziele vorzuschreiben, sei es in eine »arische« Richtung oder im Sinne eines »sozialistischen Realismus« oder wie auch immer.

Worin liegt nun aber die gewaltige Ausstrahlung der griechischen Musik auf die abendländische Entwicklung begründet? Die Tonsysteme der alten Musikkulturen innerhalb wie außerhalb Europas, die sich ihre Eigenständigkeit bewahren konnten (z. B. auf dem Balkan, in Schottland, in der Bretagne usw.), beruhten auf einer halbtonlosen Fünftonleiter (»Pentatonik« von griechisch pente = fünf). Das Fehlen eines Halbtons in einer solchen Leiter gibt ihr einen schwebenden, statischen Charakter von gleichmäßiger Ruhe und Ausgeglichenheit. Der entscheidende Halbtonschritt (in der C-dur-Tonleiter: h–c)*, welcher dem melodischen Fließen eine Sogwirkung verleiht (das h in C-dur wird deshalb auch »Leitton« genannt) bleibt in der Pentatonik noch ausgespart.

Der für unsere abendländische musikgeschichtliche Entwicklung so entscheidende Schritt war der von der Pentatonik zur siebenstufigen Skala. Wie ging dieser Schritt vor sich? Die frühe Phorminx, von der eben bereits die Rede war, war »tetra-chordos«, also viersaitig. Dabei wurde auf jeder Saite ein Ton gespielt. Der Umfang von der tiefsten zur höchsten Saite betrug eine Quart (z. B. c→f). Eine »Packung« von vier Tönen innerhalb einer Quart nennen wir deshalb *Tetrachord.* Wichtig ist nun, daß in diesen Tetrachord ein Halbtonschritt eingebaut war. In der lydischen Tonart folgte dieser Halbtonschritt auf zwei Ganztonschritte (die untere Hälfte unseres heutigen Dur-Geschlechts): c = d = e – f. In der phrygischen Tonart stand er in der Mitte: d = e – f = g, in der äolischen ganz unten: e – f = g = a. Der Ort des Halbtonschrittes innerhalb des Tetrachordes definiert das Tongeschlecht. (Für jemanden, der sich nicht sehr speziell damit beschäftigen

* Halbtonschritte werden mit –, Ganztonschritte mit = dargestellt.

will, lohnt es nicht, sich noch differenzierter darum zu kümmern, was bei den Griechen »phrygische« oder »äolische« Tonarten waren, zumal die Bezeichnungen bei den mittelalterlichen Kirchentonarten wieder auftauchen, dort aber eine andere Bedeutung haben, was nur Verwechslungen provoziert!)*

Die griechischen »Tonarten« sind in Wirklichkeit »Tongeschlechter«, wie auch die späteren »Kirchentonarten«, aus denen unser Dur und Moll entstand. Die Tonart F-dur zum Beispiel ist die Anwendung des Tongeschlechts Dur über dem Ton f. Das Tongeschlecht garantiert die innere Struktur einer Tonleiter, wobei der Startton die Tonart definiert. Alle Dur-Tonarten haben dieselbe Reihenfolge der Halbton- bzw. Ganztonschritte, egal ob C-dur, H-dur, oder Fis-dur.

Der nächste Schritt auf dem Weg zur »modernen« Tonleiter lag darin, daß nun zwei Tetrachorde miteinander verbunden wurden. Zwischen dem letzten Ton des ersten und dem ersten Ton des zweiten wurde eine »Lücke« freigelassen, die von einem Ganztonschritt (⟨=⟩) ausgefüllt wurde:

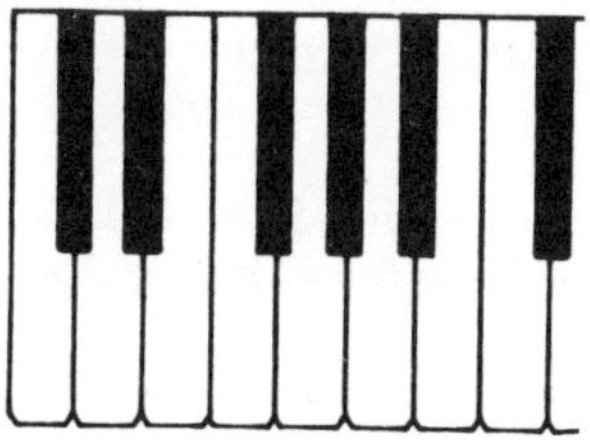

c = d = e – f ⟨=⟩ g = a = h – c
1 2 2 4 5 6 7 (8).

1. Tetrachord 2. Tetrachord

Zieht man in Betracht, daß der letzte Ton (c) dem ersten entspricht (lediglich um eine Oktave nach oben versetzt), so haben wir ein Tonsystem von 7 Tönen vor uns. Das ist die Geburtsstätte unseres abendländischen Musiksystems, das sich in dieser Form von allen außereuropäischen Tonsystemen, die überwiegend pentatonisch strukturiert sind, unterscheidet. Mit diesem Hinweis erhalten auch die vielen Musikfreunde eine Antwort auf ihre häufig wiederkehrende Frage, warum beispielsweise das Klavier »weiße« und »schwarze« Tasten hat und

* Eine ausführliche Darstellung, die hier nicht unser Ziel sein konnte, findet sich in der »Musikgeschichte im Überblick« von S. Handschin, S. 62 ff.

Das europäische Tonsystem entsteht bei den Griechen

Wie weit das Fundament des griechischen Tetrachord-Systems zum Ausbau des Dur-Moll-Systems reicht, mag der experimentierfreudige Leser an folgendem Beispiel (am besten mit Hilfe eines Klaviers) nachvollziehen. Ausgangspunkt sei das Tongeschlecht Dur und der Startton c. (Ich lasse die Striche (z. B. c″) zur exakten Tonhöhenangabe im folgenden weg, da es uns nur um die Logik des Verfahrens geht.)

Der Tetrachord für das Tongeschlecht Dur ist immer mit den Intervallen »Ganztonschritt, Ganztonschritt, Halbtonschritt« aufgebaut. Bei c beginnend ergibt sich: c = d = e – f.

Fügt man diesem Tetrachord einen zweiten hinzu, verbunden mit dem üblichen Ganztonschritt, erhält man die C-dur-Tonleiter: c = d = e – f ⟨=⟩ g = a = h – c.

Nimmt man nun den zweiten Tetrachord als den neuen Ausgangspunkt, an welchen ein weiterer Tetrachord systemgerecht angehängt wird, erhalten wir die G-dur-Tonleiter (systemgerecht heißt hier, daß das f zu fis erhöht werden muß, da auf das e ein Ganzton folgt): g = a = h – c ⟨=⟩ d = e = fis – g.

Nehmen wir davon wieder den oberen Tetrachord und fügen daran einen zweiten an, ergibt sich D-dur (hier wird statt c das cis notwendig): d = e = fis – g ⟨=⟩ a = h = cis – d.

Wenn wir so weiterfahren, stoßen wir nach G-dur und D-dur auf A-dur, E-dur, H-dur, Fis-dur. Außerdem bemerken wir, daß jeder neu angehängte und konsequent aufgebaute Tetrachord ein Vorzeichen mehr (hier je ein Kreuz) erzwingt.

Bauen wir nun nach dem gleichen Schema die Kette der Tetrachorde nach unten weiter. Startpunkt sei wieder der Definitions-Tetrachord des Dur-Geschlechts: c = d = e – f. Mit einem zweiten Tetrachord, der in folgender Weise angebaut wird, ergibt sich: f = g = a – b ⟨=⟩ c = d = e – f, also die F-dur-Tonleiter. Hier mußte das h zu b erniedrigt werden.

Entsprechend ergibt sich als logische Fortsetzung: b = c = d – es ⟨=⟩ f = g = a – b, also die B-dur-Tonleiter.

warum diese gerade so und nicht anders angeordnet sind. Die weißen Tasten geben genau den Tonvorrat wieder, wie ihn die alten Griechen entwickelt haben. Durch Oktavversetzungen wurde das System dann lediglich vermehrfacht. Den Griechen verdankt die europäische Musik somit die wesentlichen Merkmale ihrer inneren Grammatik.

Führte die viersaitige Leier zur »Erfindung« des Tetrachords, so war es ein anderes Instrument, das einen zweiten wichtigen Aspekt der griechischen Musikkultur hervorgebracht hat: das Monochord. Es besteht aus einem Resonanzkasten, über den eine an beiden Enden befestigte Saite gespannt wird. Unter dieser Saite befindet sich ein Steg, der sich

Wenn wir in diese Richtung weiterfahren, erhalten wir nach F-dur und B-dur noch Es-dur, As-dur, Des-dur und schließlich Ges-dur. (Hier hat der jeweils neue Tetrachord ein zusätzliches b als Vorzeichen erzwungen!)

Mit ges haben wir allerdings den gleichen Ton erreicht wie im ersten Kreislauf: ges gleich fis. Da die Starttöne der jeweils neuen Tonart immer eine Quint auseinanderliegen, spricht man auch vom Quintenzirkel. (Für das Tongeschlecht Moll ergibt sich der Quintenzirkel analog.)

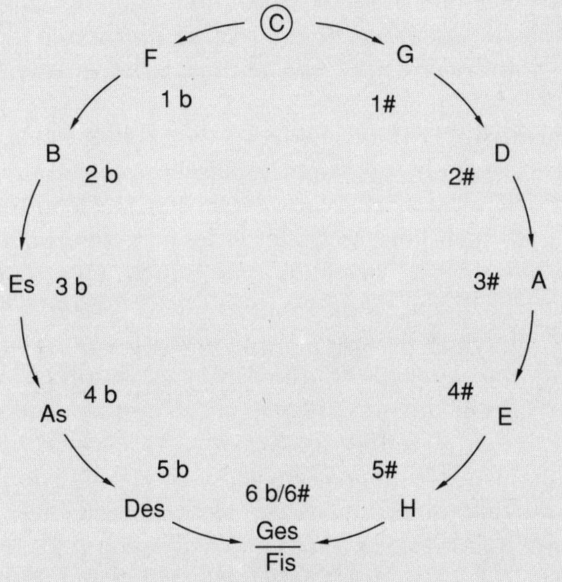

Quintenzirkel

verschieben läßt. Je nach seiner Position teilt der Steg die Saite in entsprechende Teile, so daß beim Zupfen verschiedene Tonhöhen entstehen. Diese können nun genauen mathematischen Teilungsverhältnissen zugeordnet werden: Die ganze Saite mit dem Steg halbiert ergibt die nächsthöhere Oktave im Zahlenverhältnis 1:2. Bei einer 2:3-Teilung entsteht die Quint, bei 3:4 die Quart und so weiter.

Pythagoras soll dieses Instrument gespielt, wenn nicht sogar erfunden haben. Jedenfalls bringt die abendländische Musikkultur die Teilungsverhältnisse der Intervalle, also der Abstände zwischen den einzelnen Tönen mit seinem Namen in Verbindung. Außerdem haben Pythagoras und seine Schüler bereits das Problem der Stimmung erkannt, wenn auch dessen Lösung, die »pythagoreische Stimmung«, als die Aneinanderreihung reiner Quinten noch nicht befriedigend war. Worum geht es?

Wie wir eben gesehen haben, führt die Aneinanderreihung der Tetrachorde, sowohl in die eine wie in die andere Richtung vorgenommen, schließlich auf dem Klavier zur selben schwarzen Taste: dem fis bzw. dem ges. Würde man diesen Durchmarsch durch den Quintenzirkel auf einem Streichinstrument vornehmen und die Quinten sauber im Verhältnis 2:3 stimmen, würden wir rasch merken, daß sich fis nicht exakt gleich anhört wie ges! Die Differenz ist das »pythagoreische Komma«.

Für die musikalische Praxis bedeutet dies, daß bei einer reinen Stimmung, die von c ausgeht, die Tonarten immer »unsauberer« werden, je mehr sie sich im Quintenzirkel von c entfernen. Die Komponisten haben sich insofern danach gerichtet, als sie keine größeren Wanderungen durch den Quintenzirkel vorgenommen haben. Oder aber die Instrumente mußten zunächst umgestimmt werden. Erst um das Jahr 1700 wurden verschiedene Lösungssysteme vorgeschlagen. Die uns geläufige »gleichmäßig temperierte Stimmung« von Andreas Werckmeister (1645–1706) verteilt das »Pythagoreische Komma« auf alle Quinten, indem diese um ein Zwölftel des Kommas verkleinert werden. Durch diese Prozedur ist der Fehler pro einzelnes Intervall so minimiert, daß er kaum mehr auffällt, andererseits gibt es aber auch keine wirklich »reinen« Intervalle mehr. Töne wie *dis* und *es,* die nach der reinen Stimmung verschieden wären, werden in der temperierten Stimmung gleich (Fachbegriff: enharmonische Verwechslung).

Der erste überragende künstlerische Niederschlag der Lösung des Stimmungsproblems waren die beiden Bände des »Wohltemperierten Klaviers« von Johann Sebastian Bach: zwei Zyklen von Präludien und Fugen durch alle Tonarten in Dur und Moll. Alle Tonarten des Quintenzirkels, also auch die entfernteren, waren nun ohne weitere Einschränkungen auf *einem* Instrument erreichbar!

Bis in die Neuzeit hinein blieb Pythagoras der Vordenker all derer, welche Musiktheorie als mathematische Wissenschaft verstanden wissen wollten und die Zahl als Maß aller Dinge betrachteten. Sie gingen dabei so weit, in der Musik nichts weiter zu sehen als eine beispielhafte Verdeutlichung einer mathematischen Struktur, so, wie die »Sphärenharmonie«, also das System der Abstände zwischen den Sphären, den Scheiben, auf denen man sich irrtümlich die Planeten befestigt dachte, die in mathematisch festgelegten Abständen um die Erde kreisen und dabei »tönen«. Bereits Aristoteles hatte diese zahlenmystische Auffassung bezweifelt. Verschwunden ist sie allerdings erst in den letzten zweihundert Jahren.

Die Griechen hatten zwar ein Notationssystem für die Musik entwikkelt, doch hielten sie dieses lediglich für eine Gedächtnishilfe. Den ersten Eindruck von einem Musikstück erhält man nicht, indem man es aus einer Notenschrift abliest, sondern wenn man es von einem, der es bereits beherrscht, vorgeführt bekommt. Tradition und praktische Vermittlung galten somit mehr als das Geschriebene. Damit hängt eng die Auffassung zusammen, was eine »Komposition« überhaupt sein soll. Mit dem erst viel später entstandenen Werkbegriff, der Auffassung also, daß die Musik in der Lage ist, sowohl ihren Urheber als auch ihren Interpreten (was damals weitgehend identisch war) zu überdauern, hat sie jedenfalls noch nichts zu tun. Das »Musikmachen« in der konkreten Situation war das Entscheidende, was die griechische Musikauffassung, die sich durch die Entwicklung des Siebentonsystems von den übrigen Musikkulturen abgehoben hatte, mit diesen dann doch wieder einte. Es wird eine Errungenschaft der Kultur des Mittelalters sein, dem dann neu eingeführten Notationssystem das Zutrauen entgegenzubringen, daß in ihm das Wesen der Musik im Prinzip vollständig zum Ausdruck gebracht werden kann.

Gregorianische Musik

Das Erbe der griechischen Musik ging sowohl auf den byzantinischen Kult als auch auf die frühchristliche Kirche im Westen über. Ab der zweiten Hälfte des 7. Jahrhunderts stoßen wir hier auf die einstimmige geistliche Musik, den »Gregorianischen Choral«. Er ist »die erste große musikalisch-künstlerische Leistung des Christentums und die älteste, bis heute lebendig gebliebene musikalische Kunstform des Abendlandes« (Wörner).

Der Gregorianische Choral war neben der lateinischen Sprache und dem Ritus eines der »Markenzeichen« der christlichen Kirche. Mit Papst Gregor dem Großen, der im Jahre 604 starb, bringt man immer wieder die Zentralisierungstendenz in Verbindung, die seit dieser Zeit in Gang gekommen war. Sie sollte zu einer Vereinheitlichung der Liturgie unter der Vorherrschaft Roms führen. Inwieweit Gregor einen persönlichen Anteil an dieser Bewegung hatte, ist letztlich nicht geklärt. Neben religiösen Aspekten spielten auch politische eine große Rolle. So ging es beispielsweise den karolingischen Kaisern Pippin und Karl dem Großen vor allem darum, die Einheit von Glaube und Ritual durch die »römische« Musik zu demonstrieren, und Karl wurde dann ja auch von Papst Leo III. zum »römischen Kaiser« gekrönt. Die Auffassung der Griechen, daß in der konkreten Aufführung der einzige Sinn von Musik liege und die Notation lediglich eine Krücke sei, hat sich jetzt radikal verändert. Für die Völker Italiens, Frankreichs, die germanischen Stämme und die Slaven gab es keine gemeinsame musikalische Tradition, auf die man bei der Einführung einer liturgischen Musik hätte zurückgreifen können. Deshalb mußte ein Notationssystem entwickelt werden, welches alle Informationen enthalten sollte, die man braucht, um die Musik in gleicher Weise zum Erklingen zu bringen, sei es auf Sizilien oder in Irland. Es war also zunächst ein politischer Wille, der die Grundlage dafür bildete, daß sich in Europa ein differenziertes Notationssystem herausgebildet hatte, ohne welches der Schritt in die Mehrstimmigkeit nicht denkbar gewesen wäre. Doch gehen wir der Reihe nach vor.

Bei der Gregorianischen Musik handelt es sich um einstimmige, gesungene Kirchenmusik. (Die Orgel dringt erst im 10. Jahrhundert in die abendländische Musik ein.) Der Tonvorrat wurde aus den untenstehenden Tonarten, die später »Kirchentonarten« (»Modi«) genannt wurden, geschöpft. Im wesentlichen handelt es sich bei den Kirchentonarten um eine Übernahme des griechischen Tonsystems. Durch ein Mißverständnis verschoben sich allerdings die Bezeichnungen: Was bei den Griechen phrygisch war, ist jetzt dorisch usw. Dies braucht uns allerdings nicht zu verwirren, da wir mit den alten griechischen Bezeichnungen allenfalls aus historischem Interesse in Berührung kommen.

Das folgende Schema gibt einen Überblick über die Kirchentonarten (die in Klammern gesetzten Tonarten ionisch und äolisch wurden erst ab dem 15. Jahrhundert verwendet):

(ionisch	c = d = e – f = g = a = h – c	das spätere Dur)
dorisch	d = e – f = g = a = h – c = d	
phrygisch	e – f = g = a = h – c = d = e	
lydisch	f = g = a = h – c = d = e – f	
mixolydisch	g = a = h – c = d = e – f = g	
(äolisch	a = h – c = d = e – f = g = a	das spätere Moll)

Neumenschrift aus einem Antiphonar. Neumen, also Striche und Häkchen, welche noch nicht die Tonhöhe, aber bereits die Richtung der Tonveränderung angeben, ermöglichten eine frühe Form der musikalischen Notation. Das Bild zeigt Neumen aus dem Antiphonar der Kathedrale von León, um 1000.

Auf dem Weg zur mehrstimmigen Kunstmusik waren eine ganze Reihe von Leistungen zu erbringen, ohne die ein musikalischer Fortschritt nicht möglich geworden wäre. Dazu gehört vor allem die bereits angesprochene Lösung des Notationsproblems. Überliefert wurde die Musik der Gregorianik lange Zeit nur mündlich. Seit dem 9. Jahrhundert gibt es Aufzeichnungen durch *Neumen* (neuma = Wink). Gebräuchlich waren ca. 30 Zeichen (Striche, Punkte, Häkchen); diese gaben allerdings nur die Richtung an, nicht jedoch die exakte Tonhöhe. Sie waren in erster Linie Gedächtnishilfe.

Die aufkommende Mehrstimmigkeit – die sicher folgenreichste Leistung abendländischer Musik nach der Etablierung des Sieben-Ton-Systems bei den Griechen – verlangte jetzt nach einer eindeutigen Tonhöhenfixierung. In dem Traktat »De harmonica institutione« beschreibt der Mönch Hucbald um 900 zum ersten Male und unmißverständlich die neue Mehrstimmigkeit und schlägt gleichzeitig auch ein neues Notationssystem mit sechs Linien vor, das sich jedoch als nicht brauchbar erwies. Der entscheidende Satz zur Beschreibung der Mehrstimmigkeit hieß: »Consonantia... ist eine ordnungsgemäße und harmonische Verbindung von zwei Tönen, die sich nur dann ergibt, wenn zwei verschiedene Töne zur gleichen Zeit in einer Modulatio zusammentreffen, wenn z. B. eine Männer- und eine Knabenstimme gleichzeitig singen.« [2, Bd. 1, S. 51]

Bedenken wir, daß es weder im Altertum noch bei den Griechen, aber auch in keiner anderen Musikkultur der Welt eine systematische Entwicklung zur Mehrstimmigkeit gegeben hat, dann wird uns das Gewicht der Formulierung von der »ordnungsgemäßen und harmonischen Verbindung von zwei Tönen« erst so richtig bewußt!

Um das Jahr 1000 kommt es dann zur Einführung von ein- bis dreifarbigen Linien. Die Festlegung der roten Linie als F durch Voranstellung dieses Buchstabens hat in Form unseres Baßschlüssels bis heute überlebt.

Guido von Arezzo († 1050) ordnet die Linien in Terzabständen an (von Linie zu Linie drei Töne) und führt weitere Schlüsselbuchstaben ein.

In der stark gregorianisch beeinflußten weltlichen Musik herrschte noch lange die Einstimmigkeit vor: Die Troubadours (z. B. Wilhelm von Aquitanien), die Trouvers (Richard Löwenherz), der deutsche Minnesang (Walther von der Vogelweide [† 1230], Wolfram von Eschenbach, Oswald von Wolkenstein), sie alle gaben die prägenden Beispiele von Liebeslyrik, Tanz- und Heldenliedern und politischer Satire. Sie sind der Spiegel einer ritterlichen Blütezeit.

Entscheidend ist jetzt aber der neue Weg in die Mehrstimmigkeit. In einer Vorstufe wurde zwar mehrstimmig gesungen, doch verliefen die Stimmen dabei parallel. Erst mit der Zeit macht sich eine Stimme von den übrigen selbständig. Die Art und Weise, wie dies geschieht, regelt der »Kontrapunkt«: Punctus contra punctum (= Note gegen Note) heißt das neue Prinzip.

Die Anfänge und ersten Höhepunkte dieser Bewegung gehen von Frankreich aus. Wir sprechen von der *Notre-Dame-Epoche* (1150 bis

1230) und von der *Ars antiqua* (1230–1325). Leonin, der erste namentlich bekannte Komponist der Musikgeschichte, entwickelte die Zweistimmigkeit, die sein Schüler Perotin zu dreistimmigen Kompositionen und zu solchen mit noch mehr Stimmen erweitert. Franko von Köln führt um 1250 eine weitere technische Neuerung ein, die »Mensuralnotation«. Mit ihr war es möglich, nicht nur die Tonhöhe, sondern auch die Tondauer anzugeben (mensura = das Maß).

Die beiden wichtigsten Kompositionsformen der frühen Mehrstimmigkeit waren:

Das Organum, bei welchem über der Hauptstimme, die unten lag (»Tenor« von tenere = halten), der »Diskantus« als abweichende Stimme sekundiert (vgl. Kasten S. 46, Notenbild 1).

Die Motette: Über dem Tenor liegen Gesänge mit verschiedenen Texten (mot = das Wort), oft sogar in verschiedenen Sprachen.

Was diese frühen Formen der mehrstimmigen Musik weiterhin maßgeblich von der Epoche der Einstimmigkeit trennt, ist die Etablierung der Taktrhythmik: War dort die Musik ein gleichmäßiges Fließen, so entwickelte sich jetzt das Bedürfnis, die Musik in Takte zu unterteilen und dabei jeweils den Taktanfang zu akzentuieren. Dabei wurde der 3er-Takt bevorzugt, da er die Dreieinigkeit Gottes symbolisierte. Das dreizeitige Taktmaß wurde dann auch als »Tempus perfectum«, das zweizeitige als »Tempus imperfectum« bezeichnet.

Ars Nova

Nach Guido von Arezzo und Franko von Köln tritt im 14. Jahrhundert abermals ein Theoretiker auf, der mit seinen Gedanken und Schriften maßgeblich den Stand des »musikalischen Materials« beeinflußt hat: Philipp de Vitry, Bischof und Diplomat, Dichter und Musiker, schrieb 1325 einen Traktat mit dem Titel »Ars nova« (neue Kunst). Die Bezeichnung »Ars antiqua« (alte Kunst) war somit lediglich ein polemisch gemeinter Gegenbegriff für die »veraltete« Richtung. Das Neue an der Ars nova betraf eine große Zahl von Merkmalen. Soziologisch gesehen änderte sich das Verhältnis zwischen Musik und Wirklichkeit. War beispielsweise in der Ars antiqua die Motette eine Musizierform, die hauptsächlich in geschlossenen Kollegien praktiziert wurde, so wird sie jetzt zu einer Gattung von öffentlichem Rang. Die Motette widmet sich thematisch allen Anlässen, Feiern, Streitfragen und Persönlichkeiten des politischen und religiösen Lebens. Je bedeutsamer der Anlaß, desto gesteigerter der Farbenreichtum der Musik und die Neigung zur größer werdenden Form.

Auf der kompositorischen Ebene brachte das 14. Jahrhundert die erste Annäherung an das, was klassisch-romantisch geprägte Ohren »schöne« Musik nennen. Die Musik klang bis zu und einschließlich der Ars antiqua noch etwas rauh. Das lag an der Vorherrschaft von Quarten und Quinten, die oft parallel geführt wurden. Philipp de Vitry hat diese Praxis verboten und statt dessen die Terzen und Sexten, die bis dahin als unschön galten, erlaubt. (Die endgültige Legitimierung von Terzen und Sexten brachte Ramos de Pareja im Jahre 1482.) Weitere Neuerungen betrafen die rhythmische Großgliederung der Werke (bei der »Isorhythmischen Motette« sind größere formale Abschnitte rhythmisch gleich gebaut) und die Verbesserung der Mensuralnotation (differenziertere Unterteilung der Notenwerte auf dem Weg zu Halben, Vierteln, Achteln, Sechzehnteln usw.).

Der neue Stil führte bald zum Konflikt mit der Kirchenbehörde. Papst Johannes XXII. ließ die neue Musizierpraxis im Jahre 1324 durch eine Bulle verbieten. Ab diesem Zeitpunkt zieht sich der Streit durch die ganze Musikgeschichte, ob die Musik im Gottesdienst nur der Andacht dienen soll oder auch autonome ästhetische Bedürfnisse wecken und befriedigen darf.

Der bedeutendste Komponist der Ars-nova-Zeit in Frankreich war Guillaume de Machaut (1300–1377), der auch die erste vollständig komponierte Messe geschrieben hat. Für ihn wie für Philipp de Vitry gilt, was Ulrich Michels für die beiden Großen dieser Epoche sagt, in ganz besonderem Maße: »Der Komponist tritt als Schöpfer des mehrstimmigen Kunstwerkes persönlich hervor. Es ist seine Leistung, die der neuen Musik eine ästhetische Selbständigkeit sichert. Die beiden berühmtesten Komponisten waren nicht mehr anonyme Diener an einer dienenden Musik, sondern zugleich Dichter und welterfahrene, hochverehrte Persönlichkeiten.« [27, S. 219]

War die Musik des Mittelalters bis dahin eine wichtige Domäne französischer Musiker, so meldete sich seit dem Beginn der Ars-nova-Epoche auch Italien zu Wort. Die italienische Musik des 14. Jahrhunderts trägt die Bezeichnung »Trecento«. Und wie könnte es anders sein: Bereits in dieser frühen Zeit zeigt diese Musik ein wesentliches Merkmal, das ihr über die Jahrhunderte erhalten geblieben ist: die spezifisch italienische Sanglichkeit, die Kantabilität, die Freude am »Belcanto«, wie man später sagen wird. Bedeutendster Meister des Trecento ist der schon in jungen Jahren erblindete Organist Francesco Landini (ca. 1335–1397).

»Die Niederländer« sind die wichtigsten Träger der musikalischen Entwicklung im 15. und 16. Jahrhundert. Der Begriff selbst ist etwas umstritten, denn die Bezeichnung »Niederländer« ist geographisch zu eng und deckt sich nicht ganz mit dem Begriff der heutigen Niederlande. Außerdem geben solche geographischen Kennzeichnungen vor der Mitte des 19. Jahrhunderts weniger einen Hinweis auf die echte Nationalität eines Musikers als auf seinen Stil. Wie wir gleich sehen werden, sind die beiden Vollender der »Niederländischen Schule« ein Franzose und ein Italiener.

Hatte sich die abendländische Musik in einem langen Weg über inzwischen gut vierhundert Jahre von der Einstimmigkeit der Gregorianik zu einer auch im Rhythmischen immer differenzierter werdenden Mehrstimmigkeit entwickelt, so setzten die Niederländer diese Tradition fort. Das Resultat waren hochkomplizierte Kompositionen, in Ausnahmefällen mit bis zu 22 Stimmen, bei einem Werk des Engländers Tallis sogar bis zu 40 Stimmen. Der Weg zu dieser Komplexität erfolgte über verschiedene Generationen.

Guillaume Dufay (ca. 1400–1474) vertrat die erste Generation. Er übernahm wesentliche Einflüsse aus England (z. B. den »Fauxbourdon«, eine Kompositionstechnik, bei welcher drei Stimmen in parallelen Terz- und Sextschritten rhythmisch gleichmäßig geführt werden), ging aber rasch von der Drei- zur Vierstimmigkeit über. Johannes Ockeghem (ca. 1420–1496) gehört der zweiten Generation an. Er erreicht durch das Prinzip der Imitation allmählich die Gleichwertigkeit aller Stimmen und stellt somit ein Wesensmerkmal von Renaissance-Musik überhaupt her. Josquin Despres (ca. 1440–1521) festigt die Technik der Imitation und baut sie aus. Imitation bedeutet bei diesen Komponisten die Möglichkeit, die Einzelstimmen nacheinander auf verschiedenen Tonhöhen mit dem gleichen Thema einsetzen zu lassen, was eine enge Verwebung der Einzelstimmen mit sich bringt und über einen ganzen Satz hinweg eine eindrucksvolle Einheitlichkeit stiftet. Generationskollegen von Despres waren Heinrich Isaak (ca. 1450–1517) und Jacob Obrecht (1451–1505). Sie gingen bald über vier- bis sechsstimmige Liedsätze hinaus.

Wesentlich ist die Tatsache, daß beide Komponisten lange Zeit in Italien tätig waren, ohne sich vom italienischen Stil beeinflussen zu lassen. Adrian Willaert (ca. 1490–1562) gelingt es sogar, als »Niederländer« im Markusdom in Venedig zu wirken und als Lehrer von Andrea Gabrieli zu einem entscheidenden Mitgestalter der Venezianischen Schule zu werden. Da man die Mehrstimmigkeit nicht auf beliebig viele Stimmen ausdehnen konnte, begann man damit, auf zwei Chöre mit vier oder fünf Stimmen zurückzugreifen. Willaert hat diese Technik der Doppelchörigkeit Gabrieli gewissermaßen in die Wiege gelegt. Die beiden letzten »Niederländer« waren Lasso und Palestrina – ein Franzose und ein Italiener.

Orlando di Lasso (1532–1594) stammte aus Mons, war Chorknabe in Italien und Kapellmeister im Lateran. Seine Lebensstellung hatte er über 40 Jahre lang am Hof in München inne. Er schrieb über 2000 Werke. Von Palestrina wird weiter unten die Rede sein.

Die kompositorischen Leistungen, welche die Niederländer über verschiedene Generationen verteilt erbracht hatten, strahlten in alle europäischen Musikzentren aus, wurden dort als Inspiration aufgenommen und mit eigenen Stilmerkmalen durchsetzt. Dazu der große Musikhistoriker Jacques Handschin: »Überschauen wir die Musik des 15. und 16. Jahrhunderts mit einem zusammenfassenden Blick, so müssen wir sagen, daß die Glättung und Rationalisierung der mehrstimmigen Setzweise, wie sie in dieser Zeit durchgeführt wurde, eine gewaltige Leistung darstellt. Im Resultat besaß nun Westeuropa eine einheitlich durchgebildete, in ihrem Charakter weitgehend internationale Tonsprache.« [47, S. 271]

Italien hat zur Musik dieser Epoche mit folgenden Namen beigetragen: Gioseffo Zarlino (1517–1590) war vor allem wieder ein großer Theoretiker, gewissermaßen als Nachfolger eines Guido von Arezzo, eines Franko von Köln und eines Philipp de Vitry, von deren epochemachenden Traktaten bereits die Rede war. Zarlino etabliert die Tonartengeschlechter Dur und Moll theoretisch neu (die ursprünglichen ionischen und äolischen Kirchentonarten), was parallel zur aktuellen kompositorischen Praxis verlief.

Aus dem Blickwinkel des »klassisch-romantischen Zeitalters«, das für die meisten von uns auch am Ende des 20. Jahrhunderts noch repräsentativ ist, erscheint uns die Musikgeschichte als eine Aufeinanderfolge von in sich schlüssigen Regelwerken, die sich mehr oder weniger geradlinig von Generation zu Generation weiterentwickelt haben. So, als ob es dazu keine sinnvollen Alternativen gegeben hätte. In Wirklichkeit spielen immer wieder bestimmte grundsätzliche Entscheidungen, die nicht unbedingt durch eine einzelne Person getroffen werden, sondern die sich auch in einem »Stil« niederschlagen können, eine große Rolle. Denken wir beispielsweise daran, daß die Terz als Intervall in der

Musik des Mittelalters noch als »nur bedingt schön« galt. Erst der Umbruch zur »Ars nova« mit entscheidender theoretischer Starthilfe durch Philipp de Vitry brachte die Emanzipation der Terz als anerkannt konsonantes Intervall. Und richtig abgeschlossen war dieser Vorgang erst in der Renaissancezeit. Diese scheinbar so unwichtige Sache wie die Frage, ob man eine Terz im Mittelalter als »schön« empfunden hat oder nicht, ist in Wirklichkeit ein Indiz dafür, wie ästhetische Urteile entstehen. Entgegen der Annahme, die bei vielen Musikfreunden auch heute noch mit großer Akribie verteidigt wird, ist das, was zu einer bestimmten Zeit als ästhetisch »schön« gilt, nicht unbedingt auch »einfach« in der Natur verankert. Wir erinnern uns dabei an die Probleme mit der pythagoreischen Stimmung. Galten im Mittelalter parallel geführte Quinten als angenehm, die Terzen als dissonant (genauer gesagt als »unvollkommene« Konsonanzen), hat sich seit dem 14. Jahrhundert diese Einschätzung den Terzen gegenüber umgekehrt. Dies ist eigentlich überraschend, denn rein wahrnehmungsmäßig verschmelzen zwei Töne im Quintabstand eher als zwei Töne im Terzabstand. Entspricht doch die Quint auch dem »einfachen« Teilungsverhältnis 3:2, die Terz dagegen dem komplizierten Verhältnis 5:4. Das mathematisch Kompliziertere hat sich also als das ästhetisch »Schönere« durchgesetzt. In späteren Zeiten wird man versuchen, physikalische Grundlagen für das »Schöne« zu finden. Vor allem Musiktheoretiker, die sich durch die Exaktheit und den Fortschritt der Naturwissenschaften im 19. Jahrhundert faszinieren ließen (die selbst aber gar keine Fachleute waren), wollten an diesem Strahlenglanz der großen Wissenschaften teilhaben und stülpten ihre musikalischen Grundfragen den physikalischen »Tatsachen« einfach über. Daß auch dieses Konzept keinen Erfolg hatte, stellte sich dann aber recht bald heraus. So schrieb 1863 der große Naturwissenschaftler Hermann von Helmholtz, »daß das System der Tonleitern, der Tonarten und deren Harmoniegewebe nicht auf unveränderlichen Naturgesetzen beruht, sondern daß es die Consequenz ästhetischer Principien ist, die mit fortschreitender Entwicklung der Menschheit einem Wechsel unterworfen gewesen sind und ferner noch sein werden« [13, S. 41].

Diesen Prozeß des geschichtlichen Werdens ästhetischer Rahmenbedingungen, die in den Augen späterer Generationen so wirken, als seien sie »von der Natur gesetzt«, können wir verfolgen, wenn wir uns wieder den alten Theoretikern zuwenden, etwa Zarlino. Aus der großen Zahl von Tongeschlechtern, welche in den Kirchentonarten repräsentiert waren, emanzipierten sich die beiden ehemaligen Außenseiter »äolisch« und »ionisch« und wurden zum Träger der künftigen Entwicklung. Als diese beiden »übriggebliebenen« Kirchentonarten sich zu den beiden Tongeschlechtern Dur und Moll gefestigt hatten, ließ der Versuch nicht lange auf sich warten, diese Wahl – die in Wirklichkeit Willkür war – als naturgegebene Konsequenz hinzustellen.

Giovanni Pierluigi da Palestrina (ca. 1525–1594) gilt als »Klassiker« der Renaissance, da er das Kunstideal der Zeit vielleicht am gültigsten verkörperte: Er erreichte ein vollkommenes Gleichgewicht der einzelnen Stimmen sowie ein Maximum an Ebenmaß und Ausgewogenheit. Er komponierte über 300 Motetten und 200 Messen (die berühmteste: »Missa Papae Marcelli«). Palestrinas klarer und textverständlicher Stil setzte sich nicht zuletzt unter dem Druck der Kirche durch: Das Tridentiner Konzil hatte 1562 erwogen, die mehrstimmige Musik abermals (vgl. anno 1324) zu verbieten. Der Palestrina-Stil war in diesem Streit ein fruchtbarer Kompromiß und stellt bis heute die Grundlage für die Kompositionslehre des »strengen Satzes« dar. (Das Notenbeispiel 4 aus dem Schaukasten S. 46 zeigt bereits optisch die Symmetrie und Ausgewogenheit der Musik an.)

Die Venezianische Schule, beeinflußt durch den Niederländer Willaert, bringt mit Andrea Gabrieli und seinem Neffen Giovanni eine Steigerung der Stimmenzahl, indem mehrere Chöre eingesetzt werden. Durch die Mehrchörigkeit und das Hinzuziehen instrumentaler Einlagen entstehen Werke von interessanter Klangpracht, welche bereits stark auf die kommende Barockepoche hinweisen. Der Beginn eigenständiger Instrumentalmusik (»Sinfoniae sacrae« für Bläser) ist ebenfalls ein wichtiger Schritt in diese Richtung.

Der Fürst Carlo Gesualdo di Venosa (1560–1614) repräsentiert für viele Kenner so etwas wie den »manierierten Stil« der ausgehenden Renaissancezeit. Seine tonmalerischen Vokalwerke stehen unter dem Eindruck starker Affektausbrüche mit einer unüblichen Chromatik, welche ebenfalls bereits barocke Merkmale vorwegnimmt. Gesualdo ist, jedenfalls noch im Augenblick, unter Musikfreunden so etwas wie ein Geheimtip. Wer sich jedoch seinen Klängen, die heute immer noch enorm »modern« wirken, einmal öffnet, wird sich der sinnlichen Ausstrahlung nicht entziehen können, die von ihnen ausgehen.

Gerade diese »Sinnlichkeit« war es allerdings, welche in der sogenannten Renaissancemusik eher gebändigt werden sollte: »Die Künstler der Renaissance fühlten das Bedürfnis, den Reichtum der Sinneserlebnisse in Gesetze zu fassen. ... Sie klammerten sich an das logisch und mathematisch Faßbare, um nicht im Meer des Sinnlichen zu ertrinken.« So entstand »wohl als weiterer Beweggrund die Neigung zur ›Gelahrtheit‹. Wie die Künstler des Barockzeitalters liebten es die der Renaissance, sich ›wissenschaftlich‹ zu geben und so auf gleichen Boden neben die Gelehrten zu treten«, wie Friedrich Blume formuliert [28, S. 107]. Hier liegt auch die Brücke zum Klassischen Altertum, dessen »Wiedergeburt« die Renaissance ja anstrebte: Die griechischen Intervallberechnungen der Pythagoräer einerseits und die Nachahmungslehre (»Mimesis«) andererseits waren die Grundlagen auch des »neuzeitlichen« musikalischen Denkens und Empfindens.

Mit Zarlino, der mit seinen »Istitutioni harmoniche« 1558 die »Magna Charta der Musik im Zeitalter der Renaissance« (Blume) schrieb, hatte diese Zeit einen Theoretiker einer modifizierten und erneuerten Tradition, dessen Erbe über das Barock hinweg bis in die jüngste Musikgeschichte hinein wirken sollte.

Wie auch in der bildenden Kunst sieht sich von jetzt an der Musiker immer mehr als ein Schaffender, sein Tun als eine schöpferische Tätigkeit, sein Resultat als ein individuelles Kunstwerk. Doch sollte es noch über zweihundert Jahre dauern, bis der Handwerksbegriff vom Werk- und Geniebegriff der späteren Zeit abgelöst wird, der etwa einen Beethoven dazu bringt, sich als »Tondichter« zu bezeichnen. Doch die Fundamente sind gelegt.

Zunehmende Komplexität der Musik zwischen dem Mittelalter und heute

Bereits optisch erkennt man anhand der hier wiedergegebenen Notenbeispiele die ungeheure Zunahme an Komplexität, die sich in der europäischen Musik zwischen dem Mittelalter und heute ereignet hat.

Beispiel 1 ist ein gregorianisches Alleluja (noch ohne Takt-Metrik) aus dem 7. Jahrhundert.

Beispiel 2 zeigt den vorsichtigen Weg in die Mehrstimmigkeit, wobei eine Stimme (der Tenor von lat. tenere = halten) einen langen Ton als Stütze singt (Leoninus, um 1200).

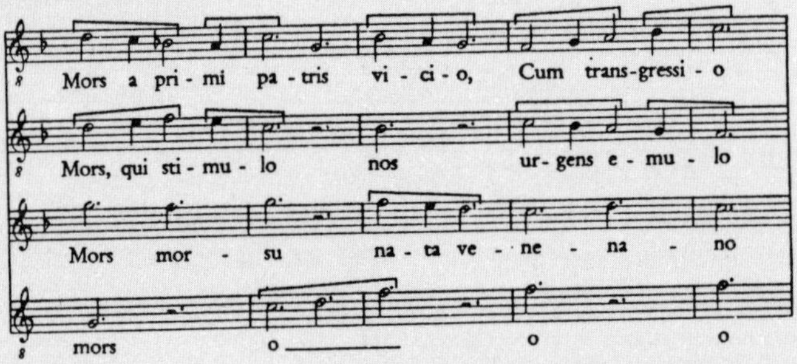

Beispiel 3 zeigt einerseits den Durchbruch bis zur Vierstimmigkeit, andererseits das Problem der »Zerstückelung von Texten«, das von vielen Zeitgenossen gegeißelt wurde (Perotinus, um 1230).

Die vollendete Symmetrie der Vokalpolyphonie auf ihrem Höhepunkt wird in Beispiel 4 an dem Ausschnitt aus dem sechsstimmigen Sanctus aus der Missa Papae Marcelli von Palestrina deutlich (1562).

In Beispiel 5 sehen wir drei Takte aus dem Eröffnungsteil von Bachs Matthäus-Passion aus dem Jahre 1729. In der ersten Zeile befindet sich der »Soprano in ripieno«, Knabenstimmen, die einen langgezogenen Choral singen. Dann Flöten I (und sonst auch II), Oboe I und II, Violinen I und II, Bratschen und Generalbaß. Dazwischen der vierstimmige Chor. Sowohl Chor als auch Orchester sind doppelt eingesetzt. Während der Chor I »Sehet!« ruft, fragt der Chor II: »Was?« Die Orchester spielen jeweils unabhängig voneinander ihre in sich homogenen Stimmen.

Beispiel 6 zeigt drei Takte aus der Partitur der Tondichtung »Also sprach Zarathustra« von Richard Strauss, 1896. Hier hat das Orchester eine kaum mehr zu überbietende Klangdifferenzierung zu bewältigen.

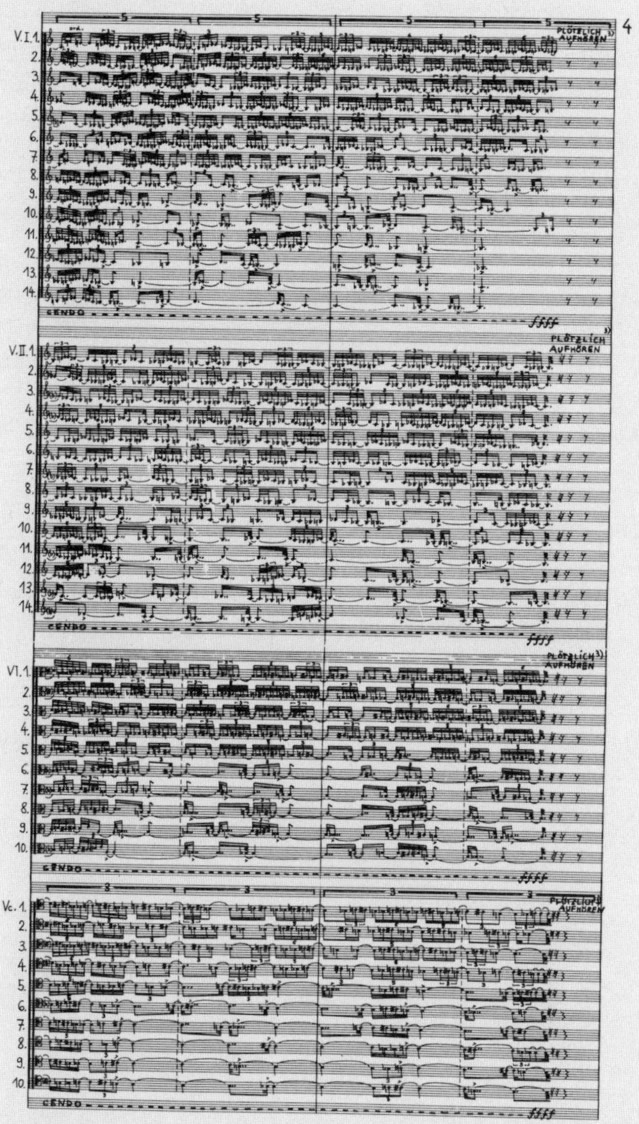

In Beispiel 7 wird die Differenzierung schließlich in eine solche Tiefe getrieben, daß die einzelnen Noten weder von den Spielern exakt wiedergegeben, geschweige denn vom Hörer erfaßt werden können. Auf dem Wege einer überdifferenzierten Notationsweise gelangt Ligeti in diesem Werke (Atmosphères, 1961) zu einem ähnlichen Resultat wie die Komponisten der Aleatorik: der Zufall bestimmt mit, was erklingt.

Das italienische Zeitalter

Das vorangegangene Kapitel nutzten wir als Möglichkeit, einen groben Überblick über die Entstehung der abendländischen Musik bis zur Schwelle zur Barockzeit mit einer Erläuterung des Tonsystems zu verbinden. Nicht systematisch und abstrakt, sondern so, wie es sich im Laufe der Jahrhunderte entwickelt hat. Denn tatsächlich liegt für uns der »Wert« der Musik des Mittelalters vor allem darin, daß in dieser Zeit der erfolgreiche Versuch unternommen wurde, die Mehrstimmigkeit in der Musik durchzusetzen. Komponisten wie Theoretiker (oftmals beides in einer Person) arbeiteten dabei eng zusammen.

Doch es spielte auch noch eine andere Komponente eine wesentliche Rolle, die in dem Maße unterschätzt wird, wie man sie gemeinhin als selbstverständlich ansieht. Die Rede ist vom soziologischen Hintergrund von Kunst und Musik. Niemand leugnet ernsthaft, daß es gewisse gesellschaftliche Rahmenbedingungen gibt, unter denen sich die Künste mehr, und solche, unter denen sie sich weniger entfalten können.

Wenn wir uns in diesem Kapitel mit dem sogenannten Barockzeitalter beschäftigen, dann sollen neben den Aspekten, welche wieder die Musik selbst beschreiben, ganz besonders solche musiksoziologischen Hintergründe mit einbezogen werden. Die Kapitelüberschrift »Das italienische Zeitalter« weist allerdings auch noch auf etwas anderes hin. Auf das Begriffsdilemma, von welchem in dem Kapitel »Probleme der Musikgeschichtsschreibung« bereits in abstrakter Form die Rede war. Hier sitzen wir jetzt mitten in dem Problem. Ist eine Gliederung in musikalische Epochen sinnvoll? Was ist eine solche Epoche? Gibt es das »Barockzeitalter«? Und was ist damit gemeint? Gut, in gar nicht einmal sehr alten Büchern steht der Zeitraum 1600 bis 1750. Relativiert vielleicht durch ein vorsichtiges zweimaliges »circa«. In der musikalischen

Praxis und der sie begleitenden Schriftenproduktion, also in Konzertführern, Programmheften, Kritiken und so weiter tauchen die Epochenbegriffe nach wie vor ohne »circa« und ohne Anführungszeichen auf. Sind sie nur das Zeugnis geistiger Armut von Autoren, die diese Kürzel verwenden, weil sie nicht differenzierter denken können? Nein, wir haben es mit einem Bruch im musikwissenschaftlichen Denken überhaupt zu tun. Hatte man jahrzehntelang den Epochenbegriff hochgehalten, weil man in einer bestimmten Epoche den jeweiligen »Zeitgeist« oder deren »Wesen« ausmachen wollte, so hat sich inzwischen die allgemeine Meinung herausgebildet, daß dies nicht recht gelingen kann. Zwar wäre es schön, wenn man – gerade in einem Buch wie diesem, das sich an den musikalischen Laien wendet – kurz und bündig schreiben könnte: »Es gibt die Epochen Renaissance, Barock (mit Früh-, Mittel- und Hochbarock), die Klassik, die Romantik (mit Früh-, Hoch- und Spätromantik), die Moderne und so weiter, die zeitlichen Grenzen dabei sind so und so, und die Wesensmerkmale lassen sich wie folgt beschreiben...« Das wären geordnete Verhältnisse! Wie sie der große Musikforscher Friedrich Blume in seinem Artikel »Barock« in dem vierzehnbändigen Riesenwerk »Musik in Geschichte und Gegenwart«, erschienen 1949–1968, noch zu sehen in der Lage ist: »Eine gewaltsame Epochengliederung wird daher in der Musikgeschichte mit der Übernahme des Begriffes ›Barock‹ nicht eingeführt« [28, S. 183]. Und das Wesen der Epoche beschreibt er schließlich so: »Damit reiht sich (die Musik) völlig den geistigen und künstlerischen Wandlungen des Zeitalters ein, und ihr neuer Stil kann demjenigen der anderen Künste völlig an die Seite gestellt werden. Sie trägt den Namen ›Barock‹ mit der gleichen Berechtigung wie jene. Wie für sie läßt sich für die Musik der Sinn des Wortes definieren als ein Stil, dessen Kunstmittel dem Bedürfnis dienen, das Pathos eines tief erregten Zeitalters in sinnfälliger Form zum Ausdruck zu bringen, beredte Sprache der Leidenschaften zu sein, den Geist zu lehren und zu lenken, die Seele zu erregen und zu stillen, das Gleichmaß selbstgewissen Ruhens im Begrenzten dem Titanensturz in die Rätselhaftigkeit des Grenzenlosen aufzuopfern.« [32, S. 178]

Gegenüber solchen flammenden Worten nun die Ernüchterung in Band 4 des »Neuen Handbuchs der Musikwissenschaft«, der bezeichnenderweise nur noch den kargen Titel »Die Musik des 17. Jahrhunderts« trägt. Dort schreibt Werner Braun, der Autor dieses Bandes, zu unserem Problem: »Daß ein Zeitraum von annähernd 150 Jahren, den die sogenannte Barockzeit eingenommen haben soll, keine prägnante historische Gestalteinheit, also eine Epoche gewesen sein kann, verraten

Gelegenheitsbezeichnungen wie Früh-, Mittel- und Spätbarock, die den zusätzlichen Nachteil haben, unter den Vorsilben Früh- und Spät- unvollkommene Leistungen, vorbereitende und überhängende erwarten zu lassen. Doch die frühe Zeit hat den ›Orfeo‹ hervorgebracht und die späte Zeit die ›Kunst der Fuge‹, während aus der Mittel-Zeit, dem Zentrum also, nur wenig Musik lebendig geblieben ist.« [8, S. 315] An anderer Stelle schreibt derselbe Autor sogar drastisch: »Die in Mißkredit geratene Epochenbeschreibung bleibt weiterhin Außenseitern des Fachs oder fachfremden Personen überlassen.« [7, S. 3]

Haben wir es hier mit einer neuen wissenschaftlichen Mode zu tun, die heute mit Inbrunst ablehnt, was wenige Jahre zuvor mit großem Selbstbewußtsein verkündet wurde? Ich glaube nein. Gerade wenn wir jetzt in die »Barockepoche« einsteigen, werden wir feststellen, daß – bei vielen Gemeinsamkeiten – das Unterschiedliche tatsächlich überwiegt. Die Klassik werden wir von vornherein auf die »Wiener Klassik« reduzieren und dabei feststellen, daß es sich dabei nicht um einen Epochen-, sondern um einen Stil- und Wertungsbegriff handelt. Von der Unhaltbarkeit des Begriffes »Romantik« ganz zu schweigen, der alles das abdecken sollte, was sich zwischen 1800 und 1900 in der Musik abgespielt hat. Wenn wir diese Begriffe hier also gelegentlich verwenden, dann haben sie keinen anderen als umgangssprachlichen Charakter.

Regelrecht provoziert wurde der Epochenbegriff unter anderem durch das Phänomen, daß es in der Musikgeschichte immer mal wieder zu einer »Stilwende«, zu einem »Umbruch« kommt, was den Eindruck einer großen Zäsur hervorruft. Gerade die Barockzeit ist sowohl an ihrem Anfang, also um das Jahr 1600 herum, als auch an ihrem Ausklang um 1750 von solchen Umbrüchen eingerahmt. Und wenn dann auch noch die Jahreszahlen so schön rund und symbolhaft sind – um 1600 wurden die ersten Opern und das erste Oratorium geschrieben, 1750 ist das Todesjahr von Johann Sebastian Bach –, dann wird die Sache schon richtig ästhetisch!

Die Zeit um 1600

Was war los im Jahre 1600? Was gibt dieser Zahl eine fast magische Anziehungskraft? Auf den musikalischen Bereich bezogen liest man darüber Sätze wie diese: »Das Jahr 1600«, so Silke Leopold, »ist ein Schlüsseldatum für die musikalische Epochengliederung. Es gilt als Wasserscheide zwischen vokaler Mehrstimmigkeit und instrumentalbegleitetem Sologesang, zwischen polyphonem und konzertierendem Satz, als Geburtsjahr der Oper und des Generalbasses.« [64, S. 68] Werner Braun, den wir als Epochenskeptiker bereits kennengelernt haben, eröffnet seinen dicken Band über das 17. Jahrhundert fast so feierlich, wie das Saeculum selbst begonnen hat: »Als mit dem Jahr 1600 ein neues Jahrhundert begann, wurde in der Peterskirche zu Rom eine zugemauerte Pforte mit feierlicher Zeremonie aufgebrochen. Im Wechselgesang zwischen Papst und Chor entstand eine Vision des Eintritts in ein imaginäres Gotteshaus. Besuchern aus aller Welt wurde damit plastisch ein Zeitenwechsel vor Augen und Ohren geführt, der allgemein als tiefe Zäsur erschien. Denn Veränderungen hatten sich in verschiedenen Lebensbereichen angekündigt, und jeder erhoffte sich für sich und seinen Denk- und Empfindungsbereich eine Wendung zum Besseren. Jahrhundertwechsel bringen allerdings keine Epochenübergänge zustande, aber sie beschleunigen, ›strukturieren‹ im Gang befindliche Veränderungen. Das Neujahr 1600 schärfte Lebensgefühl und Zeitbewußtsein. Auch in der Musik begann ein ›stile nuovo‹ (der eigentlich viele neue Stile umfaßte), und der Übergang zum 17. Jahrhundert gilt auch der Forschung als Paradigma eines epochengeschichtlichen Einschnitts.« [8, S. 1]

Das ausgehende Jahrhundert war furchtbar gewesen. Italien war von ausländischen Mächten gedemütigt und ausgebeutet worden. Spanien, Frankreich, Deutschland stritten sich um die Vorherrschaft. Ein zeitgenössischer Geschichtsschreiber gibt 1561 folgendes Bild der Lage: »Karl VIII. (von Frankreich) führte die Samen zahllosen Unheils, schrecklicher Wechselfälle und Veränderungen nahezu aller Dinge mit sich: Denn mit dem Feldzug (1494) begannen nicht nur Grenzveränderungen, Umwälzungen in den Reichen, Verwüstungen der Dörfer, Massaker in den Städten, grausame Morde, sondern auch neue Kleidung, neue Sitten, neue blutige Art der Kriegsführung, Krankheiten, die bis zu dieser Zeit unbekannt gewesen waren.« [64, S. 47] Auch nördlich der Alpen war die Situation nicht besser. Ein nach zeitgenössischen Quellen zusammengestellter Bericht über das 16. Jahrhundert liest sich deprimierend: »Unter trostlosen Aspekten schlich das Jahrhundert greisenhaft dahin. Ein Zug trüben Mißbehagens und ängstlicher Resignation war dem Bürger eigen; Melancholie bildete den Grundton seiner Alltagsstimmung, als fielen die mahnenden Schatten einer traurigen Zukunft in sein Gemüt. Fanatismus, Roheit und Beschränktheit gingen Hand in Hand. Das große Sterben wollte nicht enden; ein Komet stieg schreckhaft am Himmel auf, und unheimliches Erdbeben erfüllte die

Ganz Europa, vor allem Deutschland, befand sich im 17. Jahrhundert in einem Zustand, der nicht dazu angetan war, große Kunst hervorzubringen: Hexenwahn, Inquisition, Kirchenspaltungen und Krieg beherrschten das Leben der Menschen. Daß das kulturelle Leben dennoch nicht völlig zusammenbrach, geht nicht zuletzt auf das Luxusbedürfnis und die Eitelkeit der Fürsten zurück, die sich solche Extravaganzen noch leisten konnten. Die Abbildung zeigt Soldaten bei einem Überfall mit Raub und Totschlag in einem Bauerndorf (Radierung von Hans Ulrich Franck).

Seele mit bleicher Furcht. Viel sprach man vom Teufel, und daß das Ende der Welt nahe sei. Die Akte einer grausamen Justiz, die brutale Praxis des vielbeschäftigten Henkers und zahlreiche Hexenprozesse gaben der Phantasie düsteren, aufregenden Stoff.« [41, S. 41]

War der Rückblick für beide Länder in gleichem Maße unerfreulich, so sollte sich die Zukunftsperspektive für das neue Jahrhundert recht konträr gestalten. Deutschland geriet gemeinsam mit fast allen Ländern des europäischen Nordens immer mehr in den Sog religiöser Auseinandersetzungen, die schließlich in den Dreißigjährigen Krieg mündeten. Der Augsburger Religionsfriede aus dem Jahr 1555 war ein Kompromiß, mit welchem weder die Katholiken noch die Protestanten zufrieden waren. Als 1618 der Aufstand in Böhmen losbrach, der allgemein als der Beginn des Krieges genannt wird, kamen schwerste Zeiten auf die Menschen zu. Er löste den Krieg im Reich aus, provozierte die Spanier, an den Rhein zu marschieren, und die Dänen, in Norddeutschland einzufallen. In ihrem Gefolge setzten die Schweden über die Ostsee. Als die Franzosen sich auch noch einschalteten, entwickelte sich ein Völkerkrieg, in welchem sich fremde Mächte auf deutschem Boden auf Kosten des Kaisers und der Bevölkerung so lange schlagen konnten, bis ein Erschöpfungsfriede zustande kam, dem ein neues Kapitel deutscher und europäischer Geschichte folgen mußte.

Neben diesem furchtbaren Krieg – etwa vierzig Prozent der Landbevölkerung sollten in ihm umkommen – sorgten noch weitere Ereignisse für Not und Elend: Pest, Hexenwahn, Stadtbrände und Überschwemmungen. Schließlich sorgten die Erbstreitigkeiten im Hause Habsburg für nicht geringe Unruhe, und die Türken standen vor Wien.

Und dennoch: Die Kultur kam nicht ganz zum Erliegen. Denn zu den standesüblichen Neigungen und Liebhabereien eines Fürsten gehörte außer der Jagd die Pflege der Kunst und Wissenschaft: »Wie Kammerzwerge, Leibmohren und Hofnarren bildeten auch Maler und Musiker, Astronomen, Mathematiker, Geographen und Mechaniker den beinahe täglichen Umgang vieler Fürsten.« [36, S. 183] Ohne Musik war das höfische Leben nicht vorstellbar. Wer es sich leisten konnte, hielt sich eine Kapelle. Interessant ist, daß in diesem Bereich selbst im Zeitalter der Glaubenskriege die Konfession kaum eine Rolle spielte. Die Niederländer in der sächsischen Kapelle eines Kurfürsten August waren katholisch; protestantische Fürsten schickten ihren begabten Nachwuchs ins katholische Italien zur Ausbildung. »Die Musiker am Hofe hatten als fürstliche Bedienstete nicht nur die Aufgabe, vocaliter oder instrumentaliter zu musizieren, sondern waren auch verpflichtet, für die

Ein Geiger und sein Söhnchen spielen vor einer Dorfschänke (Adriaen van Ostade, 1610–1685).

anfallenden Feste und sonstigen regulären und außerordentlichen Anlässe dauernd zu komponieren, und mußten außerdem gar nicht selten auch dem Herrscher und seiner Familie Musikunterricht geben.« [36, S. 184] Selbst wenn man unterstellt, daß viele Aufträge weniger der bewußten Kulturpflege dienten als eher spontanen Launen und kapriziösen Einfällen der Fürsten, so ist die große Bedeutung der Höfe für die weitere Entwicklung der Musikgeschichte gar nicht zu überschätzen!

Aber auch in den unteren Schichten wurde Musik gepflegt. Der Musikus Michael Altenburg schrieb 1620 über das Land, aus dem Heinrich Schütz hervorging: »Ist doch bald kein Dörflein bevorauß in Thüringen, darinnen Musica, beide vocalis und instrumentalis, nicht herrlich und zierlich den Örtern nach sollte florieren und wohl bestellet sein.« [41, S. 36] Und Martin Gregor-Dellin fährt fort: »Man konnte in den protestantischen Gebieten schneller lesen und schreiben als in den altgläubigen, und 1623 traten, kaum zu glauben, thüringische Bauern ›vor das Polt‹, sangen vom Blatt sechs- bis siebenstimmig und konnten zwei Chöre mit Instrumenten besetzen, ›darauf mehrenteils Schäfer gespielt, und zwar nach Noten‹.«

Diese Möglichkeiten endeten erst, als der Krieg den Tod in die Dörfer brachte.

Davon wurden die Italiener weitestgehend verschont. Italien stand zwar unter fremder Herrschaft, die Spanier hatten die Hoheit an sich gerissen, doch wurde das Land durch diesen Umstand auch vom Dreißigjährigen Krieg verschont. Die Geschichtsbücher berichten von einem »politisch ziemlich unfruchtbaren Jahrhundert«, was nichts anderes besagt, als daß endlich einmal ein paar Jahrzehnte lang Frieden herrschte. Hatten die deutschen Fürsten trotz politischer Wirren das Kulturleben am Hofe aufrecht zu erhalten versucht, so konnten die italienischen Höfe das politische Vakuum kulturell auffüllen. Die den italienischen Fürsten und Staaten aufgezwungene Ohnmacht gab ihnen einen engen Horizont: Außer der Türken- und Piratenabwehr gab es keine Ziele, keine Ideale, ja oft kein Interesse für große Politik mehr, mit Ausnahme vielleicht von Venedig und Savoyen. Die Italiener wurden unkriegerisch, dabei lernten sie um so besser, sich vor Spanien zu beugen. An den Höfen jagte man nach Titeln, übte sich in neuen Formen des Zeremoniells und feierlicher Feste. Das einzige Verdienst dieser Duodezfürsten war die Förderung, die sie der Musik zukommen ließen. Vor diesem Hintergrund muß man sich das folgenschwere Ereignis vorstellen, das die Musikgeschichte für Jahrhunderte geprägt hat. In den Häusern der Grafen Bardi und Corsi trafen sich bereits in den achtziger Jahren des sechzehnten Jahrhunderts Gelehrte, Philosophen, Dichter und Musiker, bekannt unter der Bezeichnung »Florentiner Camerata«. Namentlich gehörten zu ihnen der Verfasser eines Dialoges »über alte und neue Musik«, Vincenzo Galilei, der Vater des berühmten Physikers und Astronomen, der Sänger Caccini, Komponisten wie Peri und Cavalieri und der florentinische Hofdichter Rinuccini. Noch ganz im Geiste der Renaissance in der ursprünglichen Bedeutung des Wortes diskutierten sie die Frage, ob die antike griechische Tragödie durchkomponiert gewesen sei oder ob lediglich die Chöre gesungen wurden. Der Philologe Girolamo Mei machte darauf aufmerksam, daß die Wirkung dieser Musik auf der Monodie beruhen müsse, auf einem allein von der Kithara und dem Aulos begleiteten Sologesang. Er hatte 1565 in Rom drei spätantike Hymnen entdeckt, deren Notenschrift er allerdings nicht entziffern konnte. Was er ebenfalls nicht ahnen konnte, war – daß er sich täuschte. Wir wissen heute, daß der musikalische Vortrag der griechischen Tragödie nicht dem begleiteten Sologesang entspricht, wie ihn Mei entdeckt zu haben glaubte. Dieses Mißverständnis, welches die Mitglieder der Camerata übernommen hatten, ist die Wiege der modernen Oper! Selten sind Fortschritte in der Kunst die Folge solch fundamentaler Fehler. Und selten hat es sich ereignet, daß in einer gelehrten Disputation wirklich etwas Neues herauskam, obwohl erhebliche Grundannahmen falsch waren!

Die Camerata Fiorentina war also der Meinung, das Drama der Antike sei durchgehend gesungen worden, was eine ideale Einheit von Wort und Ton mit sich gebracht habe. Dieser Aspekt ist für uns ebenfalls wichtig, denn die damaligen »Avantgardisten« waren nicht nur auf der Suche nach Neuem (das sie paradoxerweise im ganz Alten suchten), sondern man wollte sich auch vom Stil der damaligen Gegenwart trennen. Dieser bestand ja in einer Maximierung der Stimmenzahl bei einer gleichzeitigen Glättung und Rationalisierung des mehrstimmigen, strengen Satzes. Ganz im Stil der Niederländer hatte der Italiener Palestrina hier einen krönenden Höhepunkt erreicht. In dieser immer strenger werdenden polyphonen Schreibweise bei einem immer dichteren rhythmischen Ineinandergreifen der Stimmen war der Text kaum noch zu verstehen.

Gesucht wurde jetzt eine »neue Einfachheit«, wie wir heute sagen würden. Oder wie es Giovanni Battista Doni formulierte: »Man wurde vor allem darüber einig, daß man, da die heutige Musik im Ausdruck der Worte ganz unzureichend und in der Entwicklung der Gedanken abstoßend war, bei dem Versuch, sie der Antike wieder näher zu bringen, notwendigerweise Mittel finden müsse, die Hauptmelodie eindringlich hervorzuheben und so, daß die Dichtung klar vernehmlich sei und die Verse nicht verstümmelt würden.« [38, S. 12] Agostino Agazzari fand noch härtere Worte: Er verteidigt die neue Erfindung, »die Wörter zu exprimiren«, gegenüber den alten Stücken, »welche voller Fugen und Contrapunkten seyn«, indem er sagt: »Dergleichen Gesänge sind bei uns nicht mehr im Gebrauch wegen der Confusion und Verstümmelung des Textes und der Wörter.« [7, S. 33]

Die Folgen dieser Auffassungen der Camerata schlugen sich erstaunlich schnell in der musikalischen Praxis nieder. 1597 wird im Hause des Jacopo Corsi in Florenz die erste Oper der Musikgeschichte aufgeführt: »Dafne« von Jacopo Peri und Jacopo Corsi. Leider ist die Musik zum größten Teil verloren gegangen. Und allein in unserem »Epochenjahr« 1600 wird von Peri die Oper »Euridice« uraufgeführt, eine weitere Oper mit demselben Text schreibt Caccini, während in Rom das geistliche Pendant zur Oper, das Oratorium, aus der Taufe gehoben wird: »Rappresentazione di Anima e di Corpo« von Emilio de' Cavalieri.

Neben jenem feierlichen Ritus der Eröffnung einer zugemauerten Pforte in der Peterskirche zu Rom durch den Papst – wir hatten es bereits erwähnt – fand in Florenz ein weiteres »Ereignis des Jahres« statt: Die Hochzeit Heinrichs IV. von Frankreich mit Maria de' Medici. Den festlichen Höhepunkt bilden die Uraufführungen der »Euridice« von Peri im Palazzo Pitti und drei Tage später die des »Rapimento di Cefalo« von Caccini im Theatersaal der Uffizien. [64, S. 15]

Kaum hatten sich die neuen Gattungen, Oper (der Begriff etablierte sich endgültig ab 1639) und Oratorium, künstlerisch herausgeformt – ein drittes Geschwister entwickelte sich auch recht bald: die Kantate –, traten sie bereits in den Dienst einer funktionalisierten Aufführungspraxis, deren vorrangiges Ziel es war, Festen und Feierlichkeiten ein repräsentatives Gewand zu geben, welches die Größe und Bedeutung des Veranstalters, Adel wie Klerus, angemessen widerspiegeln sollte. Diese enge Verbindung von künstlerischem Willen und repräsentativem Pomp hat später zum raschen ästhetischen Niedergang der Oper beigetragen. Wogegen sie institutionell einen Siegeszug antrat, der in der Musikgeschichte ohne Vorbild war.

Bevor es so weit kommen sollte, trat jedoch ein Mann auf, der außer einer großen Begeisterung für die neuen musikalischen Ideen auch noch eine ungeheure Portion Genialität und Inspiration mitbrachte: Claudio Monteverdi. Er gehörte nicht dem Kreise der Camerata Fiorentina an. 1567 in Cremona geboren, trat er bereits im Alter von 16 Jahren als

Claudio Monteverdi, der »erste große Opernkomponist« der Musikgeschichte. Er vereinigt in seinem Stil die Erfahrungen der niederländischen Vokalpolyphonie, die Errungenschaften der »Florentiner Camerata« auf dem Gebiet der frühen Oper sowie Elemente der Instrumentalmusik, die sich in seiner Zeit immer mehr in den Vordergrund drängt. Die von ihm erstmals aufgestellte Maxime, daß die menschlichen Affekte »wahrheitsgetreu« darzustellen seien, wirkte über Gluck und Mozart bis zu Wagner fort.

geb 1567 – 1643†

Komponist von Madrigalen hervor. Er wirkt als Geiger und Sänger, schließlich als Kapellmeister in Mantua, angestellt beim Fürsten Vincenzo Gonzaga. Als Komponist der ältesten heute noch erhaltenen Oper, dem »Orfeo« aus dem Jahr 1607, hat er einen Prototyp dieser Gattung geschaffen, der sich viele Neuerungen der Florentiner Camerata aneignete und dennoch eine eigene, geniale Handschrift trägt. Seine zehn Madrigalbücher zeigen seinen Weg, wie er die Ideale der Renaissancekunst vollendet und dann allmählich zu den neuen, modernen Idealen seiner Zeitgenossen findet, wobei er sich selbst an die Spitze der Entwicklung setzt.

Die »Seconda pratica« – das neue Handwerk

Monteverdi selbst hat unterschiedliche Bezeichnungen eingeführt für die Form der Musik, die der Tradition entstammte, und die neue, die moderne Musik. Den älteren Stil, den »strengen Satz«, die kunstvoll gegliederte Vielstimmigkeit, bei der die Musik die Herrin des Wortes ist, nennt er die »Prima pratica«.

Den neuen Stil, wie er sich jetzt zu entfalten begann, nannte er »Seconda pratica«. Die Wörter »Prima« und »Seconda« verweisen darauf, daß beide Stilrichtungen nebeneinander existieren, daß der alte Stil somit nicht auf einen Schlag aufgegeben wurde. Von Aufgeben kann überhaupt gar keine Rede sein, denn wir werden sehen, daß sich der »strenge Satz« in der Folge der Barockzeit fest behaupten wird und erst in der nächsten großen Umbruchszeit, derjenigen um 1750 – »Vom Barock zur Klassik« –, zugunsten eines wieder empfindsameren Stiles aufgebrochen werden wird.

Beschreiben wir also kurz die Merkmale des neuen Stils des Jahres 1600, und beobachten wir daran anschließend, was aus ihm im Laufe seiner Weiterentwicklung geworden ist.

Die »Seconda pratica« gibt die Polyphonie, das System vieler gleichberechtigter Stimmen, die gleichzeitig erklingen, als veraltetes Ausdrucksmittel auf und wendet sich der Monodie zu. Die Monodie ist ein Vortragsstil, der vor allem im Hinblick auf den Gebrauch in der Oper entwickelt wurde (wir sahen ja, daß die Camerata Fiorentina fälschlicherweise davon ausging, daß die Monodie in der antiken Tragödie bereits vorkam). In der Monodie, dem Inbegriff dieses Stils, wird eine Solostimme durch Akkorde gestützt, die von einem Instrument gespielt werden. Dies bedeutet eine bis dahin nicht vorstellbare Konzentration des Gefühlsausdrucks und die Unterordnung aller Einzelheiten unter ein einziges Prinzip. Zu den kompositorischen Mitteln, mit welchen die melodietragende Oberstimme einen bestimmten Affekt zum Ausdruck bringt, gehört die sorgfältige sprechmelodische Umsetzung des Textes (entsprechend der neuen Leitlinie: »Die Musik ist die Dienerin des Wortes«), schneller Wechsel von langen und kurzen Tönen, dissonante Sprünge, häufiger Einsatz von Halbtonschritten (der Chromatik) und großer Stimmumfang. Mit Blick auf den späteren »Umbruch« um 1750 müssen wir beim Stichwort »Affekt« allerdings darauf hinweisen, daß das barocke Ausdrucksprinzip noch nicht mit der »Empfindsamkeit« des ausgehenden 18. und schon gar nicht mit der Expressivität des ausgehenden 19. Jahrhunderts gleichgesetzt werden darf. Allzusehr neigt die Barockmusik noch dazu, Affekte als stereotype Gefühle, als allgemeingültige Zustände zu begreifen, für die es genormte Darstellungsformen gab. Wir werden darauf zurückkommen, wenn von »musikalischer Rhetorik« oder »barocker Figurenlehre« die Rede sein wird.

Den Gegenpol zur Solomelodie in der Gesangsstimme bildet der Baß. Der Baß wird in der »Barockzeit« mehr sein als nur die unterste Stimme in einer Komposition. Er wird – exemplarisch dann später bei Johann Sebastian Bach – nicht nur zum Träger und Fundament der Harmonie, sondern auch zum Rhythmusträger. Die Bedeutung der Baßfunktion wird daher durch einen dementsprechend gewichtigen Begriff unterstrichen: den »Generalbaß«. Er wurde sogar zum Markenzeichen der ganzen Epoche gemacht, in dem man vom »Generalbaßzeitalter« anstelle vom »Barock« sprach.

Dieser *Generalbaß* (auch basso continuo oder basso fondamentale genannt) war zunächst einmal vom handwerklichen her gesehen so etwas wie eine Kurzschrift, eine musikalische Stenographie. Da in der monodischen Musik Oberstimme und Baß die beiden Zentren der musikalischen Konzeption geworden sind, reicht es, diese beiden Stimmen zu notieren, und die Mittelstimmen, die nicht mehr als Füllstimmen sind, durch Ziffern über der Baßstimme anzuzeigen. (Ist bei einem Baßton c eine 7 notiert, so weiß der Spieler, daß er außer der selbstverständlichen Ergänzung zum Dreiklang, (c–)e–g, auch noch die Septime, also das b zu verwenden hat). Man spricht daher vom »bezifferten Baß« oder von der »Generalbaßbezifferung«.

Die Monodie konnte und wollte den polyphonen Stil nicht ersetzen. Ihr Hauptgebiet war die Oper (die seit 1637 schließlich diesen heute noch gebräuchlichen Namen trägt). Die beiden traditionell polyphonen Gattungen, Motette und Madrigal, unterschieden sich eher darin, daß in ihnen der »Fortschritt« im Rahmen der Vielstimmigkeit unterschiedlich stark ausgeprägt war. Die Motette wurde dabei eher als der Inbegriff der alten Kunst verstanden. Orlando di Lasso hatte sie wohl zu ihrer »klassischen Ausprägung« (Werner Braun) gebracht. Die Madrigale dagegen waren eher geeignet als Experimentierfeld für das Neue. Die Motetten waren auch charakterisiert durch ihre langen, schwergewichtigen Taktmaße (Allabreve-Mensuren). Ihr Ausdruck galt als »grave & quieto« (schwer und ruhig). Dies entsprach vor allem dem eher geistlichen Textgehalt, der entsprechend würdig umgesetzt werden mußte. Der Bewegungsablauf des Madrigals war im Gegensatz dazu rascher und prägnanter. Im Text eher weltlich, oftmals sogar dominierend erotisch orientiert. Es liegt auf der Hand, daß sich hier der neue Stil problemloser entfalten konnte als in der weihevolleren Motette.

Auch hier spielt Claudio Monteverdi wieder eine wichtige Rolle. Neben der bewußten Pflege des alten, des »Prima pratica«-Stils ist vor allem in der Entwicklung seiner Madrigalkompositionen zu beobachten, wie er die »Seconda pratica« in die polyphone Kompositionsweise einbringt. Seine ersten drei Madrigalbücher (erschienen 1587 bis 1592) sind noch Niederschläge des »Geistes der Renaissance«. Silke Leopold beschreibt das Madrigal »Ecco mormora l'onde« aus dem II. Buch: »Der Effekt, das Außerordentliche dieser Komposition liegt in dem einzigartigen Gleichgewicht, das zwischen allen einzelnen Bausteinen der Komposition herrscht. Stabilität und innere Ruhe garantiert zunächst das unbeirrbare Festhalten an der Grundtonart.« Dann kommt sie zu dem Schluß: »Die innere Balance, die lebendige Gelassenheit dieses Madrigals sind die Vollendung renaissancehaften Geistes, der Niederschlag eines Lebensgefühls, das seine Kraft aus dem Bewußtsein seines festen Platzes im Weltgefüge schöpft und sich in harmonischer Ausgeglichenheit und gemessener Heiterkeit manifestiert.« [64, S. 54]

Ist das »Ecco mormora l'onde« ein fünfstimmiger, polyphoner A-cappella-Satz, so treten ab dem fünften Madrigalbuch immer mehr die Elemente der »Seconda pratica« in Erscheinung. Silke Leopold greift zur Beschreibung dieser neuen Strukturen das Madrigal »Hor che il ciel e la terra« aus dem achten Buch heraus (erschienen 1638). Die Setzweise ist hier über weite Strecken homophon, der Chor wird von einem generalbaßgestützten Orchester getragen. Im Gegensatz zur eher statischen Ausdruckswelt der Renaissancezeit sieht sie hier »all das, was das Lebensgefühl jener neuen Epoche charakterisierte, die wir das Barockzeitalter nennen: Kontrast, Spannung, Unausgewogenheit –

Theatralik – jener Taumel der Empfindungen, der eine Folge des wankenden Weltbildes, der emotionalen Unsicherheit war.« [64, S. 58]

Zeitgenössische Diskussionen

Von den Urteilen der Anhänger und Vertreter der damaligen »Moderne« über den alten Stil wurde bereits berichtet. Wir hörten Agostino Agazzari über »die Confusion und Zerstümmelung« des Textes in den alten Werken wettern. Caccini, führendes Mitglied der Camerata Fiorentina und einer der ersten Opernkomponisten, spricht in seiner Streitschrift »Le nuove musiche« aus dem Jahr 1602 über die alte Polyphonie als dem »Laceramento della Poesia«, dem »Zerfetzen der Poesie«.

Doch die Gegenreaktionen auf den neuen Stil ließen natürlich ebenfalls nicht lange auf sich warten. Zu den wichtigsten Dokumenten dieser Kritik gehört die Streitschrift gegen die »Moderna Musica«, die der Bologneser Priester Giovanni Maria Artusi bereits im Jahre 1600 verfaßt hat. Artusi war Schüler von Zarlino, den wir als den größten Musiktheoretiker des 16. Jahrhunderts bereits kennengelernt haben.

Zusammengefaßt verteidigt Artusi in dieser Schrift den alten, strengen Satz und wendet sich gegen die Affektbetontheit des neuen Stils mit seinen neuartigen harmonischen Kühnheiten, die damals als dissonant empfunden wurden. Ohne Monteverdi direkt anzusprechen, meint er ihn doch, wenn er sagt:

»Ich streite nicht ab, daß die Entdeckung neuer Dinge nicht nur gut, sondern auch notwendig ist. Aber erzähle mir erst, warum du diese Dissonanzen verwenden willst, wie die modernen Musiker sie verwenden. (...) Warum verwendest du sie nicht in der richtigen Weise, der Vernunft gemäß, in Übereinstimmung mit dem, wie Palestrina (...) und so viele, viele andere in dieser Akademie komponiert haben?« [65, S. 35]

An anderer Stelle urteilt er so: »Ich wurde eingeladen, einige neue Madrigale zu hören. (...) Die Madrigale wurden ein und noch einmal gesungen; die Machart war nicht schlecht, auch wenn sie neue Regeln, neue Mittel und neuen sprachlichen Ausdruck einführte. Aber sie sind rauh und dem Ohr wenig gefällig, und sie können auch nicht anders sein, wenn man die guten Regeln überschreitet, die zum Teil in der Erfahrung – der Mutter aller Dinge – begründet sind, zum Teil der Natur abgelauscht und zum Teil mit Beweisführungen demonstriert, muß man annehmen, daß dann Dinge dabei herauskommen, die der Natur und der Eigentümlichkeit der eigentlichen Musik-Harmonie entartet sind und weit entfernt von der Aufgabe des Musikers: zu erfreuen.« [64, S. 15]

Monteverdi selbst hat im Vorwort zu seinem fünften Madrigalbuch, das 1605 erschien, auf diesen Vorwurf reagiert. Das Buch allerdings, das er darin erwähnt, hat er nie geschrieben, ja nie schreiben müssen, denn die weitere musikalische Entwicklung hat ihm Recht gegeben:

»Fleißige Leser! Wundert euch nicht, daß ich diese Madrigale dem Drucke übergebe, ohne vorher auf die Angriffe zu antworten, welche Artusi gegen einige kleine Sätzchen derselben erhoben hat. Ich habe begonnen eine Antwort zu schreiben, um der Welt kundzutun, daß ich nicht planlos komponiere. Sobald ich sie überarbeitet habe, wird sie erscheinen; sie wird den Titel tragen ›Seconda pratica, ovvero, Perfetioni della Moderna Musica‹. Einige, die da meinen, es gäbe keine anderen als die von Zarlino aufgestellten Kunstgesetze, werden sich wundern; sie mögen versichert sein, daß – was die Konsonanzen und Dissonanzen angeht – noch eine andere, von der üblichen Anschauung abweichende Ansicht berechtigt ist, welche unter vollständiger Befriedigung des Sinnes und des Verstandes die moderne Kompositionsweise rechtfertigt.«

Der Streit zog sich noch jahrelang hin. Inzwischen war Monteverdi allerdings ein angesehener Meister geworden. 1607 hatte er großen Erfolg mit seiner Oper »Favola d'Orfeo« (»Die Favola findet so viel Beifall von allen Zuhörern, daß der Herzog, nicht zufrieden damit, sie bei vielen Proben gehört zu haben, Befehl erteilt hat, daß sie noch einmal aufgeführt werde.« [64, S. 19]) 1613 erhielt er eine der einflußreichsten Stellen, die die damalige Musikwelt zu vergeben hatte: die des Domkapellmeisters von San Marco in Venedig. Als er 1643 im Alter von 76 Jahren starb, hat die neue Gattung der Oper bereits einen Siegeszug angetreten, der beispiellos ist. In diesem grandiosen Anfang steckte allerdings – schneller, als sich das der alte Meister hätte denken können – bereits ein Hauch von Dekadenz, die aus der großen neuen Gattung sehr schnell etwas anderes hat werden lassen: ein hohles Riesenspektakel.

Glanz und Elend der neuen Oper

Das tragende Element der neuen Gattung war die Monodie, der Sologesang mit tragendem Stützbaß. Im »Stile recitativo« wurde die Sprache musikalisch-gestisch vergegenwärtigt und affektiv ausgedeutet. Im

Gegensatz zur »Prima pratica« mit ihrer sprachzerstückelnden Polyphonie und ihrem strengen Kontrapunkt suchte sie das neue Ideal zu realisieren, das Claudio Monteverdi auf den Nenner brachte: »Die Rede sei Herrin über die Musik, nicht deren Dienerin.«

So weit, so gut. Aber steckt darin nicht auch ein ungeheurer Widerspruch? Wie kann ein Komponist bedingungslos proklamieren, daß die Musik sich dem Text unterzuordnen habe? Wo liegt dann das eigentlich »Musikalische« in dieser vielgerühmten neuen Gattung? Ist der Komponist vielleicht nicht bloß noch das, was in heutigen Zeiten der Musiklieferant im Kino ist, der einen bereits fertiggestellten Streifen musikalisch untermalt?

Diskussionen dieser Art über die Gewichtsverteilung zwischen Text und Musik in der Oper hat die ganze Geschichte dieser Gattung begleitet. Jede Generation von großen Opernkomponisten hat diesen Streit neu geführt. Doch den wesentlichen Zug der Oper hat bereits Monteverdi ausgeprägt, den spezifisch musikalischen Zusammenhalt der Gattung aus dem Geiste der Musik. Aus einem tendenziell zu langatmiger Langeweile neigenden affektiven Sprechgesang, den die Monodie darstellte, kristallisierten sich recht bald melodische Verdichtungen, die wir in der Gestalt, in welcher sich noch Wort und Musik die Waage halten, *Arioso*, in der musikdominierten späteren Version *Arie* nennen. Bei Monteverdi überwiegt noch das Arioso. Außerdem ergänzte er die Monodie- und Ariosoteile bereits reichlich mit Orchesterstücken, den sogenannten »Sinfonien« (hier bereits das Wort für ein Phänomen, das sich erst später zu einer eigenen Gattung entwickeln sollte) und den Ritornellen (wiederkehrende Schlußteile). So war es nicht zuletzt die Rolle des instrumentalen Elements, die den Dramenverlauf von Anfang an zusammenhielt und das musikalische Eigenrecht der Gattung neben den Elementen Text und Szene proklamierte.

Die Verbreitung der Oper vollzog sich rasch. Ausgehend von ihren Geburtsstätten Florenz und Mantua führte der Siegeszug zunächst nach Rom. Elemente barocker Prachtentfaltung schlugen sich hier nieder im Ausbau der Choreinlagen. Denn die römische Oper dieser Zeit war eine ziemlich exklusive Angelegenheit des weltlichen und geistlichen Adels. Komponiert zu einem bestimmten Anlaß, wird sie mit einem Maximum an Prachtentfaltung in Szene gesetzt.

Ein weiteres Opernzentrum war Venedig, das durch Monteverdi inspiriert wurde. In seinen beiden späten Opern »Die Heimkehr des Ulysses« (1640) und »Krönung der Poppea« (1642) favorisierte er noch einmal die elementare musikalische Kraft arioser Gesänge und

Ensembles, um der Langatmigkeit der reinen »Secco«-Rezitative zu entgehen (Rezitative mit einer »trockeneren« Cembalobegleitung). Daß das Ende der venezianischen Oper dennoch immer mehr in das Fahrwasser einer Aufspaltung von Rezitativ und Arie geriet, hatte weniger musikalische Gründe als solche, die zum Thema »Niedergang der Barockoper« gehören. In Venedig wurde im Jahre 1637 das erste öffentliche Opernhaus gegründet. Es wurde auf der Grundlage freien Unternehmertums von einem »Impresario« geleitet. Im Gegensatz zu den höfischen Opernbetrieben mußte dieser erfolgsorientiert wirtschaften, was tiefgreifende Einflüsse auf die Gattung selbst hatte. So konnte man sich keine größeren Chöre und Ensembles leisten, der Aufwand für die Inszenierung hielt sich in Grenzen. Ganz im Gegensatz zur Oper am Hofe. »Die Kosten spielten hier keine Rolle mehr. Der Begriff der Rentabilität war unbekannt. Beruht der Ruf eines Geschäftstheaters auf der Höhe seiner Einnahmen, so der eines Hoftheaters auf der Höhe seiner Ausgaben«, schreibt Richard Alewyn. [38, S. 38]

In der Impresario-Oper wurde der Geschmack des Publikums zur Richtschnur, die immer wichtiger genommen werden mußte. Die Frage, ob die Primadonna den höchsten Ton der Arie mit Bravour schafft oder nicht, wurde allmählich wichtiger als der musikalische Sinn der Arie selbst. Hier setzt die Umwertung dessen ein, was die Florentiner Camerata ursprünglich im Sinne hatte. »Der Weg von der Wortausschmükkung zu der jeden Sprachsinn weit hinter sich lassenden Bravourarie ist die Geschichte einer von den Gelehrten der Florentiner Camerata weder eingeplanten noch vorhergesehenen Selbstbehauptung der menschlichen Stimme, die Geschichte ihres Widerstandes gegen eine Subordination unter die Gesetze von Sprache und Philosophie.« [38, S. 15] Zunächst gehörte es mit zu den großen künstlerischen Errungenschaften der Gattung selbst, daß sie der menschlichen Stimme in Verbindung mit affektiven und leidenschaftlichen Äußerungsmomenten zu ihrem Recht verhalf. Daß sich im Bereich der Stimmtechnik – parallel zu den Errungenschaften der Instrumentaltechnik der Barockzeit – eine ungeahnte Virtuosität entwickelte, war selbstverständlich und begrüßenswert. Steht diese Virtuosität in ihren Anfängen, etwa bei Monteverdi, noch im Dienste der Ausdeutung einer bestimmten Situation, so fängt sie bald darauf an, sich zu verselbständigen. Zunehmend feiert das virtuose Element Triumphe für sich allein und isoliert sich bald in einer Einseitigkeit, welche die Gattung fast zerstört. Richard Alewyn hat diesen Zustand, der ein Resultat aus der Erfolgsgier der Stars und der Sensationslust der Zuschauer war, sehr plastisch beschrieben:

»Auf dem in vielen schwelgenden Windungen erstiegenen Gipfel der Arie setzt das Orchester aus, der Virtuose steht an der Rampe, und es gibt keinen Hörer mehr, der nicht den Atem anhielte, wenn nun das Feuerwerk von Trillern, Läufen, Rouladen und anderen Fiorituren losprasselt. Der ganze Raum ist überhaupt nur noch Stimme, Stimme, die wirbelt, flötet, trillert, perlt, Tonleitern hinaufjagt und in Kaskaden hinabstürzt. Nach einem herausfordernden Schluß geht der Sänger ab, und der Sturm des Beifalls bricht los. Und dieser Beifall ist nicht etwa eine Störung, sondern er gehört dazu. Er ist mitkomponiert, nicht anders als die Bewunderung des Betrachters, der vor eine barocke Fassade oder ein höfisches Portrait tritt. Eine Arie ohne Beifall wäre sinnlos, wäre das Peinlichste, was es gibt: Effekt ohne Wirkung. Die Arie ist das Symbol des Bündnisses von Sänger und Publikum und seines Triumphes selbst über die Musik.« [38, S. 35]

Das folgende Notenbeispiel soll zeigen, wie eine Soloeinlage auf improvisatorischer Ebene in einer solchen Aufführung aussieht. Zunächst das komponierte Originalstück (3 Takte), sodann eine Ausschmückung durch den berühmten Kastraten Farinelli:

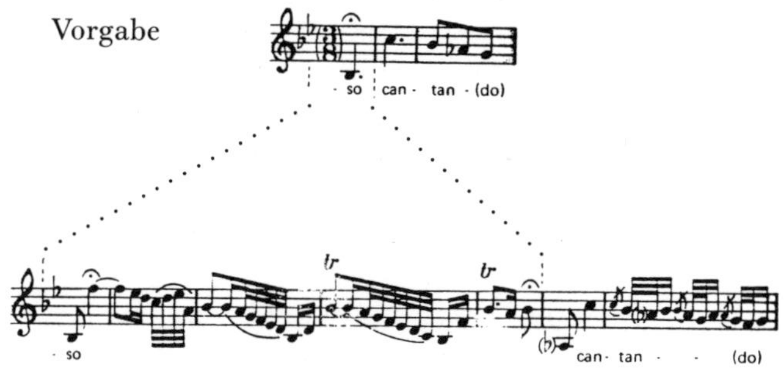

Ausschmückung durch den Kastraten Farinelli

Ein Opernabend in der damaligen Zeit hatte somit zweifellos etwas Circensisches an sich, das wir heute eher mit einem Variété oder einer großen Show vergleichen würden. Außerdem ist es gerade das Kastratenwesen, was uns einen unmittelbaren Zugang zur Opernkultur der damaligen Zeit ziemlich erschwert. Dabei ist die Sache ungeheuer ambivalent. Einerseits ist der Kastrat die Vollendung barocker Unnatürlichkeit. Wenn es eines Beweises bedürfte, daß Kunst nicht der Natur abgelauscht, wie es zu allen Zeiten von verschiedenen Leuten immer wieder behauptet wird, sondern daß sie von Menschenhand geschaffene »Künstlichkeit«, also ein Artefakt, ist – hier wäre er. Entscheidender kann man, um ein ästhetisches Ziel zu erreichen, nicht in die Natur eingreifen. Offenbar in Zusammenhang mit dem Paulus-Wort, daß die Frau in der Kirche zu schweigen habe (»Mulier taceat in ecclesia«), setzte im 16. Jahrhundert der Brauch ein, den es früher schon in Rom oder Konstantinopel gegeben hatte, daß »Tausenden und Abertausenden« [56, S. 77] fünf- bis siebenjährigen Knaben vom Barbier (!) die Keimdrüsen entfernt wurden, um die Stimmlippen im Kehlkopf am Wachstum zu hemmen. Dadurch wurde die hohe Stimme (Sopran oder Alt) erhalten, während Brustkorb und Lungen mit dem normalen Körperwachstum das Volumen und die Kraft der Männerstimme erreichten. Während des 18. Jahrhunderts waren rund siebzig Prozent der männlichen Sänger Kastraten! Für viele Eltern verband sich mit diesem unnatürlichen Eingriff die Hoffnung auf den sozialen Aufstieg ihres Sohnes. Der letzte »Evirat« in Europa, Alessandro Moreschi, sang noch 1904 in der Sixtinischen Kapelle im Vatikan.

Die andere Seite dieses Unwesens ist die, daß die Kastratenstimme »übernatürlich-schön« gewesen sein muß, so jedenfalls empfand dies selbst noch Arthur Schopenhauer. Auch Jürgen Kesting, der in seinem Buch »Die großen Sänger« in drei dicken Bänden (fast) alles beschreibt, was Stimme hat, läßt sich durch die früheren Berichte zu einem Begeisterungsausbruch nach dem anderen hinreißen:

»Das tiefe Paradox«, so Kesting, »lag darin, daß eine künstlich hergestellte und ihrer geschlechtlichen Eigenarten beraubte Stimme die Wirkung von größter Natürlichkeit und erregender Sinnlichkeit ausübte. Diese Verbindung von (nur erahnbarer) Klangschönheit und nachweisbarer technischer Virtuosität ist nie wieder erreicht worden, und wenn es je ein Goldenes Zeitalter des Gesanges gab, dann war es die Ära der Kastraten.« – »Das Ende aller Größe liegt in der Vollendung. In der zweiten Hälfte des 18. Jahrhunderts übersteigerten die Kastraten ihre Kunst zu einer Virtuosität in excelsis.« [56, S. 78 f.]

Die Opernreform von Metastasio

Im frühen 18. Jahrhundert bahnte sich eine »Reform« an. Doch sie bestand aus unserer heutigen Sicht weniger darin, die Mißstände zu beseitigen, als vielmehr, sie in geregelte Bahnen zu lenken. Ihren Ausgang nahm die Reform zunächst an der inhaltlichen und dramaturgischen Seite des Geschehens. Wie wir festgestellt hatten, glich die Oper eher einer Revue als einem Drama: »In jeder Szene mußte etwas Spannendes geschehen; Bären, Trojanische Pferde oder Meeresungeheuer spielten dabei tragende Rollen, Männer stifteten als Frauen verkleidet (oder umgekehrt) Verwirrung. Die Fabel wurde von Begebenheiten, die nach immer gleichem Schema abzulaufen hatten, in solchem Maße überlagert, daß es kaum mehr eine Rolle spielte, ob der Held Cäsar hieß oder Ibrahim.« [21, S. 73]

So waren es denn auch nicht etwa die Komponisten, die eine Reform durchführten, sondern die Textdichter. Neben Apostolo Zeno (1668 bis 1750) wirkte hier am einflußreichsten Pietro Metastasio (1698–1782). Beide zunächst im Umfeld der neapolitanischen Opernschule, welche kompositionsgeschichtlich die Zeit zwischen 1690 und 1800 über weite Strecken beherrschte. Ihre Ausstrahlung wurde bald so bedeutsam, daß man die Opera seria des 18. Jahrhunderts heute oft kurzerhand als »Metastasianische Oper« bezeichnet.

Die meisten Werke dieses Typs sind inzwischen längst aus dem Repertoire der Opernhäuser ausgeschieden. Wollte man die Musikgeschichte nach dem Kriterium schreiben, »wichtig ist das, was sich bis heute gehalten hat«, könnten wir dieses Kapitel glatt überspringen. Ist man jedoch an dem Kriterium interessiert, (auch) zu schildern, was in der jeweiligen Zeit musikalisch von großer Wichtigkeit war, kann man die Metastasianische Oper nicht übergehen. Im »Neuen Handbuch der Musikwissenschaft« kommt Carl Dahlhaus um eine gewisse Schelte seiner früheren Kollegen nicht herum:

»Man wußte und wollte dennoch nicht wahrhaben, daß die wesentliche musikalische Institution des 18. Jahrhunderts (...) in dem System der italienischen Hofopern bestand, das sich von Neapel und Madrid bis nach St. Petersburg und von London bis nach Wien ausbreitete. Die Musik des 18. Jahrhunderts war – zum Ärgernis einer bürgerlich-nationalistischen Geschichtsschreibung – in ihren charakteristischen Ausprägungen höfisch und international. Wenn in der Ästhetik des Zeitalters von ›der‹ Musik die Rede ist, so ist, anders als im 19. Jahrhundert, nicht die ›reine, absolute Instrumentalmusik‹ (Eduard Hanslick), sondern die Oper, und zwar primär die Opera seria, gemeint.« [21, S. 4]

Und an späterer Stelle schreibt er: »Versteht man unter europäischer Musik im 18. Jahrhundert primär die Musikkultur der europäischen Höfe, gibt man also als Zeitgenosse einer nachbürgerlichen Epoche das Vorurteil bürgerlicher Historiker preis, bereits das 18. Jahrhundert sei ein Zeitalter mit dominierender bürgerlicher Musikkultur gewesen, und läßt man sich ferner von der Voraussetzung leiten, daß die repräsentative musikalische Gattung des 18. Jahrhunderts die Oper, und zwar die Opera seria, gewesen sei, so erweist es sich als unausweichlich, von einem bis in die Zeit der Wiener Klassik hineinreichenden Primat der italienischen Musik zu sprechen.« [21, S. 19]

Uns interessiert hier zunächst das, was die Opera seria – die »Metastasianische Oper« – formal und inhaltlich ausmacht. Der Schönheit und Ironie der Sprache wegen wollen wir uns eine Beschreibung einer »Anweisung« für Libretto-Schreiber einmal anschauen, die Carlo Goldoni (1707–1793) verfaßte, der alsbald ins Lager der Opera buffa wechseln sollte und dort große Erfolge hatte:

»Sie scheinen aber nicht zu wissen, daß das musikalische Drama ein unvollkommenes Werk ist, das Regeln und Konvenienzen kennt, die zwar größtenteils nicht dem gesunden Menschenverstand entsprechen, denen man sich aber pünktlich unterwerfen muß. Man hat hier Regeln für alles, und es wird für ein Kapitalverbrechen gehalten, ihnen zu trotzen und sie nicht sklavisch zu befolgen. Jede der drei Hauptpersonen des Dramas muß fünf Arien singen, zwei im ersten, zwei im anderen und eine im dritten Akt. Die dritte Atrice und der zweite Soprano dürfen nicht mehr als drei haben, und die übrigen müssen sich mit einer, höchstens zweien begnügen. Vor allen Dingen muß ›der Dichter‹ sich hüten, den zweiten Rollen leidenschaftliche Arien oder Bravourarien oder gar Rondos zu geben: Diese armen Leute müssen sich mit dem begnügen, was für sie übrigbleibt; es ist ihnen gleichsam verboten, sich hervorzutun.« [21, S. 75]

Die Textbücher für eine Oper waren also nicht von der Inspiration des Dichters und des Komponisten beflügelt, sondern ein einziger Katalog von Regeln, die »nicht dem gesunden Menschenverstand entsprechen«. Da wurde die Zahl der Arien und ihre Ausdruckstypologie genau vorbestimmt, um die Eifersucht der Stars untereinander in Grenzen zu halten. Die Handlung – es geht fast immer um historisch-mythologische Stoffe – und die Musik sind rigoros getrennt. Die musikalisch anspruchslosen Rezitative treiben die Handlung vorwärts, die Arien geben Gelegenheit zu musikalischen, vor allem virtuosen Höhenflügen. Außerdem fassen sie die Affekte der vorausgegangenen Szene zusammen (Liebe, Wut, Verzweiflung etc.). Sie stehen also immer am Ende einer solchen Szene und verschaffen damit dem Sänger einen sicheren Beifallssturm auf einer für ihn freigeräumten Bühne. Die Zahl der Personen ist begrenzt: kaum sind es mehr als sechs. Die wichtigsten sind die Herrscher sowie das erstrangige und das zweitrangige Paar. Zwischen ihnen kommt es zur großen Intrige. Alle weiteren Personen sind »Vertraute«, die, so Silke Leopold, »als Stichwortgeber fungieren, bisweilen aber auch nötig sind, um den geschürzten Handlungsknoten an einem Punkt, wo die Situation ausweglos erscheint, zu lösen.« [64, S. 75] Wiederum aus Konkurrenzgründen wurden Ensembles, also Duette, Terzette usw. möglichst gering gehalten. Die in der Handlung auftretenden Konflikte werden psychologisch nicht ausgedeutet. Sie dienen lediglich dazu, Vorlagen für große Arien zu schaffen. (Im Prinzip gilt dies auch im 19. Jahrhundert noch für die italienische Oper, von der sich das Wagnersche Musikdrama gerade in diesem Punkt so wesentlich abheben sollte.) Durch die starre Typologie des Handlungsrahmens, der Abfolge der wichtigsten Personen und der Programmierbarkeit des Affektgehaltes der einzelnen Arien waren die Texte problemlos auszutauschen. Metastasio hatte dagegen auch keine Einwände. Der konkrete Inhalt war ohnehin fast immer der gleiche. Wie schon in der Oper des 17. Jahrhunderts versetzten die mehrfach verschlungenen Intrigen zwischen Königen und Prinzen aus der römischen Geschichte das Publikum weniger in Spannung als die Frage, »ob der berühmte Kastrat X in seiner Kadenz wohl den gewohnten Umfang um eine halbe Note überschreiten werde.« [38, S. 37]

Im Rahmen dieses starren Handlungsgefüges bildete die kompositorische Form der Arie selbst noch einmal ein festes Korsett (nach dem Schema A–B–A):

Hauptteil	Zwischenteil	da capo (= von vorne)
A–A′	B	Wiederholung von A und A′
		(mit möglichen Auszierungen)

Die Komponisten wußten, für welche Sänger sie die Arien schrieben, und konnten so auf deren individuelle Möglichkeiten eingehen: Es ließen sich so Höhepunkte hervorheben oder Schwächen vertuschen.

Von Metastasio gibt es 57 Operntexte. Wenn man allerdings bedenkt, daß die meisten davon mehrfach und einige sogar bis zu sechzigmal (!) vertont wurden, kann man erst ermessen, wie groß sein Einfluß auf die Komponisten und wie wichtig sein Vorbild für die übrigen Textdichter der damaligen Zeit war. Andererseits bestätigen diese Zahlen gewissermaßen »empirisch«, was die Zeitgenossen damals zu loben nicht müde wurden. Sie sprachen von einer Sangbarkeit der Worte ohne Töne. Einer stellt heraus, daß »Metastasio die Phrasen, die Pausen, den Text und alle Teile seiner Arien so festgelegt hat, als hätte er sie selbst gesungen« [75, S. 153]. In der Tat dichtete er am Cembalo und entwikkelte die ersten Vorstellungen davon, in welcher Weise die Vertonung optimal ausfallen könnte. Und diese Vorstellung gab er schließlich an die Komponisten weiter, die sich ihm »alle ergeben haben«, wie ein Zeitgenosse bemerkte.

War einerseits der Inhalt dieser »Seria«-Opern mit der ständigen Wiederholung der ewig gleichen Aussage, die darin gipfelte, auf der Bühne die Machtverhältnisse der realen Gesellschaft zu verdoppeln, zunehmend langweilig geworden (man wußte im Prinzip, wie das Stück ausgeht, ohne es zu kennen), und reduzierte sich andererseits der musikalische Anspruch auf eine Virtuosität, die sich verselbständigt hatte, so ist es nicht verwunderlich, daß das Publikum manche langatmige Arie und manches trockene Rezitativ mit einer unterhaltsameren Ablenkung zu »überbrücken« suchte.

Der französische Literaturnobelpreisträger und Musikhistoriker Romain Rolland beschreibt dies in seinem Buch »Musikalische Reise ins Land der Vergangenheit«:

»Das Publikum ist lärmend und unaufmerksam; es scheint, daß es den eigentlichen Zweck des Theaters, die Hingabe an das Drama, nicht sehr hoch einschätzt. Während eines Teils der Vorstellung plaudert man ungeniert. Man macht einander Besuche von einer Loge zur anderen. In Mailand sind besondere Zimmer für jede Loge, worin Kamine und gute Anstalten zu Erquickungen und zum Kartenspielen sind. In der vierten Reihe sind Pharaotische, auf jeder Seite des Hauses einer, welche während der Vorstellung der Oper gebraucht werden. In Bologna machen es sich die Damen sehr bequem; sie plaudern oder, besser gesagt, schreien während des Stückes von ihrer Loge zur gegenüberliegenden, stehen auf und klatschen in die Hände, während sie bravo! rufen. Die Männer sind gemäßigter; wenn ein Akt zu Ende ist und ihnen gefallen hat, begnügen sie sich damit, zu brüllen, bis er wiederholt wird. Nicht genug, daß jeder sein Gespräch führt, so laut er nur kann, und daß man unter Geheul nicht allein den Gesängen, sondern auch den Sängern, sobald sie erscheinen und während sie singen, seinen Beifall bezeigt, haben die Herrschaften im Parterre auch noch lange Stöcke, mit denen sie, soviel sie nur können, auf die Bänke schlagen, zum Zeichen ihrer Bewunderung. Sie haben Mitverschworene in den Logen im fünften Rang, die auf dieses Signal hin Unmengen von Papierblättern hinunterwerfen, auf denen Sonette zum Ruhme der Signora oder des Virtuosen, die eben gesungen haben, gedruckt sind. Jeder beugt sich mit halbem Leibe aus der Loge, um sie aufzufangen, das Parterre springt auf, und die Szene endigt mit einem allgemeinen ›Ah‹ wie beim Johannisfeuer.« [75, S. 183]

Noch drastischer bringt Romain Rolland das untergeordnete Verhältnis des Textes mit der Beschreibung der folgenden Szenerie zum Ausdruck: »Wir finden bei dem italienischen Publikum des 18. Jahrhunderts eine nicht zu überbietende Gleichgültigkeit für die dramatische Fabel; bei dieser vollkommenen Unbekümmertheit um das Thema kommt man leicht dahin, den zweiten oder dritten Akt einer Oper vor dem ersten zu spielen, wenn irgendeine hochgeborene Persönlichkeit es so wünscht, die nicht den ganzen Abend im Theater verbringen kann.... und doch begeisterte dasselbe Publikum, dem das Drama gleichgültig war, sich gerade und frenetisch an irgendeiner dramatischen Stelle, losgelöst aus dem Ganzen der Handlung.« [75, S. 185]

Nährboden auch für die Instrumentalmusik

Das italienische Publikum war im 17. und 18. Jahrhundert regelrecht »verrückt« nach der Oper, aber auch sonst nach Musik aller Art. Dies beschreiben alle, die damals mit großem Interesse und Enthusiasmus nach Italien, dem gelobten Land der Musik, pilgerten. Für unser Thema am wichtigsten ist zweifellos der Engländer Charles Burney (1726–1814), ein Gelehrter, der das Ziel hatte, eine große Musikgeschichte zu schreiben. Zu diesem Zwecke reiste er durch alle europäischen Metropolen, sprach mit den Komponisten, hörte die Virtuosen und Orchester und hielt seine Eindrücke zunächst einmal in seinem »Tagebuch einer musikalischen Reise« fest. Er ist, nicht nur für Romain Rolland, sondern auch heute noch für alle, die über das 18. Jahrhundert schreiben, der wichtigste Augenzeuge. Doch zunächst wieder Rolland:

»An der Schwelle Italiens werden die Reisenden von der musikalischen Leidenschaft erfaßt, welche die ganze Nation verzehrte. Sie war im Volk um nichts geringer als bei den Vornehmen. ›In den Straßen werden wir von Geigen, Instrumenten und Gesang aufgehalten‹, schrieb der Abbé Coyer 1763. ›Man hört auf öffentlichen Plätzen Schuster, Schmiede, Tischler mehrstimmige Arien mit einer Genauigkeit und einem Geschmack singen, die sie sowohl der Natur als auch dem Umstand verdanken, daß sie beständig künstlerisch ausgebildete Musiker hören.‹ Wo nur in Venedig ›zwei Menschen Arm in Arm spazieren gehen‹, sagt Burney, ›scheinen sie sich im Gesange zu unterreden ... Alle Lieder auf den Gassen werden als Duette gesungen.‹ Aber das schönste war die leidenschaftliche Freude, die dieses Volk bezeugte, wenn es der Musik zuhören konnte. Der Engländer Moore beschreibt, wie bei einer musikalischen Veranstaltung in Rom ›das Publikum mit gefalteten Händen, halbgeschlossenen Augen, angehaltenem Atem dasitzt. Ein junges Mädchen beginnt mitten im Parterre aufzuschreien: O Dio! Wo bin ich, Ich sterbe vor Freude! Manche Vorstellungen wurden von dem Schluchzen des Auditoriums unterbrochen.« [75, S. 170]

Zu dieser Musikbegeisterung trugen auch und vor allem die zahlreichen musikalischen Institute bei, die es in ganz Italien in großer Zahl gab. Venedig und Neapel waren nicht nur die großen Gesangsschulen Italiens, sondern ganz Europas. Neben diesen beiden »Hauptstätten« der Oper gab es noch die Lombardei als Zentrum der Instrumentalmusik, Bologna als Sitz der Theorie und schließlich Rom, die Stadt der strengen Kritiker.

Zu den norditalienischen Instrumentalistenstars gehörten Corelli, Tartini und Vivaldi. Interessant ist, daß Arcangelo Corelli (1653–1713) den Versuch unternahm, das nackte, selbstgefällige Virtuosentum durch den Rückgriff auf den »strengen Satz« von Palestrina zu zähmen. Guiseppe Tartini (1692–1770) war eine absolute Autorität seiner Zeit, nicht so sehr auf dem Gebiet der Musiktheorie, auf dem er sich auch versucht hatte, als vielmehr als Geigenvirtuose von größtem Rang. »Padua«, so Burney, »ist in neueren Zeiten durch den Aufenthalt des berühmten Komponisten und Geigers so bekannt geworden, als in alten Zeiten dadurch, daß der Geschichtsschreiber Livius hier geboren war.« Kein italienischer Virtuose glaubte an seine Begabung, wenn er nicht durch Tartini bestätigt worden war. Und dennoch verabscheute auch er die Virtuosität, wenn sie ganz und gar um ihrer selbst willen zelebriert wurde. Rolland erzählt dazu folgende Begebenheit: »Wenn die italienischen Virtuosen ihm ihre Kunststücke vormachten, so hörte er unbewegt zu und sagte dann: Es ist lebendig, es ist glänzend, es ist sehr geschickt, aber – indem er die Hand aufs Herz legte – es gibt mir nichts *hier.*« Nach seinem Tode besuchte man sein Grab »mit allem Eifer eines Pilgrims zu Mecca« (Burney).

Antonio Vivaldi (1678–1741) erregte in seiner Zeit ebenfalls große Aufmerksamkeit durch sein Violinspiel. Seine Grifftechnik und sein Bogenspiel riefen Staunen und Bewunderung hervor und stimulierten ihn zu Klangbildern, die ihn bereits in die Nähe des späteren Paganini führten. Er hat die typische barocke Konzertform geprägt: den Wettstreit (oder besser doch: Zusammenspiel) zwischen Soloinstrument und Orchester. Heute noch äußerst populär sind die vier (je dreisätzigen) Violinkonzerte, die unter der Bezeichnung »Vier Jahreszeiten« zusammengeschlossen sind.

Ich habe in diesem Kapitel die sogenannte Barockepoche hauptsächlich unter dem Aspekt der Entwicklung der italienischen Oper zu kennzeichnen versucht. Denn die Oper hatte nicht nur als einzelne Gattung einen außerordentlichen Stellenwert, sondern gab in ihrem Überfluß auch vieles als Anregung ab, was andernorts fruchtbaren Boden fand. So hat beispielsweise die Virtuosität der menschlichen Stimme sicherlich auch den übrigen Instrumentalvirtuosen als Vorbild gedient.

Neben dem Stichwort »Oper« war es früher auch üblich, das Barockzeitalter durch die Begriffe »Generalbaß« (Hugo Riemann) und »konzertierender Stil« (Jacques Handschin) zu charakterisieren. Den Generalbaß haben wir im Zusammenhang mit seiner »Erfindung« um 1600 herum bereits erwähnt, und wir werden auf ihn zurückzukommen haben, wenn wir über Johann Sebastian Bach sprechen. Auf den »konzertierenden Stil« oder kürzer ausgedrückt, das »Concerto-Prinzip«, wollen wir hier rasch eingehen, da eben die Namen der wichtigsten Vertreter dieser Gattung gefallen sind.

Solokonzerte, etwa Konzerte für Violine und Orchester oder für Klavier und Orchester, gibt es in der Barockzeit wie auch im klassisch-romantischen Zeitalter. Da sich der formale und inhaltliche Hintergrund zwischen diesen beiden Stilrichtungen allerdings so gravierend ändern wird, halte ich es für sinnvoll, mit Blick auf barocke Werke nicht von »Konzert«, sondern von »Concerto«, also in der italienischen Originalbezeichnung zu sprechen. (Auch hier soll man aus der Terminologie keine heilige Kuh machen, andererseits kann man da, wo es möglich ist, vielleicht den Wirrwarr etwas reduzieren.)

Die Gattung »Concerto« gibt es zunächst einmal in zwei Varianten. Einmal als »Concerto grosso«. Es wurde vor allem von Corelli in Form gebracht: als mehrsätziges Orchesterwerk, wobei innerhalb der Sätze zwischen vollem Orchester (»tutti«) und einer Gruppe von Solisten abgewechselt wird. In der Sologruppe sind Kombinationen aller möglichen Arten üblich. Zu den heute noch am meisten gespielten Concerti grossi gehören drei der »Brandenburgischen Konzerte« von Bach (Nr. 2, 4 und 5). Nach der Stilwende um 1750 ist diese spezielle Gattung erheblich zurückgegangen, um nicht zu sagen erloschen. Einzelne Nachzügler tragen dann auch andere Bezeichnungen (z. B. die »Sinfonia Concertante« für Violine und Viola von Mozart; das »Tripelkonzert« für Violine, Cello, Klavier und Orchester von Beethoven, das »Doppelkonzert« von Brahms usw., allerdings dominiert hier ein völlig neuer Konstruktionsgedanke, die Sonatenform, so daß die Ähnlichkeit mit den barocken Vorbildern rein äußerlich bleibt). Im übrigen ist der formale Aufbau des Concerto grosso nahezu identisch mit dem des Solo-Concerto. Das Rückgrat der vivaldischen Concertoform (als Satzform) bildet ein melodisch markantes Tutti (gespielt vom ganzen Orchester), auch »Refrain« oder »Ritornell« genannt. Es erscheint in verschiedenen Tonarten. Die dazwischenstehenden Soloeinlagen geben einmal einen klanglichen Kontrast ab und bilden manchmal auch einen melodischen Gegensatz zum Ritornell heraus, ohne daß dieser Kontrast allerdings bereits die Bedeutung hätte, wie er sie in der späteren »Sonatenform« einmal haben wird. Dennoch ist dieses norditalienische Klima der Begeisterung für die Instrumentalmusik eine der Quellen, aus der schließlich die neue Gattung der Sinfonie heraussprudelt, eine Gattung, die später allerdings die Vorherrschaft der italienischen Musik brechen wird.

»Bologna«, so berichtet Romain Rolland, »war das Haupt der italienischen Musik, das Hirn, das denkt und leitet, die Stadt der Theoretiker und Akademiker. Dort lebte die größte musikalische Autorität des 18. Jahrhunderts, eine Autorität, die zugleich von Italien, von ganz Europa, von Gluck, Johann Christian Bach und Mozart anerkannt wurde: der Padre Martini. Dieser Franziskaner, Kapellmeister an der Kirche dieses Ordens in Bologna, war ein gelehrter und liebenswürdiger Komponist von ein wenig rokokohafter Grazie, ein gründlicher Historiker, ein Meister des Kontrapunkts und ein leidenschaftlicher Sammler, der die ganze musikalische Wissenschaft der Zeit in seiner Bibliothek von siebzehnhundert Bänden vereint hatte. Er ließ alle, die sich an ihn wandten, großmütig daran teilhaben, denn er war voll Güte; seine Seele war so klar und heiter, wie man es bei alten italienischen Meistern findet. Auch wurde er sehr geliebt, und beständig wurde an seine Talente appelliert, indem man ihm schrieb oder ihn in Bologna aufsuchte.« [75, S. 193] Die Stadt besaß auch die wichtigste Musikakademie Italiens, die Philharmonische Gesellschaft, in welche der junge Mozart nach einer Prüfung aufgenommen wurde, allerdings mit einer kleinen Hilfestellung Padre Martinis, was die Legende, die aus jedem Genie am liebsten gleich einen Gott machen wollte, verschwieg.

Rom war die Stadt des ästhetischen Gerichts. Auch hier gibt uns Rolland wieder einige plastische Bilder: »Die Vorstellung neuer Opern in Rom waren für ihre Autoren die schwerste Prüfung; man urteilte, als wäre man die letzte Instanz, und die Richter brachten die Leidenschaftlichkeit ihres italienischen Temperaments mit. Vom Beginn des Abends an tobte der Kampf. Wurde die Musik verdammt, so verstand man, einen Unterschied zwischen dem Komponisten und den Sängern zu machen; man pfiff den Maestro aus und zollte den Künstlern Beifall.... Aus der Lebensgeschichte des armen Pergolesi, der, wie man sagt, bei der Erstaufführung seines ›Olimpiade‹ unter lautem Geschrei eine Orange mitten ins Gesicht geworfen bekam, wissen wir, mit welcher Brutalität sich mitunter dieses öffentliche Urteil vollzog.« [75, S. 195]

Woher bezieht eine Nation solche unermeßlichen Begabungsreserven, könnte man fragen – auch und gerade in unserer heutigen Zeit. Die Antwort lautet für damals wie für heute: durch eine konsequente musikalische Breitenförderung. Ist es nicht überraschend, wenn wir erfahren, daß es beispielsweise in Neapel mehrere Konservatorien gab, die sich ganz der Ausbildung von Kindern aus armen Schichten widmeten? Eines der vier herausragendsten »Collegi di musica« war das Kollegium der Armen Jesu Christi, 1589 gegründet, um arme und von Kälte und Hunger bedrohte Kinder nicht nur materiell zu retten, sondern auch, um sie künstlerisch zu fördern. In der Schule von »Santa Maria« befanden sich bis zu achthundert Knaben und Mädchen. Die berühmtesten neapolitanischen Komponisten unterrichteten in diesen Kollegien. Die Kinder blieben in der Regel acht Jahre dort.

Oder ein anderes Beispiel aus Venedig. Dort gab es eine Reihe von Mädchenschulen, die in Wirklichkeit Findelheime waren. Auch hier stand eine vollständige musikalische Erziehung im Mittelpunkt. In einer Zeit, wo noch immer viele Frauenstimmen von Kastraten gesungen wurden, war dies schon ein kontrastierendes Bild, nicht nur, wenn in solchen Anstalten das ganze Orchester aus Mädchen bestand, sondern – noch in unserer Zeit selten genug – wenn auch Frauen dirigierten. Rolland: »Diese Frauenorchester gaben jeden Samstag- und Sonntagabend öffentliche Konzerte. Sie waren ein Hauptanziehungspunkt von Venedig, und kein fremder Reisender, der die Stadt besuchte, hat versäumt, diese Konzerte zu beschreiben. ›Man kann sich nichts Reizenderes vorstellen‹, sagt der Präsident de Brosses, ›als eine junge hübsche Nonne, ganz in Weiß, ein Granatblütensträußchen über dem Ohre, die das Orchester leitet und den Takt mit unbeschreiblicher Grazie und Präzision schlägt.‹« [75, S. 180]

Dieser Bilderbogen des musikalischen Lebens im Italien des 17. und 18. Jahrhunderts mag uns den Hintergrund dafür geliefert haben für die nächsten Abschnitte in unserem Kapitel über das italienische Zeitalter. Denn jetzt geht es darum, den gewaltigen Austauschprozeß zu beschreiben, der von dessen Anfang bis zu seinem Ende unentwegt im Gange war. Die meisten Musiker Europas waren bestrebt, in Italien zu lernen, umgekehrt strömten viele Italiener in die europäischen Musikzentren und verbreiteten dort ihre italienische Kultur. Während Frankreich am längsten Widerstand leisten konnte, »hatten die anderen Nationen nicht so lange gebraucht, um zu erliegen«, wie Romain Rolland diesen Sachverhalt fast liebevoll beschreibt. [75, S. 168]

Italien: Musikland Nummer eins

Vor der großen Stilwende um 1600 war die europäische Musikkultur bestimmt durch die »Niederländer«. Noch 1580 sind die wichtigsten Musikämter in Deutschland von Niederländern besetzt. Orlando di Lasso, der jahrelang am Hof in München gedient hat, ist dafür ein herausragendes Beispiel. Keine fünfzig Jahre später werden die italienischen Namen überwiegen. Allerdings war es zunächst nicht Florenz mit seiner neuen Opernentwicklung, was die Neugier der Musiker nördlich der Alpen weckte, es war vor allem die venezianische Mehrchörigkeit, welche Andrea und Giovanni Gabrieli in San Marco zu höchster Blüte führten. Die meisten Sammelhandschriften und Drucke der Zeit um 1600 beinhalten solche mehrchörige Musik aus Venedig. Bereits die Titelblätter weisen deutlich auf die »itzo gebräuchliche italiänische Manier« hin. Allerdings hat sich dieser ersten Gabrieli-Begeisterung der Enthusiasmus für die neue Oper nahtlos angeschlossen.

Wir sehen dies deutlich am Werdegang von Heinrich Schütz, neben Claudio Monteverdi vielleicht der größte Komponist des 17. Jahrhunderts. Er begab sich im Jahre 1609 auf Geheiß seines Dienstherrn, des Landgrafen Moritz in Marburg, nach Venedig zu Giovanni Gabrieli. Dieser hatte nach dem Tod seines Onkels Andrea Gabrieli, dessen Schüler er war, die Organistenstelle in San Marco übernommen. Als Heinrich Schütz Venedig besuchte, stand die Lagunenstadt als imperiale Seemacht und prachtvolles Kulturzentrum in ihrem geschichtlichen Zenit. Als Stätte des musikalischen Geschehens war sie europaweit konkurrenzlos. »Henrico Sagittario«, wie er hier genannt wurde, blieb ganze vier Jahre bei Gabrieli, um zu studieren, und überragte bald deutlich alle übrigen Mitschüler, zu denen unter anderen auch ein Däne und zwei weitere Deutsche gehörten. Mit seinem Opus 1, einer Sammlung von achtzehn fünfstimmigen Madrigalen, im zweiten Jahr seines Italienaufenthaltes begonnen, im dritten vollendet, schafft er sein erstes großes Meisterwerk. Gleichzeitig wächst er dank seiner Inspiration und Genialität über seine Vorbilder hinaus. »Es gibt kaum ein kühneres, weniger schulmäßiges, charakteristisches Werk von Schütz. Gerade das Moderato des

Heinrich Schütz.

Ausdrucks ist darin verpönt, das Exzessive, Überschwangvolle zum Prinzip erhoben; das sprengende Gefühl bedient sich der stärksten, freiesten Mittel der Deklamation, des Motivkontrastes, der Harmonik: ein unmittelbares Vorbild, so manches Vorbildliche sich bei Andrea und Giovanni Gabrieli, Gesualdo da Venosa, Monteverdi, Marenzio findet, ist kaum nachzuweisen – diese Stücke sind gestalteter, weniger spielerisch, verwobener, tiefer als das Italienische.« Diese gewiß enthusiastische Charakterisierung von Alfred Einstein [31, S. 74] birgt einen Gedanken in sich, den wir hier gleich aufgreifen wollen, denn er betrifft nicht nur Heinrich Schütz und sein Werk.

Einstein stellt dem damals modernen italienischen Stil mit all seinen typischen Merkmalen Gesichtspunkte entgegen, die in der Literatur immer wieder als typisch für die deutsche Musik hervorgehoben werden: »gestalteter«, »weniger spielerisch«, »verwobener«, »tiefer«. Wenn noch Arnold Schönberg sich in der Tradition einer deutschen Musik stehen sieht, welche er mit den Namen Bach, Beethoven, Brahms verbindet, dann greift er damit einen Kontrast auf, den man als typisch für den Unterschied zwischen italienischer und deutscher Musik halten kann: Das Italienische wäre eher leidenschaftlich, sanglich, unmittelbar zugänglich – auch weil es harmonisch weniger kompliziert ist –, das Deutsche dagegen sei eher von rationalistischen Strukturen, vom strengeren Denken, vom Instrumentalen geprägt. Jenseits aller Vorurteile und Polemiken kann man gerade an den beiden großen deutschen Barockmeistern Schütz (am Anfang der Epoche) und Bach (an deren Ausklang) beobachten, wie sich trotz aller Beeinflussung und Inspiration durch das Italienische ein strengerer Stil durchsetzt. Wenn es in der nächsten großen Stilwende um 1750 darum gehen wird, den »strengen Satz«, der sich gegen Ende der Barockzeit (vor allem in Deutschland) wieder etabliert hat und in Bach einen Hauptvertreter findet, abzulösen, wird man den jungen Kompositionsschülern wieder empfehlen, »bey den Italiänern« zu lernen, wie man eingängig schreibt.

Wenn wir auf das Werk von Johann Sebastian Bach zu sprechen kommen, werden wir diese Gedanken wieder aufgreifen. Jetzt sollen uns ein paar nüchterne Daten und Fakten zeigen, wie universell der Einfluß des Italienischen in der sogenannten Barockzeit war.

Die soziologisch wie stilistisch wichtigste Errungenschaft des italienischen Zeitalters war die »Erfindung« der Oper. Sie war denn auch der stärkste Exportartikel für ganz Europa:

In Dresden wird bereits 1627 die erste Oper komponiert und aufgeführt (Musik von Heinrich Schütz, Text von Rinuccini; diese »Daphne«

ist leider verschollen). Seit 1686 hat die Stadt eine ständige italienische Oper, die im 18. Jahrhundert mit Johann Adolph Hasse (1699–1783) zum deutschen Zentrum der neapolitanischen Oper wird. 1678 wird das erste feste deutsche Opernhaus in Hamburg gegründet. Als wichtigste Komponisten treten dort Reinhard Keiser (1674–1739), der allein 116 Opern komponiert und bei seinen Zeitgenossen als der größte Opernkomponist der Welt gilt, und Georg Philipp Telemann (1681–1767) hervor. Dessen vollständiges Werk ist bis heute noch nicht überschaubar. Für Hamburg schrieb er allein mehrere Dutzend Opern.

In Hannover wird 1689 das neue Opernhaus mit der italienischen Oper »Enrico Leone« von Agostino Steffani eröffnet. In Braunschweig entsteht 1690 ein öffentliches Opernhaus, das nach venezianischem Vorbild eingerichtet und verwaltet wird. Dominiert zunächst neben dem italienischen auch der französische Stil, so steht auch Braunschweig ab 1735 vollkommen unter italienischem Einfluß. In der Leipziger Oper, die als ständige Einrichtung 1693 gegründet wurde, jedoch bereits 1720 (wenige Jahre vor der Berufung Bachs als Thomaskantor) wieder geschlossen wird, kommen meist Werke zur Aufführung, die auf italienischen Übersetzungen beruhen. Für München, wo bereits 1653 die erste italienische Oper aufgeführt wird, schreibt Johann Kaspar Kerll (1627–93) italienische Werke, und auch seine Nachfolger setzen ausschließlich die italienische Tradition fort.

Wien ist regelrecht eine »Filiale Italiens« (Wörner). In den Anfängen herrscht noch das venezianische Vorbild. Im 18. Jahrhundert bestimmt die neapolitanische Oper die Szene: Sowohl Agostino Zeno als auch der große Metastasio, welche die Opera seria so maßgeblich geprägt haben, wirken hier persönlich.

In England, wo Henry Purcell 1689 die erste durchkomponierte Oper schreibt, setzt sich spätestens mit Georg Friedrich Händel der italienische Stil durch. Die slawischen Länder waren zum Teil schon früher zu Niederlassungen der italienischen Oper geworden: Bereits 1636 wird im Hoftheater in St. Petersburg eine italienische Oper aufgeführt. Ja, in Warschau stand die erste italienische Opernvorstellung schon 1628 (!) auf dem Programm.

Frankreich wurde ebenfalls stark durch Italien geprägt. Die Verbindungslinien laufen sowohl im 17. wie im 18. Jahrhundert eindeutig von der italienischen in die französische Richtung. Am deutlichsten zeigt dies die Person des Italieners Giovanni Battista Lulli, der als Jean-Baptiste Lully die französische Oper prägen wird. 1632 in Florenz geboren, lebte er seit 1646 in Paris, wo er 1687 starb. Allerdings hat Lully nicht einen lupenreinen italienischen Stil importiert, sondern sich schon recht bald an den Vorläufern der französischen Bühnenmusik orientiert und diese systematisch ausgebaut, so daß ein Stil entstand, der sich in der europäischen Szenerie am eigenständigsten von dem sonst vorherrschenden Opernstil unterschied. Vor allem war es das Ballett, das in Frankreich bereits eine längere Tradition hatte. So schuf Lully zusammen mit Molière eine erste Vorstufe zur späteren französischen Oper: das »Comédie-Ballet«. Sein Rivale Cambert brachte 1659 ein Singspiel heraus, für das er mit seinem Textdichter das königliche Patent zur Veranstaltung ständiger Opernaufführungen erhielt. Wie das politische Geschehen in Frankreich, waren auch die Künste ausschließlich und streng auf den Pariser Hof ausgerichtet. Konkurrierende Ideen wurden, wie in diesem Falle, durch ein Patent an einem freien Wettbewerb gehindert. Um so mehr siegte die Intrige, und Lully erreichte, daß das Monopol auf ihn übertragen wurde. So brachte er 1673 »Cadmus et Hermione« zur Aufführung, womit er den Typus der französischen Oper, die »tragédie en musique«, begründete. Die Oper ist hier also nicht Impresario-, sondern Hoftheater. Entsprechend sind die finanziellen Mittel relativ unbegrenzt, was sich auch auf Form und Inhalt der Werke auswirken sollte: Die Tradition des Balletts als Operneinlage wird beibehalten, große Chöre bilden das Gerüst für gewaltige Massenszenen, beides Merkmale, die auch noch in der Pariser »Grand Opéra« des 19. Jahrhunderts deutlich im Vordergrund stehen (Wagners Tannhäuser sollte noch viel später in Paris durchfallen, weil die Oper keine Ballett-Einlage hatte!). Weitere Eigenheiten des französischen Opernstils waren die »Französischen Ouvertüren« vom Typ »langsam – schnell – langsam« (der italienische Typ hatte die Tempi »schnell – langsam – schnell«), mit einem repräsentativ-feierlichen punktierten Rhythmus am Anfang. Wer keine dieser Ouvertüren kennt, erinnert sich vielleicht an die vier Orchestersuiten von J. S. Bach. Sie beginnen jeweils mit einer solchen Ouvertüre vom französischen Typ und werden dann fortgesetzt von einer Reihe stilisierter Tanzsätze (Gavotte, Bourrée, Menuett, Gigue usw.), die ihr Vorbild ebenfalls in Lullys Oper haben. Sind dies alles schon bedeutsame Unterschiede zur italienischen Oper, so ist der folgende vielleicht noch wichtiger: Lully verzichtet auf die große Arie, die bei den Italienern das eigentliche Gerüst bildet. Statt dessen nimmt das Rezitativ breiteren Raum ein, in französischer Sprache und dieser genau angepaßt. (Noch im 19. Jahrhundert war es nicht möglich, den »Freischütz« in Paris aufzuführen, ohne daß die ursprünglichen Dialoge als Rezitative mit Musik unterlegt worden wären, was Hector Berlioz

In Wien wurde eigens für die Festoper »Il Pomo d'oro« von Antonio Cesti 1665 nach dem Vorbild des Grimani-Theaters zu Venedig ein Festspielhaus erbaut, das mit seiner gemalten Scheinarchitektur das venezianische Vorbild noch übertrifft. Interessant ist, daß an manchen Hofopern das Parterre, natürlich vor allem die ersten Reihen, dem Adel vorbehalten ist (auf obigem Bild ist Kaiser Leopold I. zu erkennen, hervorgehoben durch einen spanischen Federhut), während das bürgerliche Theaterparkett die billigen Stehplätze abgibt und die noblen Herrschaften in den Logen verschwinden.

besorgte). Ergänzend hinzu tritt die »Air«, ein Sologesang mit einem eher liedhaften Einschlag.

Der nächste bedeutende französische Opernkomponist nach Lully, Jean Philippe Rameau (1683–1764), ragt schon stark in die stilistische Umbruchszeit des 18. Jahrhunderts hinein und gerät dann auch unter die Räder, weil er den einen zu konservativ, den andern zu fortschrittlich ist. Die letzteren bevorzugten die neue Form der italienischen Oper, die Opera buffa (siehe Kapitel »Der große Umbruch«, S. 121). Im sogenannten »Buffonisten-Streit« schlug sich beispielsweise Rousseau auf die Seite der Modernen und schuf mit seinem »Dorfwahrsager« einen jahrzehntelang geschätzten Prototyp einer Anti-Rameau-Oper. Die Bedeutung Rameaus für die Musikgeschichte lag vor allem auf musiktheoretischem Gebiet. Der Begriff der *Kadenz* ist mit seinem Namen eng verbunden.

Kommen wir noch einmal auf die Situation in Deutschland zurück. So wie die deutschen Musiker, wie ihre Kollegen aus fast allen nördlichen Ländern, einer nach dem anderen nach Italien reisten, um dort zu studieren, so riefen die deutschen Fürsten die besten Italiener an ihre Höfe. Mannheim und Schwetzingen, die Sommerresidenz des Pfalzgrafen, hatten eine italienische Oper. Das Mannheimer Haus faßte fünftausend Personen! Von den beiden Kapellmeistern war der eine ein Italiener, der andere ein Deutscher, der allerdings zuerst nach Italien zur Ausbildung geschickt wurde, bevor er die Stelle antreten durfte. Daß die Darsteller Italiener waren, versteht sich von selbst.

So war es auch in Stuttgart und Ludwigsburg, wo der württembergische Herzog seine Opernvorlieben befriedigte. Starkomponist war Niccolò Jommelli (1714–1774). Nicht ohne Zorn und Eifersucht schreibt Mozarts Vater Leopold über Jommelli und die Zustände in Württemberg: »Ich sehe die ganze Sache«, gemeint ist, daß fast alle Sänger und Instrumentalisten aus Italien stammen, »als ein Werk des Herrn Jommelli an, der sich alle Mühe gibt, die Teutschen an diesem Hofe auszurotten, und nichts als Italiäner einzuführen. ... Wie sehr aber Jommelli für seine Nation eingenommen ist, können Sie daraus schlüßen, weil er und andere Landsleute, deren sein Haus immer voll ist, um ihm aufzuwarten, sich vernehmen ließen, daß es zu verwundern und kaum zu glauben sei, daß ein Kind teutscher Geburt« – gemeint war Wolfgang Amadeus – »so ein Musik:genie und so viel Geist und Feuer haben könne.« [75, S. 206]

Die Verachtung, welche die italienischen Musiker für die damalige deutsche Musikszene übrig hatten, spiegelt sich auch in der Tatsache wider, daß Metastasio, der »König der Oper, die menschgewordene Oper« (Romain Rolland), als gefeierter Dichter des Kaisers keine Lust verspürte, die Sprache des Landes zu erlernen. Dies war auch fast nicht nötig, denn als Dolmetscher diente ihm ein Musikus, der sich als Deutscher darin überbot, als ein Italiener zu erscheinen: Johann Adolf Hasse (1699–1783). Er studierte in Neapel und Venedig, heiratete die Sängerin Faustina Bordoni und wirkte mit ihr zusammen über dreißig Jahre lang am sächsischen Hofe in Dresden, bevor er 1763 nach Wien übersiedelte, wo er noch intensiver mit Metastasio zusammenarbeiten konnte, als er es ohnehin schon tat: Er hatte alle Opernlibretti des großen Meisters bis auf eines in Töne gesetzt, einige sogar drei- oder viermal, alle mindestens zweimal. Da Metastasio nicht so schnell dichten konnte wie Hasse komponieren, vertonte dieser nebenher auch Texte von Apostolo Zeno. Die Zahl seiner Werke war so groß, daß er – wie er selber sagte – »manche davon nicht mehr kennen würde, wenn sie ihm wieder zu Gesicht oder zu Ohren kommen sollten« [75, S. 208].

Die Tatsache, daß der Deutsche Johann Adolf Hasse in ganz Europa einschließlich Italien der beliebteste »italienische« Komponist der Opera seria war, so wie kurz zuvor der Deutsche Georg Friedrich Händel in London mit großem Erfolg italienische Opern schrieb, zeigt überdeutlich, daß es – ganz parallel zur vorausgegangenen Zeit der »Niederländer« – nicht um die Staaten als nationale Einheit ging (hier Deutschland, dort Italien), sondern um musikalische Stile, die sich national gefärbt hatten, deren Vertreter allerdings austauschbar waren. Diese Situation wurde erst Jahrzehnte später mit der aufkommenden Nationalstaaterei in Europa undenkbar.

Wie wenig in der alten Zeit noch Kultur und Nation als Einheit betrachtet wurden, zeigt das Beispiel des Preußenkönigs Friedrich II. Daß er sich französische Gelehrte an seine Akademie nach Berlin holte und am Hofe vor allem französisch gesprochen wurde, ist bekannt. Daß seine Hofmusiker sich nur italienisch artikulieren durften (gemeint ist die Sprache der Musik), ist weniger geläufig. So soll er auf eine entsprechende Frage einmal reagiert haben: »Eine deutsche Sängerin? Ich könnte ebenso leicht erwarten, daß mir das Wiehern meines Pferdes Vergnügen machen könnte!« [75, S. 211]

Auch Johann Sebastian Bach hat sich intensiv mit der italienischen Musik auseinandergesetzt. Karl Geiringer beschreibt den Einfluß des Italienischen auf den deutschen Meister folgendermaßen: »Bach studierte zunächst die Kunst der Italiener. In Lüneburg und Arnstadt hatte er deren Werke nur durch das Medium der von den Italienern beeinflußten deutschen Komponisten kennengelernt. In Weimar aber war er in der Lage, mit den Originalen vertraut zu werden. Ihr Einfluß

Jean-Philippe Rameau und die Kadenz

Gegen Ende der Barockzeit entwickelte sich in der Musik ein völlig neues Gefühl für etwas, was man als »Fundament« der Musik bezeichnen könnte. Der Generalbaß hatte allmählich ausgedient und wurde durch ein System ersetzt, das in seiner Wirkung viel schneller erkannt und nachvollzogen werden konnte. Machen wir ein kleines Experiment, um zu sehen, worum es sich handelt. Nehmen wir ein Klavier oder irgendein anderes Instrument und summen die Melodie zu dem allseits bekannten Volkslied »Alle Vögel sind schon da«. Als Begleitung suchen wir nach Tönen, die über möglichst weite Strecken zur Melodie »passen«, ohne daß wir allzu oft wechseln müssen. Startton der Melodie sei c, die Tonart C-dur. Es könnte dabei folgendes herauskommen:

Alle Vögel sind schon da, alle Vögel alle.
c------------ f------------ c-----g--- c------ g- c-
Welch ein Singen, Musizier'n, Pfeifen, Zwitschern, Tirilier'n:
c------------ g--------- c--- g---- c--------- g-------------- c--- g----
Frühling will nun einmar schier'n, kommt mit Sang und Schalle.
c---------------------- f-------- c---------- g------------- c------------ g------- c-

Wir sehen, daß die drei Töne c, f und g ausreichen, ein solides, wenn auch nicht gerade sehr inspiriertes Fundament für die Melodie zu liefern. Wenn wir uns nun an den Quintenzirkel erinnern (vgl. Kasten S. 33), erkennen wir, daß die Töne f und g den Grundton c einrahmen. f ist die Unterquint, g die Oberquint zu c. Nach Rameau, der dieses Ordnungsprinzip beschrieben hatte, nennt man den Dreiklang auf dem Grundton c (er heißt c-e-g) *Tonika,* den Dreiklang auf der Unterquinte f (er heißt f-a-c) Unterdominante oder *Subdominante,* den Dreiklang auf der Oberquinte g (er heißt g-h-d) *Dominante.*

Beginnen wir unsere Melodie auf einem anderen Ton und wollen wir uns sicherheitshalber nicht auf unser »Gefühl« verlassen, brauchen wir nur im Quintenzirkel nachzuschauen: *Im* Uhrzeigersinn neben dem Grundton steht immer die Dominante, *gegen* den Uhrzeigersinn die Subdominante. Stünde die Melodie also in A-dur, wären neben dem Grundton a die beiden anderen Funktionsträger e als Dominante und d als Subdominante.

Mit der Preisgabe des Generalbaßprinzips, das in der Lehre des *Kontrapunkts* zusammengefaßt war, hat sich im 18. Jahrhundert eine *Harmonielehre* entwickelt, welche für das ganze klassisch-romantische Zeitalter und heute noch in jedem Volkslied oder Schlager Gültigkeit hat. Die Akkordfolge »Tonika – Subdominante – Dominante – Tonika« (T-S-D-T) bezeichnet man als *Kadenz* oder spricht von einer »Funktion«, welche diese Akkorde im Rahmen eines Musikstückes spielen. Hugo Riemann, ein Musiktheoretiker in der zweiten Hälfte des 19. Jahrhunderts, hat auf diese Grundlagen die *funktionale Harmonielehre* aufgebaut, die es ermöglichen soll, jegliche Musik des eben genannten Zeitalters zu beschreiben.

In kompakter Form findet man Kadenzen vor allem am Ende eines Musikstückes, wenn es darum geht, die Haupttonart nach all den vorangegangenen dramatischen Ereignissen noch einmal ganz sicher zu befestigen. Im folgenden Beispiel wird die Kadenz zunächst in ihrer Grundfunktion gebracht, danach in einer verkürzten Version (ohne Dominante), ein sogenannter *Plagalschluß,* der vor allem in kirchenmusikalischen Werken üblich ist.

T S D T S T

Am zielsichersten führt jedoch die Dominante zur Tonika zurück. Ein häufig wiederholter Wechsel »Tonika – Dominante – Tonika« (T-D-T), meist rhythmisch deutlich markiert, führt zu den Floskeln, die wir beispielsweise von den Schlüssen großer Sinfonien her kennen (die ihrerseits wegen ihrer manchmal abgedroschenen Vertrautheit zum Gegenstand musikalischer Witzeleien gemacht wurden):

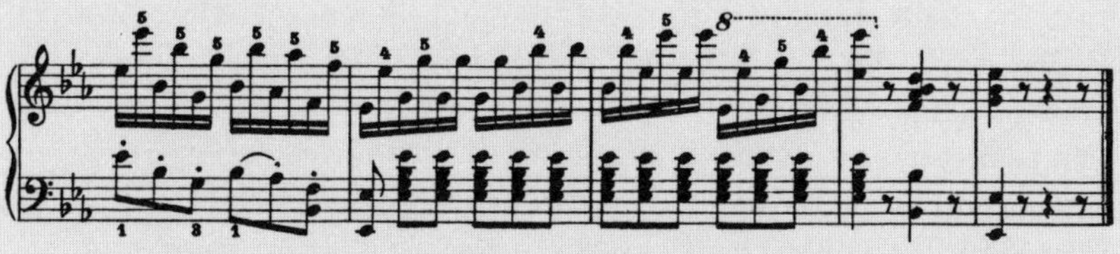

T T T D T

Beethoven: Sonate »Les Adieux« (Schluß).

(Der zweite Begriff einer Kadenz ist mit dem eben beschriebenen nicht zu verwechseln, obwohl er aus diesem ursprünglich erwachsen ist: Die meist virtuose Einlage eines Solisten kurz vor dem Schluß eines Satzes eines Klavierkonzertes beispielsweise.)

auf Bach läßt sich mit der Wirkung vergleichen, die die Kunst der italienischen Meister auf Albrecht Dürer ausübte. Die schön geformten, von milder Heiterkeit erfüllten Werke des Südens halfen beiden Künstlern, sich selbst zu finden. Sie machten sich von der Herbheit und Eckigkeit norddeutscher Kunst frei und ersetzten diese durch plastische Klarheit, Durchsichtigkeit und Einfachheit. Bach assimilierte schließlich die Charakterzüge der italienischen Musik, und indem er sie mit dem kontrapunktischen Erbgut seiner Heimat und dem nördlichen Stil vereinte, schuf er, was wir heute als seine ureigenste Tonsprache ansehen.« [37, S. 220]

Bach hat zwar selbst keine Oper geschrieben, er ging jedoch gerne mal auf Reisen, um eine solche zu besuchen: »Friedemann«, soll er gesagt haben, »wollen wir nicht wieder in Dresden hübsche Liedlein anhören?«

Während er selbst sich beim Komponieren mit zunehmendem Alter immer auschließlicher am alten »strengen Satz« orientierte und damit bei seinen Zeitgenossen auf Unverständnis und herbe Kritik stieß, leisteten seine beiden großen Söhne, vor allem Johann Christian (1735–1782), gegenüber der italienischen Mode keinen Widerstand mehr. Acht Jahre lang ließ dieser sich von Padre Martini in Bologna eine »italienische Bildung und eine italienische Seele« einpflanzen. In Neapel wurde er dann zum Bannerträger der neapolitanischen Opernschule. Auch er vertonte Metastasio und hatte großen Erfolg damit. Schließlich schwor er nicht nur der kompositorischen Tradition seines Vaters ab, sondern auch dessen Glaube: Als konvertierter Katholik wurde er Domorganist in Mailand mit einem italienischen Namen.

Wir könnten nun ebenso, wie wir dies für den Bereich der Oper getan haben, einen Bilderbogen malen mit Motiven, wie sich italienische Virtuosen aus Italien über ganz Europa verteilten. Das Resultat jedoch wäre dasselbe: Der italienische Stil war in der Zeit zwischen 1600 und Mitte bis Ende des 18. Jahrhunderts der entscheidende Träger der europäischen Musikkultur. Mit Ausnahme der französischen Oper, die sich von Anfang an selbständiger entwickeln konnte, erwuchs der Italianità keine ernst zu nehmende Konkurrenz. Durch einen wesentlichen Faktor wurde sie jedoch grundlegend ergänzt.

Bereits Claudio Monteverdi hatte ja nicht nur seine »Seconda pratica«, die damals moderne Richtung, gepflegt, sondern auch immer wieder Werke in der »Prima pratica« geschrieben. Sie folgten den strengen Regeln des Kontrapunkts, wie sie von Zarlino im 16. Jahrhundert beschrieben wurden, als wären sie Naturgesetze mit Ewigkeitsanspruch. Vor allem die nichtitalienischen Komponisten, insbesondere die deutschen, pflegten in der Folge den »strengen Satz«. Heinrich Schütz gibt dafür ein frühes Beispiel ab. Später waren es weniger die Opernkomponisten als die Kantoren und Kirchenmusiker. Johann Sebastian Bach war schließlich der krönende Abschluß dieser Entwicklung. Die Vertreter dieser polyphonen Richtung hatten es dabei nicht immer leicht, sich ihrer eigenen Umgebung gegenüber zu behaupten. Romain Rolland schildert uns dies trefflich am Beispiel von Johann Kuhnau (1660–1722), dem Vorgänger Bachs als Thomaskantor in Leipzig:

»Er lebte allein inmitten von Italienern und ihren Nachahmern. Seine Freunde, seine Schüler hatten ihn verlassen. Er sah die alte deutsche Musik zusammenbrechen und machte vergebliche Versuche, ihren Sturz aufzuhalten. Umsonst wandte er sich an den Rat der Stadt, um die öffentliche Erziehung zu schützen, die nicht nur von dem Zauber der fremden Kunst bedroht war, sondern mehr noch durch die Lockungen leichtfertigen Lebens und mühelosen Gewinns, die als Begleiterscheinungen des Opernwesens die Leipziger studierende Jugend verführten. Der Rat gab Kuhnau unrecht und dem Erfolge recht. Bei Kuhnaus Tode, 1722, war die Oper Herrin über Deutschland. Man sollte denken, daß eine solche Ungerechtigkeit des Schicksals das Herz des Meisters mit Bitterkeit habe erfüllen müssen. Aber die Künstler jener Zeit zogen ihre Melancholien nicht groß, und Kuhnau scheint seinen gutmütigen Spott feindlichen Menschen und Dingen gegenüber nicht eingebüßt zu haben. Er kannte die Welt und war nicht weiter überrascht, daß die Schwindler den ehrlichen Leuten den Rang abliefen.« [75, S. 12] Im Alter von 33 Jahren brachte Kuhnau diesen Spott auf den Nenner und verfaßte ein recht merkwürdiges Buch, das im Jahr 1700 in Dresden erschien und im 18. Jahrhundert sehr verbreitet war. Sein Titel: »Der musikalische Quacksalber«. Es schildert die Geschichte eines deutschen Musikers, der sich für einen Italiener ausgibt, um den Snobismus seiner Landsleute auszunutzen. Caraffa, wie er sich nennt, ist, so Romain Rolland nicht ohne Polemik, »ein schlagendes und kaum übertriebenes Beispiel für einen italienischen Virtuosen um 1700 und die Leere seines Hirns« [75, S. 23]. Kuhnau stand mit seinem Widerstand gegen die italienische Linie noch auf verlorenem Posten. Während die Italiener ihre Vorherrschaft im Bereich der Oper bis in den Anfang des 19. Jahrhunderts hinein behaupten konnten, wurden sie auf dem Gebiete der Instrumentalmusik abgelöst, als etwa ab 1730 ein allgemeiner musikalischer Stilwandel einsetzte, der die neuen Gattungen Sinfonie, Streichquartett, Sonate und Konzert hervorbrachte.

Gewissermaßen zwischen diesen beiden Hauptströmungen inmitten des 18. Jahrhunderts, dem anhaltenden Siegeszug der Opera seria als Hofopernsystem und dem Stilwandel, der zur Klassik führen wird, bewegt sich Johann Sebastian Bach. Durchaus beeinflußt von den Italienern, ist er vom Anfang seines Schaffens an und mit zunehmendem Alter immer ausgeprägter vom Wunsche beseelt, den Stil, den seine Mitwelt als »streng« und »gelehrt« verwarf, als Grundlage des Komponierens beizubehalten und zu vervollkommnen. Und damit machte er sich zum Esoteriker und Außenseiter.

Es wurde in einem früheren Kapitel bereits darauf hingewiesen, welche Probleme die Musikgeschichtsschreibung aufwirft, vor allem hinsichtlich der Frage, ob man die Ereignisse so darstellt, wie sie aus der Perspektive der Zeitgenossen erscheint, oder ob man nur die Namen der großen Meister aneinanderreiht, welche durch den Geschmack des Bildungsbürgertums im ausgehenden 19. Jahrhundert in die Galerie der Unsterblichen aufgenommen wurden. In der lediglich peripheren Art, wie die Musik Johann Sebastian Bachs in diesem Kapitel über das italienische Zeitalter auftaucht, spiegelt sich die geringe Bedeutung, die dieses wahrhaft große Genie in den Augen seiner Umgebung hatte.

Versetzen wir uns in das Jahr 1729. Bach führt in Leipzig die Matthäuspassion auf. Die Komposition ist eine überragende Spitzenleistung menschlichen Geistes überhaupt. Die Organisation und Durchführung der Aufführung war ein regelrechter Kraftakt, wenn man die Schwierigkeiten bedenkt, mit denen sich der von Kollegen und Vorgesetzten gar nicht sonderlich geliebte Kantor herumschlagen mußte. Und dennoch gibt es kein einziges Zeugnis eines positiven Widerhalls auf dieses Werk! Genau hundert Jahre später, 1829, wurde es durch Felix Mendelssohn-Bartholdy wieder aus der Versenkung geholt.

Obwohl man einen Komponisten wie Bach eigentlich nicht überschätzen kann, hat man andererseits, nachdem man ihn schließlich wiederentdeckt hatte, seinen Kollegen übel mitgespielt. Vor lauter Begeisterung über ihn ließ man alle Musiker unter den Tisch fallen, die vorher unvergleichlich mehr gegolten hatten als er. Romain Rolland beklagt sich noch um 1900 darüber, daß vor lauter Bachforschung nicht mehr über Telemann gesprochen wird: »Die Geschichte ist die parteiischste aller Wissenschaften. Wenn sie sich einen Menschen erkoren hat, liebt sie ihn eifersüchtig und will von anderen nichts mehr wissen. Seit dem Tage, da die Größe Johann Sebastian Bachs erkannt wurde, ist alles, was zu seiner Zeit groß war, weniger als nichts geworden. Die andern sind zu Staub geworden; mehr als alle Telemann, den die Nachwelt den

Sieg entgelten ließ, den er zu seinen Lebzeiten über J. S. Bach davonzutragen wagte. Er ist dem Eifer der Bachforscher zum Opfer gefallen.« [75, S. 103]

Bach selbst hätte sich vielleicht darüber gewundert. Jedenfalls wundern wir uns, wenn wir die folgende Begebenheit erfahren: Bach wurde von dem gelehrten Mattheson dreimal (1717, 1719, 1731) aufgefordert, ihm biographisches Material für sein Künstlerlexikon mit dem Titel »Musikalische Ehren-Pforte« zukommen zu lassen. Er reagierte nicht, so daß sein Name in dem 1740 erschienenen Werk nicht verzeichnet ist!

Oftmals nehmen sich Komponisten von herausragender Begabung eines Stils an, der nicht mit dem gerade aktuellen Zeitgeist in Übereinstimmung steht. Da ihre Werke aufgrund ihrer außerordentlichen Inspiriertheit über die der zeitgenössischen Konkurrenten herausragen, werden sie intensiver rezipiert als jene – und verzerren damit das Bild des tatsächlichen Geschichtsverlaufs. Daß der »strenge Satz« in den vierziger Jahren des 18. Jahrhunderts noch einmal eine Blüte, ja sogar einen großartigen Höhepunkt fand, lag nicht an der Eigendynamik dieser Stilrichtung. Wäre Bach nicht so beharrlich auf ihn eingegangen, würde in den heutigen Geschichtsbüchern stehen, daß der »strenge Satz« um 1730 gewissermaßen ganz natürlich seine Vorherrschaft in der deutschen Musik verlor, weil die Zeichen der Zeit nach einer natürlichen Ablösung verlangten. So, wie die Entwicklung aber tatsächlich verlaufen ist, haben wir den besonderen Sachverhalt vor uns, daß der Höhepunkt dieses Stils erst erreicht wurde, als seine eigentliche Blütezeit längst vorüber war. Bach hat dafür büßen müssen. Er galt als esoterisch, rückständig, anachronistisch, eben nicht auf der Höhe der Zeit. Seit man ihn jedoch wiederentdeckt hat, gehört die Vorstellung, daß die erste Hälfte des 18. Jahrhunderts geradezu das Zeitalter Bachs gewesen sei, zu den festen Denkstrukturen eines jeden Musikliebhabers. Der Geist der italienischen Musik, die damals die Wirklichkeit bestimmte, muß uns erst wieder ins Bewußtsein geholt werden – was das Ziel dieses Kapitels war.

Die Ergänzung aus dem Norden: Johann Sebastian Bach

Johann Sebastian Bach steht in einer langen Tradition deutscher Kirchenmusik, die sich schon immer eher der konservativen »prima pratica«, also dem strengeren Komponieren, verpflichtet gefühlt hatte (Bachs Kompositionsweise ist mit dem ursprünglichen »strengen Satz« etwa eines Palestrina nicht identisch, aber er tendiert dazu). Obwohl ihn dieser Bereich der Musik mit ihrem vielleicht typischsten Instrument, der Orgel, und ihrer wichtigsten Gattung, der Kantate, maßgeblich inspiriert und geprägt hat, sollte Bach, vor allem in seinem Spätwerk, aber auch zu einem frühen Vertreter einer »absoluten« Musik werden, der es nicht auf äußerliche Funktionalität, sondern auf die innere, nur noch musikalisch verständliche Form ankommt.

Von großem Einfluß auf Bachs strengen Stil sind einmal die norddeutschen Komponisten Matthias Weckmann (1619–1674) und Jan Adams Reinken (1623–1722) in Hamburg, Dietrich Buxtehude (1637–1707) in Lübeck und Georg Böhm (1661–1733) in Lüneburg. In Mitteldeutschland waren für ihn wesentlich Johann Kuhnau (1660–1722), sein Vorgänger als Thomaskantor, und Johann Pachelbel (1653–1706). Dieser war unter anderem in Wien und Nürnberg tätig und stellte so die Verbindung mit dem von Italien beeinflußten Süden Deutschlands her.

Die folgenden Punkte sollen einige wichtige stilistische Merkmale der Bachschen Musik aufschlüsseln und so dem aktiven Hörer Kriterien an die Hand geben, die manches, was ihm gewissermaßen unterschwellig eigentlich schon immer geläufig war, vielleicht bewußter machen können. Das Thema »Wirkungsgeschichte« gehört ebenfalls zu diesem Kapitel, denn das Bach-Bild, das sich die verschiedenen Generationen gemacht haben, beeinflußt ganz wesentlich die Art und Weise, wie wir heute die Musik des großen Meisters hören.

Mit Ausnahme des damals »modernen« Stils, der schließlich (aus der rückwärtigen Perspektive) zur Klassik führen sollte, integrierte Bach alle musikalischen Strömungen seiner Zeit und seiner Vorgänger in sein Werk. Er gilt, ähnlich wie Mozart, als ein Meister der Synthese, ein Komponist der »Vereinheitlichung« (Geiringer). Seine Wurzeln liegen sowohl in Nord-, Süd- und Mitteldeutschland (die Namen haben wir bereits genannt) als auch in der italienischen und französischen Musik. Er machte in der Auswahl seiner Vorbilder auch keinen Unterschied zwischen katholischen und protestantischen Komponisten, ein Gesichtspunkt, der unterstrichen werden muß, weil in den meisten Bach-Charakterisierungen seine Eigenschaft als »Inbegriff eines protestantischen Kantors« wohl völlig überdimensioniert in den Vordergrund gestellt wird. Er machte auch fast keinen Unterschied mehr zwischen Instrumental- und Vokalmusik. Noch in der Renaissance-Zeit ist die komplizierteste und anspruchsvollste Musik die gesungene (deshalb auch die Stilbezeichnung »Niederländische *Vokal*polyphonie«). Die Entwicklung von Monodie und Generalbaß leitet die Emanzipation der Instrumentalmusik ein, wobei in der Barockzeit das Vokale noch immer den ästhetischen Vorrang hat, denn es transportiert, ganz im Zeichen der damaligen Moralphilosophie, über den Text einen Inhalt, der dem Hörer zu denken geben soll. Die Instrumentalmusik dagegen ist eher ein vorbeirauschender Nervenkitzel, der keine moralisch wertvolle Botschaft hinterläßt. Bei Bach sieht man die beiden Aspekte auf etwa gleicher Höhe: Er behandelt die Stimmen wie Instrumente. Manche Kontrapunkte in seinen Chorfugen hören sich so an, als wären sie für Streichinstrumente gesetzt, oft wird taktelang lediglich auf einem Vokal gesungen mit einer Stimmführung, die alles andere als »sanglich« oder gar im italienischen Stile des »Belcanto« klingt. Dies brachte ihm dann ja auch bei seinen Zeitgenossen das Urteil ein, daß er »die Bewunderung ganzer Nationen« haben könnte, wenn seine Musik »mehr Annehmlichkeit hätte«. In der Klassik schließlich war der »Überholvorgang« abgeschlossen, die Instrumentalmusik hatte sich mit den neuen Gattungen Sinfonie, Konzert, Sonate und Streichquartett den ersten Platz in der ästhetischen Wertschätzung erobert. Der moralphilosophische Anspruch, daß die Musik über die Vertonung eines Textes eine wichtige Aussage transportieren müsse, war dann der neuen Maxime vom »interesselosen Wohlgefallen« gewichen.

Werfen wir einen Blick in die Partitur der h-moll-Messe, um uns den instrumentalen Anspruch, den Bach an die Singstimmen stellt, schon rein optisch zu vergegenwärtigen:

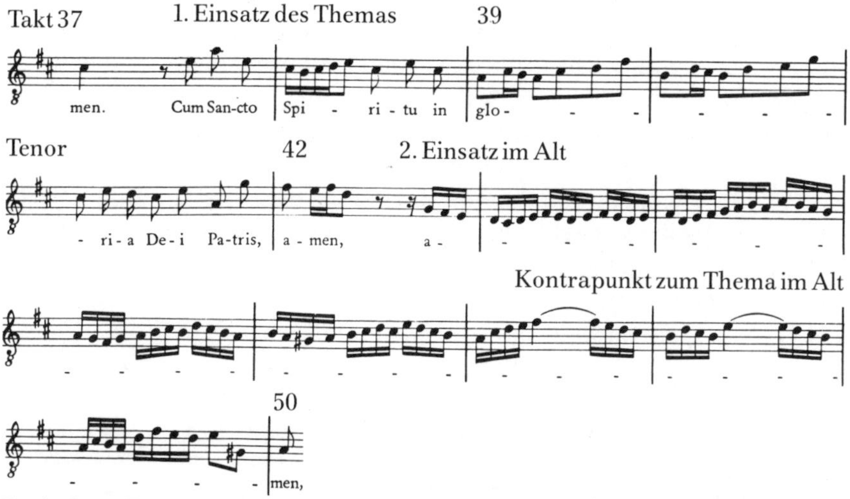

Bach: h-moll-Messe »Cum sancto spiritu«, Takte 37–49, Tenorstimme.

Der Tenor setzt in unserem Beispiel ein mit dem Fugenthema, wobei bereits das Stichwort »gloria« zu einer quasi-instrumentalen Einlage über den Vokal »o« auffordert. Während dann im Takt 42 die Altstimme das Thema übernimmt, sekundiert der Tenor weiter mit einem Kontrapunkt, der 79 Töne lang ausschließlich über dem Vokal »a« gesungen wird. Würde man diese Stelle mit Streichinstrumenten spielen, käme niemand auf die Idee zu fordern, daß sie »eigentlich« gesungen werden müßte! Die Trennung zwischen Instrumental- und Vokalmusik ist hinfällig. Bach übertrug jedoch auch den Klavierstil auf andere unbegleitete Streichinstrumente oder die Violintechnik auf Klavierstücke. Er formte eigene Werke oder solche anderer Komponisten in voller Länge um, um sie zu verbessern oder einfach, weil er aus Zeitnot nicht dazu kam, gerade etwas Neues zu schreiben. Orchesterwerke werden für Klavier und Instrumentalgruppen eingerichtet, weltliche Musik wird in geistliche verwandelt und umgekehrt.

Doch die Neigung zur Synthese führt nicht zur Uniformität. Auch wenn sich grundlegende Züge in seinen vokalen wie instrumentalen Werken immer wieder finden: Nicht zwei von seinen Fugen, Inventionen, Kantaten zeigen genau den gleichen Aufbau. Seine schöpferischen Impulse, sein Vorrat an Kreativität war jederzeit größer als die Summe der Vorlagen, durch die er sich inspirieren ließ.

Auch dies läßt sich an einem Vergleich zweier Notenbilder ganz augenscheinlich beobachten. Vivaldi, der als der Hauptvertreter hochbarocker Instrumentalmusik angesehen werden kann – seine Concertoform hatte zu seiner Zeit das Gewicht, wie es später die Sonatenform haben sollte –, war Bachs größtes Vorbild in diesem Genre. Um in diese Concertoform einzudringen, hat er über zwanzig Werke, hauptsächlich von Vivaldi, für Klavier oder Orgel arrangiert. Vergleicht man die Stimmführung einer Orchesterbegleitung zu einem Solo einmal in der Version von Vivaldi und in der von Bach (B2 a und b), dann fällt bereits optisch die größere Differenziertheit des Orchestersatzes ins Auge. Bach übernimmt nicht einfach die homophone Begleitung, sondern lokkert in den Oberstimmen die Rhythmik auf und reichert den Satz mit »gelehrsamen« Strukturen an. Um so deutlicher wird die Unterstimme dann zum tragenden Generalbaßfundament.

Orchesterbegleitung zu einem Solo bei Vivaldi (a) und bei Bach (b).

Würde man die Anzahl der Noten pro Takteinheit für ein Maß von Kreativität machen, ein zwar fragwürdiges Kriterium, das dennoch nicht ganz von der Hand zu weisen ist, dann springt einem bei dem folgenden Vergleich einer anderen Vivaldi-Vorlage mit der Bach-Bearbeitung der Unterschied voll ins Auge (vgl. das Notenbeispiel auf Seite 99).

Umarbeitungen eigener Werke hat Bach selbst in großer Zahl vorgenommen. Manche der großen Kompositionen, das Weihnachtsoratorium oder die h-moll-Messe zum Beispiel, sind entstanden durch das

a)

b)

Ausschnitt aus dem Concerto op. 7 Nr. 2 von Vivaldi (a) und Bachs Bearbeitung für Klavier (b) (BWV 973).

Zusammentragen früher entstandener Stücke. Oft wurde dabei auch der Text ausgetauscht, aus weltlichen Stücken wurden sogar geistliche. Dies mag manchen von uns Heutigen sehr verwundern. Kommen uns doch Stichwörter wie »Plagiat«, »Urheberrecht«, »Unantastbarkeit des künstlerischen Wollens« etc. in den Sinn. All diese Dinge treffen jedoch für die Kunstauffassung der Zeit vor 1760 allenfalls sehr bedingt oder überhaupt nicht zu. Der Begriff des »Werkes« im emphatischen Sinne des Wortes als eines künstlerischen Produkts mit Ewigkeitsanspruch und an die Adresse der Menschheit schlechthin entsteht erst in der Umbruchszeit zur Klassik. Beethoven ist vielleicht der erste Repräsentant des Komponisten, der von sich »weiß«, daß er ein »Genie« ist. Und nicht nur die Einstellung zum Werk wird sich nach Bach ändern, sondern auch die des Künstlers zu sich selbst. Ist der Musiker der alten Zeit eher so etwas wie ein Handwerker, der in aller Regel in einem Angestelltenverhältnis am Hofe oder bei der Kirche Auftragsarbeiten ausführt, so sehen sich die Vertreter der folgenden Generationen als »Original-Genies«, die möglichst unabhängig von außen und nur der eigenen inneren Stimme gehorchend sich künstlerisch selbst verwirklichen. Beethoven nennt sich dann auch in diesem Sinne »Tondichter«.

Daß sich die alten Meister noch nicht als »Genies« verstanden, schließt nicht aus, daß sich manche für genialer, also begabter oder kompetenter hielten als ihre Kollegen. Wichtiger sind vor allem die Konsequenzen, die aus diesen Grundeinstellungen gezogen wurden. Wenn eine Kantate nicht als unantastbar gilt, weil für die Ewigkeit geschrieben, sondern lediglich in der bescheidenen Absicht, den Gottesdienst am kommenden Sonntag ausdrucksvoller zu gestalten, dann kann man Teile dieser Kantate, nachdem sie ihren Zweck erfüllt haben, durchaus später in einem anderen Zusammenhang weiterverwenden. Den festen Brauch, bestimmte Werke um ihrer selbst willen aufzuführen, gab es ohnehin noch nicht. Das »öffentliche Konzert« entwickelte sich erst in der zweiten Hälfte des 18. Jahrhunderts. Daß Bach selbst es war, der durch sein Schaffen eine Alternative zu dieser Auffassung von Musik als handwerklicher, auftragsmäßig gebundener Arbeit entwickelte, blieb seinen Zeitgenossen gänzlich verborgen.

Noch ein Wort zu den angesprochenen Textänderungen. Bereits bei Monteverdi können wir beobachten, wie solche Verwandlungen, von denen eben die Rede war – man nennt sie auch Kontrafakturen oder Parodien – vonstatten gehen. Aus der herzzerreißenden Klage der Arianna (»Lasciate mi morire«) wurde die Klage der Madonna. An Stelle von Arianna auf dem Felsen klagt nun Maria zu Füßen des Kreuzes um ihren Sohn. In dem Madrigal »Si ch'io vorrei morire« heißt eine Stelle: »Ach Mund, ach Küsse, ach Zunge, ich sage noch einmal: ja, ich möchte sterben.« In der Kontrafaktur wird daraus: »O Jesus, mein Licht, meine Hoffnung, mein Herz, dir gebe ich mich, o Jesus mein Leben!« Dieser Brauch, ursprünglich weltlichen Kompositionen geistliche Texte zu unterlegen, geht bis ins Mittelalter zurück und hat offenbar weder damals noch in der Bach-Zeit jemanden in seiner religiösen Empfindung gestört.

So sind manche Musikfreunde heute auch eher verwirrt als moralisch entrüstet, wenn sie sehen, daß alle drei Kirchenwerke, die Bach für hohe Feiertage in Leipzig komponierte (die er dann »Oratorium« nannte), auf früheren weltlichen Kompositionen beruhten. Das uns heute geläufigste ist das »Weihnachtsoratorium«. Daraus nur ein kleines Beispiel:

Der Anfang der wunderbaren Alt-Arie (Nr. 4) heißt bekanntlich:

Bereite dich, Zion,
mit zärtlichen Trieben,
den Schönsten, den Liebsten
bald bei dir zu sehen.

Die Musik stammt aus der Kantate »Hercules am Scheideweg« und hat dort den Text:

Ich will dich nicht hören,
ich will dich nicht wissen,
verworfene Wollust,
ich kenne dich nicht.

Der Unterschied ist nicht unbeträchtlich! Anderes Beispiel: Das Kyrie der h-moll-Messe wurde ursprünglich zur Gedächtnisfeier für den verstorbenen Kurfürsten Friedrich August I. komponiert, das Gloria zur Feier der Thronbesteigung seines Nachfolgers. Doch diese Messe war auch nicht für den katholischen oder evangelischen Gottesdienst bestimmt: Sie ist vielmehr ein »abstraktes Werk von monumentalen Ausmaßen, ein gigantisches Bauwerk, das Bach als die Krönung seines Lebenswerkes auf dem Gebiete geistlicher Musik erschien« (Geiringer).

Kompositionsprinzipien

Die drei großen MONOs

Eine tragende ästhetische Säule der Barockmusik bildete die Affektenlehre. Schon im Altertum, vor allem bei den Griechen, war die Meinung verbreitet, daß bestimmte Tonarten oder Intervalle mehr oder weniger konkrete Dinge auszudrücken hätten. Es standen dort vor allem pädagogische Ziele im Vordergrund: Eine dorische Tonleiter kennzeichnete ein »mannhaftes Ethos«. Im Mittelalter und in der Renaissancezeit wurde dieser Gedanke weiter ausgebaut. Zarlino verbindet die neuen Tongeschlechter Dur und Moll mit den Stimmungen fröhlich und traurig. Das Aufkommen der Monodie um 1600 mit ihrem Ziel, Affekte und Leidenschaften darzustellen, setzt diese Linie fort. Einen entscheidenden Beitrag leistet der Philosoph René Descartes mit seinem 1649 erschienenen Buch »Les passions de l'âme«. Er vertritt darin die Auffassung, daß es die Aufgabe der Kunst sei, die Natur nachzuahmen. Natur in diesem Sinne kann ein objektivierbarer Gefühlsausdruck sein, der – ursprünglich über den Text vermittelt – musikalisch »übersetzt« wird. Ein solcher Gegenstand (»soggetto«) in der objektivierbaren Vorlage wird musikalisch zu einem bestimmten fixierbaren Thema, einer Klangfigur oder was auch immer.

Wichtig ist dabei die für die Kompositionspraxis abgeleitete Regel, daß innerhalb eines geschlossenen Musikstücks jeweils nur *ein* Affekt im Vordergrund stehen darf. Um diesen Gedanken auf eine Formel zu bringen, spreche ich von »Monoaffekt«. Ein einziger Affekt also steht im Zentrum eines Satzes, und dessen Darstellung wirkt eher objektivierend (»Schau, so ist er!«) als subjektiv. Die Vorstellung, daß die Musik den Zuhörer »rühren« soll, und das nicht durch einen Monoaffekt, sondern durch einen »Wechsel der Leidenschaften«, wird erst der Bach-Sohn Carl Philipp Emanuel – in einer völlig neuen Zeit – formulieren.

Kommt es jedoch beispielsweise innerhalb eines vorgegebenen Textes zu inneren Veränderungen der Affektlage, dann führt dies dazu, daß so viele »Unterabteilungen« komponiert werden, wie im Text Affekte vorkommen. Ein Credo in einer Messe zerfällt dann in eine Reihe von Stücken, die monoaffektiv in sich geschlossen sind. Die Stelle »Er ist begraben worden – Und er ist auferstanden« wird z. B. in Bachs h-moll-Messe nicht als dramatischer Kontrast innerhalb eines Stückes in einem Guß komponiert, sondern jeder Teil wird zu einer getrennten »Nummer«. Dies ist mit ein Grund, warum die barocken Großwerke, gleich ob Kantate, Passion oder Oper, »Nummernwerke« sind.

Setzt sich ein Komponist das Ziel, innerhalb eines Musikstückes einen Wechsel des Ausdrucks zu vermeiden, so achtet er vor allem auf die beiden Parameter Melodik und Rhythmik. Die Melodik verdichtet sich zu einem Thema. Mehrere unterschiedliche Themen könnten einen Stimmungswechsel bewirken, deshalb sind die meisten Stücke in dieser Zeit »monothematisch«. Wenn tatsächlich zwei Themen sich abwechseln, etwa in der Concertoform, dann werden sie unauffällig nebeneinander gesetzt, aus dem Themenwechsel wird kein »Ereignis« (wie später in der Klassik). Ebenso verhält es sich mit dem Rhythmus, auch er bleibt verhältnismäßig konstant, also »monorhythmisch«.

Die Zielsetzung »Monoaffekt« wird also kompositorisch eingelöst durch die Handwerksmittel »Monothematik« und »Monorhythmik«. Diese Feststellung ist ungeheuer wichtig. Weil sie allerdings so schlagkräftig klingt, erweckt sie im kritischen Leser den Verdacht, daß sie zu grob und zu vereinfachend sei, und der Leser, der so denkt, hätte durchaus recht. Man höre sich jedoch fünfzehn beliebige Sätze aus bachschen Kompositionen an und vergewissere sich, wie ohrenfällig beispielsweise der Rhythmus, der im ersten Takt definiert wird, durchmarschiert wie eine Eins.

Dieser pulsierende Rhythmus, der die bachsche Musik so elementar prägt, ist häufig fest an den Baß gebunden. Bach ist sicher der Vollender der »Generalbaßzeit«, die um 1600 mit der Monodie begonnen hatte. Doch meinen wir mit Generalbaß bei seiner Musik nicht nur den Baß als harmonisches Fundament der Komposition. Nein, der Generalbaß bei

Bach ist gleichzeitig sehr oft der wichtigste Träger des rhythmischen Geschehens, der »Rhythmusgenerator« geradezu.

Die Polyphonie

»Die polyphone Schreibweise« besteht in der Kunst, mehrere gleichzeitig verlaufende Stimmen so zu führen, daß diese bei einem Maximum an Unabhängigkeit dennoch zueinander »passen«. Wichtig ist dabei der Gedanke des Linearen, das heißt, daß eine Stimme an einer bestimmten Stelle beginnt und dann (scheinbar!) ohne Rücksicht auf weitere Stimmen ein Eigenleben weiterführt. Die Regeln des »Kontrapunkts« sorgen dafür, daß es zu keinen »Unfällen«, also unerlaubten Dissonanzen kommt. Erinnern wir uns an den Kanon in der Schule: Eine Stimme fängt mit der Melodie an, eine zweite setzt an einer bestimmten Stelle ein. Ist diese zweite Stimme ebenfalls an jener Stelle angelangt, setzt die dritte ein, und so geht es weiter. Wenn jede Stimme nur alleine singen würde, wäre das Ganze vielleicht nicht so schön, es hätte jedoch immer noch einen ästhetischen Sinn, denn die Stimmführung ist linear von einem Anfangspunkt zu einem Endpunkt hin entwickelt. Bei polyphonen Werken, die komplizierter sind als ein Kanon – und das sind die meisten –, ist es zwar nicht mehr der ästhetische Selbstzweck, nur einzelne Stimmen zu verfolgen, aber es gäbe immer noch einen gewissen Sinn ab, denn jede Stimme bewahrt sich in der Polyphonie eine gewisse Eigenständigkeit!

Ganz anders bei »homophonen« Stücken. Hier dominiert eine Stimme, meistens die oberste, die anderen, die dann nur noch in »Funktion« von ihr auftreten. Mit dem Umbruch um 1750 werden wir den Wandel von der Bevorzugung der Polyphonie zur Homophonie beobachten können. Richten wir in einem Chorsatz des Weihnachtsoratoriums beispielsweise die Aufmerksamkeit auf den Generalbaß im Orchester, so kann dies unheimlich Spaß machen. Man hört, wie er mit einer gewissen Eigenständigkeit rhythmisch pulsierend und harmonisch stützend den musikalischen Prozeß vorwärts treibt. Die Baßbewegung ist selbständig und schaut nur ab und zu aus einem Augenwinkel, was die anderen Stimmen machen, um im Gleichschritt zu bleiben. Führen wir das gleiche Experiment bei einer Haydn-, Mozart- oder Beethoven-Sinfonie durch, werden wir enttäuscht sein. Der Baß ist zu einem harmoniestützenden Gehilfen der Kadenzakkorde verkümmert. Selten darf er ein Thema übernehmen, selten ist er rhythmisch frei. Er hat seine Rolle als quasi eigenständige (polyphone) Gegenstimme eingebüßt. Und nicht nur er allein. Auch die Mittelstimmen sind zu harmonieergänzenden Dienern der einen Melodie in der Oberstimme geworden. Das volkstümlich Einfache hat sich durchgesetzt, die klare, dominierende, sangliche Melodie. Doch davon später mehr.

Betrachten wir uns die Aspekte Polyphonie und Homophonie an zwei Notenbeispielen. Zuerst die ersten sechzehn Takte aus dem Eingangschor zum V. Teil des Weihnachtsoratoriums, dann die ersten zwanzig Takte aus Beethovens 1. Sinfonie, ab der Stelle, an der das Hauptthema einsetzt:

Bach: Weihnachtsoratorium, Ausschnitt Baßstimme.

Beethoven: 1. Sinfonie, Ausschnitt Baßstimme.

Es ist leicht erkennbar, wie sich bei Bach die Baßlinie linear vorwärts bewegt und dabei ein gewisses ästhetisches Eigenleben hat. Diese Stelle auf dem Klavier zu spielen macht immerhin einen gewissen Sinn, obwohl es sich nur um einen Bruchteil der Gesamtkomposition handelt. Anders ist es mit dem Beethoven-Beispiel. Ohne die übrige Komposition zu kennen, kommt hier kaum ein musikalischer »Sinn« herüber, der Baß versteht sich ausschließlich als Sockel des homophonen Überbaus.

Bleiben wir bei Bach und betrachten uns die Kompositionstechnik, in der sich seine Polyphonie vielleicht am meisten vollendet hat: die Fuge.

Entstanden aus den vielfältigen polyphonen Strukturen des 16. und 17. Jahrhunderts, war sie eigentlich eine schon alte Musizierform. In der Bachzeit hat sie die folgende typische Gestalt:

Vorgesehen wird eine bestimmte Anzahl von Stimmen. Das Fugenthema setzt in einer der Stimmen ein, während die anderen üblicherweise noch schweigen. Ist das Thema zu Ende, setzt eine andere Stimme damit ein. Die ursprüngliche Stimme fährt fort mit einem sogenannten Kontrapunkt, der meist rhythmisch etwas bewegter ist als das Thema selbst. Setzt die dritte Stimme mit dem Thema ein, führen alle beiden bisherigen Stimmen einen Kontrapunkt fort, bis alle vorgesehenen Stimmen mit dem Thema »dran« waren. So gibt es dreistimmige Fugen oder fünfstimmige, manchmal sogar siebenstimmige. Dies ist ganz in das Belieben des Komponisten gesetzt.

Ist das Thema zum ersten Mal durch die vorgesehenen Stimmen gewandert (man spricht hier auch von der Exposition), kommt es, unterbrochen durch mögliche Zwischenspiele, zu einem oder mehreren weiteren Durchgängen. Dieser Durchmarsch des Themas durch die Stimmen heißt Durchführung, konsequenterweise nennt man dann auch die Exposition die erste Durchführung. Leider tauchen hier dieselben Begriffe auf (Exposition und Durchführung), die in der späteren Sonatenform von noch viel größerem Gewicht sind, dort allerdings eine andere Bedeutung haben, so daß wir uns vor Verwechslungen hüten müssen!

In den großen Werken Bachs wird einer Fuge oft zusätzlich noch ein unabhängiger Generalbaß unterlegt. Hier treffen dann alle Aspekte zusammen, die Bachs Stilsynthese ausmachen.

Betrachten wir uns dazu als Beispiel den Anfang des »Credo« aus der h-moll-Messe. Die Fuge ist hier siebenstimmig. Da der Chor nur fünf Stimmen hat, wandern die restlichen beiden Einsätze in die erste und die zweite Violine. Bereits optisch gut erkennbar der (scheinbar) völlig unabhängige Generalbaß, der das Geschehen harmonisch und rhythmisch unterstützt. Schließlich kann man gut erkennen, wie – im Gegensatz zum Kanon – die Neueinsätze des Themas im Intervallabstand einer Quarte (oder Quinte) wechseln. Die Einsätze 1, 4 und 7 beginnen auf dem e, die Einsätze 2, 3, 5 und 6 auf a (vgl. S. 106 und 107).

Als Verarbeitungstechniken eines Fugenthemas stechen besonders hervor:

– die *Augmentation.* Das Thema wird »vergrößert«, beispielsweise mit doppelten Notenwerten gespielt.

1.
Soprano I
Soprano II
Alto
Tenore
Basso
Violino I, II
Continuo
① Thema
7 Töne
Cre - - - do in u - num De - um, in
② Thema
Cre - - -
1 +7
Oktave!
Generalbaß
③ Thema
Cre - - - do in u - - num
u-num De - um, in u - num De - um, in u - num De - - -
Kontrapunkt
do in u - num De - um, in u-num De - - um, in
5

④ Thema
Cre - - - do in u - num De - um, in
⑤ Thema
Cre - - -
De - - um, cre - - do in u - num De - um, in u-num De -
um, in u - - - num De - - um, in u-num De - um, cre - do
u-num De - - - - um, in u - num De - - - - um,
9

u-num De - - um, in u - num De - um, cre - do, cre - do in
do in u - - num De - um, in u-num De - um, in
- um, in u - num De - - - - um, in u - - - num De - -
in u-num De - - um, in u - num De - - um,
cre - do in u-num De - - - um, in u - num
Viol. I
⑥ Thema
13

- die *Diminution.* Das Thema wird »verkleinert«, beispielsweise mit halben Notenwerten gespielt.
- die *Umkehrung.* Sie ist eine Spiegelung auf der horizontalen Achse.
- der *Krebs.* Hier wird das Thema rückwärts gespielt.
- die *Krebsumkehrung.*

Vor allem bei den letzten beiden handelt es sich um Verarbeitungstechniken, die nur noch rational verständlich sind. Einen Krebs als solchen zu hören und zu erkennen ist schier unmöglich. Auch dies ist ein Aspekt, welcher dazu beigetragen hat, daß diese Musik von den Zeitgenossen als zu »gelehrt« denunziert wurde. Beispielsweise wie es Jean-Jacques Rousseau kaum drei Jahre nach Bachs Tod etwas drastisch ausdrückte: »Was die Gegenfugen, Doppelfugen, Fugen in Umkehrung, den Generalbaß und andere schwierige Albernheiten angeht, die das Ohr nicht ertragen und die Vernunft nicht rechtfertigen kann, so sind sie offenkundig Überreste einer barbarischen Zeit und eines schlechten Geschmacks...«

Wir werden darauf zurückkommen. Zu Bach bleibt nur zu sagen: Je mehr über ihn und seinen veralteten Stil gelästert wurde, desto fester hielt er an diesem fest – uns Heutigen zur Freude.

Zum Schluß dieses Abschnitts soll einem falschen Eindruck entgegengewirkt werden. Bach war zweifellos ein Meister der Polyphonie, also des Denkens in linearen mehrstimmigen Zusammenhängen. Wir sprachen davon, daß sich der harmonische Zusammenhalt, also das Denken in senkrecht untereinander stehenden Tönen, die zu Akkorden werden, erst in der Zeit nach Bach zum dominierenden Stil erheben wird. Das ist richtig. Aber dennoch war Bach auch ein Meister der Harmonie, sei es eingebettet in seine polyphonen Strukturen oder in die homophonen Choräle. Seine außerordentliche Genialität bescherte ihm auch hier einen schier unendlichen Fundus differenzierter Gestaltungsmöglichkeiten. Bachs Harmonien sind oft kühner als die der Klassiker. Erst die Romantiker finden hier den Anschluß – und entdecken Bach als einen der ihren!

Die Figurenlehre

Bachs polyphoner Schreibweise mangelte es sicherlich nicht an Komplexität. Um so interessanter ist es zu sehen, daß sich der Meister noch ein weiteres Joch auferlegt hat, das er beim Komponieren berücksichtigen und auf einen Nenner bringen mußte. Gemeint sind all die Dinge, welche unter die Stichworte Figurenlehre, musikalische Rhetorik, Tonsymbolik, Zahlensymbolik und das Zahlenalphabet gehören. Es handelt sich dabei um Sachverhalte, mit denen Bach abermals der musikalischen Tradition bis zurück zum Mittelalter nähersteht als dem späteren klassisch-romantischen Zeitalter.

Im Mittelalter war die Musik noch eine Wissenschaft und gewissermaßen eine Schwesterdisziplin zur Rhetorik. Vor dem Hintergrund der Affektenlehre hat sich die Auffassung, daß man durch Töne entweder konkret verstehbar oder symbolisch verschlüsselt bestimmte Inhalte übermitteln könne, immer mehr verbreitet. (In der Klassik wurde dieser Gedanke durch die »Idee der absoluten Musik« abgelöst. Dort geht es zwar auch um Dramen der Leidenschaften, beispielsweise in einer Sinfonie, sie sind allerdings nicht exakt »übersetzbar«. Selbst in der Programmusik des 19. Jahrhunderts steht die »poetische Idee« oft mehr im Vordergrund als die konkrete Tonmalerei.)

Beispiele für die musikalische Rhetorik: Halbtonfortschreitungen drücken Kummer und Leid aus (vor allem der absteigende »Lamentobaß«), verminderte und übermäßige Intervalle stehen für Sünde und Verderben. Wenn es im Magnificat heißt, daß Gott die Mächtigen hinabstürzt, dann hört man auch, wie sie fallen. Die Textstelle »Ich folge Christo nach« wird in der Kantate »Weinen, Klagen« durch eine strenge Imitation der Gesangspartie durch die Streicher ausgedrückt, quasi als »Imitatio Christi«.

Wenn eine unmittelbare Übersetzung nicht möglich ist, strebt Bach eine symbolische Deutung an. Wichtig ist dabei die Zahlensymbolik. Das Wort »Credo« in der h-moll-Messe erklingt 49mal (= 7 × 7, die heilige Zahl für die Vollendung der Welt). Und wenn wir uns das Notenbeispiel noch einmal betrachten, finden wir in dieser Symbolik die Erklärung dafür, daß jene Fuge siebenstimmig ist und ein Thema hat, das 7 Töne umspannt. Das »In unum deum« (an den einen Gott) erscheint im Credo 84mal (7 × 12, 12 ist die Apostelzahl). Die Fuge »patrem omnipotentem« (den allmächtigen Vater) umfaßt 84 Takte, was Bach am Rande eigens hervorhebt. Im »Crucifixus« stehen 12 Akkorde über einem typischen »Lamento«-Baß, der 2 × 12 = 24 Noten zählt. Diese Lamentobewegung wird 13mal (Unglückszahl) wiederholt. Es würde ganze Bücher füllen, wollte man all die diesbezüglichen Symbole, mit denen Bach gearbeitet hat, beschreiben. Es hat den Anschein, als wäre nichts dem Zufall überlassen geblieben. So wenig in einem französischen Barockgarten ein Ast oder ein Strauch in seiner Entwicklung sich selbst überlassen bleibt, so wenig gibt es in der bachschen Musik so etwas wie eine Entwicklung, die nicht rational strukturiert wäre. Die Leidensgeschichte steht im Matthäusevangelium im 28. Kapitel, die Matthäuspassion hat 2800 Takte! Die Anzahl der Takte in allen Chorälen dieser Passion beträgt 169. Dies entspricht 13 × 13, der Potenzierung der Leidenszahl.

Betrachtet man dazu noch die Vorliebe, die Bach für das Zahlenalphabet hatte, wird das Spektrum an Möglichkeiten noch größer. Die Buchstaben A bis Z werden von 1 bis 24 durchnumeriert. Der Name BACH ergibt dann die Summe 14 (= 2 + 1 + 3 + 8). J.S. BACH summiert sich auf die Umkehrzahl zu 14, nämlich 41. Dies ist zwar ein Zufall, aber er hat dem alten Meister offenbar großen Spaß gemacht. Noch in seiner letzten Choralbearbeitung mit dem Titel »Vor deinen Thron tret' ich«, die der inzwischen erblindete Mann diktieren und im 26. Takt abbrechen mußte, verwendet er, als ob er sich auf diese Weise verewigen wollte, noch einmal diese Symbole: Die Melodie in der ersten Zeile der Liedweise hat 14 Noten, der Cantus firmus umfaßt 41 Noten.

Die Schaffensphasen

Ist man bei Komponisten der Romantik eher geneigt, deren Werke bedingungslos als »Herzensschrei« oder anderweitigen Ausfluß des subjektiven Seelenlebens aufzufassen, so daß die kompositorische Entwicklung mit jeder Veränderung der biographischen Bedingungen sich ändert, so tendiert man bei den älteren Komponisten zum anderen Extrem. Man sieht ihre Werke fast als monolithischen Block, der kaum Wandlungen unterworfen zu sein scheint. Beide Auffassungen sind nicht richtig. Denn selbst bei den meisten Komponisten mit einer abenteuerlichen Biographie ist der Kompositionsstil konstanter als die möglichen Irrungen und Wirrungen im Seelenleben, und wenn es zu stilistischen Wendungen kommt, sind diese eher durch musikimmanente Krisen und deren Lösungsversuche bedingt als durch Lebenskrisen. Manchmal fällt auch beides zusammen, wie bei Beethoven, was den Gegnern meiner Auffassung recht zu geben scheint. Bei Bach sind ebenfalls Sprünge in seiner musikalischen Entwicklung zu beobachten. Diese zeigen auffällige Verbindungen mit den beruflichen Veränderungen in seiner Karriere.

Folgen wir der Periodisierung der Schaffensphasen von Karl Geiringer, dann reicht die erste Periode bis zum Jahr 1708, also bis zu dem Zeitpunkt, an dem Bach die Anstellung in Mühlhausen aufgab. Er war inzwischen 22 Jahre alt geworden. In dieser Jugendphase fand er seinen eigenen Stil, indem er sich mit den Werken anderer Künstler auseinandersetzte. Seine Kompositionen aus dieser Zeit sind voll Wärme und Innigkeit, doch in technischer Hinsicht oft noch unreif und unausgewogen. Ein eigentlicher »Frühvollendeter« wie etwa Mozart oder Mendelssohn war Bach nicht.

Die zweite Schaffensperiode fällt zusammen mit der Zeit seiner Anstellung in Weimar. Jetzt lernte er noch intensiver als vorher die italienische Instrumentalmusik mit ihrer einfachen Schönheit und plastischen Klarheit kennen. Die meisten Überarbeitungen fremder Werke, von denen bereits die Rede war, fallen in diese Zeit. Seine Kantaten weisen Elemente der italienischen Oper auf. Gleichzeitig vervollkommnete er sich aber auch in der Beherrschung strenger, kontrapunktischer Formen und der Gestaltung eines wohlproportionierten musikalischen Aufbaus.

Und schließlich entwickelte er sich in Weimar zu »einem Orgelvirtuosen allerersten Ranges und zum größten Orgelkomponisten aller Zeiten« [37, S. 124].

Wie sehr die äußeren, musiksoziologisch interessanten Zusammenhänge von Bedeutung sind, zeigt der Wechsel zur dritten Schaffensphase. Mit 32 Jahren war Bach Kapellmeister des Köthener Hoforchesters geworden. Entsprechend der eher weltlichen Aufgabenstellung komponierte er kaum mehr Kantaten und – vergaß die Orgel fast ganz. Statt dessen widmete er sich reinen Instrumentalkompositionen und bevorzugte als Tasteninstrumente das Cembalo und das Klavichord. In der Concertoform spielte er mit den italienischen Vorbildern, in der Suite mit den französischen. So entstanden in dieser Phase als wichtigste Werke: das »Wohltemperierte Klavier I«, die »Englischen« und »Französischen Suiten«, die sechs »Brandenburgischen Konzerte«, (vermutlich) die vier Orchestersuiten und verschiedene Solokonzerte. Die Wahl dieses Anstellungsverhältnisses mit eher weltlichen Aufgabenstellungen, die sich dann auch in der Art der Werke aus dieser Zeit niederschlagen (dem Verzicht auf Kantaten- und Orgelwerke), ist ein wichtiges Argument gegen die völlige Identifizierung Bachs mit religiöser oder kirchlicher Musik.

1723 wird der inzwischen Achtundreißigjährige zum Thomaskantor in Leipzig ernannt. Allerdings war es keine reine Wunschstelle, weder von seiner Seite noch von seiten seines Arbeitgebers. Bach wußte, was mit dieser Stelle auf ihn zukam: Streit und Querelen, die schon allein aufgrund der Struktur des Thomaskantorats zu erwarten waren. War er in Köthen nur seinem Fürsten unterstellt, so mußte er in Leipzig mit einer großen Zahl von Leuten im Einvernehmen leben. Als Lateinlehrer war er dem Schulrektor unterstellt. Seine Berufung und Beaufsichtigung lag in den Händen des zweiunddreißigköpfigen Stadtrats. Was die Kirchenmusik anging, war er dem Konsistorium zur Rechenschaft verpflichtet. Außerdem betrug sein Gehalt in der Anfangszeit nur ein Viertel von dem, was er in Köthen bekommen hatte. Dennoch wollte er schließlich die Stelle, und sei es nur wegen der besseren Bildungschancen, die er seinen Kindern in Leipzig bieten konnte (»denen studiis zu inclinieren«). Auch der Rat tat sich mit seiner Berufung schwer. Erst als Telemann und Graupner abgesagt hatten, kam Bach in die engere Wahl. Zum Bedauern des einen Ratsherrn, welcher nur zustimmte, »da man nun die besten nicht bekommen könne«. Seine Bedeutung als herausragender Komponist wurde nicht erkannt, sein großes Ansehen als Organist war für den Rat ohne Bedeutung, da das Orgelspiel nicht zum Aufgabenbereich des Thomaskantors gehörte. Als besonderer Vorzug erschien den Ratsherren allenfalls die Tatsache, daß Bach bereit war, Lateinunterricht zu geben – im Gegensatz zu Telemann; dieser hatte es abgelehnt. Was seine schöpferische Tätigkeit anbelangt, mußte er in seinem Arbeitsvertrag folgende Einschränkung unterschreiben:

»Zu Beybehaltung guter Ordnung in denen Kirchen die Music dergestalt einrichten, daß sie nicht zu lang währen, auch also beschaffen seyn möge, damit sie nicht opernhafftig herauskommen, sondern die Zuhörer vielmehr zur Andacht aufmuntere.« [37, S. 60]

Bach unterschrieb ferner den Satz, sich nicht ohne Erlaubnis des Bürgermeisters aus der Stadt zu entfernen. Die spätere Entwicklung in Leipzig bestätigte den traurigen Anfang. Die Haltung der Stadtväter gegenüber Bach wurde immer feindseliger, in der Schule hatte er mit Ernesti, dem Nachfolger des Rektors Gesner, mit dem er zunächst gut zusammenarbeiten konnte, auch nur Ärger. Die Aufführung eines »Höhepunktes der Musikgeschichte«, wie heute die Matthäuspassion in jedem Lexikon dargestellt wird, machte auf Bachs Vorgesetzte keinen besonderen Eindruck. Faßt man all dies zusammen, dann fragt man sich, welche Fälschungen (oder Auslassungen) dafür verantwortlich sein mögen, daß im Bach-Bild des 19. Jahrhunderts, das bei großen Teilen des heutigen Publikums noch wirksam ist, das Stichwort »Thomaskantor« einen so verklärten Eindruck hat erwecken können. Hat ihn die Stelle, so wie sie war, aller Wahrscheinlichkeit nach doch eher behindert als gefördert? Sätze wie der folgende von dem großen Bach-Forscher Willibald Gurlitt sprechen noch ganz diese Sprache: »Gewiß, Johann Sebastian Bach und seine Kunst gehören der ganzen Menschheit. In einem

Der Beginn der Matthäus-Passion in Bachs Handschrift (1729).

besonderen Sinne gehört er dem Land Sachsen-Thüringen, der Stadt Leipzig, der Kirche und Schule St. Thomae.« [45, S. 159] Wir werden im Abschnitt zur Wirkungsgeschichte auf solche Verklärungstendenzen zurückkommen.

Die vierte Schaffensperiode, seine erste in Leipzig also, war trotz der vielfältigen Schwierigkeiten geprägt durch einen überwältigenden Schaffensrausch. Es ist dies die Zeit, in welcher Bach (vermutlich) fünf Jahrgänge mit nahezu dreihundert Kantaten für den Sonntags- und Feiertagsgottesdienst schrieb (nur drei Jahrgänge sind erhalten). Dazu kam dann noch das »Magnificat«, Motetten und andere Werke. Nachdem sich diese erste »Gluthitze schöpferischer Tätigkeit« (Geiringer) etwas gelegt hatte, kam es dann im sechsten Jahr seiner Leipziger Tätigkeit zu jener legendären Aufführung der Matthäuspassion.

Will man die Leipziger Tätigkeit ebenfalls in Phasen einteilen, so läßt sich relativ deutlich eine fünfte Periode feststellen, deren Anfang durch Resignation gekennzeichnet war. Irgendwie scheint es den großen Meister doch strapaziert zu haben, daß sein bisheriger Schaffensrausch von seinen Vorgesetzten so hartnäckig ignoriert wurde. Er stellte deshalb die Serienproduktion der Kirchenkantaten ein und übernahm, gewissermaßen als Alternative, das fünfzehn Jahre zuvor von Telemann gegründete Collegium musicum. Er schrieb weltliche Kantaten (z. B. die Bauern- und Kaffeekantate) und Werke für das Herrscherhaus. Vermehrt widmete er sich auch wieder der Instrumentalmusik, es entstand das »Wohltemperierte Klavier II. Teil«. Insgesamt hat er in dieser Phase quantitativ erheblich weniger komponiert als vorher. Ursache für dieses Verkümmern des produktiven Stroms war unter anderem die Beobachtung, daß zwischen seinen Werken und denen der jüngeren Zeitgenossen um ihn herum eine immer größere Kluft entstanden war. Von diesen wurde ihm auch vorgeworfen, daß seine Musik keine »Annehmlichkeit« habe und statt dessen von einem »schwülstigen« und »verworrenen« Wesen sei. Wir werden auf diese Auseinandersetzung im Umbruchskapitel zur Wiener Klassik ausführlich eingehen. An dieser Stelle können wir festhalten, daß Bach die Lösung des Problems nicht in einer Annäherung an den modernen Stil sah, sondern – ganz im Gegenteil – sich noch mehr auf seinen strengen Stil zurückzog. Er studierte verstärkt die alten Meister, darunter Palestrina, so daß seine sechste und letzte Schaffensperiode, die Geiringer mit dem Jahr 1744 beginnen läßt, geradezu anachronistisch wirkt. Sein Spätwerk steht über aller historiographischer Zeitrechnung (vergleichbar dem Spätwerk Beethovens). Die Zusammenstellung und Vollendung der h-moll-Messe gehört hierher, die Goldbergvariationen, das »Musikalische Opfer« und die »Kunst der Fuge«. »In diesen Werken«, so Karl Geiringer noch einmal, »hinterließ das größte Genie auf dem Gebiete des strengen polyphonen Satzes ein Testament seiner eigenen Kunst und der eines ganzen Zeitalters.« Daß Bach in diesen letzten Jahren Mitglied in der »Societät der musicalischen Wissenschaften« wurde, einer gelehrten Gesellschaft, die sich der Pflege der alten, mathematisch begründeten Musikbetrachtung widmete, paßt in das Bild eines esoterischen, retrospektiven Spätwerks.

Überschaut man die verschiedenen Anstellungsverhältnisse, in denen Bach tätig war, und seine übergroße Zahl von Werken, die er geschaffen hat, dann zeigt sich ganz klar, daß sich die Auffassung, daß Bach in erster Linie »Kirchenmusiker« gewesen sei, nicht länger aufrechterhalten läßt. Zwar stand er in der Tradition protestantischer Kirchenmusik, zwar komponierte er zu einem Großteil seines Gesamtschaffens geistliche Musik, zwar sagte er seinen Schülern, daß »des General Basses Finis und End Uhrsache anders nicht, als nur zu Gottes Ehre und Recreation des Gemüths seyn. Wo dieses nicht in Acht genommen wird da ists keine eigentliche Music sondern ein Teuflisches Geplerr und Geleyer!«; den ganzen Bach jedoch mit einer Art musikalischem Priestertum zu identifizieren, wie dies so oft geschah, wird seinem eigenen Wollen sicher nicht gerecht. Zum einen hat er sich auch an weltlichen Stellen musikalisch immer sehr wohl gefühlt, was beispielsweise die herrlichen Instrumentalwerke der Köthener Zeit bestens belegen. Dann hatten wir ja gehört, daß er die Kantorenstelle in Leipzig gewissermaßen nur aus sekundären Gründen (Universität, bessere Bildungschancen für seine Söhne) angetreten hat. Und nachdem er in treuer Pflichterfüllung seines Amtes die ersten Jahre Woche für Woche Kantaten geschrieben hatte, sprach er 1739 bei einem Streit um eine Passionsaufführung davon, daß diese ihm ein »onus«, eine Last sei. Einen großen Anstoß zur Komposition der h-moll-Messe bezog er aus dem Wunsch, dem grauen Leipziger Kantorenalltag eine Alternative mit dem Titel als »Sächsischer Hofkomponist« entgegenstellen zu können. Indem er sich somit als Komponist weit über die eigentlichen Rahmenbedingungen seines Kantorenamtes hinausstellte, was seine Vorgesetzten gar nicht gerne sahen, trug er bereits Wesentliches zu dem bei, was wir heute die »Emanzipation des Künstlers« nennen. Einerseits befand er sich organisatorisch noch auf der Ebene des »Musikers als angestelltem Handwerker«, doch durch die Hartnäckigkeit, mit der er sich selbst kompositorische Aufgaben stellte, die ihn von der Sache her interessierten, wuchs er über diese Bindung hinaus.

Wir hatten eben Beispiele gesehen, wie bei Bach die Vorherrschaft der Vokalmusik gegenüber der Instrumentalmusik allmählich abgelöst wurde durch die Gleichrangigkeit beider Genres. Dies ist ihm deshalb möglich, weil er in seinen Kompositionen eine solche Dichte der Mikrostruktur erreicht, die von sich aus, also mit oder ohne Text, eine Ausdruckskraft besitzt, die den ästhetischen Anspruch alleine einlösen kann. Vor allem sein Spätwerk ist ein Beleg dafür. »Die dichte Struktur der Musik Bachs, die über die äußeren Zwecke hinausreichte, hatte die Ratlosigkeit der Zeitgenossen zur Folge. Sie bedingt aber jene ästhetische Qualität, die sich an Bachs Kunst erst später erfahren ließ. Die Paarung von Dichte und Expressivität war es, die Bachs Werk für die thematische Arbeit der Wiener Klassik und für die poetische Charakterkunst der Romantik gleichermaßen musterhaft machte«, so Friedhelm Krummacher im »Neuen Handbuch der Musik«. Als Kantor hatte Bach einen Beruf, den er nicht sonderlich liebte. Seine Berufung jedoch hatte er als Künstler, und er konnte diesem Ruf nur folgen, indem er sich über die Begrenztheiten seines Amtes hinwegsetzte.

Wirkung und Nachwirkung

Über Bach zu schreiben, ohne darüber zu berichten, wie wir heute überhaupt zu unserem Bach-Bild gekommen sind, wäre ein großes Versäumnis. Zu seinen Lebzeiten hat man seine Bedeutung nicht erkannt, nachdem man ihn dann aber »entdeckt« hatte, setzte eine Mythologisierung sondergleichen ein. Erst in den letzten Jahren hat sich die Forschung getraut, die völlig überflüssige Patina etwas abzukratzen. Auf dem VII. internationalen Bach-Fest in Mainz 1962 gingen die Wogen hoch, als der renommierte Musikforscher Friedrich Blume die vielen einseitigen Vergötterungen und Überhöhungen auseinandernahm und ad absurdum führte. Etwa indem er auf die Kantorenmythologie zu sprechen kam und zeigte, daß Bach nicht so sehr und ausschließlich der mit der Orgel urverwandte Erzkantor war, sondern sich ebensogerne mit kirchenfremder Instrumentalmusik beschäftigte.

Doch gehen wir der Reihe nach vor. Das Stichwort, an dem alle Mythologisierung beginnt, heißt »verkanntes Genie«. Tatsächlich erkannte offenbar zu seinen Lebzeiten tatsächlich niemand Bachs Bedeutung als Komponist. Echte Bewunderung und liebevolle Verehrung wurden ihm zwar nie vorenthalten. Sie gründeten allerdings eher auf seiner Improvisationskunst, seiner virtuosen Orgeltechnik wie auch den technischen Kenntnissen auf dem Gebiet des Orgelbaus, seiner Fähigkeit als Lehrer und dergleichen. Nicht einmal seine drei hochmusikalischen Söhne haben sich für den Komponisten Bach eingesetzt. Carl Philipp Emanuel hat in den dreiundzwanzig Jahren, in denen er als Direktor der Hamburger Kirchenmusik vorstand, nicht ein einziges Werk seines Vaters aufgeführt. Auch Friedemann Bach, welcher nach dem Tode des Vaters der »vollkommenste Orgelspieler« genannt wurde, hörte man nie eine Note von diesem spielen. Johann Christian soll das Wort von der »alten Perücke« geprägt haben, womit das zum Ausdruck kommt, was ein Zeitgenosse so formulierte: »Hätte Bach den hohen Wahrheitssinn und das tiefe Gefühl für Ausdruck gehabt, so Händel beseelten, er wäre weit größer als Händel, so aber ist er nur Kunstgelehrter und fleißiger.« [Reichart 1782, in 6, S. 234] Auch die Tatsache, daß Bach mit Christian Friedrich Henrici, alias Picander, vorlieb nehmen mußte – er textete außer Kantaten auch »die widerwärtigsten und gemeinsten Sachen«, so der große Bachforscher Albert Schweitzer –, lag unter anderem daran, daß der damals berühmte Dichter Gottsched zwar 27 Jahre lang in Leipzig neben Bach lebte, für ihn jedoch keinen Text liefern wollte.

Die häufig zitierte Feststellung, daß Bachs Werk nach seinem Tode »vergessen« wurde, ist allerdings falsch. Denn Vergessen setzt ein vorheriges Kennen voraus, und davon kann keine Rede sein. Nur weniger als 10% seiner Werke waren zu Bachs Lebzeiten überhaupt bekannt geworden. Außerdem finden sich zwischen Bachs Tod und der legendären Wiederuraufführung der Matthäuspassion durch Mendelssohn im Jahre 1829, deren Bedeutung nicht geschmälert werden soll (nicht nur, weil Mendelssohn damals erst zwanzig Jahre alt war), ein paar interessante Ereignisse. Eines davon ist die erste Bach-Biographie, welche Johann Nicolaus Forkel 1802 herausgegeben hatte. Hier beginnt auch die eben besprochene Mythologisierung, denn Forkel kannte von Bach nur wenige originale Noten. Forkel wiederum hat sein Werk dem Freiherrn van Swieten in Wien gewidmet. Dieser war bereits bekannt als großer Bach-Verehrer. Bei ihm verkehrte 1782 jeden Sonntag um zwölf Wolfgang Amadeus Mozart zur Hausmusik, bei der »nichts anderes als Bach und Händel« gespielt wurde. Auch Haydn besaß das Wohltemperierte Klavier und eine Kopie der h-moll-Messe, Beethoven studierte das WTK bei seinem Lehrer Neefe in Bonn bereits im Alter von dreizehn Jahren. Bei E. T. A. Hoffmann rückt Bachs Musik »in die Nähe religiöser

Offenbarung« (Borris), womit eine Welle romantischer Schwärmereien begann, welche das Jahrhundert geprägt hat. Carl Maria von Weber hat, nach einer frühen Phase der Ablehnung, Bachs Stil in seiner Großartigkeit, Erhabenheit und Pracht gelobt, Liszt sah in ihm den »Thomas von Aquin der Musik«, den er als Propheten und Verkünder verehre, für Max Reger war Bach schlicht und ergreifend »Anfang und Ende aller Musik«. Hier war die Mythologisierung auf ihrem Höhepunkt angelangt. Der Weg hierher war allerdings selbst durch die erste wissenschaftliche Biographie gestützt worden, die es überhaupt gegeben hat: Philipp Spitta hatte beispielsweise zwar die Probleme und Widersprüche in Bachs Leipziger Zeit erkannt, sie aber in seinem 1873–1879 erschienenen Grundlagenwerk der Bach-Forschung dahingehend geglättet, daß er in Bach den auserwählten Kirchenmusiker sah, der als Thomaskantor im Bewußtsein lebte, in Leipzig am Ort seiner Bestimmung zu sein. Nur dieses Wissen habe es ihm ermöglicht, seine tragische Verkennung als Genie zu ertragen.

Die Bach-Biographien der nachfolgenden Jahre stehen alle im Zeichen dieses Blickwinkels, bis sich 1962 ein neues Bach-Bild zu eröffnen begann. Allerdings konnten die bis dahin vielfach aufgetragenen Farbschichten mythologisierender Bach-Verehrung nicht auf einen Streich beseitigt werden. Nur so sind gewisse Exzesse zu erklären, welche diese Farben gleich mit der giftigsten Beize beseitigen wollen. Beispielsweise, wenn im Bach-Jahr 1985 ein meinungsbildendes deutsches Nachrichtenmagazin so dreinfährt:

»Kein Wort mehr darüber, daß er jähzornig war und titelsüchtig, unerträglich rechthaberisch, erschreckend feige oder sogar korrupt; daß ihm Law and Order genauso wichtig waren wie Toccaten und Fugen; daß er jahrelang um ein paar Taler feilschen konnte; so manchen Brotherrn sitzen ließ, wenn ihm ein anderer mehr bot; und daß er sogar von nächsten Verwandten Vorkasse verlangte, wenn er ihnen ein paar Noten schickte. Kaum je wurden Zweifel laut an seiner allzeit gottgefälligen Musizierlust, obwohl er das Kantatenschreiben bald satt hatte und dann lieber mit Studenten im Zimmermannschen Coffee-Haus zu Leipzig, bei Wein und Kuchen, zum Tanz aufspielte. Die literarische Heiligsprechung des Johann Sebastian Bach war die endgültige Himmelfahrt weg vom Boden der Tatsachen. 300 Jahre nach Bachs Geburt läuten nur noch die Glocken, wenn sein Name fällt.« Und der Autor schließt seinen aggressiven Beitrag mit der Konsequenz: »Bachs Exegeten und Apologeten haben allzu gründlich retuschiert und manipuliert, sie haben ausgemerzt, was die Gloriole befleckte, und hinzugedichtet, damit sie strahlte. Aber mit der Heiligsprechung des Johann Sebastian Bach hat es dennoch sein Ende. Was bleibt, ist Bachs Musik – genug für die nächsten 300 Jahre.« [81, S. 231 und 244]

Mit dem gleichen Eifer, mit dem man die Heroen auf das Podest gestellt hat, zerrt man sie jetzt wieder herunter. Hier hilft nur die Erkenntnis, daß wir historische Größen niemals so kennen, wie sie wirklich waren, sondern immer nur durch die Brille der Zeit, in welcher sie betrachtet wurden. Die Brillengläser des 19. Jahrhunderts waren auf heroische Mystifizierung eingefärbt, unsere heutigen eher auf »Desillusionierung großer Gestalten«. Und jede Zeit meint, sie hätte das richtige Bild in der Hand, und sei es auch spiegelverkehrt. Was bleibt, ist wirklich nur die Musik. Und vielleicht die nachdenkliche Frage, ob es sich lohnt, hinter einer Musik, die zweifellos »Idealformen« aufweist, immer auch einen »idealen Menschen« suchen zu müssen. Bei Beethoven haben wir uns dieses Bedürfnis schon längst abgeschminkt. Bei Mozart und Bach fällt es uns schon etwas schwerer, weil die Legende doch allzu schön war.

Kehren wir zum Ausgang zurück, zum musikgeschichtlichen Zusammenhang. In gewisser Weise hatte sich mit Bachs reifem, polyphonen Stil ein Kreis geschlossen. In den letzten Jahrzehnten des 16. Jahrhunderts war mit der Generation um Palestrina und Orlando di Lasso die niederländische Polyphonie in die Phase extremster Differenzierung gelangt. Die Camerata Fiorentina und Monteverdi brachten mit der »seconda pratica« die totale Alternative: weg vom strengen Komponieren, hin zur Darstellung der großen Emotion in der Oper. Während ihres Siegeszuges durch ganz Europa begann diese »moderne« Gattung allerdings recht bald zu erstarren, bis sie in der Bachzeit als neapolitanische Opera seria sich fast nur noch in der Wiederkehr des ewig Gleichen festgebissen hatte. Parallel dazu regenerierte sich auch wieder der strenge Satz (die »prima pratica«), den bereits Monteverdi, trotz der »modernen Musik«, die er komponierte, nicht aus den Augen verloren hatte. Vor allem über die Tradition der deutschen Kirchenmusik. Während diese Richtung in Bach einen herausragenden Nachzügler fand, der dank seiner Genialität aus allem, was ihm zur Verfügung stand, eine Synthese schuf, war der Opera seria eine solche Vollendung nicht beschieden. Weder die Opern von Händel noch die von Christoph Willibald Gluck haben das ästhetische Gewicht, das die h-moll-Messe für den »gelehrten« Stil hat. Wie dem auch sei: Die Opera seria war in der Jahrhundertmitte ästhetisch ruiniert, wenn auch als institutionalisierte Hofoper noch lange nicht am Ende. Die Kunst des polyphonen strengen

Satzes war über Bach hinaus nicht mehr zu steigern. Die Alternative zur erstarrten neapolitanischen Oper wurde die »Opera buffa«, diejenige zum strengen Satz lag in der Entwicklung eines neuen Stils, der das, was die Monodie bereits einmal gewollt hatte, nämlich das Herz zu »rühren«, abermals in neuen Gattungen zu verwirklichen suchte: Die Geburt der modernen Sonate und der Sinfonie steht an. Und hier wollte es die Gunst der Stunde, daß es einen Komponisten gab, der es verstand, beide neuen Richtungen, die Opera buffa und die Instrumentalmusik, schon recht bald auf eine unübertreffliche Höhe zu führen: Wolfgang Amadeus Mozart. Doch bis dieser ernten konnte, mußten andere vor ihm zunächst viel säen. Wie dies geschah, berichtet das nächste Kapitel.

Der große Umbruch um 1750

Wollte man stur und prinzipienfest argumentieren, könnte man das Umbruchskapitel und auch das folgende über Mozart ebenfalls noch in das Großkapitel stecken, das dem italienischen Zeitalter gewidmet ist. Denn die Opera seria blieb zunächst am Leben, obwohl sie inhaltlich schon längst marode war. Außerdem ist ja die neue, moderne Opera buffa ebenfalls ein italienisches Kind, und selbst drei von Mozarts größten Opern (»Figaro«, »Don Giovanni« und »Così fan tutte«) stammen aus dem italienischen Fach. Carl Dahlhaus faßt in dieser Weise auch das 18. Jahrhundert unter dem Primat des Systems der italienischen Hofoper zusammen. Damit relativiert er mit Absicht den in der früheren Musikgeschichtsschreibung ganz massiv hervorgehobenen Bruch um 1750. Ich möchte dieser Auffassung in dieser Breite nicht folgen. Denn es sind zwei Momente, die es mir nach wie vor wichtig erscheinen lassen, diesen Bruch ganz besonders hervorzuheben: Einmal der Stilwandel auf der Ebene des musikalischen Materials, zum andern der Umbruch, der sich in allen wichtigen Bereichen außerhalb der Musik ebenso deutlich vollzogen hat: in der Politik, der Architektur, der Philosophie, der Gartenbaukunst.

Nicht zuletzt die Heftigkeit, ja die Aggressivität, mit welcher alles bisher Dagewesene auf einmal verdammt wird, zeigt uns aus der unmittelbaren Perspektive der Zeitgenossen, wie radikal die Zäsur in Wirklichkeit war. Bei Rousseau in den »Lettres sur la musique française« von 1753 heißt es dann (den ersten Teil des Zitats haben wir bereits im vorigen Kapitel kennengelernt):

»Was die Gegenfugen, Doppelfugen, Fugen in Umkehrung, den Generalbaß und andere schwierige Albernheiten angeht, die das Ohr nicht ertragen und die Vernunft nicht rechtfertigen kann, so sind sie offenkundig Überreste einer barbarischen Zeit und eines schlechten Geschmacks, die, wie die Portale unserer gotischen Kathedralen, nur zur Schande derer fortbestehen, die sich die Mühsal nahmen, sie zu bauen.«

Das ist mehr als eine persönliche Abneigung eines Philosophen gegenüber einer Disziplin, von der er möglicherweise nichts verstand. Nein, Rousseau betätigte sich nicht nur als Philosoph und Pädagoge, er war auch Komponist, und um seine Kritik am Generalbaß und den anderen schwierigen Albernheiten zu unterstreichen, hat er in dem Stil, den er als neu und modern empfand, gleich selbst eine Oper geschrieben, den »Dorfwahrsager«, was ihn zu einem der prominentesten Musiker seiner Zeit machte.

Oder denken wir noch einmal an die (in unseren heutigen Ohren) harte Kritik des Johann Adolph Scheibe, die dieser 1737 an Johann Sebastian Bach geübt hatte, indem er schrieb:

»Dieser große Mann würde die Bewunderung gantzer Nationen sein, wenn er mehr Annehmlichkeit hätte, und wenn er nicht seinen Stücken durch ein schwülstiges und verworrenes Wesen das Natürliche entzöge, und ihre Schönheit durch allzu große Kunst verdunkelte.«

Und etwas später wendet sich der Verfasser noch einmal gegen die Polyphonie, wie sie Bach zur Vollendung gebracht hatte:

»Alle Stimmen sollen miteinander und mit gleicher Schwierigkeit arbeiten, und man erkennt darunter keine Hauptstimme« – allenfalls den darunterliegenden Generalbaß, aber den hatte ja Rousseau bereits als Überrest einer barbarischen Zeit und eines schlechten Geschmacks gegeißelt.

Und schließlich konstatiert Scheibe:

»Man bewundert die beschwerliche Arbeit und eine ausnehmende Mühe, die doch vergebens ist, weil sie wider die Vernunft streitet.«

Der erste Teil dieses Satzes erinnert in Verbindung mit dem Vermissen von mehr «Annehmlichkeit« an das Zitat, dem wir bereits begegnet sind, das auch hierher gehört: Reichardts Ausspruch von 1782, daß Bach, wenn er »das tiefe Gefühl und den Ausdruck« in dem Maße besessen hätte wie Händel, weit größer als Händel gewesen wäre, und jetzt kommt die Pointe: »so aber ist er nur ein Kunstgelehrter und fleißiger«.

Der Musik eines Johann Sebastian Bach fehlte es in den Ohren der Zeitgenossen also an Annehmlichkeit, tiefem Gefühl und an Melodik, die eindeutig erkennbar ist und nicht in einem Gewirre gleichberechtigter Stimmen untergeht. Man konstatierte, bei aller Hochachtung vor dem Handwerk, daß diesen Kompositionen »das Natürliche ent-

Jean-Jacques Rousseau (1712–1778) war nicht nur ein bedeutender Philosoph und Pädagoge, sondern auch ein einflußreicher Musikschriftsteller, der es verstand, seine neuen Ideen sogar durch eigene Kompositionen populär zu machen.

zogen« sei und daß sie schlichtweg nur auf »Gelehrsamkeit und Fleiß« beruhten.

Der zweite Nachfolger Bachs als Thomaskantor, Friedrich Doles, verwarf »diejenigen Kirchenmusiken, welche nur künstliche Fugen enthalten und zu ängstlich nach den strengen Regeln und Künsteleien des Kontrapunkts ausgearbeitet sind«. Und er fuhr fort: »Wenn ich eine Versammlung gelehrter Tonkünstler zu Zuhörern habe, so würde ich mich freilich gern mit einer tief durchdachten Fuge auf der Orgel hören lassen, aber nicht so in der Kirchenmusik bei der öffentlichen Gottesverehrung und in der Absicht, ungelehrte Zuhörer zu rühren.« [46, S. 100]

Doch auch Händel, den Reichhardt noch als Gegenpol zu Bach ansah, stand genauso unter dem Verdacht, eine »alte Perücke« zu sein, nur wurde dies nicht immer ganz so hart formuliert. Jedenfalls schreibt der spätere König Friedrich II. von Preußen im selben Jahr 1737, in welchem J. S. Bach von Scheibe so hart angegriffen wird und Händel gerade am »Saul« arbeitet, über letzteren: »Händels gute Tage sind vorüber, sein Kopf ist leer, und sein Geschmack aus der Mode.«

Das Fehlen des Melodischen im strengen Satz brandmarkte auch Georg Philipp Telemann scharf, indem er den jungen Musikern seiner Zeit den Rat gab, sich bei den Italienern oder den jungen deutschen Melodikern in die Schule zu begeben, nicht in jene »der Alten, die zwar krauss genug contrapunktieren, aber darbey an Erfindung nackend sind, oder 15 bis 20 obligate Stimmen machen, wo aber Diogenes selbst mit seiner Laterne kein Tröpfgen Melodie finden würde« [75, S. 81].

Die Tatsache, daß alle drei der großen Bach-Söhne, die selbst einflußreiche Musiker waren, in den Jahrzehnten ihrer Tätigkeit nach dem Tode ihres Vaters so gut wie kein Werk von diesem zur Aufführung brachten, oder der Tatbestand, daß der Nachfolger Bachs als Thomaskantor lieber Opernarien mit geistlichem Text unterlegt, statt auf die fertigen Kantaten des sicherlich größten Kantatenkomponisten zurückzugreifen, dies alles ist unter dem Blickwinkel der bisherigen Zitate vielleicht eher verständlich als unter dem einer rein moralischen Verurteilungsperspektive (»Wie konnten die nur...!«).

Das strenge Komponieren war endgültig überholt. Und so könnten wir uns jetzt dem zuwenden, was an seine Stelle getreten ist, was damals modern war. Doch das würde diesen Stilwandel, den vielleicht größten Umbruch, den die Musikgeschichte in einer derart kompakten Form je erlebt hat, nur als ein rein musikalisches Phänomen erscheinen lassen. Dem war aber nicht so. Denn ab- und umgebrochen wurde auf allen Ebenen der Gesellschaft, was uns ein kleiner Ausflug in die verschiedensten Disziplinen im folgenden in Erinnerung bringen soll.

Die absolute Monarchie gibt in der Barockzeit den Rahmen ab für alle gesellschaftlichen Ereignisse. Der Staat gilt als ein Gebilde, das Gesetzen gehorcht und einem Zweck dient: der Gewinnung und Erhaltung von Macht. Alle Kräfte, die der Staatsgewalt zuwiderlaufen, werden beseitigt. Es wird eine funktionsfähige Verwaltung aufgebaut und die Wirtschaft in den Dienst des Staates gestellt. In der Person des Fürsten sammeln sich alle Kräfte des Staates, von diesem gehen alle Richtungen aus, die nach unten wirken. Ludwig XIV. war vielleicht der typischste Repräsentant dieser Auffassung.

Nachdem der Sonnenkönig 1715 gestorben war, setzte in Frankreich und alsbald in ganz Europa ein tiefgreifender Wandel ein. Die streng hierarchisch auf die Person des Königs zentrierte Gesellschaftsordnung übte einen massiven Druck aus auf alle gesellschaftlichen Kräfte, die für sich gesehen vielfältig waren und auseinanderstrebten. Nach dem Tode des Königs wich dieser Druck und gab den Dingen mehr Raum, die bisher eher latent vorhanden waren. Dazu gehörten die vielfältigen Risse im Bild, das sich die Menschen von Gott, von sich und der Natur gemacht hatten. Die Naturwissenschaften brechen zu völlig neuen Horizonten auf (Newton), neue mathematische Erkenntnisse helfen dabei (Leibniz). Menschliche Einrichtungen (Staat) werden daraufhin überprüft, ob sie den Forderungen der Vernunft gehorchen. Den von menschlicher Willkür geschaffenen Gesetzen stellt man ein Naturrecht auf der Grundlage der Vernunft gegenüber. Die Errungenschaften moderner Textkritik werden auf die Bibel angewandt, der Kampf gegen die Verbindung von Staat und Kirche wird eröffnet (Spinoza).

Alle diese Errungenschaften, die zunächst gleichzeitig auch Verunsicherungen waren, hatten sich im ersten Drittel des 18. Jahrhunderts zu einer ungeheuren Kraft gebündelt, die sich entladen wollte. Als der absolutistische Druck sich dann auch tatsächlich verringerte, kam es zu dem Ereignis der europäischen Geschichte, das wir die Aufklärung nennen. Auf der Grundlage dessen, was in den vorangegangenen Jahrzehnten die Naturwissenschaftler und andere Gelehrte an neuen Dimensionen des Denkens bereits eröffnet hatten, wurden jetzt die Philosophen zu Kritikern, Anklägern und Richtern ihrer Zeit. Sie kämpfen für religiöse Toleranz (Voltaire, Lessing) und treten für die Gleichheit vor dem Gesetz ein. Sie wollen die absolute Monarchie durch Verfassungen beschneiden (Locke, Montesquieu). Alle diese modernen Gedanken sollen breiteren Schichten zugänglich gemacht werden. Diesem Zweck dient die »Enzyklopädie«, die von d'Alembert und Diderot innerhalb von dreißig Jahren, 1750–1780, in 33 Bänden herausgegeben wurde. (Die musikbezogenen Artikel schrieb übrigens Rousseau.) Kant schließlich definiert die Grenzen der reinen Vernunft (Erkenntnistheorie), der praktischen Vernunft (Morallehre) und der Urteilskraft (Ästhetik) neu und ruft die Menschen dazu auf, sich ihres eigenen Verstandes zu bedienen.

Mit dieser Wendung weg von den starren Normen eines politischen Systems, das auf eine einzige Person, den Herrscher, zentriert ist, hin zum Subjekt, zum einzelnen Menschen, vollzieht sich auch ein Wandel, der alle Dimensionen der Gesellschaftsstruktur mit erfaßt. Mit der Verlegung der Residenz von Versailles nach Paris löst sich der Hof im alten Sinne auf. Das höfische Zeremoniell wird allmählich altmodisch. Nachdem die »Stadt« den »Hof« verdrängt hat, beginnt auch die Kunst menschlicher zu werden. Sie ist nicht mehr in erster Linie dazu da, Macht und Herrlichkeit auszudrücken, sondern dazu, schön und angenehm zu sein, zu reizen und zu gefallen. Das Subjektive wird zum Maßstab. Höfische und klerikale Prunksucht verschwinden immer mehr, das Feierlich-Repräsentative und das Rhetorisch-Theatralische geraten ins Zwielicht und werden abgelöst durch die Neigung zum Zierlichen und Intimen.

In Frankreich finden diese Umwälzungen auf politischer Ebene ihren Höhepunkt in der großen Revolution, in Preußen und Österreich etabliert sich eine »aufgeklärte« Monarchie (Friedrich II. und Joseph II.). Die USA gehen in die Unabhängigkeit und geben sich eine demokratische Verfassung. Dies alles schließt nicht aus, daß es auch Fürsten gibt, die sich nach wie vor absolutistisch gebärden, so etwa der württembergische Herzog Karl Eugen (1728–1793), der im Schloß Solitude ein grauenhaftes, unmenschliches Regiment führte, sich teure Prunkopern leistete, die er dadurch finanzierte, daß er seine eigenen Landeskinder als Soldaten an kriegführende Fürsten verkaufte. Auch er hielt sich einen Italiener als Hofkapellmeister: Niccolò Jommelli, den sein Zeitgenosse Daniel Schubart als »Schöpfer eines ganz neuen Geschmacks« und als »eines der ersten musikalischen Genies, die jemals gelebt haben« verehrt.

Anstelle des Hochadels geben jetzt weite aristokratische Kreise den Ton an, unterstützt vom gehobenen Bürgertum. Generell von einem »bürgerlichen Zeitalter« zu sprechen wäre jedoch noch verfrüht, zumindest für Kontinentaleuropa. Bis in die Beethoven-Zeit hinein waren es die aristokratischen Kreise, die über das Wohl und Wehe der Kunst bestimmten. Mit ihren Residenzorchestern (z. B. Mannheim oder Esterhazy) schufen sie Experimentierfelder für Komponisten (Stamitz bzw. Haydn), in ihren Salons gaben sie manchem jungen Künstler eine Chance (z. B. Beethoven), die dessen Ruhm begründen sollte.

Dennoch war die Entwicklung zum »öffentlichen Konzert« vor allem eine Errungenschaft des Bürgertums, das sich mit Konzertsaal und Sinfonieorchester auch eine Form der Repräsentation und des feierlichen Weihrauchs schaffen wollte, was allerdings erst im 19. Jahrhundert so richtig zum Tragen kam. Für die Umbruchszeit ist vor allem wichtig, festzuhalten, daß mit dem Aufkommen des öffentlichen Konzerts die Musik aus ihrer bisherigen starren Funktionalität (Repräsentation in der Kirche oder am Hofe, Erbauung oder Unterhaltung im Gottesdienst oder bei der Tafel) heraustritt und zu einem Ereignis wird, das wiederum auf den einzelnen Menschen und auch auf die Musik selbst abzielt. War die Musik bisher eher Hintergrund, wird sie jetzt zum Mittelpunkt einer Aufführung, wobei es üblich wird, sie um ihrer selbst willen anzuhören. Man kennt das Konzertprogramm, wählt danach aus, entrichtet eine Eintrittsgebühr und erkauft sich damit auch die Möglichkeit, Kritik zu üben – unabhängig davon, wie das Urteil in der Fürstenloge ausfällt.

Allerdings ging dies alles sehr langsam vonstatten: 1725 wachsen in Paris die »Concerts spirituels« aus den opernfreien Tagen der Karwoche heraus. In Frankfurt gab es seit 1740 öffentliche Konzerte, in Leipzig ab 1743 (seit 1781 gibt es die Gewandhauskonzerte), Friedrich II. eröffnete 1740 die Berliner Oper, die »jedem anständig gekleideten Bürger« zugänglich war (während er – noch ganz im alten Stil – von seinem Hofmusikus Quantz über dreihundert Flötenkonzerte komponieren ließ, die dieser anderweitig nicht veröffentlichen durfte), 1765–92 fanden in London die Bach-Abel-Konzerte statt, in den neunziger Jahren die Solomon-Konzerte, in deren Rahmen Haydn seine großen Erfolge feiern sollte. Daß bei diesen Konzerten rege Konversation betrieben wurde, gehörte ebenso noch zum damaligen Brauch wie die Tatsache, daß das Publikum im Parkett, das meistens nicht bestuhlt war, sich die Füße vertrat und dabei die neueste Mode vorführte.

Vieles von dem, was wir heute mit dem Begriff »Konzert« in Verbindung bringen, hat sich als festes Ritual erst im 19. Jahrhundert entwikkelt. Noch war die italienische Hofoper die dominierende musikalische Erscheinungsform, die erst später durch das »große Konzert« abgelöst wurde. Dennoch verdanken wir diesem völlig neuen Gesellschaftsspiel – sei es nun »echt« musikalisch motiviert gewesen oder eher als Möglichkeit zur Selbstdarstellung des Bürgers zu betrachten – einen

Blick in einen bürgerlichen Konzertsaal im Jahr 1788. Noch scheint die Neigung zur Konversation ebensogroß wie die Liebe zur Musik. Der Raum ist unbestuhlt, oval, das Orchester durch Erhöhung vom Publikum abgetrennt (Konzertsaal der Gesellschaft »Felix Meritis« in Amsterdam).

Rahmen, innerhalb dessen sich das neue musikalische Stilgefühl, welches die erstarrten barocken Formen ablösen sollte, entwickeln konnte.

Bevor wir nun auf diese eigentliche musikalisch-inhaltliche Ebene kommen, wollen wir uns noch ein paar Parallelen des großen Umbruchs in anderen Disziplinen in Erinnerung rufen.

Der Umbruch in der Architektur vom schweren, monumentalen Barockstil zum empfindsameren Rokoko bedarf keines besonderen Hinweises. Vielmehr müssen wir hier auf einen Unterschied zur musikgeschichtlichen Entwicklung kurz eingehen, da der Vergleich zwischen den beiden Kunstrichtungen immer wieder gezogen wird und so nicht ganz richtig ist. Wenn man die Begriffe Barock und Klassik für die beiden eigentlichen Stilrichtungen nimmt, zwischen denen sich der Umbruch vollzog, dann wäre das Rokoko gewissermaßen ein Übergangsstil, der zwischen beiden zu vermitteln hätte. Allerdings stehen sich, bei allem Eigenständigen, das der Rokokostil hervorgebracht hat, Barock und Rokoko in der Architektur zweifellos näher als Rokoko und Klassik. In der Musik dagegen hat sich der Begriff Rokoko nicht eingebürgert. Was in dieser Übergangszeit zwischen Barock und Klassik komponiert wurde, heißt hier Frühklassik. Während das Rokoko in der Architektur viel stärker noch von barocken Elementen lebt, die lediglich empfindsamer, zierlicher, subjektiver gestaltet sind, trägt die Musik dieser Übergangszeit bereits fast alle Merkmale in sich, die dann in der Klassik voll zur Geltung kommen sollten. Konkret gesagt, ein Klavierkonzert eines Carl Philipp Emanuel Bach steht einem Konzert von Mozart viel näher als einem entsprechenden Werk seines Vaters.

Ähnlich verhält es sich auch in der Literatur. Dort spricht man von »Sturm und Drang« als Begriff für die Stücke der Übergangszeit, wobei es sich dabei oft um frühe Werke der Klassiker handelt (etwa die »Räuber« von Schiller oder der »Götz« von Goethe). Und so wie diese beiden späteren »Klassiker« in der Dichtung (genannt Weimarer Klassik), so heben sich auch in der Musik Haydn, Mozart und Beethoven (analog dazu als »Wiener Klassik« bezeichnet) von den übrigen Dichtern und Komponisten ab, die sowohl in der Dichtung wie in der Musik eher zur Romantik hin tendieren.

Es wäre – wenn man schon auf vergröbernde Etiketten Wert legt – keineswegs unlogisch gewesen, alle Komponisten, welche den neuen Stil gepflegt haben, auch begrifflich bereits der »Romantik« zuzuordnen. Denn, wie gesagt, die drei Wiener »Klassiker« sind herausragende Einzelerscheinungen, denen es gelungen ist, über den allgemeinen Zeitgeist hinausgehend eine Sprache zu finden, die von der Nachwelt als würdig befunden wurde, eben »klassisch« zu sein. Damit wäre auch endgültig klar, daß sich der Begriff des Klassischen von anderen Epochenbegriffen, deren Fragwürdigkeit wir ja bereits an anderer Stelle erörtert haben, ganz grundsätzlich unterscheidet. Die beiden Begriffe »Barock« und »Romantik« wollen die Einheit eines geschichtlichen Kontinuums suggerieren, der erste für das 17. und die erste Hälfte des 18., der zweite für das 19. Jahrhundert. Daß dies beim Barock nicht recht klappen kann, haben wir gesehen, bei der Romantik wird über die Probleme noch zu sprechen sein. Klassik in der Musik dagegen ist kein Epochen- sondern ein Rangbegriff, ein Werturteil. Es gibt an, wer die Ehre hat, auf einem solchen kompositorischen Niveau zu stehen, daß ihm das Prädikat »klassisch« zusteht. Wird der Begriff dennoch, was sehr häufig geschieht, als Zeitbegriff verstanden und dann oft mit den Zahlen 1781

(Haydns Quartette op. 33, Mozarts Übersiedelung nach Wien) und 1814 versehen (Ende der zweiten Phase in Beethovens Schaffen; Wiener Kongreß), dann kommt man in die immense Schwierigkeit zu erklären, warum die zahllosen Komponisten, die es in diesen dreiunddreißig Jahren sonst noch gegeben hat, nicht zum »klassischen Zeitalter« gehören, in welchem sie doch gelebt haben.

Nachdem sich der Klassikbegriff dann doch eingebürgert hatte, ergab sich daraus eine Konsequenz, die ebenfalls sehr problematisch ist: Alles, was der Klassik vorausging, mußte zwangsläufig als Frühklassik bezeichnet werden. Erstens steht dieser Begriff dann wieder für eine Zeitspanne (von immerhin gut fünfzig Jahren, von den zwanziger bis zu den siebziger Jahren des 18. Jahrhunderts), und zweitens hört es sich so an, als ob diese Komponisten alle Frühformen eines Stils entwickelt hätten, der erst später vollendet wurde. Selbst wenn dies aus einer gewissen Perspektive heraus stilkritisch gesehen vielleicht sogar stimmen mag: Ein Carl Philipp Emanuel Bach hätte sich dafür bedankt, der Steigbügelhalter eines Haydn, Mozart oder Beethoven zu sein. War er doch in seiner Glanzzeit der angesehenste Komponist Europas, der den Ruhm seines Vaters ebenso meilenweit überflügelt hatte, wie er den künftigen Ruhm eines Mozarts bei weitem übertreffen sollte.

Wir haben es hier also mit den gleichen terminologischen Problemen zu tun wie in früheren Kapiteln auch. Für uns gilt es hier nur festzuhalten, daß es ohne Namen und Etikettierungen einfach nicht geht, daß es aber die Musikgeschichtsschreibung bis heute nicht geschafft hat, ein überzeugendes Angebot zu machen, das diese Probleme lösen könnte. Dies wird auch in Zukunft nicht der Fall sein, denn es liegt natürlich nicht an mangelndem Einfallsreichtum, neue Begriffe zu finden, sondern an der Kompliziertheit der Materie, die durch solche Begriffe erfaßt werden soll. So werden also auch wir mit diesen Begriffen leben müssen, allerdings in dem Wissen um ihre Fragwürdigkeit und in der Erkenntnis, daß sich hinter ihnen nichts weiter verbirgt als sprachliche Hinweise auf etwas, dessen eigentlichen Gehalt man sich immer wieder erst klarmachen muß.

Vom »Wechsel der Leidenschaften«

Ging es der »Seconda pratica« in der Monodie um 1600 um eine ungekünstelte Darstellung von Emotionen, so geht es beim Umbruch in der Mitte des 18. Jahrhunderts nicht um deren Darstellung oder objektivierende Betrachtung (was die Zielsetzung der barocken Affektenlehre war), sondern um das subjektive Erleben selbst. Eines der wichtigsten Schlagwörter der Zeit heißt »Empfindsamkeit«, ein anderes, ebenso häufiges, »Rührung«. Sah die barocke Auffassung außerdem ein konstantes Aufrechterhalten eines einzigen affektiven Ausdrucks innerhalb eines Satzes vor (wir sprachen von Mono-Affekt), so wird jetzt ausdrücklich der »Wechsel der Leidenschaften« gesucht.

Carl Philipp Emanuel Bach hat diesen Begriff in seinem Lehrbuch »Die wahre Art das Clavier zu Spielen« geprägt, das 1753 erschien.

»Indem ein Musikus nicht anders rühren kann, er sei denn selbst gerühret, so muß er notwendig sich selbst in alle Affekte setzen können, welche er bei seinen Zuhörern erregen will; er gibt ihnen seine Empfindungen zu verstehen und bewegt sie solchergestalt am besten zur Mitempfindung. Bei matten und traurigen Stellen wird er matt und traurig. Man sieht und hört es ihm an. Dieses geschieht ebenfalls bei heftigen, lustigen und anderen Arten von Gedanken, wo er sich alsdann in diese Affekte setzt. Kaum daß er einen stillt, so erregt er einen anderen; folglich wechselt er beständig mit Leidenschaften ab.« [54, S. 356]

Wir werden auf dieses Zitat zurückkommen, wenn wir uns die Frage stellen, wie sich auf der Ebene des musikalischen Materials diese Forderung nach dem »Wechsel der Leidenschaften« hat einlösen lassen.

Die gleiche Aufgabenstellung wie C. Ph. E. Bach für die Musik bekundet F. G. Klopstock für die Dichtung. In dem 1760 erschienenen Aufsatz über »Die heilige Poesie« schreibt er über den Dichter: »Er bringt uns mit schneller Gewalt dahin, daß wir uns laut freuen, tiefsinnig stehen bleiben, denken, schweigen; oder blaß werden, zittern, weinen.«

Selbst in der Theorie der Gartenbaukunst finden wir unsere Begriffe wieder. Auch hier hatte die Suche nach einem empfindsamen Subjektivismus die starren, mit dem Lineal gezogenen rechtwinkligen Barock- oder Französischen Gärten beseitigt und zum Landschaftsgarten, dem sogenannten Englischen Garten geführt.

Christian Cayns Laurenz Hirschfeld beschreibt in einem Lehrbuch dieser Zeit das Bild einer »englischen« Landschaft mit dem Titel »Empfindsame Gartenszene« mit folgendem Text: »Welcher weise Freund des einsamen Spazierganges muß nicht lebhaft gerührt werden, wenn er in einem waldigen Revier auf ein Monument stößt, das dem Andenken eines Mannes, den er schätzen kann, geheiligt ist. ... ringsum tiefe Stille und Feier. Von dem Eindruck dieser Szene beherrscht und in seine Wehmut versenkt, lehnt sich der empfindsame Betrachter an eine gegenüberstehende Eiche ... und eine Träne fällt.« [35, S. 50]

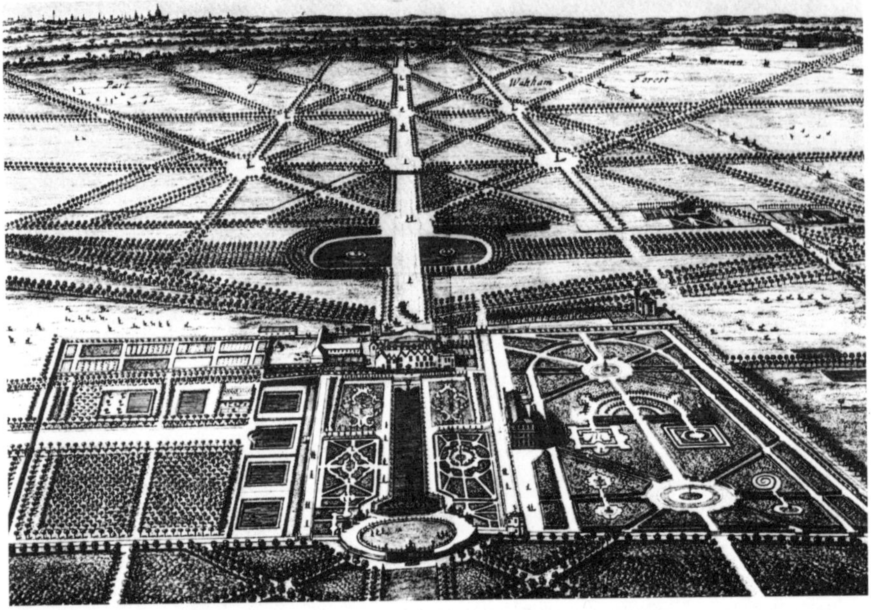

»Strenger« Barockgarten (Landsitz Wanstead/Essex). Charakteristisch ist die strenge Symmetrie der Gesamtanlage und die starre Geometrie der Naturform. Die gesamte Anlage zielt auf einen einheitlichen Ausdruck, der durch rationale Beherrschung gekennzeichnet ist.

Sind im barocken Garten Überraschungen durch Kalkulation bis ins letzte Detail ausgeschlossen, so beruhen die Landschaftsgärten auf dem Prinzip des Kontrastes, welches die Bilder wechseln läßt und unterschiedliche Stimmungswerte und Assoziationen erweckt, in der Sprache C. Ph. E. Bachs: sie streben nach dem »Wechsel der Leidenschaften«.

Johann Wolfgang Goethe beschreibt 1778 seine Eindrücke vom Englischen Park in Dessau so: »Hier ist es jetzt unendlich schön, mich hat's gestern abend, als wir durch die Seen, Kanäle und Wäldchen schlichen, sehr gerührt, wie die Götter dem Fürsten erlaubt haben, einen Traum um sich herum zu schaffen. Es ist wie ein Märchen.« [88, S. 127]

Der große Musikforscher Friedrich Blume hat auf die Musik gemünzt die folgende Formulierung gefunden, und wir erkennen die Begriffe wieder: »Hier ging es um einen vollständigen Bruch und um eine (vermeintlich) dauernde Verwerfung aller alten Gattungen, Formen und

»Empfindsame Gartenszene«, aus dem Lehrbuch »Theorie der Gartenkunst« von C. C. L. Hirschfeld, das 1779–1785 in Leipzig erschien. Das Zeitalter der »Empfindsamkeit« führte zu einer verinnerlichten Naturrezeption: Die Landschaft wurde Träger und Spiegel empfindsamer Stimmungen. Ziel ist die seelische Rührung. Waren die Barockgärten in erster Linie private Anlagen des Adels, so sind die Landschaftsgärten meist öffentliche Einrichtungen. Einer der ersten war der Englische Garten in München (1789).

Stilmittel und um die Entthronung der Vernunft zugunsten des Herzens und um die Errichtung eines musikalischen Märchenreiches schlichter und herzlicher Schönheit.«

Musikalische Stilmittel

Gehen wir jetzt dem musikalischen Material auf den Grund und suchen die kompositorischen Elemente, die geeignet waren, die neuen Forderungen nach Empfindsamkeit, Rührung und Wechsel der Leidenschaft einzulösen. Grob gesehen waren es vor allem zwei Entwicklungslinien, welche den größten Vorrat an Möglichkeiten anzubieten hatten: Einmal die neu entwickelte Opera buffa, die zur Opera seria in der neapolitanisch-metastasianischen Ausprägung in schroffem Gegensatz stand, und schließlich die Entwicklung der Instrumentalmusik mit ihren neuen Gattungen Sinfonie, Streichquartett, Sonate und Solokonzert. Die Quintessenz aus diesen Gattungen sehen wir in der sogenannten »Sonatenform«. Es handelt sich dabei um ein Strukturmodell für die jeweils ersten Sätze, und selbst in der Opera buffa taucht diese »Form« an bestimmten Stellen auf, und zwar an solchen, die der Komponist als besonders wichtig ansieht. Paradebeispiele sind die Sextette aus Mozarts Figaro (»Erkennungsszene«) und Don Giovanni (im 2. Akt). Die Sonatenform ist allerdings kein schematisches Strukturmodell (obwohl es formalisiert angewendet werden kann), sondern ein Energieprinzip ersten Grades. Denn wie kein zweites Formmodell wurde sie dazu auserkoren, das Verlangen nach »Empfindsamkeit und Rührung« und nach dem »Wechsel der Leidenschaften« zu befriedigen. Energieprinzip bedeutet dabei, daß es mit dieser Sonatenform möglich wurde, rhythmische, harmonische und melodische Reserven zu aktivieren und den Satz einer Sinfonie zu einem »Drama ohne Worte« werden zu lassen. In der Sonatenform kommen schließlich auch alle Elemente zum Tragen, die wir stilistisch als Merkmale von Früh- und Hochklassik ansehen können. Wir wollen uns einige davon bewußt machen und dabei feststellen, wie selbstverständlich sie uns vorkommen, denn ihre Bedeutung für die musikalische Sprache hat sich bis heute erhalten.

Telemann hatte den Vertretern des strengen Satzes vorgeworfen, daß sich in ihren Kompositionen mitunter zwanzig gleichberechtigte Stimmen fänden, jedoch »kein Quäntchen Melodei«. So war denn auch die Antwort der Modernen auf dieses Manko die »Entdeckung« des Melodischen:

»Die Melodie ist es, die die Sinfonien schön, rührend, nachdrücklich und erhaben macht. Die Melodie erregt die Affekte und Leidenschaften und drückt sie aus. Ein wichtiger Beweis, daß die Melodie das Vornehmste und Trefflichste ist in der Musik und also der Harmonie weit vorzuziehen, die man doch sehr oft über jene setzt und ihr ein Ansehen erteilt, welches der Melodie allein gehört.« So Johann Adolph Scheibe in seiner Kritik von 1737 [21, S. 202].

Mit der Betonung der Melodie tritt gleichzeitig der Generalbaß völlig in den Hintergrund. Strukturiert sich, salopp gesagt, in der Barockzeit die Musik »von unten nach oben«, so schlägt dies in der Umbruchzeit völlig in das Gegenteil um: Die obenaufliegende Melodiestimme wird zum Träger des musikalischen Ausdrucks. Alle übrigen Stimmen werden ihr untergeordnet, auch der Baß, der seine relative Unabhängigkeit gänzlich einbüßt. Das Melodische manifestiert sich in leicht faßlichen, häufig wiederholten Phrasen und Motiven mit einer deutlich wahrnehmbaren Grobstruktur. Die meisten Themen klassischer Sonaten, Sinfonien, Quartette usw. haben eine periodische und symmetrische Gestalt. Symmetrisch, weil nach der ersten Hälfte eine deutliche Zäsur erkennbar ist, periodisch, weil nach der Zäsur eine analoge Rückkehr zur Ausgangslage erfolgt. Der weitaus größte Teil der klassischen Themen umfaßt acht Takte. Die ersten vier bilden dabei die »Hinbewegung«, die zweiten das »Zurück«. Auch wer ein solches Thema zum ersten Mal hört, »weiß«, daß dieses bei der Zäsur noch nicht zu Ende sein kann, es »fehlt noch etwas«. Dieses Element des Überschaubaren, des Gefühls, als Hörer »darüberzustehen«, das leicht Faßliche, war es, was im Bewußtsein der damaligen Umbruchtheoretiker unter den Schlagwörtern »Zurück zur Natur« oder »edle Einfalt« und »Tendresse« gefordert wurde. Weg vom »Gelehrten«, hin zum Überschaubaren, Einfachen. Mattheson forderte 1739 in seinem »Vollkommenen Kapellmeister«, dem Kodex des neuen Stils, daß der Komponist sich anstrengen solle, leichte Musik zu schreiben. Wichtig sei dabei die Melodie, die um so wirkungsvoller sei, wenn sie ein gewisses Etwas an sich habe, das alle Welt schon kennt. Sein Schüler Johann Schulz formulierte diesen Gedanken später so, wenn er sagt, er habe sich »in den Melodien selbst der höchsten Simplizität und Faßlichkeit beflissen, ja auf alle Weise den Schein des Bekannten darinzubringen gesucht. In diesem Schein des Bekannten liegt das ganze Geheimnis des Volkstons.« [75, S. 95] Das ging schließlich so weit, daß Friedrich Wilhelm Marpurg gegen die »leichte Melodienmacherei« wettern zu müssen glaubte. Im Rückblick wissen wir, daß seine Sorgen unberechtigt waren. Die Musik verkümmerte nicht zur reinen Schnulzenproduktion. Die »neue Einfachheit« war die Grundlage für eine völlig neue Möglichkeit, noch größere, komplexere Gebilde aufzubauen. Die Tatsache, daß eine Melodie aus einer Anzahl von Takten aufgebaut sein müsse, die sich aus einer Potenz von 2 ergibt, wurde als regelrechtes Naturereignis hingestellt. Joseph Riepel schrieb 1752: »Denn 4, 8, 16 und wohl 32 Täcte sind diejenigen, welche unserer Natur dergestallt eingepflanzet, daß es uns schwer scheinet, eine andere Ordnung mit Vergnügen anzuhören.« [30, S. 19] Richard Wagner sprach später, als er seine eigene »unendliche Melodie« entwickelte, verächtlich von der »Quadratur des Tonsatzes«.

Im harmonischen Bereich haben wir es ebenfalls mit einer großen Umwälzung zu tun. Das Wort Harmonie steht ja in der Musikersprache bekanntlich nicht für »Wohlklang« wie in der Umgangssprache, sondern markiert einen Oberbegriff, dem alles angehört, was Töne, die gleichzeitig erklingen, in einen strukturellen Zusammenhang bringt. (So wie das Wort »ästhetisch« auch nicht nur »schön« heißt, sondern alles meint, was mit der Ästhetik als der Wissenschaft vom Urteilen zusammenhängt: Es gibt sowohl die »Ästhetik des Häßlichen«, wie es »dissonante Harmonien« geben kann, welche wiederum als »schön« oder als »häßlich« empfunden werden können.)

Die verschiedensten Lehren des Kontrapunkts hatten vom Beginn der Mehrstimmigkeit bis zum strengen Satz dafür gesorgt, daß in der polyphonen Vielstimmigkeit, bei der jede Stimme ihr eigenes Gewicht hat und keine der anderen untergeordnet ist, das Zusammengehen dieser Einzelstimmen reibungslos verläuft. Mit dem Umbruch von dieser linearen »waagerechten« Polyphonie zur »senkrechten« Homophonie wurde die Kontrapunktlehre zugunsten der neuen »Harmonielehre« verdrängt. Wichtiger als die relativ unabhängig voneinander vorwärtslaufenden Linien wurden jetzt Akkorde. Selbstverständlich ergeben sich auch Akkorde, wenn man bei einem fünfstimmigen polyphonen Satz mit einem Lineal eine Senkrechte zieht und alle Noten, die untereinander stehen, als Akkord betrachtet. Dies entspräche jedoch weder der Auffassung der damaligen Zeit noch unserer Wahrnehmung dieser Musik. Wenn mit dem Umbruch die Senkrechte von größerer Bedeutung wird, dann deshalb, weil alles, was in den Mittelstimmen und im Baß geschieht, in direkter Abhängigkeit von der melodietragenden Oberstimme steht. Jean Philippe Rameau, dem großen französischen Opernkomponisten, fällt die Doppelrolle zu, daß er im Bereich seines Komponierens zu den Konservativen seiner Zeit gehörte, daß er aber andererseits mit einem theoretischen Werk (»Traité de l'harmonie«, 1722) die Grundlagen der modernen Harmonielehre, welche die klassische und die romantische Zeit »erklärbar« machen sollte, geprägt hat. An die Stelle des linearen Generalbasses setzt er den Gedanken einer »Kadenz« mit den drei Grundfunktionen Tonika, Dominante und Subdominante (vgl. die Zusammenfassung dazu auf Seite 88).

Vergleicht man die klassisch-romantische Musik mit der barocken, so spricht man in der Literatur häufig von einer Verlangsamung des »harmonischen Rhythmus«. Finden in der Barockmusik Wechsel der harmonischen Funktionen im Sinne der Kadenz ziemlich häufig statt, so geht man in der Klassik sparsamer damit um. Man sieht dies bereits optisch, wenn man sich zwei Noten-Beispiele ansieht, in welche die Funktionsbezeichnungen eingetragen sind. Beim Bach-Beispiel ändert sich die har-

»Galantheit«, »Empfindsamkeit«, »Wechsel der Leidenschaften« – Begriffe einer Gesellschaft im Umbruch. Die beschauliche Szene »Musik im Garten« wurde 1769 von Daniel Chodowiecki gestaltet.

monische Funktion fast bei jeder Zählzeit. Stamitz dagegen hält die Kernfunktionen wesentlich länger aufrecht.

Was auf den ersten Blick wie ein grober Rückfall in die Simplizität aussieht, ist jedoch in Wirklichkeit die Voraussetzung für ein völlig neues Stilgefühl. Natürlich war der Ausgangspunkt für diese Vereinfachung das Bedürfnis nach leichter Verständlichkeit, nach Eleganz und Empfindsamkeit. Was im Resultat daraus wurde, ist allerdings mehr. Ereignen sich die vielen Harmoniewechsel bei Bach eher en passant durch Harmonisierung fast jeder Generalbaßnote, so werden die sparsamer eingesetzten Funktionswechsel der Klassiker »zum Ereignis«. Wie wir nachher bei der Behandlung der Sonatenform sehen werden, beruht der Auslöser der großen dramatischen Entwicklung eines solchen Satzes auf einem Tonartenwechsel zwischen dem Haupt- und dem Seitenthema. Dieser harmonische Wechsel, den man völlig harmlos in einem einzigen Takt abhandeln könnte, wird über weite Passagen zum tragenden Pfeiler der Musik. Die Verlangsamung des harmonischen Rhyth-

Bach, Motette »Jesus meine Freude«.

Johann Stamitz, Sinfonie A-dur.

mus ist somit eine wichtige Voraussetzung für die Möglichkeit, zu einer großen innermusikalischen (also nicht durch einen Text motivierten) Dramatik zu kommen.

In Verbindung damit steht auch eine weitere neue Dimension: Das Presto, die schnellste Tempostufe, wird geboren. Wechseln die Harmonien häufig, so kann das Tempo eines Stückes sich nur innerhalb eines bestimmten Rahmens bewegen, soll die Verständlichkeit noch gewährleistet sein. Bleiben die Harmoniefunktionen jedoch über weitere Strecken konstant, kann das Tempo entsprechend forciert werden.

Ein weiterer Umbruch auf der musikalischen Materialebene ist im Bereich der Rhythmik zu beobachten. Sprachen wir bei der Barockmusik von Monorhythmik, weil der Rhythmus innerhalb eines Stückes relativ konstant bleibt, so tritt uns in der Klassik die »Flexibilität« des Rhythmus als völlig neues Ausdrucksmittel entgegen. Bei der Darstellung der Sonatenform werden wir darauf eingehen.

Diese neue Flexibilität des Rhythmus steht ganz im Zeichen des Bedürfnisses nach Kontrasten (»Wechsel der Leidenschaften«). Außer durch den Parameter des Rhythmus werden Kontraste auch durch eine Erweiterung des thematischen Materials hergestellt: An die Stelle der barocken Monothematik tritt der Themendualismus. Auch er wird, wie der flexible Rhythmus, zu einer wesentlichen Grundlage der Sonatenform.

Ebenfalls völlig neuartig wird die Behandlung der Dynamik. Spricht man bei der Charakterisierung von Barockmusik von Terrassen- oder Stufendynamik, um zu betonen, daß jeweils ein Lautstärkegrad längere Zeit konstant gehalten wird und nur in Registerstufen wechselt, so verändert sich das Bild durch den gezielten Einsatz von Crescendo und Decrescendo total. Auf dem Cembalo oder der Orgel lassen sich, außer durch Manual- oder Registerwechsel, keine unterschiedlichen Lautstärkegrade realisieren, schon gar keine flexiblen Übergänge. Erst das neue »Pianoforte«, das seinen Siegeszug nicht zufällig in dieser Umbruchszeit antritt, macht es möglich, den Druck der Finger auf die Tasten direkt auf das klangliche Resultat, die Lautstärke, einwirken zu lassen. Die Tatsache, daß das Cembalo nicht zur Wiedergabe einer flexiblen Dynamik in der Lage ist, hat sicher zu dessen »Aussterben« beigetragen. So hatte die Dynamik in der Barockmusik lediglich eine untergeordnete Bedeutung. Oft wurden vom Komponisten diesbezüglich gar keine näheren Vorschriften gemacht. Nach dem Umbruch gehört die exakte dynamische Vorgabe zum Akt des Komponierens. Ein bachsches Werk in einer einzigen Lautstärke vorgetragen: Manch einer würde es vielleicht gar nicht merken. Ein Satz einer Beethoven-Sinfonie konstant nur im Piano gespielt: Er wäre ruiniert!

Die Avantgarde des 18. Jahrhunderts

Fragt man sich, welche Komponisten im einzelnen diesen Umbruch vollzogen haben, so stellt man zunächst fest, daß es nicht etwa ein einzelnes Genie war, das hier als entscheidender Dreh- und Angelpunkt gewirkt hätte, vergleichbar etwa dem erneuten Umbruch, den Beethoven mit seiner Eroica nur wenige Jahre später bewerkstelligen sollte. Nein, es handelte sich eher um eine kollektive Leistung einer großen Zahl von Musikern, die in der Zeit nach 1720 nach Möglichkeiten suchten, den strengen Satz abzulösen und die neuen ästhetischen Ideen in klingende Praxis umzusetzen.

Zu diesen gehörten in Italien Giovanni Battista Sammartini (1700–1775) aus Mailand. Er komponierte bereits 1734 viersätzige Sinfonien und trug damit Wesentliches zur Entwicklung dieser neuen Gattung bei. Mozart begegnete ihm 1769.

Luigi Boccherini (1743–1805) zeigt eine fast vorbildlose Originalität. In seiner warmen, biegsamen Melodik hat er ebenfalls entscheidend auf Mozart gewirkt. Wirkte Sammartini stilbildend vor allem im sinfonischen Bereich, dann Boccherini im Bereich der Kammermusik. Neben Haydn (und später Mozart) hat er in dieser Zeit die wichtigsten Streichquartette geschrieben. Mit 125 Werken prägte er die Gattung des Streichquintettes neu aus.

Von großer Bedeutung für die Entwicklung des neuen Stils waren ferner die zwei von Bachs Söhnen, deren Ruhm zu ihren Lebzeiten den ihres Vaters weit überstrahlte. Carl Philipp Emanuel Bach (1714–1788) war zusammen mit Johann Joachim Quantz (1698–1773) Träger der norddeutschen Entwicklung, die im Vergleich zu anderen Schulen als eher konservativ gilt. (Der protestantische Norden war ohnehin wesentlich rückständiger bei der Übernahme der neuen Ideen; es gab damals ein regelrechtes konfessionelles Nord-Süd-Gefälle in der Musik.) Der »Berliner« oder »Hamburger« Bach wirkte 1740–67 als Cembalist am Hofe Friedrichs II., danach in Hamburg als Musikdirektor der fünf Hauptkirchen. Bedeutend war er auch als Theoretiker und Lehrer. Aus seinem »Versuch über die wahre Art, das Clavier zu spielen« kennen wir bereits den Begriff vom »Wechsel der Leidenschaften«. Charles Burney hielt die größten Stücke auf ihn: »Sein heutiges Spielen bestärkte meine Meinung, die ich von ihm aus seinen Werken gefaßt hatte, daß er nemlich nicht nur der größte Komponist für Clavierinstrumente ist, der jemals gelebt hat, sondern auch, im Punkte des Ausdrucks, der beste Spieler.« Wenn in dieser Zeit der Name Bach fiel, dachte jedermann an Carl Philipp Emanuel. Mit etwa 200 Sonaten und 40 Klavierkonzerten trug auch er Wesentliches zur Konstituierung dieser neuen Gattungen bei. Von den »Klassikern« hat ihn vor allem Beethoven sehr geschätzt.

Sein bedeutendster Schüler war sein Halbbruder Johann Christian (1735–1782). Dessen ganze Sehnsucht galt Italien. Höhepunkt dieser Entwicklung ist die Konvertierung zum katholischen Glauben, um Domorganist in Mailand zu werden. Er schrieb eine beträchtliche Zahl neapolitanischer Opern und ließ sich später in London nieder, wo er 1764 zusammen mit Carl Friedrich Abel die legendären Bach-Abel-Konzerte organisierte. Mit über 60 Sinfonien und zahlreichen Klavierkonzerten trug auch er zur frühklassischen Ausprägung der wichtigsten

Gattungen des klassisch-romantischen Zeitalters bei. Für Mozart war er einer der frühesten und wichtigsten Anreger. Sie trafen sich 1764 in London und 1778 in Paris.

Man übertreibt allerdings nicht, wenn man die »Mannheimer Schule« als die eigentliche Avantgarde des 18. Jahrhunderts bezeichnet. In der Musikgeschichtsschreibung erst spät entdeckt und gewürdigt (durch Hugo Riemann Ende des 19. Jahrhunderts), stellen die am Mannheimer Hof in der Regierungszeit des Kurfürsten Karl Theodor (1743–1777) wirkenden Musiker einen wichtigen Schlüsselpunkt zum Verständnis des klassischen Stils dar:

»Mögen viele der kompositorischen Neuerungen, der klangfarblichen Erweiterungen, der spieltechnischen Prinzipien anderswo – in Frankreich, in Italien, in Wien – früher vorgekommen sein; erst in den Kompositionen der Mannheimer Komponisten, erst im Spiel des Mannheimer Orchesters erreichen sie jene Wirkung, die historisch manifeste Folgen zeigte – nicht nur als Vorläufer des Wiener klassischen Stils, sondern ebenso als Konzentration musikalischer Energien, die zum Teil erst in der Romantik des 19. Jahrhunderts ihre Fortsetzung fanden.« So weit das Neue Handbuch der Musikwissenschaft 1985 als Spiegel der gegenwärtigen Wertschätzung der »Mannheimer«.

Schmelztiegel der Kreativität in Mannheim war das dortige Orchester. Charles Burney beschreibt es so: »Es sind wirklich mehr Solospieler und gute Komponisten in diesem als vielleicht in irgendeinem Orchester in Europa. Es ist eine Armee von Generälen, gleich geschickt, einen Plan zu einer Schlacht zu entwerfen, als darin zu fechten.« Friedrich Daniel Schubart drückt seine Eindrücke noch dichterischer aus: »Kein Orchester der Welt hat es je in der Ausführung dem Mannheimer zuvorgetan. Sein Forte ist ein Donner, sein Crescendo ein Catarakt, sein Diminuendo – ein in die Ferne plätschernder Krystallfluß, sein Piano ein Frühlingshauch.« [21, S. 200]

Spricht man bei Instrumentalensembles der Renaissance von einem regelrechten »Zufallsorchester«, so richtet sich die Instrumentierung eines Werkes auch in der Barockmusik noch stark nach den Gegebenheiten, die der Komponist gerade vorfindet. Peter Rummenhöller beschreibt die Situation so: »Was Johann Sebastian Bach für seine ›Matthäus-Passion‹ brauchte und was er voraussichtlich zur Verfügung haben würde für seine Aufführung, eben das würfelte er zusammen.« [77, S. 91] Die sechs Brandenburgischen Konzerte haben sechsmal eine andere Besetzung. Mit dieser Austauschbarkeit machen die Mannheimer ein Ende. Die Bezeichnung »Orchester« erhält den Klang, den sie für uns im Sinne eines »Sinfonieorchesters« heute noch hat. Es normiert sich eine typische Besetzung, die auf dem Streicherklang aufbaute: 1. und 2. Violinen, Bratschen, Celli und Kontrabaß. Dazu Pauke und Blasinstrumente: Flöten, Oboen und Hörner, später auch die Klarinetten. Zur Definition eines »Orchesters« gehört jedoch nicht nur eine Besetzungsliste, sondern ein Team von Musikern, die aufeinander eingespielt sind, in der Besetzung konstant bleiben, die eine einheitliche technische Ausrichtung haben und klanglich diszipliniert sind, um normierte Balanceverhältnisse zu schaffen.

Wenn dann auch noch die personelle Ausstattung eines solchen Prototypen-Orchesters durch herausragende Musikerpersönlichkeiten glänzt, kann man schon von einem Glücksfall sprechen: Johann Stamitz mit seinen Söhnen Anton und Carl, Franz Xaver Richter, Ignaz Holzbauer, Christian Cannabich, alle waren sie auch Komponisten und betrachteten ihr Orchester als ihr ureigenstes Experimentierfeld. Am bedeutendsten von ihnen war allerdings Johann Stamitz (1717–1757). Er stammte aus Böhmen und wirkte zuerst als Violinvirtuose. 1748 wurde er in Mannheim »Direktor der Instrumentalmusik«. Bereits in den fünfziger Jahren erlangte Stamitz internationalen Ruhm. 1751 und 1754 gastierte er in Paris, 1755 wurden drei seiner Sinfonien unter dem Titel »La melodia germanica« veröffentlicht. (Ein Titel, der bereits die beginnende Ablösung von der italienischen Vorherrschaft ankündigt.) Sie bilden eine Art Quintessenz des neuen Stils, der bereits alles enthält, was die »Frühklassik« zu dem macht, was sie aus der späteren, rückwärtsgewandten Perspektive sein sollte: Die Sonatenform basiert auf zwei deutlich kontrastierenden Themen, die Rhythmik ist flexibel. Die folgende Beschreibung von Jan LaRue soll die Bedeutung des neuartigen Crescendo unterstreichen:

»So mag etwa ein Stamitzsches Crescendo mit Streichern in einer tiefen Oktave beginnen und in den ersten zwei Takten nur vom Piano zum Mezzoforte anwachsen. In den nächsten Takten jedoch erreicht nicht nur die melodische Linie die höhere Oktave, sondern die Viertelnoten werden vom Sechzehnteltremolo abgelöst, die Bläser treten hinzu, und die Dynamik steigert sich zum Fortissimo-Höhepunkt, so daß durch diese gleichzeitige Steigerung von Melodik, Rhythmik und Dynamik eine überwältigende Wirkung erzielt wird.« Ein völlig neuer Stil also. Durchsetzt mit dem, was man bereits damals die »Mannheimer Manieren« nannte. Dazu gehört beispielsweise die »Walze«: Ein Motiv bleibt gleich und wiederholt sich nur jeweils auf einer neuen Tonstufe.

Anton Filtz

Oder die »Mannheimer Rakete«: der gebrochene Dreiklang schießt von unten nach oben.

Johann Stamitz

Noch in Beethovens erster Klaviersonate wirkt die Rakete nach:

Als »Mannheimer Bebung« wird die Figur bezeichnet, bei welcher der eigentliche Zielton nach oben und unten zunächst umspielt wird:

Johann Stamitz

Wichtig ist vor allem der »Mannheimer Seufzer«, ein ausdrucksvoll fallender Sekundvorhalt auf dem betonten Taktteil:

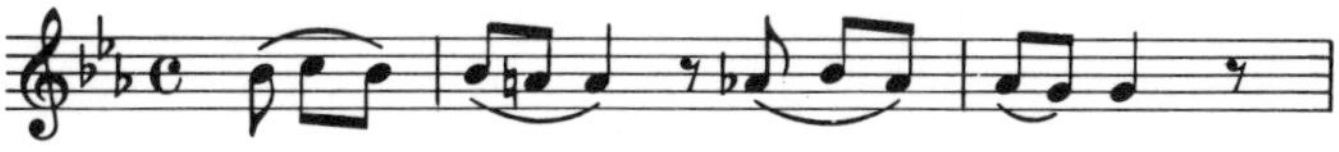

Johann Stamitz

Natürlich haben Stamitz und seine Kollegen diese Kunstgriffe nicht regelrecht »erfunden«, auch in Bachs Passionen gibt es »Seufzer«. Dort sind sie jedoch an einen Text gebunden, welchen die Musik lediglich ausmalen will. Im Mannheimer Stil verselbständigen sie sich in der Weise, daß ihr Einsatz aus rein innermusikalischen Gründen sinnvoll wird, also nicht nur, um Außermusikalisches zu übersetzen. Wir haben es hierbei mit einem ersten großen Schritt zur »Emanzipation der Instrumentalmusik« zu tun, die ab jetzt in der Lage ist, ihre eigene ästhetische Verantwortung selbst zu tragen. Sie ist nicht mehr nur Mittel zum Zweck oder »Dienerin des Wortes«, sondern immer mehr Trägerin dessen, was die späteren Theoretiker die »Idee der absoluten Musik« nannten. Wir werden darauf im Kapitel über die neuen ästhetischen Kategorien ausführlicher eingehen. Hier können wir jedoch bereits festhalten, daß beispielsweise das Selbstverständnis eines Beethoven beim Schreiben einer Sinfonie mit dem Anspruch, daß diese die höchste Gattung repräsentiert und sich an die ganze Menschheit wendet, ohne diese ersten, aber grundlegenden Schritte des Johann Stamitz und seiner Mannheimer Mitstreiter sich kaum vorstellen läßt. Die Musik wird zur Sprache des Ausdrucks. Was sie uns erzählt, läßt sich allerdings nicht übersetzen.

Wir wissen nur, daß sie mit ihren unverwechselbaren eigenen Mitteln über sich selbst berichtet, wobei sie denjenigen, der sich ihren Klängen aktiv öffnet, in diesen klingenden Diskurs mit einbezieht, so daß er – um mit Mozart zu sprechen – »Satisfaction erhält, ohne zu wissen warum«.

Neben Mannheim war auch Wien ein bedeutendes Zentrum des musikalischen Umbruchs. Namen wie Fux, Muffat, Monn und Wagenseil und viele andere tauchen hier auf. Ihre Musik ist uns heute nicht mehr geläufig. Ihr Stil hat jedoch besonders auf Haydn und Mozart so intensiv eingewirkt, daß eine Beschreibung dieser »Übergangsmusik« die Musik dieser großen Meister bereits deutlich erahnen läßt. Der Zeitgenosse Daniel Schubart bescheinigt dieser »Wiener Schule«: »Gründlichkeit ohne Pedanterey, Anmuth im Ganzen, noch mehr in einzelnen Teilen, immer lachendes Colorit, großes Verständnis der blasenden Instrumente, vielleicht etwas zu viel komisches Salz« [78, S. 363].

Um den Streit, wer nun mehr dazu beigetragen hat, die nachfolgende »Wiener Klassik« vorzubereiten, brauchen wir uns heute nicht mehr zu kümmern. Fest steht, daß sich aus der rückwärts gewandten Perspektive des späteren 19. und des 20. Jahrhunderts der feste Eindruck ergibt, es sei in einem breiten Vorbereitungsfeld zwischen 1720 und 1780 eine musikalische Sprache entstanden, die sich die großen Meister Haydn, Mozart und Beethoven schließlich nur noch anzueignen brauchten, um in ihr dasjenige auszusprechen, was angesichts ihrer Genialität nur ihnen möglich war. Spätestens 1836 wird es soweit sein, daß der Göttinger Professor der Philosophie Amadeus Johann Gottlieb Wendt in seiner Schrift »Über den gegenwärtigen Zustand der Musik, besonders in Deutschland, und wie er geworden« als Ausgangspunkt für die zu behandelnde Gegenwart erstmals »die sogenannte classische Periode« nennt und explizit darauf hinweist, daß diese Bezeichnung keinen Epochenbegriff meint, der alle Komponisten eines bestimmten Zeitabschnittes mit einschließt, sondern lediglich deren herausragende »Coryphäen«, Haydn, Mozart und Beethoven.

Die Sonatenform

Der Begriff »Sonatenform« ist häßlich, eigentlich heißt er sogar »Sonatenhauptsatzform«, was besagen soll, daß er normalerweise in den ersten Sätzen (den Hauptsätzen) einer Sinfonie, einer Sonate, eines Quartetts und anderer Gattungen in Erscheinung tritt. Außerdem stiftet er oft Verwirrung, weil das Stichwort »Sonate« den Eindruck erweckt, als handelte es sich um eine Form, die nur bei der (Klavier-)Sonate als Gattung auftritt, was eben nicht der Fall ist. Und schließlich suggeriert das Wort »Form« den Eindruck von Nullachtfünfzehn-Kompositionen. Als ob es sich um ein Rezept handeln würde, das einfach immer wieder rein schematisch zur Anwendung kommt.

Durch eine ausführliche Darstellung der Sonatenform will ich solchen Fehlurteilen entgegenwirken. Diese Ausführlichkeit ist auch dadurch gerechtfertigt, daß die Sonatenform nicht nur für die Umbruchszeit, von der dieses Kapitel bisher handelte, relevant ist, sondern für gute zweihundert Jahre weiterer Musikgeschichte. Sie wurde im Laufe der Zeit vielen Veränderungen unterworfen, blieb in ihrem Grundmodell immer erkennbar, zumindest als inspirierende Leitlinie auf der Suche nach einem »Gespür für Proportionen und dramatischen Ausdruck« (Charles Rosen). Die Erkennungsmerkmale der Form, das Hauptthema, das Seitenthema etc., sind nichts als ein äußerliches Gerüst. Der Komponist benutzt es, wie ein Brückenbauer Gerüst und Verschalung benutzt. Wenn das Werk steht, werden die Hilfskonstruktionen wieder abgebaut, die Brücke kann sich selbst tragen. Das »Verstehen« des fertigen Sonatensatzes besteht nicht in erster Linie darin, daß man die Themen an und für sich heraushören kann (das ist eher eine Voraussetzung), sondern daß man den dramaturgischen Entwicklungsgang, den der Komponist mit diesem Satz beschreiben will, im Vorgang des aktiven Hörens erlebend nachzuempfinden in der Lage ist. Der »Inhalt« eines solchen Satzes ist nicht eine konkret übersetzbare Geschichte (wie dies bei der Programmusik oft der Fall ist), sondern die Musik selbst und die Freude, die aus ihr entsteht. Wir haben den Prototyp dessen vor uns, was man »absolute Musik« nennt.

Fragt man nach einer kurzen, lexikalischen Übersetzung des Begriffes Sonatenform, wäre die Antwort in wenigen Worten gegeben: Es handelt sich um ein Kompositionsverfahren, das in den Gattungen Sinfonie, Streichquartett, Klaviersonate, Solokonzert jeweils dem ersten Satz zugrunde liegt. Sätze, die den Aufbau der Sonatenform haben, weisen einen ersten Teil auf, die sogenannte Exposition, in welcher verschiedene Themen vorgestellt werden, die durch Überleitungen miteinander verbunden sind. Im zweiten Teil, der »Durchführung«, werden Elemente aus der Exposition aufgegriffen, auseinandergenommen, neu kombiniert oder auf andere Weise verarbeitet. Die Reprise schließlich ist die Wiederkehr des Expositionsteils, allerdings unter stabileren Tonartverhältnissen, denn der Satz soll in der abschließenden Coda abgerundet zu Ende gehen.

Schematische Darstellung der Sonatenform

(langsame Einleitung)	→	*fakultativ*
Exposition		
Hauptthema	→	Haupttonart
Überleitung	→	Tonartenwechsel (dramatisierend)
Seitenthema	→	Seitentonart (lyrisch)
Epilog	→	erneute Dramatisierung
		Abschluß der Exposition in der Seitentonart

Durchführung

Thematisch-motivische Verarbeitung von Themenmaterial, welches in der Exposition vorgestellt wurde.

Oftmals wird die Durchführung eröffnet durch eine kurze, eher lyrische Eingangsphase, in welcher zum Beispiel das Hauptthema in Moll erscheint. Danach entwickelt sich in der Regel der eigentliche dramatische Höhepunkt des Satzes.

Vor dem Wiedereintritt des Hauptthemas in der Haupttonart (Reprise) führt der Komponist zunächst die Modulation durch, wobei die letzten Takte der Durchführung durch typische erwartungs- oder spannungserzeugende Wendungen den »Sog zur Reprise« aufbauen.

Reprise

Formal gesehen folgt die Reprise dem Schema der Exposition. Der wichtigste Unterschied liegt allerdings darin, daß nun auch das Seitenthema in der Haupttonart erklingt, so daß der Satz mit stabilisierten Tonartverhältnissen in die abschließende Coda gelangen kann.

Hauptthema	→	Haupttonart
Überleitung	→	Dramatisierung
Seitenthema	→	*Haupttonart*
Epilog	→	erneute Dramatisierung
Coda	→	Abschluß in der Haupttonart.

Was mehr interessiert als solch veräußerlichte Beschreibung, ist die kreative Art und Weise, wie die Komponisten mit diesem »Modell« umgehen. Jede musikalische Form ist das Resultat großartiger architektonischer Leistungen, die so notwendig sind wie ein Bachbett, wenn das Wasser sich zielgerichtet vorwärtsbewegen soll.

Ein solches Bachbett war die Sonatenform. Sie nahm alle Strömungen in sich auf, welche die Zeit des Umbruchs in den verschiedensten musikalischen Zentren Europas hervorgebracht hat. Und sie gab diesen Strömungen Halt und Richtung, Gestalt und Ausdruck, ohne zu erstarren und einzuengen. Ein Wegweiser für die Kreativität, zugleich aber auch eine Herausforderung.

Keimzelle und Ausgangspunkt des Komponierens in der Sonatenform wurde zunächst das »Thema«. In einer Fuge von Bach etwa hatte das Thema zwar einen Anfang, allerdings weder eine Mitte noch ein Ende. Zumindest war dieses für das ungeübte Ohr nicht ohne weiteres auffindbar. Das Thema überwucherte sequenzierend den ganzen Satz und gab damit dem Stück ein thematisch einheitliches Gepräge. Wir sprachen deshalb auch von Monothematik.

Die Themen der Übergangszeit und der Klassik waren dagegen – entsprechend der neuen Theorie der Empfindsamkeit – melodisch und überschaubar. Vergegenwärtigen wir uns das Thema der »Kleinen Nachtmusik«:*

Wir erkennen unmittelbar die typischen Merkmale einer solchen Themenstruktur:

Sie ist symmetrisch. Das heißt, wir spüren ziemlich genau – auch wenn wir von Musiktheorie keine Ahnung haben –, wo die Mitte des Themas liegt. Würde man nur das halbe Thema spielen, so wüßte jeder sofort: An dieser Stelle kann das Thema unmöglich zu Ende sein. Wir haben es »im Gefühl«, daß wir erst die eine Hälfte des Weges zurückgelegt haben und eine ebenso lange noch folgen muß. Die Symmetrie schafft eine Zäsur, bis zu der eine Hin-Bewegung erfolgt, die dann in eine Zurück-Bewegung mündet. Man spricht deshalb von einer periodischen Themenstruktur mit einem Vordersatz und einem Nachsatz.

Hatte man für eine solche einfache Spielerei die hohe Kunst des barocken Komponierens geopfert? Wir können verstehen, daß nicht wenige der damaligen Zeitgenossen entgegen der allgemein verbreiteten Zukunftseuphorie auch skeptisch waren und, wie etwa Friedrich Wilhelm Marpurg, über die »leichte Melodienmacherei« spöttelten. Doch

* Die klingenden Beispiele dieses Abschnitts finden sich auf der Toncassette »Vom strengen Satz zur Empfindsamkeit« (siehe S. 14).

dieser Spott war verfrüht. Denn neben der Rückkehr zur »empfindsamen Einfachheit« galt es ja noch, das Postulat nach dem »Wechsel der Leidenschaften« einzulösen. Und hier verbarg sich der Zündstoff, der ungeahnte Energien freisetzen sollte.

Die Affektenlehre der Barockzeit sah vor, daß innerhalb eines geschlossenen Satzes lediglich ein einziger Affekt zur Darstellung kommen sollte. Diese Vorstellung ließ sich handwerklich am ehesten realisieren, wenn man auf einen Wechsel des Themas und des Rhythmus verzichtete. Die Resultate sind die Stilmittel der Monothematik und der Monorhythmik. Denn verschiedene Melodien und flexible Rhythmen sind es vor allem, welche die Stimmung in einem Satz verändern.

Der »Wechsel der Leidenschaften« vollzog nun einen Bruch mit diesem monothematischen Denken. Einem sogenannten »ersten Thema« zu Beginn des Satzes wurde ein zweites, kontrastierendes Thema gegenübergestellt. Doch der musikalische Stilwandel – von Fortschritt wollen wir besser nicht reden, da dies suggeriert, daß das Spätere auch das Bessere sein müßte –, dieser Stilwandel also erschöpfte sich allerdings nicht darin, Potpourris schöner Melodien zu zaubern, der Aspekt des Kontrastes bedurfte noch einer tieferen Absicherung.

Eine davon war das neue Beziehungssystem zwischen den Tonarten. Denn die beiden kontrastierenden Themen bestanden nicht nur aus zwei verschiedenen Melodien: Sie wurden in zwei verschiedenen Tonarten verankert. Das Hauptthema in der Haupttonart, das Seitenthema in einer Seitentonart (bei Stücken, die in Dur stehen, ist dies meist die Dominante, von C-dur ausgehend also G-dur). Ein bedeutender Aspekt des Stilwandels um 1750 bestand nämlich auch darin, daß man mit Tonartenwechseln viel sparsamer umzugehen begann. Wir sprachen oben bereits von der »Verlangsamung des harmonischen Rhythmus«. Einerseits war auch dies ein Teil des Weges »zurück zur Einfachheit«. Andererseits eröffnete ein gezielter Einsatz solcher Wechsel auch die Möglichkeit, zu dramatischen Spannungen zu kommen.

Wenn sich ein Komponist im damals neuen Stil daran machte, ein erstes Thema mit einem zweiten zu verbinden, so bot sich ihm aufgrund der Tatsache, daß die beiden Themen in verschiedenen Tonarten stehen, auch die Möglichkeit, den notwendigen Tonartenwechsel auf höchst dramatische Art und Weise in den Vordergrund zu stellen.

Und damit sind wir bei einem wichtigen Aspekt, von dem am Anfang bereits die Rede war: Diese musikalische Sprache, die wir »Sonatenform« nennen, hat aufgrund ihrer inneren Grammatik die Möglichkeit,

Spannung aus sich selbst heraus zu erzeugen. Die beiden Themen sind wie die beiden Pole beim elektrischen Strom: Zwischen ihnen fließt Energie. Doch wie gesagt, nicht nur die unterschiedliche melodische Gestalt der Themen ist es, welche das Spannungsgefälle auslöst. Es ist auch und vor allem der Tonartenkontrast! (Es kommt nicht gerade selten vor, daß das erste Thema noch einmal als zweites Thema auftaucht – z. B. oft bei Haydn –, dann allerdings in der Seitentonart. Dies bedeutet, daß der Tonartenwechsel als Definitionsmerkmal der Sonatenform noch wichtiger ist als der Themenwechsel.)

Doch damit noch nicht genug: Wer öfter mit Aufmerksamkeit entsprechende Sätze von Mozart oder Haydn gehört hat, hat es gewissermaßen »im Gefühl«, daß nach der Vorstellung des ersten Themas die Musik regelrecht zu explodieren beginnt. Betrachten wir uns einmal genauer die musikalischen Handwerksmittel, die der Komponist hier einsetzt, um die gewünschte Dramatik zu erzielen.

Erstens – und das ist das Allerwichtigste – wird der Rhythmus nach der Vorstellung des Hauptthemas auf einen Schlag flexibel. Die mittleren oder tiefen Streichinstrumente legen los mit tremolierenden Bewegungen und erzeugen so ein intensives Gefühl von Spannung.

Hatten die kontrastierenden Themengestalten die barocke Monothematik gesprengt, so setzte dieser flexibel gehandhabte Rhythmus der barocken Monorhythmik ein Ende. Der klassische Stil und vor allem die Sprache der Sonatenform leben von der Aufspaltung solcher Monoprinzipien in Kontraste.

Die entsprechende Stelle des dramatischen Einbruchs nach dem Hauptthema beispielsweise in Mozarts Krönungskonzert verdeutlicht darüber hinaus, wie – gerade bei diesem Komponisten – auch die Klangfarbe zu einem bewußt eingesetzten Stilmittel geworden ist. Während die Bässe den rhythmischen Motor anwerfen, während die Dynamik von »leise« auf »laut« umschaltet, erstrahlen dazu im Hintergrund die Blasinstrumente wie eine indirekte Beleuchtung!

Halten wir somit fest: Die barocken Prinzipien von Monorhythmik und Monothematik, die einen monohaft einheitlichen Ausdruckscharakter über einen ganzen Satz hin gewährleisten sollten, wurden in dem großen Stilumbruch um 1750 aufgesprengt zugunsten des neuen Prinzips des Kontrastes. Die Eröffnung eines Sonatensatzes, dessen »Exposition« also, präsentiert zwei Themen und, was noch wichtiger ist, zwei Tonartenfelder. Das sind jedoch nur die Eckpfeiler, welche die eigentlichen Spannungsbögen zu tragen haben. Was in der üblichen Lehrbuchsprache verharmlosend als »Überleitung« zwischen Haupt-

und Seitenthema benannt wird, ist etwas übertrieben formuliert die Quintessenz des ganzen neuen Stils. Nicht die Themen selber sind das Wichtigste, mindestens ebenso wichtig ist der dramatische Prozeß, der zwischen ihnen erwächst.

Mit dem Erreichen des zweiten Themas, so könnte man hier meinen, wäre die Exposition abgeschlossen. Es sei denn, der Komponist wollte noch ein weiteres Thema einführen (was gerade bei Mozart häufig vorkommt). Doch wäre das nach dem Stilgefühl der Klassik und ihrer Vorläufer ein unbefriedigender Abschluß. Wir wissen ja bereits, daß der klassische Stil und vor allem das Prinzip der Sonatenform ein Beispiel klingender Architektur ist, bei der das Gefühl für Ausgewogenheit und symmetrische Proportionen an allererster Stelle steht. Diesem Gefühl entsprach die Erwartung, daß die dramatisierende Überleitung nach dem eher lyrischen und ruhigen Seitenthema noch einmal ein Gegengewicht bekommen sollte. Deshalb ist nach dem Seitenthema das Ende der Exposition noch nicht erreicht, sondern die Dramatik wird noch einmal hochgezogen. Dieser sogenannte Epilog wird nach dem erneuten Aufbranden der Dramatik abgerundet durch eine kleine Coda, in der durch abkadenzierende Akkorde noch einmal der feste Untergrund der Seitentonart zementiert wird.

Der anschließende Formteil, die Durchführung, hat nun die Aufgabe, dieses Tonartengefälle wieder rückgängig zu machen, so daß die Reprise das Hauptthema wieder in der Haupttonart bringen kann. Um allerdings nicht in einen unendlichen Regreß einzumünden, erscheint in der Reprise auch das zweite Thema in der Haupttonart, denn mit dieser soll das Stück auch abgeschlossen werden. Es wäre also falsch, von der Reprise als einer »Wiederholung« der Exposition zu sprechen.

Mit anderen Worten: Tonartenkontrast in der Exposition, die Rückführung zur Haupttonart in der Durchführung und die Stabilisierung dieser Haupttonart in der Reprise sind mit die wesentlichsten Beschreibungsmerkmale der Sonatenform. Wobei erneut deutlich wird, daß es sich nicht um ein schematisches Vorgehen handelt, sondern darum, daß durch Tonartenwechsel und -stabilisierung dramatische Energien freigesetzt werden, die den Charakter dieser Musik als ein »Drama ohne Worte« begreiflich machen.

Diese Gedanken lassen sich recht einfach belegen, wenn man sich an konkreten Beispielen einmal verdeutlicht, was »Durchführung« in der kompositorischen Praxis tatsächlich heißt.

Natürlich wäre es für jeden Komponisten ein leichtes, auf schnellstem Wege eine Überleitung zwischen den Seitentonarten, in der die Exposition endet, und der Haupttonart, in welcher die Reprise beginnen soll, zu schreiben. Doch darauf kam es ihm gar nicht an. Denn ebenso wie die Überleitung in der Exposition – der Hinweg zur neuen Tonart – Anlaß zu einer dramatischen Steigerung bietet, gibt nun der Rückweg dieses Tonartenwechsels erneut die Möglichkeit zur Dramatik. Und diese Möglichkeit wurde so intensiv genutzt, daß aus diesem Zwischenteil mehr wurde als eine Rückwärtsmodulation, nämlich ein eigener Formteil.

In der Durchführung kommt vor allem das zweite Wesensmerkmal der Sonatenform – neben dem Bedürfnis nach Dramatisierung – zum Tragen: der Gedanke der Entwicklung. Themen oder andere Gedanken, die in der Exposition vorgestellt wurden, werden nun kompositorisch verarbeitet. Doch nicht etwa mehr oder weniger schematisch, wie dies in der Barockzeit üblich gewesen wäre. Denken wir an das »Auf den Kopf stellen« eines Themas, also die Umkehrung, oder das »Rückwärtsspielen«, also den Krebs. Ganz zu schweigen von einer »Umkehrung des Krebses«! Nein, die Handhabung des Materials geschieht in der Klassik auch in diesem Punkt flexibel und unschematisch. Wenn sich der Komponist vornimmt, das Hauptthema des Satzes »durchzuführen«, dann sind seiner Phantasie und Kreativität keine Grenzen gesetzt. Der hierfür übliche Fachbegriff »thematisch-motivische Arbeit« belegt leider nur die handwerkliche, nicht aber die kreative Seite einer Durchführung. Es wird das bleibende Verdienst von Joseph Haydn sein, als einer der ersten entdeckt zu haben, welche ungeheuren Energien in einem Thema stecken, das für sich gesehen so einfach wirkt, wenn man nur in der Lage ist, sie durch bestimmte Techniken zu entfesseln.

In seiner g-moll-Sinfonie greift Mozart in der Durchführung ausschließlich auf das Hauptthema zurück. Was geschieht damit? Für Aktivhörer gehört diese Frage zum Spannendsten in der Musik! Die Exposition ist abgeschlossen. Was nun?

Zuerst gibt Mozart dem Thema eine andere »Stimmung«, indem er erstens die Tonart wechselt, und zwar von g-moll einen Halbton tiefer nach fis-moll, dann weiter nach e-moll. Im Hintergrund spielen die Fagotte eine Figur, die ebenfalls etwas mit dem Halbtonintervall zu tun hat: Sie steigen in chromatischen Schritten nach unten (1. Fagott: dis, d, cis, c, h). Das ist »thematisch-motivische Arbeit«, denn das Festhalten an den Halbtonschritten ist kein Zufall. Der fallende Halbtonschritt ist vielmehr das Kernmotiv des Hauptthemas selbst, es kommt darin zwölfmal vor:

Nach diesem eher lyrischen Einstieg in die Durchführung wird es nun sehr dramatisch. Das Thema erscheint im Baß, selbstbewußt und lautstark, während die Violinen im Staccato eine fast gewaltsam wirkende Gegenstimme entwerfen. Danach wechseln die Instrumente ihren Part: Violinen mit dem Thema, Bässe mit der Gegenstimme.

Hatte der erste Abschnitt der Durchführung den zentralen Stellenwert des fallenden Halbtonschrittes eher indirekt umschrieben, geht Mozart nach der dramatischen Zwischeneinlage nun im dritten Abschnitt daran, diesen Intervall wie mit einem Skalpell aus dem Thema herauszutrennen. Am Schluß dieser Operation bleibt nur noch der Halbtonschritt übrig! (Wer sich die Durchführung ein paarmal anhört, wird dies unschwer erkennen.) Welch einen weiten Weg hat das Thema zurückgelegt! Aus der schönen, melodisch reichen Grundgestalt sind zwei Töne übrig geblieben. Deutlicher kann man nicht mehr veranschaulichen, wozu dramatische Entwicklung in der Lage sein kann.

Möglichkeiten für thematisch-motivisches Arbeiten gibt es unbegrenzt. Hatten wir es eben mit einem typischen »Auseinandernehmen« eines Themas mit dem Ziel der Motivabspaltung zu tun, so können wir uns an einem anderen Beispiel klarmachen, wie Mozart zwei Motive, die ursprünglich sehr weit auseinander lagen, in der Durchführung auf engstem Raum gegeneinander setzt. Nehmen wir das Klavierkonzert Nr. 20 d-moll. Das 1. Thema ist von einer wenig kantablen Gestalt geprägt (bei Mozart sehr selten!), der Rhythmus ist durch Synkopen ziemlich »angerauht«.

Nach dem Ende der Orchesterexposition kommt das Klavier mit einem Einleitungsmotiv ins Spiel, das zum Hauptthema in deutlichem Kontrast steht. Es ist sehr kantabel und lyrisch. Der erste Teil der Durchführung besteht nun darin, diese beiden melodischen Gestalten miteinander zu kontrastieren. Beide Themen wechseln ohne größere Verbindungsteile ständig miteinander ab: Auch hier gilt das Prinzip vom »Wechsel der Leidenschaften«!

Was die innere Dramatik angeht, haben Haydn und dann vor allem Beethoven Mozart noch weit übertroffen. Doch der »Geist«, der hinter diesem musikalischen Denken stand, blieb sich gleich. Es war die Vorstellung, daß Musik in der Lage ist, aus sich heraus dramatische Entwicklungen zu schaffen, die in sich selbst ihre eigene Logik haben. Man muß sich immer wieder vor Augen führen, daß Dramatik in früheren Epochen allenfalls in Verbindung mit Texten ihren Stellenwert hatte, also etwa in der Oper oder bei Kantaten. Reine Instrumentalmusik war ästhetisch viel niedriger angesiedelt, denn sie diente lediglich der Unterhaltung, war allenfalls ein angenehmer Nervenkitzel. Das Prinzip der Sonate dagegen versprach eine völlig neue Welt: Musik zu sein, die aus sich selbst heraus die Fähigkeit besitzt, wie ein Drama zu funktionieren, doch ohne Bühne und ohne Worte!

Hat der Komponist die Durchführung soweit abgeschlossen, läßt er den »Kenner« spüren, daß alles zur Reprise drängt. Auch wenn man von Musiktheorie und Harmonielehre im engeren Sinne nicht viel versteht: Hat man einmal das Prinzip erkannt, kann man sich der Sogwirkung, die hier erzeugt wird, kaum entziehen. Ich spreche deshalb gerne vom »Sog der Reprise«, der die letzten Takte einer solchen Durchführung prägt. Mit einem bestimmten Repertoire an Hilfsmitteln – Orgelpunkt (ein liegenbleibender Baßton), Dominantseptakkord und ähnlichem – flüstert der Komponist dem Hörer ins Ohr, daß es wieder »heimwärts« geht, zurück in die Reprise.

Die Reprise bringt, schematisch gesehen, eine Art Wiederholung der Exposition: Hauptthema, Überleitung, Seitenthema, Epilog. Doch von »Wiederholung« zu sprechen wird weder dem Geist des klassischen Stilempfindens noch der tatsächlichen kompositorischen Basis gerecht. Es ist die vorrangige Aufgabe der Reprise, das Tonartengefälle zwischen Haupt- und Seitenthema auszugleichen. Entsprechend anders ist die Handhabung der Überleitung zwischen den beiden Themen: In der Reprise hat sie nicht mehr die Funktion, den Tonartenwechsel, die Modulation, plausibel zu machen. Und dennoch verzichten die Klassiker nicht darauf, diese Passage mit großartigen dramatischen Mitteln zu füllen, so daß die Überleitung in der Reprise tatsächlich meistens noch aufregender ausfällt als in der Exposition. Und das heißt nichts anderes, als daß diese Komponisten das Stilprinzip der Sonatenform in erster Linie als eine Möglichkeit der dramatischen Steigerung empfunden haben.

Bei Haydn und Mozart war mit der Reprise in der Regel der Satz zu Ende. Die sich anschließende Coda hatte noch nicht wie bei Beethoven die Funktion einer Lösung oder Überhöhung des ganzen Satzes, sondern eher die Aufgabe, elegant und sicher zum Ziel zu führen.

Mozart, auf den ich mich in diesem Abschnitt hauptsächlich berufen habe, hat die Sonatenform natürlich nicht etwa »erfunden«. Er hat sie eher wie einen Dialekt vorgefunden und – zusammen mit Josef Haydn – zu einer Hochsprache gemacht. Fast alle seine wichtigsten Werke, wie auch diejenigen Haydns und Beethovens, beginnen mit einem Sonatensatz, alle Sinfonien, Streichquartette, die Quintette, die Klavier- und Violinkonzerte. Selbst in einzelnen Nummern seiner Opern, die ihm besonders wichtig waren, denkt er in der Sprache der Sonatenform!

Wer sich als Musikliebhaber diese Sprache angeeignet hat, indem er sie nicht als starres Regelsystem mißversteht, sondern als einen musikalischen Denkstil, in welchem sich ein »Gespür für Proportionen und dramatischen Ausdruck« manifestiert, wird die Freude an der Musik, die er liebt, noch einmal wesentlich intensivieren können. Die Sonatenform ist für mich, ich gebe es zu, das wichtigste Dokument einer musikalisch beseelten Architektur.

Die Opera buffa

Neben der Entwicklung der »reinen Instrumentalmusik« war es die Revolution der Opera buffa, welche den Stilwandel in der Mitte des 18. Jahrhunderts anfachte.

Fragt man sich, was letzten Endes zum »Versagen« der Opera seria geführt hat – keines dieser so zahlreichen Werke aus dem 17. wie 18. Jahrhundert ist heute noch in einem nennenswerten Umfange im Repertoire, sieht man einmal von einer gewissen Händel-Renaissance ab, die im Augenblick an manchen Orten gerade anzulaufen scheint –, so lassen sich eine ganze Reihe von Gründen anführen. Viele davon berühren eher äußere Aspekte, beispielsweise die heute nicht mehr zeitgemäßen Libretti mit ihren antikisierenden Stoffen, das Überhandnehmen der stimmlichen Virtuosität gegenüber dem musikalischen Wahrheitsgehalt und dergleichen mehr. Dies können allerdings noch nicht alle Gründe sein. Auch die italienische Oper des 19. Jahrhunderts steigert die Liebe zur Stimme bis zum Kult, das Orchester betätigt sich über weite Strecken lediglich nur noch als Rhythmusmaschine (als »Riesengitarre«, wie Berlioz sagte), und die Libretti sind nicht selten ebenfalls recht dürftig. Und dennoch stehen viele dieser Werke auch heute noch fest auf dem Programm der großen Opernhäuser.

Um den ästhetischen Niedergang der Seria zu verstehen – von einem institutionellen Niedergang kann keine Rede sein, sie wurde ja im internationalen Hofopernsystem bis Ende des 18. Jahrhunderts gehätschelt –, muß man sich offensichtlich wieder der musikimmanenten Ebene zuwenden. Allerdings nicht ohne zuerst die Feststellung zu treffen, daß die Zeit des 17. und 18. Jahrhunderts offenbar generell nicht in der Lage war, in ästhetisch bleibender und befriedigender Weise das Ernste, das Tragische zur Darstellung zu bringen. Charles Rosen formuliert dies so: »Ehrerbietung für die hohe Kunst der Tragödie und gleichzeitiges Ausbleiben von Erzeugnissen, die über das Mittelmaß hinausgehen, sind zweifellos charakteristisch für die Epoche. Die Beweise für die Unfähigkeit des 18. Jahrhunderts, tragische Kunst hervorzubringen, sind überwältigend. Warum erwarten wir mehr von den Musikern als von den Dichtern? ... Wenn das Jahrhundert nicht fähig war, Tragödien hervorzubringen, so lag es gewiß nicht an mangelndem Streben, Verständnis oder allgemeinem Interesse. Weder Talent noch Bemühung vermochten eine dauerhafte tragische Form zu schaffen.« [76, S. 186 f.]

Auf der strukturellen Ebene hatten wir die sogenannte Barockmusik beschrieben mit den Kriterien der Monothematik und der Monorhythmik. Nach Charles Rosen sind dies auch die wichtigsten Hemmnisse, welche der barocken Seria den dauerhaften Erfolg genommen haben: »Mit seinem geringen Potential für Übergänge war der Rhythmus des Hochbarock für dramatische Zwecke schlechterdings unbrauchbar. Dramatische Bewegung war unmöglich, denn zwei Phasen ein und derselben Handlung konnten nur statisch, deutlich voneinander getrennt, dargestellt werden. Selbst ein Gefühlswandel konnte nicht allmählich vonstatten gehen; es mußte immer einen klaren Punkt geben, an dem ein Gefühl aufhört und ein anderes plötzlich überhand nimmt. Dadurch reduzierte sich die heroische Oper des Barock auf eine Folge statischer Szenen, die zwar Jean Racines starren Adel, aber nichts von seiner außerordentlichen, geschmeidigen inneren Bewegung hatten. Händel und Rameau erhoben sich zweifellos über diesen Stil und wirkten zuweilen Wunder darin, aber es war nicht ein Stil, der sich für dramatische Handlung anbot.« [76, S. 188]

Da im barocken Stil eine nahtlose Darstellung einer dramatischen Entwicklung nicht möglich ist, entstehen dramatische Ereignisse lediglich durch direkte Gegenüberstellungen. Mit Erfolg wenden sowohl Bach als auch Händel dieses Prinzip in ihren Oratorien an. Dramatik entsteht aus der Gegenüberstellung von Rezitativen, elegischen Arien, Chorälen und illustrierenden Choreinlagen. Den Erwartungen, die der Hörer an ein »geistliches« Werk hat, kommt diese Lösung als befriedigend entgegen. Nicht jedoch in der Oper. Hier erwartet man, vom Komponisten auf der musikalischen Ebene den »Wechsel der Leidenschaften« plausibel vorgeführt zu bekommen.

Im Bereich der Instrumentalmusik wurde in der Umbruchszeit die Technik entwickelt, aus den starren Monoprinzipien auf die »Flexibilität des Rhythmus«, die Themenkontraste, die dazwischen auftretenden dramatisierenden Überleitungen, Epiloge etc. überzuwechseln. Allerdings konnten diese Stilmittel nicht einfach auf die ernste Oper übertragen werden. Denn wir sahen, daß ein weiteres Stilmittel des neuen Typs das schnelle Tempo war. (Bei Johann Stamitz sind die meisten Sinfoniehauptsätze mit Presto überschrieben.) Dieses schnelle Tempo wiederum eignet sich nicht für das tragische Fach. Selbst Mozart schaffte es nicht, den neuen flexiblen Stil mit Erfolg auf die Opera seria anzuwenden. Dessen Tempo war zu rasch, um langatmige tragische Zusammenhänge nachzuvollziehen. Mozart konnte, so Charles Rosen, »auf seine Weise ein ebenso leidenschaftliches Liebesduett komponieren wie Wagner, aber die Vorstellung, es solle länger als eine Stunde, ja länger als ein paar Minuten dauern, wäre ihm absurd erschienen. Das langsame, würdevolle Tempo der Opera seria zerbrach ihm, wie jedem anderen zeitgenössischen Komponisten, unter den Händen in kleine Stücke. ›Idomeneo‹ ist und bleibt ein herrlich entworfenes – Mosaik.« [76, S. 203]

Mozart war durchaus zur Darstellung des Tragischen fähig, paradoxerweise jedoch nur in den leichten Fächern, dem Singspiel und der Opera buffa. Hier waren die Errungenschaften des neuen Stils erwünscht und notwendig: flexible Rhythmenwechsel, Quirligkeit, Nervosität und, wenn es vom Stoff her geboten war, auch eine Portion Tragik. Damit löste er ganz nebenbei auch die reinen Idealvorstellungen auf, was eine Buffa oder eine Seria zu sein habe. Er schuf eine Gattungssynthese, »indem er die genialsten Sprossen der Opera seria erfolgreich auf die lebendige Opera-buffa-Tradition pfropfte« [76, S. 204]. Das erste Meisterwerk dieser Verschmelzung ist »Die Hochzeit des Figaro«.

Die Opera buffa mit ihrer »federleichten Oberflächlichkeit« war in den zwanziger Jahren des 18. Jahrhunderts entstanden. Wichtigstes Gründungsstück ist »La serva padrona« von Giovanni Battista Pergolesi (1710–1736). Der Titel verrät bereits, daß mit dieser neuen Gattung nicht nur eine musikalische Revolution angefacht werden sollte, sondern auch eine politische: Die Dienerin als Herrin stellt auf der Opernbühne die Verhältnisse auf den Kopf, während die Opera seria sich dadurch definierte, daß sie die politischen Verhältnisse, wie sie in der Realität gegeben waren, auf der Bühne originalgetreu abbildete. Man

Zusammenfassender Stilvergleich zum Thema
Musikalischer Umbruch um 1750

Konkretisiert an den Komponisten J. S. Bach und W. A. Mozart

(Es versteht sich von selbst, daß schlagwortartige Kurzetiketten, wie sie hier vorkommen, auch mißverständlich sein können. Ihr Sinn ergibt sich nur aus den vorausgegangenen Erläuterungen dieses Kapitels.)

Bach-Stil	Mozart-Stil
Rationalismus Die Darstellung eines einzigen Gefühls steht im Mittelpunkt eines Satzes (Monoaffekt)	Empfindsamkeit »Wechsel der Leidenschaften«
Monorhythmik	Flexibler Rhythmuswechsel
Monothematik	Dualistische Themenwahl/ Kontraste
Unabhängigkeit der einzelnen Stimmen (Polyphonie)	Die Stimmen sind auf eine gemeinsame Aussage zentriert (Homophonie)
Denken geht vom Generalbaß aus (von unten nach oben)	Die obenaufliegende Melodiestimme bestimmt die Wahrnehmung (oben nach unten)
Symbollehre in höchster Blüte (Zahlensymbole, Zahlenalphabet usw.)	Fast gänzlich verschwunden
Unperiodische, offene Melodik	Periodisch-symmetrische Melodik
Dynamik sekundär	Dynamik wird zum bewußt eingesetzten Ausdrucksmittel
Strenger Satz	Freier Satz
Harmonischer Rhythmus schnell	Harmonischer Rhythmus langsam, um einer dramatischen Entwicklung Raum zu geben

hatte es satt, sich Abend für Abend in der Oper die hehren Ideale der Menschheitsgeschichte immer wieder neu vor Augen führen zu lassen, man verlangte danach, die Menschen auf die Bühne zu bringen, die man aus dem eigenen, meist leidvollen Alltag kannte. Und es war für das Publikum der höchste Genuß, wenn es dabei zusehen konnte, wie eine einfache Magd, die nichts zu sagen hat, mit Köpfchen und Witz ihren adeligen Herrn aufs Kreuz legt. Es war nicht zuletzt der große Erfolg, den die »Dienerin als Herrin« in den fünfziger Jahren in Paris hatte, daß

Typisches Kompositionsmodell	
Fuge	Sonatenform
Behandlung des Themas eher formalistisch: Umkehrung, Krebs, Krebsumkehrung, Augmentation, Diminuition usw. (Anzahl der Töne eines Themas bleibt durch die Behandlung überwiegend unberührt)	Thematisch-motivische Arbeit: die Themen werden in Motivteile zerlegt, lyrisch oder dramatisch uminterpretiert, mit anderen Themen kombiniert usw.
Wichtige Gattungen	
Kantate Oratorium, Passion Concerto Suite Präludium und Fuge Motette	Sinfonie Solokonzert Streichquartett und -quintett Sonate (1. Sätze fast durchweg in der Sonatenform komponiert) Oper
Instrumentarium	
Orgel, Cembalo Orchesterbesetzung wechselnd	Klavier Mannheimer Sinfonieorchester

Rousseau nicht nur Polemiken gegen die erstarrte Barockoper schrieb, sondern gleich auch noch einen französischen Prototyp der neuen Gattung (»Der Dorfwahrsager«). In Stuttgart mußten Soldaten in Zivil in die »Seria« abgeordnet werden, um die Ränge zu füllen, Aufführungen in der heiteren Abteilung waren spontan überfüllt.

Die Entwicklung der Sonatenform und der Opera buffa, beides Prozesse, die um 1720 einsetzten und in Mozarts Werk ihre Vollendung fanden, haben die Musikgeschichte umgewälzt. Umbrüche dieser Größenordnung verlangen allerdings auch eine ästhetische Rechtfertigung. Die »Metaphysik der Instrumentalmusik« eines Wackenroder, Tieck, E. T. A. Hoffmann oder Schopenhauer wird dem »Denken über Musik« eine völlig neue Dimension geben. Bevor wir uns dieser romantischen Ästhetik zuwenden, wollen wir uns allerdings am Beispiel Mozarts verdeutlichen, daß es außer dem »Denken über Musik« noch eine weitere Ebene gibt, die man beim Erleben von Musik mit im Blick haben muß: das »Denken über die Musiker«!

Der andere Mozart

Ein Buch, das sich zum Ziel setzt, das »Denken über Musik« bei der Darstellung dessen, was Musik überhaupt sei, nicht zu vernachlässigen, kann nicht an der Frage vorbei, wie sich das »Denken über die Komponisten« auf das Wahrnehmen, Erleben und Beurteilen von deren Musik niederschlägt. Um diesen Problemkreis zu beleuchten, eignet sich meines Erachtens kaum ein Komponist so sehr wie Mozart. Zweihundert Jahre nach seinem Tod hat sich eine ungeheuere Zahl von Büchern über dieses Genie angesammelt, und doch scheint es uns heute, als wüßten wir weniger denn je über ihn. Denn die Darstellungen einiger Kernbereiche aus Mozarts Leben haben sich entlang einer fatal romantisierenden Legendenbildung entwickelt, die lange, ja viel zu lange überdauert hat. Fatal deshalb, weil Mozarts Musik es so ganz und gar nicht nötig hat, durch Mitleid heischende Krücken gestützt zu werden. Was wir – ob richtig oder falsch – über einen Komponisten denken, fließt auch in unsere Wahrnehmung seiner Musik mit ein. Ob wir die großartige g-moll-Sinfonie für den Niederschlag einer tragischen, verzweifelten Lebenssituation halten oder für den Beleg dafür, daß ein genialer Künstler auf der Höhe seines Könnens in der Lage ist, so unterschiedliche Empfindungen zum Ausdruck zu bringen, wie es Mozart im Kontrast zwischen dieser g-moll-Sinfonie und der strahlenden Jupiter-Sinfonie, die gleichzeitig entstand, gelungen ist, das ist nicht einerlei.

Nichts als Elend?

Beschäftigt man sich einmal kritisch mit den vorhandenen Mozart-Biographien, aber auch mit der sonstigen Fachliteratur, sofern sie auf Biographisches eingeht, fällt einem zunächst folgendes auf: Es handelt sich fast immer um Schmerz- und Tränenliteratur. Selbst in einem Standardlehrbuch der Musikgeschichte, das vor Trockenheit staubt, steht kurz und knapp als letzter Satz: »Mozart starb in Wien in bitterer Armut.« [92, S. 545] Wolfgang Hildesheimer bringt den Sachverhalt – schließlich ist er Literat – in eine blumigere Sprache: »So also starb eines der größten Genies der Menschheitsgeschichte: an der Schwelle des Alters, das man als das beste Mannesalter zu bezeichnen pflegt – verarmt, gebrochen, unerkannt, in elenden Verhältnissen. (...) Kein Gott gab Mozart zu sagen, was er leide; es ist unser Glück, daß er anderes gesagt hat und nicht in seiner Qual verstummt ist.« [52, S. 13 und 23]

Hinführungen für Kinder verstehen es ebenfalls recht gut, die ganze Palette der Rührseligkeit in Schwung zu bringen: »Von allen großen Tonschöpfern des Abendlandes war Wolfgang Amadeus Mozart wohl das traurigste Los beschieden. Der Knirps in seinem bunten Staatsrock wurde bewundert, weil er auf dem Spinett mit verdeckten Händen ein artiges Menuett spielen konnte. Alle Welt staunte über dieses Kunststück. Der reife Musiker aber, der uns eine Fülle unvergänglicher Werke geschenkt hat, mußte mit den Seinigen hungern und frieren. Schließlich wurde er wie der Ärmsten einer unter die Erde gebracht.« [50, S. 137] Von gewissen Theater- und Kinoproduktionen (»Amadeus«) ganz zu schweigen.

Auch ich selbst habe vor wenigen Jahren, ganz im Banne der üblichen Mozart-Literatur, noch geschrieben: »Wenn wir heute rückblickend die letzten Lebensjahre von Wolfgang Amadeus Mozart betrachten, durchzuckt uns immer von neuem ein gewisses Schaudern. Diese gräßliche Mischung aus finanzieller Misere und künstlerischer Mißachtung« [80, S. 2177].

Was hat sich inzwischen geändert? Sind bestimmte Richtlinien der Mozart-Biographik, die fast zweihundert Jahre gültig schienen, jetzt plötzlich »falsch«? Statt auf eine globale Frage eine pauschale Antwort zu geben, will ich ein paar Punkte herausgreifen, mit denen sich hervorragend zeigen läßt, daß hier, wie überall im Leben, so auch in der Wissenschaft, das Interesse die Erkenntnisse leitet. Anders gesagt: Wenn die Daten nicht ganz eindeutig sind, liest man aus ihnen heraus (oder in sie hinein), was man unbedingt sehen will, weil es in das vorgeprägte Bild paßt. Und selbst wenn die Daten eindeutig sein sollten: Eine gewisse Selektion bringt auch hier schnell »Ordnung« in das liebgewordene Bild. Aus diesem Blickwinkel heraus will ich die folgenden Anmerkungen zu Mozarts Biographie nicht so sehr als Ergebnissammlung harter

Fakten verstanden wissen, sondern als eine große Ansammlung methodischer Probleme. Gehen wir gleich mitten hinein in die Problemfelder:

Methodenbeispiel eins: Stichwort »Armut«. Alfred Einstein, einer der bedeutendsten Mozartforscher des 20. Jahrhunderts, schildert eine Begebenheit aus Mozarts letzten Lebensjahren folgendermaßen: »Am 15. November 1787 war Gluck gestorben, und am 7. Dezember ernennt der Kaiser Mozart zum K. K. Kammer-Compositeur mit einem Jahresgehalt von 800 Gulden. Mozart teilt dies am 19. Dezember der Schwester mit und meint, diese Nachricht werde ihr gewiß willkommen sein. Aber sie muß ihr Erstaunen über die Geringfügigkeit des Gehaltes geäußert haben, da sie vermutlich wußte, daß Gluck 2000 fl. erhalten hatte. Denn Mozart antwortete ihr (2. August 1788): ›... der Kaiser hat mich zu sich in die Kammer genommen, folglich förmlich decretiert; einstweilen aber nur 800 fl. – es ist aber keiner in der Kammer, der so viel hat.‹ « [31, S. 66]

Um den beschriebenen Sachverhalt richtig verstehen zu können, bedarf es einiger Hintergrundinformationen. Der Vergleich mit Gluck ist schief. Die genannten 2000 fl. (= Gulden) waren ein Ehrensold, den Gluck im Alter von 60 Jahren erhielt, nachdem er ein großer, international anerkannter Meister geworden war. Mozart bekam seine 800 Gulden vom Kaiser, ohne nennenswerte Gegenleistungen erbringen zu müssen, und das im Alter von Anfang Dreißig! Mozart muß stolz darauf gewesen sein, denn er betont in einem Brief, daß keiner in der Kammer sei, der »so viel« bekomme wie er.

Was bedeuteten damals überhaupt 800 Gulden? Ziehen wir einmal realistische Vergleiche heran: Mozarts Vater erhielt in Salzburg als Vizekapellmeister 350 Gulden (pro Jahr!), als Hoforganist verdiente sein Sohn dort immerhin bereits 450 fl. Joseph Haydn bekam 1779 beim Fürsten Nikolaus Esterhazy rund 1000 Gulden, sein Bruder Johann kam als vierter Tenorist im Chor auf nur 60 Gulden im Jahr. Der Direktor des 1783 gegründeten Wiener Allgemeinen Krankenhauses bekam ein Jahresgehalt von 3000, der Chef der Chirurgie 1200, die drei Oberwundärzte 800 Gulden, Krankenpfleger 110 Gulden. [58, S. 204]

Dennoch spricht Alfred Einstein bei den 800 freien Gulden für Mozart von einem »Gnadengehalt«, das er für einen Beleg der »bitteren Armut« (Wörner) anführt. Ein anderer Autor gar bringt den Betrag fast völlig auf Null herunter: »Er kehrte zurück nach Wien, wo er wenigstens ›Hofkomponist‹ wurde, mit einem ›Ehrengehalt‹, was bedeutet: nahezu keinem.« [71, S. 45]

Der Methodenfehler liegt in diesem Falle darin, daß objektiv richtige Zahlen und Fakten genannt werden, ohne deren Bedeutungsgehalt aus der Perspektive der damaligen Zeit mit in Betracht zu ziehen. Die liebgewonnene Vorstellung vom »verarmten Genie« durfte durch eine realitätsgerechte Interpretation der Fakten, die längst bekannt waren, nicht gefährdet werden.

Methodenbeispiel zwei. Hier werden zwei Ebenen zusammengebracht, die eigentlich separat gesehen werden müßten. Häufig wird das Armutsthema mit der angeblichen Geringschätzung Mozarts durch seine Zeitgenossen in Verbindung gesetzt und dabei eines aus dem anderen hergeleitet. Neben das Stereotyp vom »verarmten« tritt nun noch ein zweites, das vom »verkannten Genie«. Von den unzähligen Beispielen, wie auch hier vorhandenes Faktenmaterial aus einem realitätsgerechten Interpretationszusammenhang in einen idealisierenden überführt wird, nenne ich dieses: Im April 1791 hatte Mozart dem Magistrat ein Gesuch um die Stelle eines Adjunkten (Helfers) des Domkapellmeisters eingereicht, weil dieser kränklich war. Diese Bitte wurde zunächst abgelehnt, weil der Domkapellmeister sich noch kräftig genug fühlte, seinen Dienst alleine zu tun. Bereits am 22. Mai stand jedoch in der Pressburger Zeitung (!) die Meldung: »Wien. Der Hofkompositor Mozart hat von dem hiesigen Magistrat die Erwartung auf die 2000 Gulden eintragende Kapellmeisterstelle bei Sankt Stephan erhalten.« [24, S. 176] Auf deutsch: Mozart hat im voraus die feste Zusage erhalten, daß er – bei einem Spitzengehalt! – der Nachfolger des Leopold Hofmann würde, wenn dieser aus dem Amt scheiden sollte. Da Hofmann erst 1793 ausschied, konnte Mozart natürlich nicht mehr in den Genuß dieses positiven Bescheides kommen. Die faktische Anerkennung, die aus ihm spricht, ist nicht zu unterschätzen – und wurde dennoch systematisch vernachlässigt. Ein verarmtes und verkanntes Genie hat eben keinen Vertrag in der Tasche, der ihm einen wohldotierten und gesellschaftlich angesehenen Posten zusichert. Daß man Mozart vertraglich »in Erwartung« gesetzt hat, zeugt davon, daß man ihn für den besten Kandidaten hielt, den man sich rechtzeitig »sichern« wollte. Eine ähnliche Motivation hatte übrigens auch bei der Stelle als Kammer-Compositeur eine Rolle gespielt: Sie wurde vom Hof eingerichtet »damit ein in dem Musik-Fache so seltenes Genie nicht genötigt sei, in dem Auslande Verdienst und Brot zu suchen«.

Ergänzend dazu sind auch zwei Ereignisse zu sehen, die es geradezu verbieten, von einer systematischen Mißachtung in den letzten Lebensjahren zu sprechen, wie dies nicht nur Hildesheimer tut, wenn er schreibt: »Seine Verhältnisse geben zu keiner Hoffnung mehr Anlaß.«

Die Tatsachen: In dem angeblich so trostlosen Todesjahr (Mozart starb im Dezember 1791) erreichten den Komponisten, dessen Ansehen internationale Dimensionen anzunehmen begann, drei hochinteressante finanzielle Angebote. Zwei davon betrafen eine Leibrente, die ihm in Aussicht gestellt wurde: Vom ungarischen Adel sollte er jährlich 1000 Gulden bekommen. Aus Amsterdam kam »die Anweisung eines noch höheren jährlichen Betrages, wofür er nur wenige Stücke ausschließlich für die Subscribenten komponieren sollte« [9, S. 387]. Aus London erreichte ihn bereits Ende 1790 das Angebot, für ein Honorar von 2400 Gulden ein halbes Jahr lang dort zu gastieren und zwei Opern zu schreiben. Wenn Mozart, der ein Leben lang gereist war, der sogar bereits intensiv englisch gelernt hatte, wenn er dieses verlockende Angebot ablehnt oder zumindest um Verschiebung bittet (seine genaue Antwort ist nicht bekannt), dann kann es mit dem »Frieren und Hungern« nicht so weit her gewesen sein.

Auch hier haben wir es mit einer systematischen Verleugnung oder zumindest Verharmlosung von Fakten zu tun, nur damit das vorgefaßte Bild erhalten bleibt! Fakten zu unterschlagen ist die eine Sache. Fakten weiterhin zur Rechtfertigung einer Theorie zu verwenden, obwohl sie falsch sind, ist jedoch eine andere. Deshalb Methodenbeispiel drei:

Obwohl sich ein Kernstück der Verelendungsmythologie, ein Brief vom September 1791 (vermutlich) an Da Ponte, offenbar als Fälschung erwiesen hat, wird er von Hildesheimer sowohl im italienischen Original als auch in deutscher Übersetzung zitiert (»Ich spüre es, ich habe es im Gefühl, daß mir die Stunde schlägt, es geht ans Sterben. Ich bin am Ende, noch ehe ich mich meines Talentes habe erfreuen dürfen ...«). Dann kommt der Hinweis, daß die Echtheit des Briefes »leider« (!) in zunehmendem Maße angezweifelt werden müsse. Daß der Brief somit früher, als er noch als echt galt, zu einem falschen Mozart-Bild geführt haben muß, wird allerdings nicht bedauert, im Gegenteil: »Alle Biographen«, so Hildesheimer, »haben den Brief mit Liebe – und mit Recht – zitiert. Leider wird dessen Echtheit in zunehmendem Maße angezweifelt, und wir glauben in der Annahme nicht fehlzugehen, daß er sich sehr bald als Fälschung herausstellen wird. Aber – se non è vero, è ben trovato – er ist in der Tat ein Meisterstück glorifizierender Identifikation und ein erstaunlicher, beinah erfolgreicher Versuch subjektiver Einfühlung.« [52, S. 51]

Man möge sich einen Naturwissenschaftler vorstellen, der Daten und Fakten, die sich als haltlos erwiesen haben, dennoch weiterverwendet, einfach, weil er seine Theorie, die er darauf aufgebaut hat, nicht ändern will: Se non è vero, è ben trovato – wenn's schon nicht stimmt, ist es wenigstens gut erfunden! (Was allerdings auch nicht stimmen kann, wenn man einen Brief heranzieht, den Mozart einen Monat später wirklich geschrieben hat; wir werden darauf zurückkommen.)

Wie arm war Mozart nun wirklich? Nachdem jetzt so viel von unterstellter Armut und Verelendung die Rede war, sollen hier einmal andersherum ein paar Fakten aufgezählt werden, die eigentlich schon seit über hundert Jahren bekannt sind, die jedoch im Dienste der Aufrechterhaltung der romantisierenden Verelendungstheorie nie auf ihren realen Sinngehalt abgeklopft wurden. Bis auf wenige Autoren wie beispielsweise Volkmar Braunbehrens in seinem vor kurzem erschienenen Buch »Mozart in Wien«. Er hat im Prinzip keine neuen Daten gefunden, die nicht schon längst bekannt gewesen wären. Er verfolgt jedoch das Ziel, die vorhandenen Fakten vorurteilsfrei unter besonderer Berücksichtigung der zeitspezifischen Kontexte zu interpretieren. In einem Aufsatz von 1976 mit dem provokativen Titel »Wer hat Mozart verhungern lassen?« hatte Uwe Kraemer ebenfalls bereits auf die immensen Einnahmen hingewiesen, die Mozart in seiner Wiener Zeit, wenn auch mit Schwankungen, zugeflossen waren. Allerdings verfolgt der Artikel die Absicht zu erklären, was Mozart mit dem vielen Geld getan hat: Er soll es nach Meinung Kraemers verspielt haben. Nach meinem Überblick über die diesbezüglichen Erkenntnisse ist diese Annahme nicht ganz unbegründet – in vielen Briefen Mozarts wird deutlich, daß er irgend etwas Geheimnisvolles verbirgt, daß ihn Sorgen bedrücken, über die er nicht reden will. Zu beweisen ist diese These jedoch nicht.

Hier also die Daten. Die Kaufkraft eines Gulden im damaligen Wien einzuschätzen ist nicht gerade leicht. »Um jedoch einen ungefähren Anhaltspunkt für das josephinische Jahrzehnt zu geben, kann man als Faustregel eine Bewertung von 40 DM (1986) für einen Gulden geben, was gegenüber den sonst in der Literatur genannten Kaufkraftverhältnissen einen mittleren Wert darstellt.« [9, S. 146] Haydn hätte somit als Kapellmeister in Esterhazy 1779 rund 40 000 Mark verdient. Mozart hingegen in seinen Wiener Jahren 1781–1791 jährlich im Schnitt 1900 fl (entsprechend 76 000 DM). In Wirklichkeit lag Mozarts Einkommen sogar noch höher, denn die eben genannten Zahlen beziehen sich nur auf Einkünfte, die durch Briefe oder andere Dokumente einwandfrei belegbar sind. Nicht mitgerechnet sind die ganzen Verlagseinkünfte aus dieser Zeit, da wir über sie keine genaueren Angaben haben. Ebenso wissen wir über die konkreten Konzerteinnahmen nicht genau Bescheid. Kraemer schätzt sie für die Jahre 1783–86 auf immerhin 10 000 Gulden pro Jahr. Eine immense Summe!

Stützt man sich lediglich auf die nachweisbaren Einkünfte, so »repräsentieren (diese) bereits ein Einkommen, das – gemessen an den Einnahmen anderer Musiker – als überdurchschnittlich anzusehen ist, jedenfalls die These von der Verarmung deutlich widerlegt. Mozarts Einkünfte entsprachen bei den Beamtengehältern denen der gehobenen Stellung eines Hofsekretärs. Sie waren offensichtlich am Ende seines Lebens deutlich ansteigend und sicher ungewöhnlich für einen Mann seines Alters.« [9, S. 153]

Wie steht es dann aber mit Mozarts Schulden, den Puchberg-Briefen? Carl Bär bilanziert für die Jahre 1785–1791 folgendes: »Wie ersichtlich, stehen Einnahmen von ungefähr 11 000 Gulden Ausgaben in gleicher Höhe gegenüber. So gesehen ist die Bilanz ausgeglichen. Unter den Einnahmen figurieren aber 1000 fl. für Darlehen. Es besteht somit genau genommen ein Ausgabenüberschuß.« [9, S. 153] Von einer dramatischen Verschuldung kann also nicht die Rede sein. Denn man muß bedenken, daß Mozarts Einnahmen als freier Künstler – in dieser Form der erste in der Musikgeschichte – nicht regelmäßig und genau kalkulierbar eintrafen. So gibt es recht beträchtliche Schwankungen, wenn man sich die einzelnen Jahre ansieht. 1787 kam er auf 3216 Gulden – wohlgemerkt nur die nachweisbaren Einkünfte. Damit lag er über dem Einkommen des Direktors des bereits genannten Wiener Krankenhauses, der für die Verwaltung von 2000 Betten 3000 Gulden bekam! 1788 jedoch brachte er es nur noch auf 1025. Ein gewaltiger Einbruch. Und prompt erscheinen in diesem Jahr die »Bettelbriefe« an den reichen Ordensbruder Puchberg von der Freimaurerloge. Doch wie hört sich das an: »Bettelbriefe«! Mozart wollte nichts geschenkt, sondern ein Darlehen, das er auch, so gut er konnte, bereits vor seinem Tod wieder zurückbezahlte. Er hatte sich in den Jahren zuvor an ein stattliches Einnahmenniveau mit der entsprechenden Lebenshaltung gewöhnt und kam bei dem überraschenden Rückgang der Einnahmen ins Schleudern. Wir nennen das heute »Liquiditätskrise« und überziehen unser Konto bei der Sparkasse. Mozarts »Bank« war Puchberg. Ein Schuldenstand bei einem fünfunddreißigjährigen Selbständigen in Höhe von 1000 Gulden bzw. 40 000 DM war damals so wenig weltbewegend wie heute (und wäre es selbst dann nicht, wenn es das Doppelte gewesen sein sollte). Um so besser paßten die Puchberg-Briefe in das sentimentale Mozart-Klischee: Sie »lasen sich als eine dramatische Steigerung von Armut, Not und

Depression, wozu die Legende vom Armengrab als tränenselige Krönung des verkannten Genies fast notwendigerweise ihr zählebiges Überdauern aller historischen Erkenntnis zum Trotz beitrug« [89, S. 345]. Doch was waren die Gründe für den plötzlichen finanziellen Einbruch? Braunbehrens faßt die Ereignisse so zusammen: »Es scheint, daß Mozart zwischen 1788 und 1789 in eine wirtschaftliche Krise geraten war, die mit den allgemeinen politischen Verhältnissen des Türkenkrieges und der gesamteuropäischen Krise am Vorabend der Französischen Revolution, im persönlichen Bereich mit der Krankheit seiner Frau erklärt werden muß. Ebenso deutlich wird aber auch, daß Mozart sich im Verlaufe der Jahre 1790 und 1791 wirtschaftlich wieder stabilisieren konnte, Ende 1791 sogar Aussichten hatte, aus verschiedenen Quellen so hohe Pensionen zu beziehen, daß er ein sorgenfreies Leben führen konnte.« [9, S. 132]

Daß Mozart gut mit Geld umgehen konnte, behauptet allerdings niemand. Ausgabenfreudigkeit, möglicherweise bis hin zum Leichtsinn oder noch mehr, ist jedoch etwas anderes als »Armut«.

Damit kommen wir zum Methodenbeispiel vier, dem letzten in Verbindung mit dem Armutsthema: dem Armengrab. Es bildet den Höhepunkt der sentimental-romantischen Verkitschung des Mozart-Bildes. Von der Vergiftungsstory durch Salieri, an der nichts dran zu sein scheint, was sich in der Literatur der letzten Jahrzehnte eindeutig niedergeschlagen hat, soll hier nicht mehr die Rede sein. Auch wenn der »Amadeus«-Film von Milos Forman nach dem Schauspiel von Peter Shaffer die ganze Geschichte noch einmal publikumwirksam aufgewärmt hat. Dazu Braunbehrens: »Wer diesen Film gesehen hat, mag sich nur ungern eingestehen, daß kein Wort, kein Bild, kein Schauplatz, geschweige die Art und Weise des Benehmens und Verhaltens der Personen dieses Films irgend etwas mit historischer Wahrheit zu tun haben.«

Methodisch wird an der Beerdigungsgeschichte deutlich, daß man geschichtliche Ereignisse nur würdigen und verstehen kann, wenn man seinem Urteil nicht die Kriterien einer späteren Epoche zugrunde legt, sondern sich ein konkretes Bild der Zeit macht, um die es geht. Es ist das große Verdienst des Mozart-Buches von Braunbehrens, daß es ein möglichst plastisches Bild der josephinischen Ära zeichnet, vor deren Hintergrund sich manches, was uns bisher unverständlich erschienen ist, als recht »normal« erweist.

Die Klischees der Biographen bedürfen hier keiner ausführlichen Wiederholungen: Begräbnis im Massengrab bei stürmischem Wetter, allein durch den Totengräber. Von den Freunden verlassen. Kein Grabstein, nichts. Stellvertretend zitiere ich Bernhard Paumgartner, 1945–53 Direktor des Mozarteums, Mitbegründer der Salzburger Festspiele, dessen Buch das Mozartbild dieses Jahrhunderts ganz zentral mitgestaltet hat (erstmals erschienen 1927, 6., völlig überarbeitete Neuauflage 1967, inzwischen in der 9. Auflage von 1986): »Kein Neugieriger, kein Freund, kein Angehöriger, nicht einmal die Witwe standen an dem Rand des dunklen Grabes, als die gleichgültigen Fäuste der St. Marxer Totengräber den kleinen Körper zu den traurigen Resten namenlosen Elends eilig einscharrten.« [72, S. 13]

Wie war die Situation aus der Perspektive ihrer eigenen Zeit? Im Zuge seiner zahlreichen »Reformen von oben«, die streckenweise von seinem Volk nicht verstanden wurden, erließ Joseph II. 1784 eine Begräbnisordnung, die ganz im Zeichen eines »aufgeklärten« Regierungsstils stand, welcher sich lediglich nach den Grundsätzen der »Vernunft« richten wollte. So spielten hier hygienische, also gesundheitspolitische Motive ebenso eine Rolle, wie die Auffassung, daß der Verschwendungssucht bei Leichenbegängnissen Einhalt geboten werden müsse. In dem Dekret wurde vorgeschrieben, daß Friedhöfe innerhalb geschlossener Orte aufzulösen seien und an Stellen außerhalb der Ortschaften verlegt werden müßten. Mit dem folgenden Punkt setzte er sich nicht nur über die Pietätsgefühle seiner damaligen Untertanen hinweg. Auch wir lesen den Originaltext mit gemischten Gefühlen: »Da bey der Begrabung kein anderes Ansehen seyn kann, als die Verwesung so bald als möglich zu befördern, und solcher nichts hinderlicher ist, als die Eingrabung der Leichen in Todtentruhen: so wird für gegenwärtig geboten, daß alle Leichen in einen leinenen Sack ganz blos ohne Kleidungsstücke eingenähet, sodann in die Todtentruhe gelegt, und so in solchen auf den Gottesacker gebracht werden. Soll bey diesen Kirchhöfen ... die bis dahin gebrachte Leiche aus der Truhe allemal herausgenommen und wie sie in den leinene Sack eingenäht ist, in diese Grube gelegt, mit ungelöschtem Kalk überworfen, gleich mit Erde zugedeckt werden. Sollten zu gleicher Zeit mehrere Leichen ankommen: so können mehrere in die nemliche Grube gelegt werden. ... Soll den Anverwandten oder Freunden, welche der Nachwelt ein besonderes Denkmal der Liebe, der Hochachtung oder der Dankbarkeit für den Verstorbenen darstellen wollen, allerdings gestattet seyn, diesen ihren Trieben zu folgen; diese sind aber lediglich an dem Umfang der Mauern zu errichten, nicht aber auf den Kirchhof zu setzen, um da keinen Platz zu benehmen.« [9, S. 438]

So weit dieses fast brutale Dokument eines kalten Rationalismus. Und doch erklärt es für unsere Fragestellung viel. Die ständig wiederholten Formeln vom »Massengrab«, von der Tatsache, daß sich die genaue Grabstelle nicht mehr lokalisieren ließ, dies alles erscheint in einem völlig neuen Licht. Ja, der Kaiser befahl sogar, die »Lobreden, welche bey Leichenbegängnissen bisher zu halten gebräuchlich waren, durchgehens einzustellen« [9, S. 441]. Für Mozart wurde somit im Stephansdom eine Trauerfeier veranstaltet. Der neuen Vorschrift entsprechend wurde die Leiche danach in eine Kapelle gebracht, wo alle an diesem Tage anfallenden Toten gesammelt wurden. Erst abends nach sechs Uhr – da war es im Dezember bereits dunkel – durfte der Sarg auf den Friedhof überführt werden. Dies war allein die Aufgabe des Totengräbers, ohne Pfarrer, ohne Zeremoniell. Der neue, außerhalb der Stadtmauern gelegene Friedhof Sankt Marx war vom Dom viereinhalb Kilometer weit entfernt. Wegen dieser großen Entfernung, der Dunkelheit und nicht zuletzt der Wahrscheinlichkeit, daß der Totengräber seine Aufgabe erst am nächsten Morgen erledigen würde, wenn es wieder hell wäre, sind die Freunde am Stadttor umgekehrt. Kein Stoff für sentimentalen Edelkitsch vom »armseligen Ende«. Im Gegenteil: Abweichend von der früheren Vorschrift erhielt Mozart einen Holzsarg, den der Baron van Swieten bezahlt haben soll. Ein Begräbnis dritter Klasse, um das es sich hier handelte, erhielten immerhin 85% der damaligen Bevölkerung. Das Armenbegräbnis war identisch mit dem genannten Zeremoniell, nur wurde die Bezahlung erlassen. Mozarts Beerdigung dagegen wurde bezahlt, es war also kein »Armenbegräbnis der untersten Klasse«, sondern eines ganz im Sinne des spartanischen Kaisers, der auch für sich selbst im Gegensatz zu all seinen Vorgängern und Nachfolgern einen völlig schmucklosen Sarg verfügt hat. Zu diesen Dingen muß sich jeder Freund mozartscher Musik eine eigene Meinung bilden. Eines steht jedoch fest: Sich so sicher zu fühlen, weil wir heute »wissen«, was wir einem Mozart schuldig wären, wird den damaligen Verhältnissen nicht gerecht. Jede Zeit hat ihre Gepflogenheiten und Rituale, aus denen heraus sie erst verständlich wird. Haydn hat man über seinen Tod hinaus geehrt. Sein Schädel war, nachdem man ihn zum Zwecke fragwürdiger wissenschaftlicher Begutachtung aus dem Grab geraubt hatte, schließlich noch zwischen 1895 bis 1954 (!) im »Besitz der Wiener Gesellschaft der Musikfreunde«. Erst 1954 wurde er wieder in Eisenstadt beigesetzt. Man kann mit Toten, die man schätzt, so oder so umgehen ...

Als Zusammenfassung der bisherigen Argumentation läßt sich folgendes feststellen: Vor dem Hintergrund einer heroisierenden, mystifizierenden Betrachtungsweise großer Genies, auf deren Ursprünge wir im nächsten Kapitel eingehen werden, hat sich im Zeitalter der Romantik ein Mozartbild entwickelt, das von Anfang an auf einem ziemlich unglücklichen Gemisch aus Dichtung und Wahrheit beruhte. Eine üppig ausufernde Legendenbildung ließ eine Vorstellung vom Menschen Mozart entstehen, die sich auf die Formel bringen läßt: Je größer Armut und Verachtung, desto bedeutender das Genie. Diese Formel hat sich als kognitive Kategorie aller Mozart-Betrachtungen in Schulbüchern, in literarisch angehauchten Biographien, in Konzertführern, ja auch im sogenannten »wissenschaftlichen Schrifttum« festgesetzt, so daß jedes, auch das harmloseste Datum, das wir aus Mozarts Leben haben, im Blickwinkel dieser Kategorie gesehen wird.

Dazu nochmals ein Beispiel: Nach dem Tod Kaiser Josephs II. hatte sich Mozart unter der neuen Regierung Leopolds II. um eine Zweite Kapellmeisterstelle beworben. Außerdem hatte er starkes Interesse daran, Musiklehrer im kaiserlichen Hause zu werden: Leopold hatte immerhin 16 Kinder! Doch sein Traum erfüllte sich nicht, die gewünschte Stelle gab es nicht, und sie wurde auch nicht geschaffen. Den Unterricht mußte Ignaz Umlauff übernehmen, der bereits Theaterkapellmeister war und diese Aufgabe im Rahmen seiner dienstlichen Tätigkeit verrichten konnte. Somit verursachte der Unterricht auch keine zusätzlichen Kosten! Im Zuge der Verelendungstheorie kann man hier natürlich wieder von einer »demütigenden Mißachtung« Mozarts sprechen. Alternativ bietet sich allerdings auch folgendes Motivpaar an: erstens der bereits angesprochene finanzielle Aspekt. Auf einen zweiten Punkt weist Braunbehrens hin. Kaiser Leopold war – zumal am Beginn seiner Regierungszeit, als er die Folgen der Politik seines Bruders zu bereinigen hatte – an Musik recht wenig interessiert. Er besuchte nicht einmal die Oper, was für die Herrscher eigentlich immer eine problemlose Gelegenheit gewesen war, sich öffentlich sehen zu lassen. Wohl aber hatte sich seine Frau, die konservativ und sittenstreng gewesen sein soll, den »Figaro« und »Così fan tutte« angehört. Braunbehrens schließt weiter: »Beides wohl kaum nach ihrem Geschmack, so daß man annehmen kann, daß vor allem sie ihre Kinder nicht einem so freigeistigen Musiker wie Mozart anvertrauen mochte.« Mozarts vorletzte Oper »La clemenza di Tito« soll sie jedenfalls als »Porcheria tedesca«, als »deutsche Schweinerei«, bezeichnet haben ...

Einen ähnlichen, wenn auch insgesamt nicht so gravierenden Einstellungskomplex bildet das Phänomen »Constanze«, denn er hängt letztlich auch von der Hauptkategorie der »Verelendung« ab. Da hier allerdings einige Aspekte eine Rolle spielen, die für Mozarts Seelenleben von großer Bedeutung sind, will ich dennoch darauf eingehen.

Der Verelendungstheorie steht natürlich die Vorstellung diametral entgegen, daß Mozart mit seiner Frau Constanze eine glückliche Beziehung gehabt haben könnte. Ganz zu leugnen war diese Tatsache zwar nie, doch bemühten sich die Biographen und Literaten auch hier nach Kräften, dieses Glück herabzusetzen und umzuinterpretieren. Da können noch so viele Mozart-Briefe erhalten sein, die diesen fast euphorischen Beziehungshintergrund ganz eindeutig belegen. Es sei denn, es gibt eine übergeordnete Kategorie, welche aus einer Wahrnehmung eine Falschgebung macht: Neben die immerwährend vorhandene Verelendungstheorie gesellte sich die Grundeinstellung von der absoluten Wertlosigkeit der Constanze. Die Argumente der Biographen entpuppen sich sehr schnell als Waffen der Gehässigkeit.

Arthur Schurig bringt in seiner Mozart-Biographie ein Hauptargument auf den Nenner: Constanze hatte »vom tiefsten einsamen Innenleben Mozarts zu keiner Zeit ihres Lebens eine Ahnung« [86, Bd. 2, S. 397]. Nachdem Hildesheimer Mozarts Vater beschrieben hat (auf den er ebenso eifersüchtig zu sein scheint wie auf alle Menschen, die Mozart nahestanden), nimmt er sich Constanze vor: »So endet die Rolle der einen und ersten unwürdigen Person in Mozarts Leben, und es erfolgt der Auftritt der zweiten und letzten. Während indessen Leopolds Rolle, gemäß seiner väterlichen Machtstellung, dominierend gewesen war, bleibt Constanze eine Charge. Denn nun, in Wien, beginnt Mozarts Weg der Introversion, an dem sie nicht teilhaben kann. Sie beherrscht nur sein äußeres Leben.« [51, S. 44]

Bernhard Paumgartner weiß: »Mozart liebte seine Gattin mit ganzer Hingabe, mit der rücksichtsvollen Zartheit seines Herzens, wenn er es auch wahrscheinlich vermieden hat, sie ins Innerste seiner Seele blicken zu lassen.« [72, S. 280]

Alfred Einstein fragt und antwortet: »Wer war Constanze Weber, verehelichte Mozart? Ihr Ruhm besteht darin, daß Wolfgang Amadeus Mozart sie geliebt hat und damit in die Ewigkeit mitgenommen, so wie der Bernstein die Fliege; aber daraus folgt nicht, daß sie diese Liebe und diesen Ruhm verdient hat.« [31, S. 77]

Constanze Mozart.

Lassen wir das gewichtige Problem einmal offen, welcher Beschaffenheit die Partnerinnen großer Genies nach Meinung ihrer Biographen sein müßten, und gehen der Frage nach, wie sich diese Kategorie der Constanze-Abwertung auf die Darstellung des mozartschen Seelenlebens ausgewirkt hat. Da die Briefe an seine Frau zu den leidenschaftlichsten und zärtlichsten gehören, die es in der Musikerbiographik des 18. Jahrhunderts gibt, und diese Frau nun angeblich der Liebe Mozarts nicht würdig war, muß sich Mozart zwangsläufig selbst getäuscht haben: Nach der zugegebenermaßen etwas vertrackten Anfangsgeschichte ihrer Beziehung (aber auch hier bietet Braunbehrens ein alternatives Interpretationsmodell) setzte, so Hildesheimer, auf Mozarts Seite »ein Vorgang der Selbsttäuschung ein, ein unbewußter Fatalismus der Welt und ihren Bindungen gegenüber. Er begann Constanze zu lieben, weil er sich dazu entschlossen hatte. Eine hat es sein müssen, und sie war es.« [46, S. 45] Aber was für eine: »Sie gab sich völlig ihren Trieben hin, liebte das Vergnügen. ... Und damit haben wir die Erklärung dafür, daß diese Ehe ... doch neun Jahre mehr oder weniger gut gegangen ist: sie wurzelte im Boden erotischen Einverständnisses.«

In der Tat wurzelte sie in diesem Boden, und wenn man Mozarts Briefe liest, die bis ins Pornographische gehen (natürlich nur für eine voyeuristische Nachwelt, für die sie nicht bestimmt waren), besteht kein Zweifel, daß diese Ebene der Beziehung auch von ihm sehr geschätzt wurde. Für Biographen allerdings, die Mozart bereits in ein Geistwesen verwandelt hatten, ist diese Tatsache, ob sie sich innerhalb oder außerhalb der Ehe realisiert hat, schlechterdings unvorstellbar. Aloys Greiter beispielsweise schreibt: »Er gab sich in der Liebe so absolut und so rein, wie in seiner Musik.« [44, S. 65] Und auch Alfred Einstein verwahrt sich: »Mozart – und Torheiten und Ausschweifungen! Mozart ist mit 35 Jahren gestorben, und er hat dennoch alle Stadien des Lebens durchlaufen, nur schneller als gewöhnliche Sterbliche. Er ist mit dreißig Jahren kindlich und weise zugleich; er vereinigt höchste Schöpferkraft mit höchstem Kunstverstand; er sieht die Dinge des Lebens, und hinter die Dinge des Lebens; er erkennt vor seinem Ende das sichere Gefühl der bevorstehenden Vollendung, das darin besteht, daß das Leben jeden Reiz verliert.« Nachdem er sich zu dieser Apotheose hat hinreißen lassen, zeigt Einstein uns dann auch gleich, wie der Zwang zur Verherrlichung im Falle Mozarts und zur Verdammung, was Constanze, die Imagination der bösen Eva, betrifft, ihn selbst fest in die Krallen nimmt. Einen schlagenderen Beweis dafür, wie das Interesse die Erkenntnis leitet, kenne ich kaum. Er zitiert zunächst jenen berühmten Brief, den Mozart 1790 aus Frankfurt schrieb, dann jenen aus dem Sommer 1791, als Constanze zur Kur in Baden war. Jedem unvoreingenommenen Leser sind dies Dokumente zärtlichster Sehnsucht:

»Wenn die Leute in mein Herz sehen könnten, so müßte ich mich fast schämen – es ist alles kalt für mich, – eiskalt – Ja, wenn Du bei mir wärest, da würde ich vielleicht an dem artigen Betragen der Leute gegen mich Vergnügen finden – so ist es aber so leer – ...« (30. September 1790) Und der andere Brief: »Nun wünsche ich nichts, als daß meine Sachen schon in Ordnung wären, nur um bei Dir zu sein, Du kannst nicht glauben, wie mir die ganze Zeit her die Zeit lang um dich war! – Ich kann Dir meine Empfindung nicht erklären, es ist eine gewisse Leere – die mir halt wehe thut, – ein gewisses Sehnen, welches nie befriedigt wird, folglich nie aufhört – immer fortdauert, ja von Tag zu Tag wächst; wenn ich denke, wie lustig und kindisch wir in Baaden beisammen waren – und welch traurige, langweilige Stunden ich hier verlebe – es freut mich auch meine Arbeit nicht, weil, gewohnt bisweilen auszusetzen und mit Dir ein paar

Worte zu sprechen, dieses Vergnügen nun leider eine Unmöglichkeit ist – gehe ich ans Klavier und singe etwas aus der Oper, so muß ich gleich aufhören – es macht mir zu viel Empfindung, Basta! – Wenn diese Stunde meine Sache zu Ende ist, so bin ich schon die andere Stunde nicht mehr hier.« (7. Juli 1791)

Was wird nun aus solchen offensichtlichen Liebesbekundungen, die sich in fast allen Briefen an Constanze finden? Bei Alfred Einstein dieses: »Es ist gewiß nicht Sehnsucht nach der Gattin – wie er ihr weiszumachen sucht und vielleicht selbst glaubt –, was hinter dieser ›gewissen Leere‹, diesem ›gewissen Sehnen‹ steckt. Es war das Vorgefühl des Todes. Ob das Constanze verstanden hat? In solche Regionen vermochte sie Mozart nicht zu folgen.« [31, S. 78]

Bei Hildesheimer klingt das Urteil so: »Man hätte Mozart eine Frau gewünscht, die sich von diesen Zeilen zur Rückkehr von einer, wahrscheinlich ohnehin nutzlosen, Kur hätte bewegen lassen. Aber Constanze Weber« – man beachte, daß ihr Hildesheimer sogar den Familiennamen Mozart vorenthält! – »dachte in erster Linie an sich selbst. Freilich hätte die Therapie des mit ihr ›ein paar Worte‹ sprechen nicht vorgehalten, sie hätte ihm nicht mehr oder nicht mehr lange helfen können. Das Sehnen hört nicht auf – aber es wird bald aufhören, und dann wird es nicht Constanze sein, die es befriedigt; sie weiß noch nicht einmal, was das Sehnen bedeutet.« [52, S. 53]

Hier mischen sich dann also die beiden für mich wichtigsten Kategorien der Verzerrung des Mozart-Bildes: Constanze ist nichts wert, deshalb kann sie von vornherein nicht das Ziel der Sehnsucht eines Mozart sein. Zweitens ist Mozart der tragische Fall eines allzufrüh dem Tod Geweihten. Sein Sehnen strebt nach dem Ende – selbst wenn er das Gegenteil vielleicht selber glaubt! Wie weit dürfen Biographen gehen in ihrem Wahn, möchte man fragen und müßte dann antworten: noch eine Stufe weiter. Denn zumindest für Hildesheimer steht fest, daß sich Mozart nicht nur selbst getäuscht hat, sondern auch andere.

Von den »Bettelbriefen« an Puchberg war bereits die Rede und auch davon, daß sie fälschlicherweise immer als wichtigster Beleg für die »Verelendungstheorie« herhalten mußten. Was vollkommen unter den Tisch gekehrt wurde, war ihr eigentlicher Anlaß. Neben dem politisch bedingten Rückgang des Interesses der finanzstarken Kreise an kulturellen Dingen in den Jahren 1788 und 1789 (Französische Revolution, der Krieg mit der Türkei, Unruhen in den Niederlanden und Ungarn), machte Mozart vor allem eine Krankheit seiner Frau schwer zu schaffen. Sie hatte ein Leiden an den Beinen, das in der damaligen Zeit für lebensbedrohlich gehalten wurde [9, S. 352]. Arzt und Apothekerrechnungen waren damals ziemlich beträchtlich, und Versicherungen gab es keine. So steckte Mozart alle verfügbaren Mittel in die Rettung der Gesundheit seiner Frau. Allerdings hatte er ausgerechnet in dieser Zeit mit dem allgemeinen Einnahmenschwund zu kämpfen. Und so wandte er sich an Puchberg, ausdrücklich mit dem Hinweis auf diese Krankheit. In dem gewiß herzzerreißenden Brief vom 12. Juli 1789 heißt es:

»Gott! Ich bin in einer Lage, die ich dem ärgsten Feind nicht wünsche; und wenn Sie bester Freund und Bruder mich verlassen, so bin ich unglücklicher und unschuldigerweise sammt meiner armen kranken Frau und Kind verloren.... Wenn Sie mein Herz ganz kennen, so müssen Sie meinen Schmerz hierüber ganz fühlen, daß ich durch diese unglückseelige Krankheit in allem Verdienste gehemmt werde ... Da es jetzt doch scheint, daß es mit meinem lieben Weibchen von Tag zu Tag besser geht, so würde ich doch wieder arbeiten können.« In einem Brief vom 15. Juli steht der Satz: »Wäre mir diese Krankheit nicht gekommen, so wäre ich nicht gezwungen, gegen meinen einzigen Freund so unverschämt zu sein.«

Das ist die Sachlage, wie sie Mozart selbst schildert. Sie anzuzweifeln bedeutet nicht mehr, als Mozarts moralische Integrität in Frage zu stellen. Für Hildesheimer jedoch war auch diese Geschichte mit der Krankheit nur vorgetäuscht, entweder von Mozart, um an Geld zu kommen, oder, das schon eher, durch Constanze, damit sie in der Kur in aller Ruhe einen »angestreben Zweck« verfolgen könne, die ewig Treulose. In diesem Falle hätte Mozart die offenen Beine seiner Frau, deren Zustand ihn am Komponieren zu hindern begann, mit mehr Ruhe betrachten können. Bei Hildesheimer liest sich das Ganze jedenfalls so:

»Constanze ging, ziemlich ungerührt, in Baden ihren ausgedehnten Kuren nach, deren angestrebter Zweck sich für sie wohl mehr oder weniger erfüllt haben muß, so vage er auch für uns bleibt. – Doch waren Krankheiten eben damals wenig definiert, chronische Leiden noch weniger, und eingebildete schon ganz und gar nicht.« [51, S. 271] Und schließlich das psychologische Vernichtungsurteil: »Es ist unwahrscheinlich, daß sie jemals psychisch gelitten hat, und auch ihre physischen Leiden betrachten wir mehr als willkommenen Vorwand zu Badekuren.« [51, S. 253]

Schließen wir dieses ziemlich trübe Kapitel ab. Es bildet keinen Glanzpunkt in der Tradition der Musikgeschichtsschreibung. Wie seriöse Wissenschaftler und Literaten über zweihundert Jahre hinweg einer solchen Fülle irrationaler Verzerrungen haben aufsitzen können, ist schon wieder ein Problem für sich. Da wäre nämlich der Frage nachzugehen, welchen Lustgewinn es bringt, sich die Kluft zwischen den Produktionen eines Künstlers und seinen äußeren Lebensumständen um jeden Preis so vorzustellen, daß die Verehrung gegenüber dem Werk und das Mitleid gegenüber seinem Schöpfer sich die Waage halten. Oder welchen Spaß es macht, eine Frau, welche von einem Mann wie Mozart begehrt wurde, systematisch herabzusetzen. Und auch diejenigen Musikologen, die von sich behaupten, sie hätten eine reine Weste, weil sie sich nie zu biographischen Dingen geäußert hätten, da ihnen schon immer klar gewesen sei, daß Biographien zu schreiben ein schmutziges Geschäft ist, sind von dem Vorwurf nicht loszusprechen, den massenhaft verbreiteten falschen Stereotypen nicht in dem Umfange, der geboten gewesen wäre und immer noch ist, sachlich korrigierend entgegenzutreten. Und um eine Korrektur geht es: nicht darum, etwa um jeden Preis die Ehre der Constanze zu retten. Vielleicht stimmt das Gerücht, daß der im Sommer 1791 geborene Sohn Franz Xaver Wolfgang seine ersten beiden Vornamen von seinem tatsächlichen Vater, Süßmayr, hat. Dann würde hinter der sonst eher launischen Briefstelle vom 8. August 1791 ein anderer Kern stecken (vorausgesetzt, Mozart hätte es gewußt): »Dem Süßmayr gib in meinem Namen ein paar tüchtige Ohrfeigen und lasse ich die Sophie bitten, ihm auch ein paar zu geben. Gut wär es, wenn ihr ihm einen Krebsen an die Nase zwicket, ein Aug' ausschlüget, sonst eine sichtbare Wunde verursachtet, damit der Kerl nicht einmal das, was er von euch empfangen, ableugnen kann.« Vielleicht hat Mozart auch den einen oder anderen Tausender beim Spielen verloren. Wir wissen es nicht. Wie wir vieles nicht wissen und damit werden zurechtkommen müssen. Fatal wird es erst, wenn wir uns dieser weißen Flecken nicht bewußt sind und die fehlenden Stellen, bewußt oder unbewußt, mit unserer eigenen Phantasie oder der kollektiven Phantasie einer romantisierenden Nachwelt ausfüllen.

Seit zweihundert Jahren ist Mozart tot. Vielleicht ist diese Zahl Anlaß zu einem unsentimentalen Mozart-Bild, welches die möglicherweise größte Musikerbegabung unserer Kulturgeschichte endlich verdient hätte. Warum sich Mozart nicht einmal so vorstellen, wie wir ihn von seiner Musik her kennen: nachdenklich und fröhlich zugleich. Wie er sich in seinem letzten Brief an seinen Vater auch selbst beschreibt: »Ich lege mich nie zu Bette ohne zu bedenken, daß ich vielleicht (so jung als ich bin) den andern Tag nicht mehr sein werde. Und es wird doch kein Mensch von allen, die mich kennen, sagen können, daß ich im Umgange mürrisch oder traurig wäre. Und für diese Glückseligkeit danke ich alle Tage meinem Schöpfer und wünsche sie vom Herzen jedem meiner Mitmenschen.« (4. April 1787) Oder wenn sich das folgende kleine autobiographische Stimmungsbild gegen die Jammerliteratur der Nachgeborenen hätte durchsetzen können:

»Gleich nach Deiner Abseeglung spielte ich mit Herrn Mozart, der die Oper beim Schikaneder geschrieben hat, zwei Partien Billard. Dann verkaufte ich für 14 Dukaten meinen Klepper. Dann ließ ich mir durch Joseph den Primus rufen und schwarzen Koffe hollen, wobey ich eine herrliche Pfeiffe Toback schmauchte; dann Instrumentierte ich fast das ganze Rondo vom Stadtler.« So schreibt Mozart an Constanze am 7. Oktober 1791, zwei Monate vor seinem Tod, mit welchem er, angeblich vom Hunger geschwächt, bereits heftig im Ringen gelegen haben soll. In Wahrheit ist er bei aufgeräumter Laune, tituliert den Kellner seines Stammlokals als »Joseph I.«, spielt Billard gegen sich selbst, verkauft sein Roß, komponiert bei schwarzem Kaffee und Pfeifenrauch. Braunbehrens hat völlig recht: »Besäßen wir ein einziges Mozart-Portrait mit Pfeife, Pferd oder beim Billardspiel, so wäre vermutlich das Bild, das wir uns heute gemeinhin von seinem (angeblich armseligen) Leben machen, ins krasse Gegenteil umgekippt.« [9, S. 136]

Deutungen auf schmalem Grat

Kehren wir zu dem zurück, was uns an Mozart mehr bewegt als alles andere: seine Musik. Doch einfach so zu tun, als spiele hier der Bereich der Biographik überhaupt keine Rolle, wäre auch nicht korrekt. Denn wir hören nicht nur eine bestimmte Musik, sondern wir assoziieren beim Hören auch alles, was wir über diese Musik und ihr Umfeld bereits einmal gehört haben. Zu den Stereotypen der Mozart-Rezeption, die im Laufe ihrer Geschichte sehr vielfältig waren, gehören mindestens zwei Aussagebereiche: erstens der biographische Kontext, den wir unter dem Stichwort »Verelendungstheorie« behandelt haben. Im krassen Widerspruch dazu hat sich im 19. Jahrhundert eine Sprechschablone über Mozarts Musik entwickelt, die sich in den Begriffen »Heiterkeit«, »Ruhe« und »Grazie« (Robert Schumann) am deutlichsten niederschlug. Was steckt hinter diesen Begriffen? Einmal sind sie ein Zeichen von Verharmlosung. Nach Beethovens »heroischen« Werken kam Mozarts Musik in den Ruf dramatischer Unschuld. Weil ihnen der Geist des Monumentalen fehlt, hielt man sie für spannungsarm. Diese Tradition setzt sich auch heute noch fort. Mit Recht hat neulich ein zeitgenössischer Komponist, auf Mozart angesprochen, die Meinung vertreten, daß dieser zu den am meisten unterschätzten Künstlern gehöre. Doch warum? Seine Werke werden weltweit mit am meisten aufgeführt. Mozart-Wochen gibt es überall. Das Problem liegt also nicht an der Häufigkeit der Mozart-Rezeption, sondern an deren Art und Weise. Es mag jeder die folgende, etwas provokante These für sich selbst überprüfen: Ist es nicht so, daß man Mozarts Musik gerne als Kulisse benutzt, wenn besonders nette Freunde zu Besuch sind, die auch gerne »Klassik« hören? Oder daß man im Konzert sitzt und auf die große Bruckner-Sinfonie wartet, vor der Pause allerdings noch einen »netten« Mozart hinter sich bringt? Schließlich kommt, gerade in Gesprächen mit jugendlichen Klassikfreunden, auch immer wieder der Gedanke durch, daß die »eigentliche« Musikgeschichte erst mit Beethoven, also dem 19. Jahrhundert beginnt (ich erinnere mich, auch einmal so gedacht zu haben). Wie dem auch sei: Die Wertschätzung ist da – »selbstverständlich, bei solch einem Genie!« –, die innere Anteilnahme ist jedoch nur allzu häufig reduziert auf die Kategorie der Harmlosigkeit, die dann, um noch einmal mit Schumann zu sprechen, zur »griechisch-schwebenden Grazie« hochstilisiert wird.

Das zweite Problem betrifft vor allem die Autoren, die auf der einen Seite Mozarts Elendsgeschichtchen regelrecht zelebriert haben, um dann, bei der Beschreibung der Musik, vor dem Dilemma zu stehen, nicht recht erklären zu können, warum diese eine oft so positive und heitere Atmosphäre ausstrahlt. In dieser Not hat man sich dann mit großer Gier auf die Werke in Moll gestürzt, suggeriert doch bereits die Angabe des Tongeschlechts, daß es sich hier um etwas Trauriges und Tragisches handeln muß. Daß Mozart die allermeisten Werke in Dur geschrieben hat, hat diesen Aspekt nicht entkräftet, sondern eher noch gestützt, ganz nach dem Motto: Wenn Mozart schon in Moll komponiert, muß aber auch etwas passiert sein (von den über 40 Sinfonien stehen nur zwei in Moll)! In einem naiv-psychologischen Hauruckverfahren werden somit die ganzen Kategorien der Jammer-Biographik auf die entsprechenden Stücke übertragen. In seinem berühmten »Führer durch den Konzertsaal« hat Hermann Kretschmar 1887 auf den Konflikt zwischen einem dramatischen Mozart-Bild und einer undramatischen, entrückten Betrachtung seiner Werke aufmerksam gemacht. Jedoch nicht in der Weise, daß er Mozarts Biographie entdramatisiert hätte, sondern indem er den Werken eine »biographiegerechte« Interpretation unterschob. Über die g-moll-Sinfonie schreibt er: »Aber noch im Jahre 1802 wird diese Sinfonie eine ›schauerliche‹ genannt. Diese Bezeichnung kommt der eigentlichen Natur der g-moll-Sinfonie vielleicht doch näher als die imitierte Begeisterung, mit welcher neuere Mozartverehrer uns immer wieder und immer wieder nur auf die Anmuth des Werkes aufmerksam machen.« Kretschmar wendet sich somit gegen eine entrückte Betrachtungsweise, die in dem Werk lediglich die Anmut zur Geltung kommen läßt. Er schießt aber gleich in das andere Extrem, indem er in ihr einen »Schauer« spürt, den er anschließend als »tiefen Zug des Leidens« interpretiert. [54, Bd. 1, S. 65] Aber auch modernere Autoren gehen in dieser Art und Weise mit den Werken um. Neben der g-moll-Sinfonie eignet sich dazu vor allem das Streichquintett KV 516, ebenfalls in der Tonart g-moll. Gelöst werden muß in beiden Fällen das Problem, daß in unmittelbarer zeitlicher Nähe, wenn nicht geradezu gleichzeitig, Werke entstanden sind, die diese Moll-Charakteristik nicht aufweisen, ja sogar eher als Prototypen des Gegenteils anzusehen sind: Die g-moll-Sinfonie steht zwischen der kraftvollen Es-dur-Sinfonie und der Sinfonie, welche wegen ihrer geradezu euphorischen Strahlkraft den Beinamen »Jupiter« erhielt. Das Pendant zum Streichquintett in g-moll ist das C-dur-Werk KV 515, wenige Tage zuvor fertiggestellt.

Da hilft nur noch der Blick in die Schubladen der Alltagspsychologie: Wer von uns weiß nicht aus eigener Erfahrung, daß Stimmungen schwanken! Und ist ein Genie nicht noch mehr solchen seelischen Wechselbädern unterworfen, als wir alle zusammen? Auf der Schallplattenhülle liest sich das Ganze dann so: »Der starke Kontrast zwischen beiden Streichquintetten läßt unwillkürlich Parallelen zu dem Kontrast zwischen den beiden letzten Sinfonien ziehen, die ebenfalls in C-dur und g-moll gehalten sind. Mozarts Charakter war von einer depressiven Tendenz gekennzeichnet, und seine Stimmungen schwankten zwischen überschwenglicher Fröhlichkeit und Melancholie. Der tiefe gefühlsmäßige Kontrast zwischen hell und dunkel, der zu einem gewissen Grad das Merkmal des Genies ist, tritt in Mozarts Werk deutlicher in Erscheinung.« [70, S. 8]

Ja selbst innerhalb einzelner Werke und sogar einzelner Sätze gibt es solche Hell-Dunkel-Kontraste. Wie könnte es, nebenbei bemerkt, auch anders sein: Wir hatten bei der Beschreibung des Stilumbruchs zwischen Barock und Klassik das Mittel der Kontrastierung als eines der wichtigsten erkannt. Wo kämen wir denn hin, wenn wir jeden Kontrast, der aus einem innermusikalischen logischen Kalkül entstanden ist, als »in Wahrheit durch die momentane Seelenlage des Komponisten bedingt« erklären müßten. Sicherlich ebenfalls in des Teufels Küche, in welcher sich Hildesheimer offenbar befand, nachdem er die Tür einmal zu weit aufgemacht hatte. Das liest sich dort so:

»Vor allem aber ist es der letzte Satz (des g-moll-Streichquinttets), in dem wir Mozarts Seelenzustand der letzten Jahre beinahe symbolisiert finden: eine tragische g-moll-Cavatine, die sich bis zu verhaltenem Pathos steigert, bis sie in ein G-dur-Rondo übergeht, dessen Hauptthema von tückischer, erschreckender Trivialität sich in den Nebenthemen zu einer trostlosen Fröhlichkeit entwickelt.« [52, S. 54]

Quintessenz: Steht ein Werk von Mozart schon einmal in Moll, wie es sich bei einem so jammervollen Leben auch gehört, dann kann ein strahlender Schlußsatz in Dur ja nicht »normal« sein. Entweder man unterstellt Mozart manisch-depressive Stimmungsumbrüche, oder man packt die Musik selbst am Kragen: »erschreckende Trivialität« und »trostlose Fröhlichkeit«, so schnell geht das. Sagt man sich nun, daß Hildesheimer eben ein Literat sei und kein Musiker, und wendet sich zu den Heiligtümern der musikwissenschaftlichen Mozart-Forschung, ergeht es einem dort auch nicht anders: Der Meister gibt sich, so Herrmann Abert in dem gigantischen Standardwerk der Mozart-Forschung (1757 Seiten), im g-moll-Quintett »der schmerzlichen Resignation mit einem Nachdruck hin, der erschütternd wirkt«. Und das Finale-Problem löst Abert so: »Er nimmt (die Resignation) mit allen Qualen, die sie ihm bereitet, als etwas Unabänderliches hin, und wenn er im Finale sich wieder der Lebensfreude zuwendet, so ist das nicht als beethovenscher Sieg nach vorangegangenem Kampfe aufzufassen, sondern in Mozarts Sinne, der hier wieder einmal als Realist die entgegengesetzten Seiten der Wirklichkeit aneinanderrückt.« [1, Bd. 2, S. 321]

Bleiben auch wir Realisten. Und real ist, was wir vor uns haben als klingendes Werk. Die Fragen, die so viele von uns so drängend interessieren, wie nämlich dieses Werk zustandegekommen ist und welche Dimensionen im Seelenleben des Komponisten es »ausdrückt«. Wir können sie nicht beantworten. Auch wenn es noch so richtig ist zu sagen, der Mensch sei eine Einheit und alles, was er kreativ schaffe, schöpfe er aus dem Urgrund seiner bewußten oder unbewußten Erlebensstrukturen. Wir wissen darüber zu wenig, als daß wir hier eine sinnvolle Übersetzungsarbeit leisten könnten. Bedenken wir noch einmal, wie lückenhaft allein die Herleitung der reinen biographischen Daten bei einem Menschen ist, der vor über 200 Jahren gelebt hat. Wie vermessen ist es aber dann erst, aus diesem biographischen Stückwerk auch noch Vorgaben für tiefere psychologische Deutungen herauslesen zu wollen. Über Kunst zu reden ist sehr schwer, das wissen wir alle. Vor allem wissen es die Autoren von Konzertführern und Konzertprogrammen. »Worüber man nicht reden kann, darüber muß man schweigen!« Darin sah Ludwig Wittgenstein die einzige Lösung dieses Problems. So weit braucht man vielleicht nicht zu gehen. Es reicht, wenn man die ganze pseudopsychologische Mystik um die Werke herum meidet (was einem zugegebenermaßen kaum gelingt, denn sie blüht fast überall) und sich durch bewußtes, aktives Hören einmal ganz diesen Werken selbst überläßt! Komponieren heißt ja weniger, mit Notenlinien und Federhalter irgendwelche Gefühle auszuschwitzen, als vielmehr, sich als Komponist Fragen zu stellen und diese mit musikalischen Mitteln zu beantworten.

Dies ist dann auch der einzige Weg, wenn man aus dem bereits erörterten Dilemma der Mozart-Verharmlosung herauskommen will. Mozarts Musik hören heißt mit der Lupe hören. Der klassische Stil, den Mozart mitgeschaffen und vollendet hat, ist so kleingliedrig, die Zahl seiner kreativen Einfälle dagegen so groß, daß das, was sich in einem mozartschen Werk in wenigen Minuten ereignet, verlorengehen muß, wenn man nicht Takt für Takt genau unter die besagte Lupe nimmt. Erst wenn man Mozarts Musik durch ein gezieltes Training der Ohren und des Wahrnehmungssystems so hört wie beispielsweise eine Mahler-Sinfonie, zu deutsch: Wenn man sie ernst nimmt und sie nicht zur Kulisse verkommen läßt, dann steigt in einem diese Lust auf, immer mehr davon zu hören, in sich aufzunehmen, zu genießen. In dem Maße, wie einem das Gezänk der Biographen samt ihrer Deutungssucht, der sich Mozart nicht mehr erwehren kann, immer mehr als überflüssig erscheint.

Das Ignorieren literarisch eleganter Deutungen wie auch der Verzicht, sich mit der Biographie der Künstler noch mehr identifizieren zu wollen als mit ihrem Werk, fällt manchmal nicht leicht. Hat man sich davon allerdings einmal frei gemacht, ist der Gewinn nicht mehr zu bezahlen. Statt bei der g-moll-Sinfonie die Ahs und Ohs literarisch geschulter Oberdeuter nachzuseufzen, stellt man beim aktiven Zuhören vielleicht fest, daß einem dieses Hauptthema doch an irgend etwas erinnert. Und vielleicht assoziiert man im nächsten Schritt, daß dieses Etwas die Arie des Cherubino (»Non sò più cosa son, cosa faccio«) aus dem »Figaro« ist, was der optische Direktvergleich bestätigt:

Rhythmus: 

g-moll-Sinfonie

Rhythmus: 

Arie des Cherubino

In beiden Fällen wird das Thema getragen durch unruhige Achtelbewegungen in den Mittelstimmen über einem ruhigeren Baßfundament. Die Themen selbst sind melodisch zwar unterschiedlich, haben jedoch die gleiche Phrasenlänge (je 10 Töne) mit demselben Rhythmus:

Was können wir daraus ableiten? Mozart holte sich zur Komposition des ersten Satzes der g-moll-Sinfonie ein Schema heran, mit welchem er arbeiten wollte: Dieses Schema heißt »Aria agitata«. Diese Arienform weist ein schnelles Tempo auf, steht im alla-breve-Takt (zwei Halbe), hat die charakteristische rhythmische Struktur im Verhältnis Baß und Mittelstimme, welche das »Agitieren« darstellt. Im Cherubino-Beispiel soll diese Arienform die Erregtheit und gleichzeitig die Ängstlichkeit des jungen Lieblings aller Damen deutlich machen. In der g-moll-Sinfonie hat sich Mozart diesen Arientyp offenbar als »Sprungbrett« bereitgelegt, um damit einen sinfonischen Satz mit Inhalt zu füllen. Ob die

Arie dabei konkret etwas »bedeutet« oder ob sie nicht »einfach nur« ein handwerklicher Einfall war, der sich in einem Maße als tragfähig erwiesen hat, das uns staunen läßt, darüber wissen wir nichts. Wenn man allerdings aus Genies keine Übermenschen macht, kann man den handwerklichen Aspekt auch ganz und gar logisch und plausibel finden: Mozart hat immerhin in extrem kurzer Zeit drei Sinfonien (also 12 Sätze, in einem Zeitraum von nur sechs Wochen) geschrieben, ein Satz schöner und inspirierter als der andere. Daß er sich dabei auch gewisser handwerklicher Schablonen bedient (was einen bei Bach nicht im geringsten stört), tut Mozarts Größe keinen Abbruch. Mir jedenfalls macht das Ausfindigmachen derartiger handwerklicher Sprungbretter – oder sprechen wir mit Hegel lieber von »musikalischen Ideen« – unvergleichlich viel mehr Spaß als das Stochern in irgendwelchen elegant formulierten Deutungen. Natürlich tragen Gefühle und Stimmungen zum Wesen eines Werkes bei; dies leugnet ja niemand! Die Frage ist nur, was wir bei einem Komponisten, der vor über zweihundert Jahren gelebt hat, über diese differenzierten Zusammenhänge zuverlässig erfahren können, zudem noch in einem gesellschaftlichen Umfeld, das sich so sehr von dem unseren unterscheidet, daß wir uns auch mit größter Mühe nicht hineinversetzen können.

Wenn ich, um diese skeptische These noch einmal plastisch zu unterstreichen, jetzt zu einem Beispiel greife, das manchem vielleicht weh tut, dann nicht, um dem Andenken Mozarts böswillig zu schaden, und schon gar nicht, um den Mozart-Freund zu provozieren. Es soll einzig und allein zeigen, wie fremd uns ein Mensch wie Mozart in Wahrheit ist und wie entfernt er uns – Biographien hin oder her – auch bleiben wird.

Für nicht wenige Mozart-Freunde, auch für mich, stellt das »Ave verum« mit seinen wenigen Takten ein absolutes Juwel dar. Alfred Einstein sieht in dem Werk neben der »seraphinischen Schönheit« auch das »Kirchliche und Persönliche in eins fließen.« [31, S. 337] Nahezu alle großen Mozart-Exegeten sehen das ebenso: Das Stück repräsentiert Mozarts lautere Seele unmittelbar. Berhard Paumgartner sieht darin »die innigste Verklärung aller eucharistischen Gesänge, vom schmerzvollen Bilde des Gekreuzigten über die Schrecken des Todes zum ewigen Frieden, im engen und doch unermeßlichen Raum seiner 46 Takte vielleicht das höchste Kunstwerk, das Mozart geschaffen hat, letzte, selige Geborgenheit in Gott!« [72, S. 434]

Wie jedoch stand es in Wahrheit um die Lauterkeit der Seele, um die selige Geborgenheit in Gott? Offenbar recht übel, betrachtet man sich einmal die Umstände, unter welchen das Wunderwerk entstanden ist:

Anton Stoll, seines Zeichens Schullehrer und Chorleiter in Baden bei Wien, hatte Mozart offenbar schon den einen oder anderen Gefallen erwiesen; jedenfalls bat er ihn um ein Werk für seinen Chor zu Fronleichnam des Jahres 1791. Er bekam allerdings nicht nur ebendieses wunderbare »Ave verum«, sondern auch ein paar Seitenhiebe, deren Geist nicht so recht zu diesem Wunderwerk passen will. In dem Brief, welchem vermutlich die besagten Noten als flüchtiges Gelegenheitsstückchen beigelegt wurden, heißt es zum Schluß: »Das ist der dümmste Brief, den ich in meinem Leben geschrieben habe, aber für Sie ist er just recht.« In einem anderen Brief an Stoll machte sich Mozart über diesen regelrecht lustig: »Liebster Stoll / größter Schroll / bist sternevoll! / gelt – das Moll / thut dir wohl?« Auf der Rückseite fälschte er die Handschrift Süßmayers, ließ damit um ein paar Noten bitten, die ihm Stoll zurückgeben sollte, und verabschiedete sich mit den Worten: »Ich bin Ihr ächter freund franz Süssmayer Scheisdreck. Scheißhäusel den 12. Juli.« Zoten und Fäkalsprache kennen wir ja von den Bäsle-Briefen; damals war der junge Meister in der Pubertät. Aber jetzt, ein paar Monate vor dem Tod, der ihm angeblich auf die Stirn geschrieben stand, solche Ausfälle? Nein, offenbar waren es keine Ausfälle. Mozart muß anders gewesen sein; völlig anders, als wir ihn aus seiner Musik heraus zuhören glauben, völlig anders, als viele seiner Biographen uns glauben machen wollten. Und das Werk? Ist das »Ave verum« dann also nicht der musikalische Niederschlag einer tiefen mozartschen Religiosität? Ist es in Wahrheit nicht mehr als eine Gelegenheitsarbeit, schnell hingeschrieben, damit der Stoll endlich Ruhe gibt? Handwerklich kommen eine Reihe von Elementen zusammen, deren Synthese einen Schlüssel gibt für die ungeheure Wirkung des Stückes: eine Tiefe und Differenziertheit in der Textvertonung, die an entsprechende Sternstunden bei Claudio Monteverdi erinnern, jegliche Herbheit wird jedoch durch den zeitgemäßen Stil der »Empfindsamkeit« geläutert, »seufzende« Halbtonschritte, Dissonanzen, alles ist da und doch immer eingebettet in eine »klassische« Haltung, die an die Seite der Expressivität auch die Beherrschung der Form stellt, wie sie sich hier in der viertaktigen, symmetrischen Gliederung des scheinbar so einfachen und liedhaften Satzes niederschlägt.

Kann es also sein – so frage ich noch einmal –, daß es sich bei diesem Wunderwerk eben doch nicht um den »Beweis für sein tiefes religiöses Empfinden« (Abert) handelt, sondern abermals um eine geniale Verschmelzung verschiedenster handwerklicher Sprungbretter – in eben der Einmaligkeit, die Mozart auszeichnet?

Im Finale der dritten und letzten dieser gleichzeitig entstandenen Sinfonien, der »Jupiter-Sinfonie«, finden wir ebenfalls solche handwerklichen Sprungbretter: einmal die Prinzipien des »strengen Satzes« (Kanon und Fuge mit Umkehrung, Krebs und alles, was dazugehört), zum andern eine jubelnde Buffa-Heiterkeit: Was in der großen Umbruchzeit noch unvereinbar schien und damals hitzige ästhetische Diskussionen ausgelöst hat, wird auch hier, scheinbar mühelos, zu einer Synthese geführt. Was uns Mozart in diesem Satz vorführt, ist die Aufhebung des dialektischen Gegensatzes zwischen Homophonie und Polyphonie, von barockem und klassischem Denken in der Musik. Er verbindet das Gelehrte mit dem Empfindsamen und schafft damit einen Prototyp dessen, was wir zu Recht als »klassisch« bezeichnen.

An diesen Beispielen wollte ich deutlich machen, daß der Begriff des »Handwerks« auch bei Mozart noch die Bedeutung hat, die er in der Musikgeschichte immer hatte und haben wird: der gekonnte Umgang mit dem musikalischen Material auf einer Ebene, die strukturspezifisch, im Sinne der Handwerksregeln nachvollziehbar ist. Was wir Genie nennen, ist die quantitative Ausdehnung dieses Könnens in Bereiche hinein, die sich unserem Verständnis entziehen.

Was Mozart anbetrifft, bleibt uns nichts übrig, als den Satz des Joseph Haydn, den dieser dessen Vater gegenüber geäußert hat, immer wieder auf der Zunge zergehen zu lassen:

»Ich sage Ihnen vor Gott als ein ehrlicher Mann, Ihr Sohn ist der größte Komponist, den ich von Person und dem Namen nach kenne: er hat Geschmack und über das die größte Compositionswissenschaft.«

Haydn betont also neben dem Geschmack eindeutig die »Compositionswissenschaft«, also das geistige Beherrschen des musikalischen Handwerks. Beethoven wird sich nur wenige Jahre später als »Tondichter« bezeichnen. Objektiv gesehen hat er die Musik als »Wissenschaft« sicher auf eine absolute Spitze getrieben. In seinem Bewußtsein hat sich jedoch bereits ein Einstellungswandel niedergeschlagen, der aus einem Handwerker oder Wissenschaftler ein »Genie«, eben einen »Dichter« hat werden lassen. Für Mozart war dies noch eine unvorstellbare Bewußtseinshaltung. Selbst Hildesheimer gesteht zu, daß der »Begriff des ›bedeutenden Musikers‹ damals so unbekannt war wie uns heute der eines herumreisenden Kastraten« [52, S. 25]. Mozart hatte, ebensowenig wie Bach und völlig anders als dann Beethoven, noch nicht das Bewußtsein, für »die Menschheit« und für »die Jahrhunderte« zu komponieren.

Neue ästhetische Kategorien

Die Geschichte der Musik besteht nicht allein aus einer fortschreitenden Weiterentwicklung des kompositorischen Materials, sondern auch aus der Summe der geistigen Kategorien, mit deren Hilfe sich die Menschen die Musik erst zu eigen machen. Was heißt aber, sich die Musik zu eigen zu machen? Besitzen wir sie nicht bereits, wenn sie der Komponist niedergeschrieben und veröffentlicht hat? Es ist offenkundig, daß diese Frage zu einfach ist, um beantwortbar zu sein. Denn nicht unmittelbar »die Musik« ist es, die sich uns aufdrängt oder nicht, sondern – paradox genug – unser Denken über die Musik entscheidet wesentlich dabei mit, wie wir auf sie reagieren und was wir von ihr halten.

Erstaunlicherweise sind diejenigen, denen wir die Entstehung der neuen Denkkategorien um 1800 herum zu verdanken haben, nicht die Komponisten, von denen die Musik stammt, über die man sich Gedanken macht, sondern es handelt sich fast ausschließlich um Philosophen und Literaten: Jean Paul, Wackenroder, Tieck, E.T.A. Hoffmann, Schlegel, Schopenhauer, Hegel und so weiter. Dies mag ein Grund sein, warum diese Namen in den meisten Darstellungen der Musikgeschichte nicht oder nur am Rande auftauchen. Doch glaube ich, daß es notwendig ist, auch einmal den Beitrag dieser Denker darzustellen, denn ihre Wirkung war immens. Da vieles von dem, was es hier zu berichten gibt, in einer ungeheuer schönen, romantischen Sprache abgehandelt wurde, will ich auch einige Stellen, die besonders wichtig erscheinen, wörtlich wiedergeben. Denn gelesen wurden diese Schriften auch damals in erster Linie deshalb, weil es eine Freude war, den interessanten Ausflügen dieser Romantiker fasziniert zu folgen.

Und mit »Romantik« haben wir es hier zu tun! Ja, es erübrigen sich an dieser Stelle sogar die Anführungszeichen. So katastrophal die Verwendung dieses Begriffes üblicherweise sein mag (vor allem wenn damit undifferenziert das ganze 19. Jahrhundert gemeint ist!): Wenn er überhaupt noch einen Sinn haben soll, dann gilt er hier. Novalis hat das Wesen der Romantik einmal so umschrieben: »Romantisieren heißt dem Gewöhnlichen ein geheimnisvolles Aussehen, dem Bekannten die Würde des Unbekannten, dem Endlichen einen unendlichen Schein geben.«

Stand im Geist der Klassik (soweit er sich überhaupt abstrahieren läßt) die positive Idealisierung von Werten im Vordergrund (»Dem Schönen, dem Wahren, dem Guten«), sind in der Romantik vor allem die Dinge interessant, die eigentlich nicht greifbar sind (»Das Geheimnisvolle, das Unbekannte, das Unendliche«). Und so wurde auch die Musik und vor allem die Biographie der Komponisten selbst in diesen Sog der Romantisierung mit einbezogen.

Wenn es etwas, was man heute eine Kultschrift nennt, schon in früheren Zeiten gegeben hat, dann müßte diese eine solche gewesen sein: Die »Herzensergießungen eines kunstliebenden Klosterbruders« von Wilhelm Heinrich Wackenroder, herausgegeben 1796/97 von seinem Freund Ludwig Tieck (beide sind 1773 geboren, Wackenroder starb bereits mit 25 Jahren). In den »Herzensergießungen«, aber auch in den »Phantasien für die Kunst«, 1799 von Tieck ergänzt und herausgegeben, finden wir eine große Fülle interessanter Kategorien, von denen hier einige angeführt werden sollen. (Da es sich um kleinere Schriften handelt, habe ich bei den Zitaten auf Seitennachweise verzichtet.) Da ist einmal die Tendenz, ein Kunstwerk, gleichgültig ob eines von Raffael oder von Mozart, von einer völlig neuen Einstellung her zu betrachten, als eine Mitteilung »von oben«. Das reine Leben des Genies als Empfangsorgan jenseitiger Inspirationen. Hier setzt also das ein, was wir im Mozart-Kapitel zu beklagen hatten:

»Aber immer dachte ich mit einem stillen, heiligen Schauer an die großen, gebenedeiten Kunstheiligen. – Ich darf es wohl gestehen, daß ich zuweilen aus einer unbeschreiblichen wehmütigen Inbrunst weinen mußte, wenn ich mir ihre Werke und ihr Leben(!) recht deutlich vorstellte: ich konnte es nie dahin bringen – ja ein solcher Gedanke würde mir gottlos vorgekommen sein –, an meinen auserwählten Lieblingen das Gute von dem sogenannten Schlechten zu sondern und sie am Ende alle in eine Reihe zu stellen, um sie mit einem kalten, kritisierenden Blicke zu betrachten. – ... So wird man nun deutlich vor Augen sehen, was der göttliche Raffael unter den merkwürdigen Worten versteht, wenn er sagt ›Ich halte mich an ein gewisses Bild im Geiste, welches in meine Seele kommt‹. Wird man, durch dieses offenbare Wunder der himmlischen Allmacht belehrt, verstehen, daß seine unschuldige Seele in diesen einfachen Worten einen sehr tiefen und großen Sinn aussprach? – Raffael, dessen Name nicht leicht über meine Lippen geht, ohne daß ich ihn unwillkürlich den Göttlichen nenne.«

Da das, was die Künstler hervorbringen, schön ist, kann ihr Leben auch nicht anders als »schön und gut« gewesen sein: »Jeder Augenblick war ihnen wert und wichtig; sie trieben die Arbeit des Lebens treu und emsig und hielten sie frei von Fehlern, weil sie es nicht über ihr Gewissen bringen konnten, ein so löbliches und ehrenvolles Gewerbe, das ihnen zugeteilt war, durch ruchlosen Leichtsinn zu schänden.«

Welche Konsequenzen dieses Denken auf die Biographik eines Bach und Mozart hatte, können wir uns nach den beiden entsprechenden Kapiteln gut vorstellen. Beethovens erster Biograph Anton Schindler, sein Hausdiener, vernichtete zwei Drittel des Materialbestandes, um den Meister so darstellen zu können, wie es die ästhetisch-moralischen Normen vorschrieben. Die späteren Komponisten wußten schließlich bereits, was ihnen drohen würde: Brahms verfügte per Testament die Vernichtung von Unterlagen, Leute wie Berlioz und Wagner schrieben – sicherheitshalber – ihre Biographien gleich selbst.

Doch das ist nur ein Aspekt von ästhetischer Kategorisierung: die Gleichsetzung des Künstlers mit seinem Werk. Für uns heute wesentlich ausschlaggebender ist die Frage, wann und wie es überhaupt zu dem uns heute so vertrauten Werkbegriff gekommen ist. Das Wort »Poetik«, das in der romantischen Zeit und danach eine so immense Bedeutung erlangen sollte, weil in ihm das mitschwingt, was über das rein Handwerkliche hinausgeht, hatte bis in die Mozart-Zeit hinein noch seine ursprüngliche Bedeutung: Das griechische »poiesis« heißt schlicht »herstellen, machen«. Das, was »gemacht« wurde, war an eine bestimmte Funktion gebunden, die erfüllt werden mußte, handelte es sich um eine geistliche Motette oder um Tanzmusik, um eine Barockoper oder um höfische Zeremonienmusik. Gemessen wurde das Resultat daran, ob es den Zweck, dem es dienen sollte, auch erfüllte. Dieser alte Werkbegriff versah das Kunstwerk noch nicht mit der Würde des Überdauerns. Er erklärt beispielsweise einmal, warum ein Johann Sebastian Bach so »leichtfertig« eigene frühere Werke umarbeitete und zu neuen machte, gleichzeitig aber auch, warum die von ihm hinterlassenen Werke nicht mehr aufgeführt wurden: Sie hatten jeweils ihre Funktion erfüllt.

Machen wir uns diesen alten Werkbegriff, da er uns so fremd ist und gegen alle unsere künstlerischen Gefühle geht, noch einmal an ein paar

Fakten klar: Nicht nur die Werke Bachs gerieten, als sie ausgedient hatten, in Vergessenheit. Auch die meisten jener in die Tausende gehende Zahl von Barockopern hatten das gleiche Schicksal: Sie wurden so lange aufgeführt, bis kein Interesse mehr an ihnen bestand, dann verschwanden sie in der Versenkung. Noch Mozart komponierte so gut wie alle seine Werke im Auftrag oder zu ganz bestimmten, meist terminlich gebundenen Zwecken. Die Vorstellung, daß er, wenn er keine Aufträge hatte, aus dem Bewußtsein »ich bin ein großer Komponist« heraus gewissermaßen auf Vorrat komponierte, weil etwas in ihm steckte, das unbedingt hätte »heraus« müssen, ist vollkommen irrig. Seine Klavierkonzerte hat er für sich selbst geschrieben, und dementsprechend hat er die Niederschrift vernachlässigt, so daß oft nicht nur die Auszierungen fehlen, sondern manchmal auch ganze Passagen der linken Hand. Mit dem Bewußtsein, »für die Jahrhunderte« zu komponieren, wäre ihm das sicher nicht passiert. Mozarts adeliger Gönner, der Baron von Swieten, war einer der ersten, welche die Aufführung von Werken alter Meister, vor allem solcher von Bach und Händel förderten. In unserem Zusammenhang ist dabei die Tatsache wichtig, daß »selbst ein Mozart« diesen Werken gegenüber nicht den Respekt bezeugt, den wir – ausgestattet eben mit dem neuen Werkbegriff der Romantik – für selbstverständlich halten. Wer sich heute darüber aufregt (wie ich meine, völlig zu Recht), daß etwa ein James Last die Kleine Nachtmusik klanglich modernisiert, wie es dann auf den Plattenhüllen so schön heißt, muß wissen, daß Mozart mit den Oratorien von Händel, die er für die »Gesellschaft der assoziierten Cavaliers« herrichtete, nicht anders umgegangen ist. Ganz im Zeichen seines neuen Geschmacks hat er die Instrumentierung so verändert, daß die veraltete Generalbaßfundierung aufgehoben wurde. Von »Werktreue« also keine Spur! Diese Kategorie war einfach noch nicht da.

Bei Beethoven sieht die Sache schon völlig anders aus. Zwei Jahre nach Mozarts Tod begann dieser als Dreiundzwanzigjähriger seine Werke in die berühmte »Opus«-Reihe aufzunehmen, und zwar nur solche, die es ihm wert schienen! (Mozart hatte zwar auch ein Verzeichnis seiner Werke geführt, das aber unvollständig geblieben war.) Die anderen, also kleinere Gelegenheits- oder Auftragskompositionen, erhielten später die Bezeichnung »WoO« = Werke ohne Opuszahl. In dieser ausdrücklichen und konsequent durchgeführten Benennung zeigt sich musikgeschichtlich zum erstenmal das Bewußtsein eines Menschen, der nicht nur weiß, daß er gut, ja besser als andere komponiert, sondern daß er ein »Tondichter« ist, der seiner Mit- und Nachwelt »Werke« schenkt, die den Anspruch haben, originell zu sein, wobei jedes für sich eine Individualität habe. Im Jahre 1803 berichtet die »Zeitung für die elegante Welt«: »Herr van Beethoven hatte bei seiner Kantate sogar die Preise der Plätze erhöht, und mit viel Pomp schon mehrere Tage vorher angekündigt, daß alle vorkommenden Stücke von seiner Komposizion seyn würden.« [62, S. 233]

Wie sich bei Wackenroder und seinen Zeitgenossen dieser Werkbegriff in der Weise gewandelt hat (aus dem Gebrauchsstück wird ein Objekt der »Erhabenheit«, das zur Verehrung anregt), wie es uns heute selbstverständlich erscheint, soll nun durch eine Reihe von Originalzitaten veranschaulicht werden. In den »Herzensergießungen« ist die Situation beschrieben, wie ein alter Meister einem Werk von Raffael gegenübertritt:

»Einst, als er von einem Ausgange nach Hause kam, eilten seine Schüler ihm entgegen und erzählten ihm mit großer Freude, das Gemälde von Raffael sei indes angekommen und sie hätten es in seinem Arbeitszimmer schon in das schönste Licht gestellt. Francesco stürzte, außer sich, hinein. – Aber wie soll ich der heutigen Welt die Empfindungen schildern, wie der außerordentliche Mann beim Anblick dieses Bildes sein Inneres zerreißen fühlte? Es war ihm, wie einem sein müßte, der voll Entzücken seinen von Kindheit an von ihm entfernten Bruder umarmen wollte und statt dessen auf einmal einen Engel des Lichts vor seinen Augen erblickte. Sein Inneres war durchbohrt; es war ihm, als sänke er in voller Zerknirschung des Herzens vor einem höheren Wesen in die Knie.«

Generell gilt für die »Werke herrlicher Künstler«: »Sie sind nicht darum da, daß das Auge sie sehe; sondern darum, daß man mit entgegenkommendem Herzen in sie hineingehe und in ihnen lebe und atme.« – »Die Kunst ist über dem Menschen: wir können die herrlichen Werke ihrer Geweiheten nur bewundern und verehren und, zur Auflösung und Reinigung aller unserer Gefühle, unser ganzes Gemüt vor ihnen auftun. – Kunstwerke passen in ihrer Art so wenig als der Gedanke an Gott in den gemeinen Fluß des Lebens; sie gehen über das Ordentliche und Gewöhnliche hinaus, und wir müssen uns mit vollem Herzen zu ihnen erheben, um sie in unseren von den Nebeln der Atmosphäre allzu oft getrübten Augen zu dem zu machen, was sie ihrem hohen Wesen nach sind. – Ein vollendetes Kunstwerk trägt die Ewigkeit in sich selbst, die Zeit ist ein zu grober Stoff, als daß es aus ihr Nahrung und Leben ziehn könnte.«

Wenn sich nun die Einstellung zum Künstler als einem »Geweiheten«

und zum Kunstwerk als etwas, das wir nur »bewundern und verehren« können, so radikal geändert hat, muß sich zwangsläufig auch die Rolle des Rezipienten ändern. Über die lockeren Bräuche bei Aufführungen von Barockopern wurde in einem früheren Kapitel berichtet. Generell galten die Affekte, die in der Musik geschildert wurden (beispielsweise das Leiden Jesu in einer Passion), als eine objektivierende Darstellung und Schilderung. Carl Dahlhaus beschreibt dies so: »Dem Hörer fällt die Rolle eines gelassenen Zuschauers zu, eines Betrachters, der über die Ähnlichkeit oder Unähnlichkeit eines Gemäldes urteilt. Weder fühlt er sich den Affekten, die musikalisch dargestellt sind, selbst ausgesetzt, noch gibt der Komponist in einer tönenden Kundgabe, für die er vom Hörer Mitempfinden, ›Sympathie‹ erwartet, sein bewegtes Inneres preis. Er ist eher Maler fremder Gefühle als Schauspieler der eigenen.« [19, S. 33]

Mit dem Zeitalter der Empfindsamkeit beginnt diese Kategorie umzukippen. Wir erinnern uns an den Satz von Carl Philipp Emanuel Bach: »Es kann nicht rühren, wer nicht selbst gerühret...« Die Romantiker haben schließlich dieser Rührung eine konkrete Wendung gegeben: Nicht der Sentimentalismus als solcher siegt, sondern das »Werk«, indem es vom Hörer oder Betrachter als Gegenstand der Kontemplation verinnerlicht wird. Im Gegensatz zu den Anwesenden bei einem höfischen »Konzert« in der Barockzeit, für welche die Musik eher einen angenehmen Hintergrund bildete, fühlen wir uns in unseren heutigen Konzertsälen schon eher wie die von Wackenroder oder Tieck beschriebenen Figuren, auch wenn wir unsere Befindlichkeit natürlich nicht mehr in dieser Sprache beschreiben würden:

»Mir war sehr feierlich zumute, und wenn ich auch, wie es einem bei solchem Getümmel zu gehen pflegt, nichts deutlich und hell dachte, so wühlte es doch auf eine so seltsame Art in meinem Innern, als wenn auch in mir selber etwas Besonderes vorgehen sollte. Auf einmal ward alles stiller, und über uns hub die allmächtige Musik in langsamen, vollen, gedehnten Zügen an, als wenn ein unsichtbarer Wind über unseren Häuptern wehte: sie wälzte sich in immer größeren Wogen fort wie ein Meer, und die Töne zogen meine Seele ganz aus ihrem Körper heraus. Mein Herz klopfte, und ich fühlte eine mächtige Sehnsucht nach etwas Großem und Erhabenem, was ich umfangen könnte.... Und indem die Musik auf diese Weise mein ganzes Wesen durchdrungen hatte und alle meine Adern durchlief, da erhob ich meinen in mich gekehrten Blick und sah um mich her, und der ganze Tempel ward lebendig vor meinen Augen, so trunken hatte mich die Musik gemacht.« [Tieck]

»Wenn Joseph in einem der großen Konzerte war, so setzte er sich, ohne auf die glänzende Versammlung der Zuhörer zu blicken, in einen Winkel und hörte mit eben der Andacht zu, als wenn er in der Kirche wäre – ebenso still und unbeweglich und mit so vor sich auf den Boden sehenden Augen. Der geringste Ton entschlüpfte ihm nicht, und er war von der angespannten Aufmerksamkeit am Ende ganz schlaff und ermüdet. Seine ewig bewegliche Seele war ganz ein Spiel der Töne. – Manche Stellen in der Musik waren ihm so klar und eindringlich, daß die Töne ihm Worte zu sein schienen. – Ich vergleiche den Genuß der edleren Kunstwerke dem Gebet.« [Wackenroder]

Johann Gottfried Herder hatte bereits wenige Jahre vorher (1793) geschrieben: »Denn Andacht, dünkt mich, ist die höchste Summe der Musik, heilige himmlische Harmonie, Ergebung und Freude. Auf diesem Wege hat die Tonkunst ihre schönsten Schätze erbeutet und ist bis zum Innersten der Kunst gelangt.«

So sehr uns der Gedanke heute auch selbstverständlich sein mag: Für die Zeit um 1800 war es noch eine sehr seltsame Forderung, daß man Musik gegenüber eine Haltung von »Andacht« oder »Kontemplation« einnehmen solle. Der Satz, mit welchem Johann Nikolaus Forkel – er gilt als der Begründer der deutschen Musikwissenschaft – die erste Monographie über Johann Sebastian Bach im Jahre 1802 einleitete, war für die damalige Zeit so radikal neu, wie er für uns (unter dem Kriterium »strenger Wissenschaftlichkeit«) etwas dick aufgetragen wirkt: Forkel sagt, er sei »der Meinung geworden, daß man von Bachischen Werken, wenn man sie völlig kennt, nicht anders als mit Entzücken, und von einigen sogar nur mit religiöser Anbetung reden könne.« [20, S. 81]

Die beiden Aspekte stützen sich also gegenseitig: Indem das musikalische Werk sich aus seiner reinen Gebrauchsfunktion heraus entwickelt und zu einem erhabenen ästhetischen Ereignis wird, bedarf es des Hörers, der sich in einer Haltung der Kontemplation diesem Werk auch wirklich öffnet. Andererseits ist das Ziel dieser Kontemplation das Werk selbst, das ästhetisch einen um so bedeutenderen Rang einnimmt, je wichtiger die Versenkung für den Hörer ist. Es stellt sich hier bereits die Frage, die bis heute nicht endgültig beantwortet werden kann: Geht es beim Hören von Musik um das eigene subjektive Erleben oder um den objektiven Nachvollzug musikalischer Gestalten? So eindeutig, wie man eine Antwort zugunsten des »reinen Erlebens« von dem Schwärmer Wackenroder vielleicht erwartet, fällt diese jedoch nicht aus. Zwar spricht er einmal all denen aus dem Herzen, denen das innere Erleben absolut über alles geht:

»Zur Aufbewahrung der Gefühle sind nun verschiedene schöne Erfindungen gemacht worden, und so sind alle schönen Künste entstanden. Die Musik aber halte ich für die wunderbarste dieser Erfindungen, weil sie menschliche Gefühle auf eine übermenschliche Art schildern, weil sie uns alle Bewegungen unseres Gemüts unkörperlich, in goldne Wolken luftiger Harmonien eingekleidet, über unserem Haupte zeigt – weil sie eine Sprache redet, die wir im ordentlichen Leben nicht kennen, die wir gelernt haben, wir wissen nicht wo und wie, und die man allein für die Sprache der Engel halten möchte. – Sie ist die einzige Kunst, welche die mannigfaltigsten und widersprechendsten Bewegungen unsers Gemüts auf dieselben schönen Harmonien zurückführt, die mit Freud und Leid, mit Verzweiflung und Verehrung in gleichen harmonischen Tönen spielt. Daher ist sie es auch, die uns die echte Heiterkeit der Seele einflößt, welche das schönste Kleinod ist, das der Mensch erlangen kann.«

Ja, Wackenroder geht sogar noch weiter, indem er die Entstehung der Werke selbst als reinen Ausfluß des Gefühls darstellt, und leitet damit eine Tradition von Literatur über Musik ein, die im 19. Jahrhundert auch von den Professionellen, die es hätten besser wissen müssen, favorisiert wurde. Selbst wenn Komponisten wie Berlioz, Schumann oder Hugo Wolf beispielsweise Musikkritiken schrieben, suchten sie zu verbergen, daß sie Komponisten waren. Sie begaben sich freiwillig auf die sprachliche Ebene musikalischer Dilettanten, als wäre es taktlos, den Leser mit der nüchternen Welt der Innenseite der Musik, also ihrer materiellen Struktur, zu konfrontieren. »Keine Zeile, die Hugo Wolf schrieb, verrät, daß er eine Partitur lesen konnte«, stellt Carl Dahlhaus fest. Die Logik des Ganzen ist klar: Indem man das Mechanische, das Technische, das Rationale bei der Entstehung von Musik geringschätzig unter den Tisch kehrte, indem man leugnete, daß Komponieren etwas mit Arbeit zu tun hat (»Arbeit schändet«!), hob man seine eigene Rolle als Genie hervor. Denn nur ein Genie ist in der Lage, Gefühle ohne den Umweg über den Verstand sofort zu Musik werden zu lassen. Und diese Kette hat noch ein weiteres Glied: Liegt der Ort der Entstehung von Musik nicht im Kopf des Komponisten, sondern in seinem Herzen, dann darf auch der Zuhörer sich in seinem Urteil sicher wähnen, das er ausschließlich nach den Kategorien seines Gefühls und nicht nach solchen rationaler Reflexion getroffen hat. Gleichzeitig gibt es auf der Seite zahlreicher Musikhörer ein sehr ausgeprägtes Bedürfnis danach, den Aspekt des Genialen (gegenüber dem rein Handwerklichen) zu verabsolutieren, wobei im Stichwort »Genialität« etwas fast Okkultes mitschwingt. Die psychologischen Aspekte, die dabei mit im Spiel sind (die Projektion eigener Vollkommenheitswünsche auf einen »Star« und dergleichen), müßten erst noch untersucht werden.

Wackenroder jedenfalls löst – anders als E. T. A. Hoffmann wenig später, der zum erstenmal in der Musikgeschichte von »Structur« eines Werkes spricht und diese trotz seiner romantischen Verklärung auch ernst nimmt – den ewigen Konflikt zwischen Verstand und Gefühl radikal zugunsten des Gefühls:

»Wer das, was sich nur von innen heraus erfühlen läßt, mit der Wünschelrute des untersuchenden Verstandes entdecken will, der wird ewig nur Gedanken über das Gefühl und nicht das Gefühl selber entdecken. Eine ewig feindselige Kluft ist zwischen dem fühlenden Herzen und den Untersuchungen des Forschers befestigt, und jenes ist ein selbständiges, verschlossenes, göttliches Wesen, das von der Vernunft nicht aufgeschlossen und gelöst werden kann. Wie jedes einzelne Kunstwerk nur durch dasselbe Gefühl, von dem es hervorgebracht ward, erfaßt und innerlich ergriffen werden kann, so kann auch das Gefühl überhaupt nur von dem Gefühl erfaßt und ergriffen werden. Wer die schönsten und göttlichsten Dinge im Reiche des Geistes mit seinem Warum und dem ewigen Forschen nach Zweck und Ursache untergräbt, der kümmert sich eigentlich nicht um die Schönheit und Göttlichkeit der Dinge selbst, sondern um die Begriffe als die Grenzen und Hülsen der Dinge, womit er seine Algebra anstellt. Wen aber, dreist zu reden, von Kindheit an der Zug seines Herzens durch das Meer der Gedanken pfeilgerade wie einen kühnen Schwimmer auf das Zauberschloß der Kunst allmächtig hinreißt, der schlägt die Gedanken wie störende Wellen mutig von seiner Brust und dringt hinein in das innerste Heiligtum und ist sich mächtig bewußt der Geheimnisse, die auf ihn einstürmen.«

Was hätte wohl, so möchte man fragen, ein Johann Sebastian Bach zu einer solchen Auffassung von Musik gesagt, oder eben ein Mozart, dem Joseph Haydn noch »die größte Compositionswissenschaft« (und nicht den größten Gefühlshaushalt!) attestiert hatte? Wie die Komponisten des 19. Jahrhunderts auf diese romantische Wende reagierten, haben wir eben angedeutet: Indem sie sich ihr scheinbar unterwarfen, machten sie sich diese untertan. Je eher es ihnen nach außen hin gelang, den Anschein zu erwecken, daß Komponieren nichts mit Anstrengung zu tun habe, sondern allein mit Genialität, desto mehr hat man ihnen diese Kategorie auch unterstellt. Daß ein Beethoven in Wirklichkeit seine Werke sich selbst in einer Weise abtrotzen mußte (nicht dem »Schicksal«, wie es dann die Legende wollte), die an Selbstzerstörung grenzte, daß er auf Komponisten wie Rossini schimpfte, weil sie, wie er sagte, in einer Woche das schufen, wozu er Jahre brauche, das alles hat man gerne übersehen, im Namen des Geniekultes.

Wackenroder dachte jedoch nicht immer sentimentalistisch: Einige Jahre bevor der eben zitierte Satz entstand, machte er sich für eine Seite des musikalischen Erlebens stark, die uns als »Aktivhörer« natürlich besonders am Herzen liegt (1792 in einem Brief an Tieck): »Nur die eine Art des Genusses ist die wahre: sie besteht in der aufmerksamsten Beobachtung der Töne und ihrer Fortschreitungen; in der völligen Hingebung der Seele in diesen fortreißenden Strom der Empfindungen; in der Entfernung und Abgezogenheit von jedem störenden Gedanken und von allen fremdartigen sinnlichen Eindrücken. Dieses geizige Einschlürfen der Töne ist mit einer gewissen Anstrengung verbunden, die man nicht allzulange aushält...«

Aktives Musikhören, welches die »völlige Hingebung der Seele an den fortreißenden Strom der Empfindungen« nicht leugnet oder unterdrückt, das andererseits aber auch nicht bei diesen Empfindungen alleine stehenbleibt, sondern den Versuch unternimmt, »die Töne und ihre Fortschreitungen« aufmerksam zu beobachten, selbst wenn dies gelegentlich mit einer »gewissen Anstrengung« verbunden ist, aktives Musikhören also in Reinformat! Außerdem zeigt dieses Zitat, daß es falsch ist, die Musikästhetik der Romantiker immer nur mit einer trivialisierten Gefühlsästhetik gleichzusetzen. Es kam ihnen durchaus auch auf die aktive Durchdringung des Gehörten an!

Nachdem wir nunmehr den Versuch gemacht haben, zu erklären, was die deutschen Romantiker unter einem »Komponisten«, unter einem musikalischen »Werk« und unter »andächtiger Kontemplation« als einer diesem Werk adäquaten Hörhaltung verstanden haben, müssen wir noch eine weitere Frage stellen, nämlich die, welcher Gattung die Werke waren, denen in erster Linie diese neuartige ästhetische Würde zuerkannt wurde. Die Festlegung auf diese Antwort ist uns heute mehr als selbstverständlich. In der damaligen Zeit bedeutete sie eine Revolution, die erst all das ermöglichte, was wir an neuen Kategorien bisher beschrieben haben. Es handelt sich um die »Metaphysik der Instrumentalmusik« oder um die »Idee der absoluten Musik«. Beides Begriffe, die etwas ausdrücken, was uns heute eigentlich banal erscheint: daß nämlich eine Musik, die keinen Text transportiert oder nichts Außermusikalisches in Töne umsetzt, daß eine Musik also, die nur für sich selbst steht, überhaupt einen ästhetischen Sinn haben kann. Und nicht nur dies: daß sie sogar den höchsten Rang in der Hierarchie der Künste einnehmen soll. Um diese uns so selbstverständlichen Gedankengänge aus ihrem Entstehungszusammenhang heraus begreifen zu können, müssen wir uns abermals geschichtlich nach rückwärts wenden.

Jahrhundertelang galt in der Musikästhetik (die diesen Namen noch nicht trug, er entstand erst 1750) unangefochten die Auffassung, daß die Musik, wie es Platon formuliert hatte, aus drei Elementen bestehe: Harmonia, Rhythmos und Logos. Die Sprache, der Logos, galt bis ins beginnende 18. Jahrhundert hinein als ein wesentlicher Bestandteil der Musik! Musik ohne Sprache galt als unvollständig und reduziert. So war dann auch der Text in einer Oper oder einer Messe nicht, wie man später sagen sollte, der »außermusikalische« Anteil des Werkes, sondern ein Teil seiner innersten Substanz. Die Instrumentalmusik, die keinen Text transportierte, war demnach ästhetisch erheblich tiefer anzusiedeln: Sie galt als ein leeres, wenn auch nicht gerade unangenehmes Geräusch. Noch in der großen Umbruchszeit des 18. Jahrhunderts, als sich auf der kompositorischen Ebene die Wende vom barocken zum empfindsamen Stil vollzog, waren viele Theoretiker, die diesen Stilwandel eindeutig begrüßten, auf der ästhetischen Ebene dem alten Denken verhaftet. Denn dieses war noch immer durch die Forderung der Moralphilosophie geprägt, daß das Ziel jeder Kunst unter anderem darin zu bestehen habe, moralische Inhalte zu vermitteln. So behauptete noch Mattheson, den wir als einen wichtigen Propagandisten des neuen frühklassischen Stils kennengelernt hatten, in seinem »Vollkommenen Capellmeister«: »Denn das ist die rechte Eigenschaft der Music, daß sie eine Zucht-Lehre vor anderen sei.«

Diese »Zucht-Lehre« läßt sich allerdings nur mit Hilfe eines Textes vermitteln. Was man dagegen von der reinen Instrumentalmusik hielt, läßt sich recht deutlich aus dem Artikel »Musik« ablesen, den Johann Georg Sulzer in der »Allgemeinen Theorie der Schönen Künste« erscheinen ließ: »In die letzte Stelle setzen wir die Anwendung der Musik auf Concerte, die bloß zum Zeitvertreib und etwa zur Übung im Spielen angestellt werden. Dazu gehören die Concerte, die Symphonien, die Sonaten, die Solo, die insgemein ein lebhaftes und nicht unangenehmes Geräusch, oder ein artiges und unterhaltendes, aber das Herz nicht beschäftigendes Geschwätz vorstellen.«

Auch Johann Sebastian Bach sah sich genötigt, sein Komponieren moralisch zu legitimieren: »Der Generalbaß ist das vollkommenste Fundament der Music... und soll wie die Music, also auch des Generalbasses Finis und End Uhrsache anders nicht, als nur zu Gottes Ehre und Recreation des Gemüths seyn. Wo dieses nicht in Acht genommen wird da ists

keine eigentliche Music sondern ein Teuflisches Geplerr und Geleyer.«
Prägen wir es uns fest ein: Vor der großen ästhetischen Wende liegt der Unterschied zwischen der »eigentlichen Musik« und einem »teuflischen Geplerr und Geleyer« nicht in einer bestimmten kompositorischen Struktur, sondern in der Erfüllung oder Nichterfüllung einer moralischen Absicht!

Rousseau, der sich durch die Komposition des Singspiels »Der Dorfwahrsager« einerseits zu einem Vorreiter des neuen Stils um 1750 gemacht hatte, war andererseits ebenfalls sehr skeptisch, wenn es um die Rolle der Instrumentalmusik ging. Sie war allenfalls akzeptabel, wenn sie »malte«, das heißt, wenn sie konkrete Gefühle oder plastische Bilder darstellte. Ansonsten ist sie auch für ihn nur leeres Geräusch. Instrumentalmusik, die nicht malt, bezeichnet er als »Plunder«.

Wie vollzog sich nun die Umkehr im ästhetischen Denken, deren Resultat in einer »Umwertung aller Werte« bestand, daß nämlich am Schluß die Instrumentalmusik nicht mehr an letzter Stelle der Wertehierarchie rangierte, sondern an erster, so daß es dann heißen wird: »Die Sinfonie ist zu dem Ausdruck des Großen, Feierlichen und Erhabenen vorzüglich geschickt«?

Wenn man bedenkt, wie lange (über 2000 Jahre) und unbestritten die alte ästhetische Auffassung vom »Wesen der Musik« gegolten hatte und wie grundsätzlich der Wandel der Kategorien war, der sich als eine Revolution ereignete, dann fällt auf, wie rasch sich diese Revolution dann schließlich doch vollzogen hat. Ich nenne hier einige wichtige Stationen eines Weges, der sich, grob gerechnet, über einen Zeitraum von etwa zwanzig Jahren erstreckte.

In den 1780er Jahren formulierte Karl Philipp Moritz zum erstenmal den Begriff eines in sich geschlossenen, sich selbst genügenden Werkes: »Der bloß nützliche Gegenstand ist also in sich nichts Ganzes oder Vollendetes, sondern wird es erst, indem er in mir seinen Zweck erreicht, oder in mir vollendet wird. – Bei der Betrachtung des Schönen aber wälze ich den Zweck aus mir in den Gegenstand selbst zurück: ich betrachte ihn als etwas nicht in mir, sondern in sich selbst Vollendetes, das also in sich ein Ganzes ausmacht, und mir um seiner selbst willen Vergnügen gewährt.«

Die Kategorie des »Schönen«, das um seiner selbst willen ästhetische Gültigkeit beanspruchen darf, ist geboren. Als Kant in seiner 1790 erschienenen »Kritik der Urteilskraft« vom »Interesselosen Wohlgefallen« als einem Urteil sprach, das sowohl von moralischen wie auch von Erkenntniskriterien losgelöst sei, war ein weiteres Stichwort gegeben.

(Daß Kant sein Wort anders gemeint hatte, als es dann immer wieder zitiert wurde, ändert nichts an der Tatsache, daß es »Epoche gemacht« hat.)

Zu dieser negativen Bestimmung, daß sich die Kunst von dem Zwang befreit hat, Trägerin moralischer Ziele sein zu müssen, kam eine positive Zielbestimmung: Was der Instrumentalmusik zweitausend Jahre lang als ihr Mangel vorgeworfen wurde, daß sie nämlich begriffs- und objektlos sei, wurde jetzt plötzlich zu ihrem Vorzug erklärt! So daß E. T. A. Hoffmann bald schon schreiben konnte: »Wenn von der Musik als einer selbständigen Kunst die Rede ist, sollte immer nur die Instrumentalmusik gemeint sein, welche, jede Hülfe, jede Beymischung einer anderen Kunst verschmähend, das eigenthümliche, nur in ihr zu erkennende Wesen der Kunst rein ausspricht.«

Daß die reine Instrumentalmusik wortlos ist, so wurde jetzt argumentiert, ist kein Mangel, sondern ein Vorzug, weil sich in dieser Musik das »Unsagbare« ausdrücken lasse! Dieser »Unsagbarkeitstopos« (Carl Dahlhaus) ist gewissermaßen die Schnittstelle zwischen der alten und der neuen Auffassung. In dem Roman »Hesperus« von Jean Paul, erschienen 1795, ist von der Musik die Rede als dem Ausdruck eines »großen, ungeheueren Wunsches, dem nichts einen Namen geben kann«. Was früher als »Unbestimmtheit« scharf kritisiert wurde, wird jetzt in die Kategorie der »Erhabenheit« umgemünzt. Sie wird zum tönenden Symbol der »unendlichen Sehnsucht«. Es entsteht die »Idee der absoluten Musik«: Die von sprachlichen und funktionalen Bedingtheiten »losgelöste« Musik »erhebt« sich über die Begrenztheit des Endlichen zur Ahnung des Unendlichen.

Hier wären wir dann wieder bei den Schriften von Wackenroder und Tieck angelangt. Diese beiden Autoren haben, wenn auch mit einiger Binnendifferenzierung, dieser neuen Idee ein wirkungsvolles sprachliches Gewand gegeben, mit welchem sie ihren Siegeszug über das ganze 19. Jahrhundert antreten konnte. Dazu Michael Zimmermann: »Im 19. Jahrhundert wurde die Musik zum Vorbild aller Künste. Die Idee des L'art pour l'art – die Idee einer Kunst, die weder moralischen noch politischen Nutzen bringen und doch ernst genommen werden will – hatte ihren Rückhalt an der Idee der ›absoluten Musik‹.« [21, S. 103]

Eine wichtige Station der Ideengeschichte zur reinen Instrumentalmusik oder zu der »absoluten Musik« war die berühmte Rezension der 5. Sinfonie von Beethoven durch E. T. A. Hoffmann aus dem Jahre 1810. Sie bringt das neue ästhetische Denken dieser Zeit auf einen gemeinsamen Nenner und verdient deshalb, ausführlich zitiert zu werden.

»Recensent hat eines der wichtigsten Werke des Meisters, dem als Instrumental-Componisten jetzt wohl keiner den ersten Rang bestreiten wird, vor sich. – Wenn von der Musik als einer selbständigen Kunst die Rede ist, sollte immer nur die Instrumental-Musik gemeint sein, welche, jede Hülfe, jede Beymischung einer anderen Kunst verschmähend, das eigenthümliche, nur in ihr zu erkennende Wesen der Kunst rein ausspricht. Sie ist die romantischste aller Künste, – fast möchte man sagen, allein romantisch. – Die Musik schließt dem Menschen ein unbekanntes Reich auf; eine Welt, die nichts gemein hat mit der äußeren Sinnenwelt, die ihn umgibt, und in der er alle durch Begriffe bestimmbaren Gefühle zurückläßt, um sich dem Unaussprechlichen hinzugeben. – Haydn und Mozart, die Schöpfer der neuern Instrumental-Musik, zeigten uns zuerst die Kunst in ihrer vollen Glorie; wer sie da mit voller Liebe anschaute und eindrang in ihr innerstes Wesen, ist – Beethoven. Die Instrumental-Compositionen aller drey Meister athmen einen gleichen romantischen Geist. – So öffnet uns auch Beethovens Instrumental-Musik das Reich des Ungeheueren und Unermeßlichen. – Beethovens Musik bewegt die Hebel des Schauers, der Furcht, des Entsetzens, des Schmerzes, und erweckt jene unendliche Sehnsucht, die das Wesen der Romantik ist. – Die vorliegende Symphonie, welche den Zuhörer unwiderstehlich fortreißt in das wundervolle Geisterreich des Unendlichen.«

Es ist aufschlußreich, daß von E. T. A. Hoffmann, gewissermaßen noch als Zeitgenosse, die Trias Haydn, Mozart und Beethoven als typisch »romantisch« bezeichnet wird, so, wie Wackenroder noch konkret ausspricht, daß die Musik, im Gegensatz zu den anderen Künsten, noch keine »klassische Periode« gehabt habe, was die Tatsache unterstreicht, daß die Hervorhebung dieser drei Komponisten als »Klassiker« erst ein Ereignis des späteren 19. Jahrhunderts war.

Andererseits zieht E. T. A. Hoffmann nach Wackenroder, dem Schwärmer, einen grundsätzlichen Trennungsstrich zwischen eine sentimentale Gefühlsästhetik einerseits und eine romantische Auffassung von einer Musik, die eben nicht einzelne, festumrissene Stimmungen transportiert, andererseits. Es geht ihm vielmehr um die abgehobenen Affekte, jenseits konkreter Befindlichkeiten. Schopenhauer hat dies später so ausgedrückt: Was Musik darstelle, sei »nicht diese oder jene einzelne und bestimmte Freude, diese oder jene Betrübnis, oder Schmerz oder Entsetzen oder Jubel, oder Lustigkeit, oder Gemütsruhe; sondern *die* Freude, *die* Betrübnis, *der* Schmerz, *das* Entsetzen, *der* Jubel, *die* Lustigkeit, *die* Gemütsruhe selbst, gewissermaßen in ab-

Der Dichter Ernst Theodor Amadeus Hoffmann hat in der Musikgeschichte weniger durch seine Kompositionen als durch seine Schriften über die Musik Epoche gemacht. Sein Name steht für die »Metaphysik der Instrumentalmusik«, also für die Auffassung, daß die reine Instrumentalmusik ihrem Range nach nicht unterhalb der Sprache stehe, sondern darüber. Denn sie ist alleine fähig, das auszudrücken, wozu die Sprache nicht in der Lage ist: die »unendliche Sehnsucht«. Darüber hinaus bleibt die Musik jedoch »unbestimmt«, was in der romantischen Ästhetik nicht mehr als Mangel empfunden wurde, wie noch im 18. Jahrhundert, sondern als ein Beleg für die »Erhabenheit« dieser Musik, der man am angemessensten mit »Andacht« und »Kontemplation« begegnet.

stracto, das Wesentliche derselben, ohne alles Beiwerk, also auch ohne die Motive dazu.«

So bringt also die romantische Musikästhetik den Durchbruch zu den Kategorien, die fast eineinhalb Jahrhunderte, in gewisser Weise sogar bis heute, ihre Gültigkeit hatten und haben. Und es waren in erster Linie Nicht-Musiker, Literaten, die diese Kategorien geschaffen haben, ohne welche das musikalische Erleben ganzer Generationen von Musikliebhabern völlig andere Formen angenommen hätte. Sie, die Schriftsteller, spürten, daß die Sprache ihre Grenzen hat, daß sie das »Unaussprechliche« nicht sagen kann. Dazu ist alleine die begrifflose Instrumentalmusik in der Lage. Diese ist somit eine »Sprache über der Sprache«! Carl Dahlhaus kann infolgedessen mit Recht zusammenfassen: »Die Literatur über Musik ist kein bloßer Reflex dessen, was in der musikalischen Praxis der Komposition, Interpretation und Rezeption geschieht, sondern gehört in einem gewissen Sinne zu den konstitutiven Momenten der Musik selbst. Denn sofern sich Musik nicht in dem akustischen Substrat erschöpft, das ihr zugrunde liegt, sondern erst durch kategoriale Formung des Wahrgenommenen entsteht, greift eine Änderung des Kategoriensystems der Rezeption unmittelbar in den Bestand der Sache selbst ein. Und die Wandlung in der Auffassung der Instrumentalmusik, die sich in den 1790er Jahren vollzog, die Deutung der ›Unbestimmtheit‹ als ›erhaben‹ statt als ›leer‹, darf fundamental genannt werden.« [19, S. 66]

Kaleidoskop zweier Jahrhunderte

Nehmen wir den Begriff des Kaleidoskops wörtlich, dürfen wir mit etwas rechnen, was uns bunt schillernd und in vielerlei Gestalten gebrochen entgegenkommt. Je nachdem, wie wir das Instrument drehen und wenden, bekommen die Gegenstände einen anderen Ausdruck, ja sogar eine andere Bedeutung. Ausgehend von jener Ära der Musikgeschichte, die durch Haydn, Mozart und den jungen Beethoven geprägt wurde, einer Ära, in welcher vielleicht zum letzten Male eine Art gemeinsamer Sprache in der Musik gesprochen wurde, stoßen wir alsbald zu dem Eindruck vor, daß jeder Komponist seinen eigenen Dialekt spricht. Mir erscheint kaum ein Abschnitt der Musikgeschichte so vielfältig wie die zwanziger Jahre des 19. Jahrhunderts. Entsprechend gingen auch die ästhetischen Auffassungen auseinander. Die »Idee der absoluten Musik«, die Vorstellung, mit welcher inneren und äußeren Haltung das Publikum Musik als ein Kunstwerk rezipieren solle, war zwar literarisch aufs Schönste dargestellt worden, die Umsetzung in die Alltagsrealität des Musiklebens verlief allerdings nicht so reibungslos. Während die beiden großen Streitpunkte über die Alternativen »Gesangsoper oder Musikdrama« und »absolute Musik oder Programmusik« die Diskussionen des aufgeschlossenen Publikums im vorigen Jahrhundert beherrschten, wurden diese Streitereien in dem Maße unwesentlich, je mehr die verfeindeten Parteien durch das Eindringen der Moderne sich zu der Auffassung durchrangen, daß alles bisher Dagewesene immer noch »besser« sei als das, was die Neutöner als dritten Weg anzubieten hatten. Allerdings konnten sich die geschockten Gemüter nach den ersten »Exzessen« eines Schönberg oder Strawinsky zunächst wieder beruhigen, da der erstere über eine kleine Schülergemeinde hinaus zunächst keinen Einfluß gewann und die, welche sonst übrigblieben und sich durchsetzten, mit dem Neoklassizismus in gewisser Weise wieder einen Weg nach rückwärts einschlugen.

Erst als eine rebellierende, junge und selbstbewußte Komponistengeneration nach 1945 ihre Ideen zu verwirklichen begann, gewann die Musik vorübergehend eine Erscheinungsform, die auch bei einem aufgeschlossenen Publikum einige Probleme aufwarf. Doch das, was man vielleicht als die »serielle Sackgasse« bezeichnen könnte, hat sich dann sehr schnell selbst überlebt. Und seither ist die musikalische Entwicklung wieder so offen, wie sie seit langem nicht mehr war: eine ständige Herausforderung an die Kreativität der Schaffenden und die Ohren der Zuhörer.

Die Wiener Klassik: Haydn, Mozart, Beethoven

Im »Handbuch der Musikwissenschaften« von Guido Adler, welches das musikgeschichtliche Denken in den Anfängen unseres Jahrhunderts entscheidend geprägt hat, findet sich unter der Überschrift »Die Wiener klassische Schule« die Quintessenz des Denkens über die Musik dieser Zeit, wie sie auch heute noch unser Bewußtsein bestimmt:

»Die Wiener klassische Schule ist von allen Kulturnationen in der ganzen musikalischen Welt als Inbegriff tonkünstlerischer Vollendung anerkannt; von englischen Forschern wird sie als ›the classical school par excellence‹ und als ›die reichste Schule der Welt‹ bezeichnet. Ihre Wirkung erstreckt sich bis auf den heutigen Tag und wird, solange unser Tonsystem verständlich ist, diese ihre Allgemeingeltung behaupten. Die Gründe liegen in ihrer Entstehung, Entfaltung, ihrem Aufbau, ihrer Kraft, ihrer edlen Einfalt und beredten Größe (während Winkelmann bei der antiken Klassik von ›edler Einfalt und stiller Größe‹ spricht), der Kongruenz von Form und Inhalt, ihrer Wahrheit und Ausdruckstiefe, vornehmen, fast schlichten Haltung, ihrer Sättigung an Schönheit und Vollkommenheit, ihrer Zugänglichkeit für ›Liebhaber‹, ihrer Befriedigung der ›Kenner‹, ihrer unvergleichlichen Mischung von tiefem Ernst mit Heiterkeit und Frohsinn, ihrer vollendeten Verbindung von Tragik und Komik, ihrer Erhebung zum befreienden göttlichen Humor, der auf tiefer sittlicher Lebenserfahrung beruht, ihrer Macht, die Gemüter aus der Sorge und Mühsal des Lebens zu befreien, die tiefste Weisheit in überzeugender Art zu verkünden, weltliche und geistliche Strebungen in Ausgleich zu bringen und zu edelster Religion im Sinne Friedrich Schillers zu werden.« [3, S. 768]

Man kann sich bei diesem Text an mancher scheinbaren Übertreibung stoßen (was ist »göttlicher Humor« außer einer schönen sprachlichen Metapher?), man erkennt die uns inzwischen vertraute Tendenz zur Heiligsprechung, wenn von »tiefer sittlicher Lebenserfahrung« der Komponisten die Rede ist. Wir sehen den Text schließlich auch als einen Beleg dafür an, daß der Begriff der Klassik nicht eine Epoche meint, sondern eine Aussage über drei Komponisten von außerordentlichem Rang. Dies wird uns nachher zu dem Problem führen, wo und wie dann die Hundertschaften von Komponisten einzuordnen sind, die damals ebenfalls, und in manchen Fällen nicht mit geringerem Erfolg als die großen drei, gewirkt haben.

So berechtigt diese Kritikpunkte im einzelnen auch sein mögen: Sie können nicht die Einsicht verstellen, daß Guido Adler im Grunde noch immer Recht hat. Wenigstens für mich, und was die Musik angeht. Und um diese geht es uns doch.

Ich habe bereits im vorletzten Kapitel die Auffassung vertreten, daß man Mozarts Musik »mit der Lupe« hören müßte, um den unendlichen Reichtum, der in ihr steckt, wahrnehmungspsychologisch überhaupt in den Griff zu bekommen. Aus diesem Grunde möchte ich an dieser Stelle auch meine Leserinnen und Leser dazu einladen, mit mir gemeinsam eine solche differenzierte Hörerfahrung zu erproben. Wesentliche Elemente des klassischen Stils, vor allem die Sonatenform als die wichtigste »Denkstruktur« dieses Stils, haben wir ja bereits erörtert. Ebenfalls haben wir anhand der g-moll-Sinfonie einige Strukturelemente kennengelernt, die es ermöglichen sollen, die klassischen Werke auch ohne biographische Deutereien erklären zu können, nämlich aus der Substanz der Musik heraus.

Als Beispiel wollen wir uns jetzt den ersten Satz aus Mozarts 1777 geschriebenem Klavierkonzert in Es-dur KV 271 vornehmen, und zwar nur die ersten Takte: das Hauptthema. Dieses Konzert darf als eines der frühesten Beispiele dessen gelten, was Guido Adler und wir, die vielen in seinem Gefolge, als den »vollendeten klassischen Stil« bezeichnen. Für Mozart persönlich war es »sein erstes groß angelegtes Meisterwerk in irgendeiner Gattung« (Charles Rosen).

Dieses Hauptthema trägt eines der wesentlichsten Merkmale des klassischen Stils mustergültig in sich: das Bedürfnis nach Kontrast, jenen »Wechsel der Leidenschaften«.

1

Orchester fanfarenhaft
(gebrochener Dreiklang)
Metrische Gestalt:
1 2 | 1 3 4 | 1 2 3 4 | 1
↑ ↑ ↑ ↑ ↑ ↑ ↑ ↑ | ↑

Klavier
lyrisch, melodiös

Mozart demonstriert die Kontraste hier gleich auf mehreren Ebenen:

Da gibt es zunächst den *Klangkontrast:* Die erste Hälfte des Themas wird vom Orchester gespielt, die zweite Hälfte dagegen vom Klavier (eine Ausnahme, da sonst das Klavier erst mit Beginn der Soloexposition einsetzt!).

Ferner konstrastiert die *Ausdrucksgestalt:* 1a gibt sich fanfarenhaft, selbstbewußt, 1b dagegen lyrisch, melodiös und zart.

Auch das *Metrum* wird konstrastierend gehandhabt: Bei 1a tendiert man dazu, halbe Noten zu zählen (Alla-breve-Takt, barocker Pomp). Bei 1b dominiert eine gewisse Leichtigkeit im 4/4-Takt.

Gegen die Erwartung setzt nach der Wiederholung des Hauptthemas nicht sofort die dramatisierende Überleitung ein, sondern Mozart demonstriert zunächst sein absolutes Gefühl für Symmetrie, indem er die beiden Elemente 1a und 1b zur Synthese führt:

2

So zeigt uns das junge Genie in diesem frühen Meisterwerk, wie er die stilistischen Erfordernisse seiner Zeit auf einen gemeinsamen Nenner bringt: Kontraste, Dualismus, aber auch Synthese und Ausgewogenheit der Proportionen. Dies alles, bevor es zu jener intensiven künstlerischen Auseinandersetzung mit Joseph Haydn kommen sollte.

Diese Begegnung mit Haydn erfolgte im Jahre 1781, nach der Übersiedlung von Salzburg nach Wien.

Haydn hatte in ebendiesem Jahr seine sechs »russischen« Quartette op. 33 geschrieben, von denen er selbst sagte, sie seien auf eine ganz neue, besondere Art geschrieben. Mozart war von der Meisterschaft des älteren Vorbildes so sehr beeindruckt, daß er sich entschloß, diesen neuen Stil ebenfalls in sein Repertoire aufzunehmen. Trotz seiner Genialität bereitete ihm dies einige Mühe: Er arbeitete mehrere Jahre daran. Die Resultate sind uns bekannt als die sogenannten sechs »Haydn-Quartette«. Als er 1785 die Widmung schrieb, war er sich bewußt, an welchen Maßstäben man ihn messen würde, und wir lesen dies heute nicht ohne Rührung und gleichzeitig auch mit der Freude darüber, daß es für diese zwei großen Genies möglich war, voneinander zu lernen, ohne ihre Energien in Intrigen und Eifersüchteleien zu ertränken:

»Meinem geliebten Freunde Haydn: Ein Vater, der sich entschlossen hat, seine Kinder in die große Welt zu schicken, wird sie natürlich der Obhut und Führung eines daselbst hochberühmten Mannes anvertrauen, zumal es das Glück will, daß dieser sein bester Freund ist. Berühmter Mann und mein teuerster Freund, nimm hier meine Kinder! Sie sind wahrhaftig die Frucht einer langen, mühevollen Arbeit, doch ermutigte und tröstete mich die Hoffnung – einige Freunde flößten dies mir ein –, diese Arbeit wenigstens zum Teil belohnt zu sehen. Du selbst, teuerster Freund, warst es, der mir bei seinem letzten Besuch in unserer Hauptstadt seine Zufriedenheit zum Ausdruck brachte. Dieser Beifall hat mich vor allem mit Zuversicht erfüllt, und so lege ich Dir denn meine Kinder ans Herz in der Hoffnung, sie werden Deiner nicht ganz unwürdig sein. Nimm sie gnädig auf, und sei ihnen Vater, Beschützer und Freund. Von dieser Stunde will ich meine Rechte auf sie an Dich abtreten. Schließlich bitte ich Dich noch, Du mögest Nachsicht mit ihren Fehlern und Schwächen haben, die dem Vaterauge vielleicht verborgen geblieben sind. Bewahre mir ungeachtet dieser Deine reiche Freundschaft, die ich so sehr zu schätzen weiß. Von ganzem Herzen bin ich Dein ergebenster Freund W. A. Mozart.«

Worum ging es bei dieser »ganz neuen besonderen Art«? Erinnern wir uns kurz: In der Barockzeit hatten wir das »Denken von unten nach oben«, das heißt der Generalbaß gibt den Ton an. Im musikalischen Umbruch um 1750 pflegte man im Sinne der neuen Empfindsamkeit die Melodie (also das »Denken von oben nach unten«). Die übrigen Stimmen drohten zu reinen Begleitstimmen zu verkümmern. Haydn hat nun nichts anderes getan, als die absolute Gleichberechtigung aller vier

Quartettstimmen durchzusetzen: Jedes Thema, jedes Motiv, jede rhythmische Idee, sie alle nehmen an einem gemeinsamen Dialog teil. Die thematisch-motivische Arbeit erstreckt sich über den gesamten vierstimmigen Satz. Es gibt in diesem Ensemble keine über-, aber auch keine untergeordneten Stimmen mehr. Im Prinzip erinnert diese Kompositionsweise an den »gelehrten« Stil der alten Zeit. Und dennoch hat diese Musik nichts an sich, was akademisch, trocken oder verzopft wirken würde. Für viele Musikwissenschaftler ist dieser Durchbruch zur Gleichberechtigung aller Stimmen in der Sprache des neuen, modernen Stils das entscheidende Ereignis, welches die »Wiener Klassik« zu dem machen sollte, als was wir sie heute betrachten. Wenn Beethoven später sagen wird, daß er als »obligater Komponist auf die Welt gekommen« sei, dann meint er mit »obligat« diese neue Technik, und wir wissen, was er verschweigt, nämlich daß er sie, wie zuvor Mozart, von Joseph Haydn gelernt hat.

Die Jahre nach Mozarts Tod standen unter dem Eindruck des Ruhms, den Joseph Haydn durch seine beiden Reisen nach England errang, und deren kompositorischem Niederschlag, den zwölf letzten, den »Londoner« Sinfonien. Gleichzeitig eröffnet Ludwig van Beethoven mit seiner Übersiedlung nach Wien, 1792, und dem Beginn seiner freien Komponistentätigkeit ein neues Kapitel der Musikgeschichte. Alle weiteren Ereignisse dieser Zeit hingegen bleiben in unserem heutigen »klingenden Museum« fast völlig unbeachtet. Allein die Zahl der Sinfonien, die in dieser Zeit von sogenannten »Kleinmeistern« geschrieben wurden, gehen in die Hunderte.

Mit Joseph Haydns Londoner Sinfonien etablierte sich diese Gattung endgültig und international. Die Maxime, die ein Theoretiker der Umbruchszeit um 1750 aufgestellt hatte, daß auch die Kunstmusik den »Schein des Bekannten« erweckten müßte, ist mit Haydns letzten Sinfonien am vollkommensten erfüllt worden. Dieser volkstümliche Ton, den vor Haydn allenfalls Mozart in der Zauberflöte getroffen hat, zeichnet sich allerdings darin aus, daß in ihm die allerhöchste Kunstfertigkeit verborgen ist, von der man kaum etwas ahnt. Carl Dahlhaus stellt dazu fest: »Daß in Werken wie Mozarts Zauberflöte (1791) und Haydns Schöpfung (1798) die Differenz zwischen populärer und esoterischer Musik aufgehoben ist, gehört zur historischen Signatur einer Klassik, die als glücklicher Augenblick der Versöhnung aus einer Geschichte von Spaltungen und Gegensätzen herausragt.« [15, S. 29]

Es ist scheinbar paradox, daß Haydns Stil in dem Maße gelehrter wurde, wie er an Volkstümlichkeit gewann. Erst in den letzten Jahren

Titelblatt der Haydn-Quartette von W. A. Mozart.

hat sich die Erkenntnis breitgemacht, daß der geniale Meister mehr war als nur der gemütliche, vielzitierte »Papa Haydn«. Was Beethoven bei ihm lernen konnte, läßt sich nur erahnen. Am wichtigsten war zweifellos das Prinzip der »thematisch-motivischen Arbeit«: eine der tragenden Säulen der Sonatenform und, wie wir gesehen haben, der »Wiener Klassik« schlechthin. Denn dies ist das bleibende Verdienst, das sich Joseph Haydn in der Musikgeschichte erworben hat: erkannt zu haben, daß sich in einem einfachen, liedhaften Thema ein Vorrat ungeahnter Energien verbirgt, die der Komponist durch Techniken der thematisch-motivischen Arbeit nur zu wecken braucht, um sie großen dramatischen Entwicklungsprozessen zuzuführen.

Dennoch vermochte Beethoven dem Gang der musikalischen Entwicklung nochmals einen neuen Stempel aufzudrücken. In seinem Werk verbindet sich das Gelehrte, die Konstruktion, mit einer völlig neuen Gestik des Ausdrucks. Man mag diesen Durchbruch zur Monumentalität mit seiner starken und selbstbewußten Persönlichkeit in Verbindung bringen. Oder auch mit seiner Absicht, die von den Ideen der Revolution geprägt war, sich mit seinen Werken an »die Menschheit« zu wenden. Fest steht, daß er sich an kompositorischen Vorbildern orientierte, die uns heute nicht mehr geläufig sind, weil Monumentalität bei diesen Komponisten mehr als äußerliches Pathos erscheint. Erst Beethoven war in der Lage, Monumentalität und Innerlichkeit auf einen gemeinsamen Nenner zu bringen. Namen wie Méhul, Grétry, Lesueur, Gossec, Catel sagen heute einem breiteren Publikum nicht mehr viel. Luigi Cherubini ist schon eher bekannt, allerdings seltener unter dem Aspekt, daß er (und nicht etwa die Mozart-Opern) mit der Rettungsoper »Les deux journées«, die im Jahre 1800 entstand, ein direktes Vorbild für Beethovens »Fidelio« geliefert hatte. (Selbst eine Rettungsoper mit dem Titel »Leonore oder die eheliche Liebe« wurde von Paer bereits 1804 geschrieben!) Der Typus der Revolutions- und Schreckensoper schildert den politisch unterdrückten Menschen in Angst und Not. Komische Stoffe oder auch nur Einlagen werden weitestgehend weggelassen. Wem die direkte Beziehung zwischen der französischen Revolutionsmusik und Beethovens Werk überraschend vorkommt, vergleiche den Beginn der »Marseillaise« mit dem Hauptthema des Finalsatzes der Fünften:

»Marseillaise«

Finale 5. Sinfonie

Was Beethoven von allen diesen Komponisten, denen er so viele Anregungen verdankt, unterscheidet, ist seine Fähigkeit, Monumentalität nicht nur in Form einer pathetischen Verbreiterung des Materials zu erreichen, sondern durch eine Detailarbeit, welche Haydn und Mozart im klassischen Stil bereits erarbeitet hatten. Musikalische Logik und eine zum äußersten getriebene thematisch-motivische Arbeit sind die Strukturelemente, die gewährleisten, daß Monumentalität bei Beethoven nicht wirkt wie eine Seifenblase, die bei näherer Betrachtung platzt. Man kann sagen, die Anregung für das Äußere in Beethovens Werk, zumal in seiner mittleren, der »heroischen« Phase, kam aus Frankreich, die für das Innere von Haydn und Mozart.

Wie kaum ein Komponist nach Johann Sebastian Bach geht Beethoven an die Musik heran, als wäre sie klingende Architektur. Bereits in seiner ersten Klaviersonate, die er allerdings – im Gegensatz zu Mozart – erst im Alter von 25 Jahren geschrieben hat, demonstriert er gewissermaßen exemplarisch sein Programm: Das Hauptthema (H) steht zum Seitenthema (S) im Verhältnis einer »bestimmten Negation«. Dies soll heißen, daß fast alle Merkmale, welche H aufweist, bei S genau gegenläufig vorkommen: H besteht aus einem nach oben schießenden, gebrochenen Dreiklang, S dagegen aus einer langsam nach unten gleitenden Melodie. H ist gestochen scharf, staccato zu spielen, S dagegen legato. Man bezeichnet diese Art der Themengestaltung als »kontrastierende Ableitung«: S steht zu H in einem extremen Kontrast. Seine Struktur ist jedoch aus H im Sinne einer bestimmten Negation abgeleitet. Schon optisch wird deutlich, was gemeint ist:

Hauptthema (H)

Seitenthema (S)

Auch in seiner ersten Sinfonie setzt Beethoven mit dem ersten Akkord bereits ein Zeichen: Drei Septakkorde, die in der damaligen Zeit offenbar noch als ziemlich dissonant empfunden wurden, eröffnen, natürlich jeweils sofort zur Konsonanz hin aufgelöst, die langsame Einleitung des Hauptsatzes. Dazu schrieb die »Berlinische Musikalische Zeitung« bei einer Aufführung wenig später: »Dergleichen Freiheiten und Eigenheiten wird niemand an einem genialischen Künstler wie Beethoven tadeln, aber ein solcher Anfang paßt nicht zur Eröffnung eines großen Konzerts…« [62, S. 22] In einer anderen Kritik ist ebenfalls von einem »unbestimmten, aber genialischen Anfang« [S. 22] die Rede. Interessant sind für uns hier mindestens vier Punkte: erstens der Mut und das künstlerische Selbstbewußtsein des Komponisten, seine erste Sinfonie mit einer Dissonanz beginnen zu lassen, die auch zweimal wiederholt wird. Zweitens entnehmen wir den beiden Kritiken, daß Beethoven schon nach seinen ersten Gehversuchen als Komponist als »genial« bezeichnet wird. (Wir haben es mit Opus 25 zu tun, und es sind erst fünf Jahre her, seit er seine erste Klaviersonate geschrieben hat.) Schließlich, dies betrifft unsere »Ohren«, müssen wir zweimal hinhören – um dann wahrscheinlich immer noch nicht den Eindruck teilen zu können, daß es sich bei diesen Septakkorden (die ohnehin gleich aufgelöst werden) überhaupt um »Dissonanzen« handelt.

Offenbar ist unser Wahrnehmungssystem durchaus in der Lage, ungewohnte Klänge durch entsprechende Übung akzeptabel zu finden. Dies ist zunächst sehr erfreulich, macht es uns doch Hoffnung, manche Probleme, die wir bei heutigen zeitgenössischen Kompositionen haben, in absehbarer Zeit einmal lösen zu können. Andererseits macht uns diese Gewöhnung auch stumpf, die Musik eines Beethoven heute genau so zu hören, wie sie seinen eigenen Zeitgenossen in die Ohren ging. Wenn wir seine Musik aufnehmen, vergleicht unser Wahrnehmungssystem deren Strukturen mit allem, was wir aus der Zeit nach Beethoven noch kennen. Und da haben sich wahrlich noch andere Dissonanzen ereignet. Da verblaßt ein harmloser Septakkord! Was uns schließlich – viertens – zu der Erkenntnis führt, daß der Begriff der »Dissonanz« weniger ein musikalischer ist als ein psychologischer. Aber das hier nur am Rande.

Schon 1802, kaum neun Jahre nach seinem Opus 1, schreibt Beethoven: »Ich bin nur wenig zufrieden mit meinen bisherigen Arbeiten. Von heute an will ich einen neuen Weg einschlagen.« [74, S. 78] Diese »wirklich ganz neue Manier«, wie er auch einmal sagt, ist aus heutiger Perspektive noch einmal eine weitere Intensivierung des Gedankens, daß Musik klingende Architektur sei. Die dritte Sinfonie, die »Eroica«, ist dafür ein überzeugender Beleg. Eine neue Monumentalität ist geboren. Unter Beibehaltung der besten Stilmittel, welche die »Klassik« seiner Vorgänger Haydn und Mozart aufzubieten hatte, allen voran die thematisch-motivische Arbeit. Doch diese erstreckt sich, das ist ein Zeichen des neuen Weges, auch auf das Hauptthema selbst. Es wird nicht als Fertiges vorgestellt, um anschließend bearbeitet zu werden: Wenn es am Anfang auftaucht, verbleibt es in einer Aura der Unsicherheit, und die Entwicklung des Themas wird zu einer tragenden Säule des ganzen ersten Satzes. Erst am Schluß in der Coda wird sich herausstellen, wie das Thema »wirklich« heißt. Diese Coda wiederum ist somit nicht nur ein Anhängsel zur Abrundung am Schluß, sondern ein neuer Formteil (nach Exposition, Durchführung und Reprise) mit einem eigenen Gewicht.*

Wenn Beethoven nach 1818 in seiner dritten Kompositionsphase daran gehen wird, die Musik schlechterdings in ihre Bestandteile zu zerlegen, um sie um so wirkungsvoller wieder zusammensetzen zu können, werden seine Zeitgenossen ihm nicht mehr folgen können. Selbst wenn sie ihn – trotz des Rossini-Kultes – noch immer als das größte Genie verehren. Aus harmlosen Trillern, die bis dahin als Verzierungsmittel galten, werden bedrohliche Gestalten, die mit einer grandiosen Urgewalt in den Bässen rumoren. Die Melodie, die einerseits gewinnt, weil sie oft kantabler wird als früher, wird an anderen Stellen ihrer eigentlichen Gestalt beraubt und gerät zum stammelnden Rezitativ. In der »Großen Fuge« schließlich geht es selbst der Tonalität an die Substanz, und nicht

* Zur klingenden Verdeutlichung vergleichen Sie bitte meine Tonkassette »Die Eroica« (S. 15).

Beethovens Arbeitsweise war keineswegs so, wie man es sich für ein romantisches Künstlerbild gewünscht hätte. Anstrengung und eine Selbstdisziplin, die fast an Selbstzerstörung grenzten, prägten seinen Alltag. An vielen seiner Werke arbeitete er jahrelang. Seine Skizzenbücher »schauen aus wie das Bild einer blutigen Schlacht« (Bernstein). Der Geniekult, der den Künstler zum passiven Empfänger höherer Eingebungen zu machen versucht, übersieht den täglichen Kampf, dem auch ein Hochbegabter vom Range Beethovens ausgesetzt ist: »Ich sitze und sinne und sinne; ich habs lange: aber es will nicht aufs Papier. Es graut mir vor dem Anfang so großer Werke.«

wenige eingefleischte Beethoven-Fans haben auch heute noch ihre liebe Not damit. Beethoven im Alleingang auf dem Durchmarsch ins 20. Jahrhundert! Das klingt ein bißchen übertrieben. Den Komponisten um ihn herum und nach ihm jedoch wurde er für Jahrzehnte zu einer Herausforderung, wie es sie in der Musik bis dahin in Form einer Einzelperson wohl kaum gegeben hatte. »Es komponiert sich schwer mit Beethoven im Nacken«, soll Franz Schubert gestöhnt haben und sprach vielen seiner Kollegen aus der Seele. Doch der taube Meister hat offenbar nicht nur lähmend gewirkt, denn das, was sich während seiner sogenannten dritten Phase auf dem Felde der Komposition ereignet hat, kann man fast als eine Orgie an Kreativität bezeichnen.

Ist es nicht seltsam? Fragt man nach großen Komponisten in der Zeit zwischen 1791, Mozarts Todesjahr, und den Jahren des Wiener Kongresses, 1814/15, fallen einem lediglich zwei Namen ein: Josef Haydn und Ludwig van Beethoven. Dieses Bild wird auch nicht wesentlich differenzierter, wenn man – skeptisch gegenüber dem eigenen Gedächtnis – in einem Fachbuch nachschlägt. Zwar tauchen dort viele, viele Namen auf: »Kleinmeister«, wie man heute zu sagen pflegt. Muzio Clementi, Johann Ladislaus Dussek, Johann Baptist Cramer, John Field. Oder Carl Ditters von Dittersdorf, Giovanni Battista Viotti, Antonio Lolli, Luigi Boccherini. Das Lexikon »Die Musik der Klassik« von Alfred Baumgarten verzeichnet sage und schreibe 1300 Komponisten. Ob die 1297 anderen so viel »schlechter« komponiert haben als die drei Großen, die wir als »Wiener Klassiker« in unserem Bewußtsein (und in unseren Plattenschränken) gespeichert haben? Daß die drei zu Recht an der Spitze dieser Zeit stehen, will wohl niemand bezweifeln. Daß alle übrigen jedoch deshalb weniger als nichts sind, nur weil es diese Großen gab, macht uns etwas stutzig. Zumal viele der heute Vergessenen, beispielsweise ziemlich alle, die eben aufgeführt wurden, zu ihren Lebzeiten beliebte »Stars« waren. An der Qualität des Komponierten kann dieses ungeheuere Wertungsgefälle nicht alleine liegen. Wesentlich ausschlaggebender dürfte wieder einmal die Rezeption sein, für die »Klassik« nicht mehr einen geschichtlichen Zeitabschnitt meint mit allem, was darin geschaffen wurde, sondern einen Wertungsbegriff, der nach einer dogmatischen Festlegung, wer in das Verzeichnis der Unsterblichen aufgenommen wird, alles aussortiert, was nicht in diesen Kanon hineinpaßt. Selbst wenn das Resultat dann 3 zu 1297 heißt. Aber ich bin gerne bereit, zuzugeben, daß es auch mir persönlich trotz großer Anstrengungen noch nicht gelungen ist, aus der Unzahl von Werken, die in der besagten Zeitspanne entstanden sind, eines herauszufinden, welches das Stilniveau und die Inspiriertheit der großen Vorbilder erreicht. Ludwig Finscher kommt in dem entsprechenden Artikel des »Neuen Handbuchs der Musikwissenschaft«, das gewiß den Anspruch erhebt, mit allem aufzuräumen, was nach verfestigten Vorurteilen riecht, ebenfalls um die folgenden Feststellungen nicht herum: »Auch die besten

Quartette von Leopold Anton Kozeluch, Johann Ladislaus Dussek und Johann Nepomuk Hummel stehen nicht ganz auf der Höhe Haydns und Mozarts; aber auch die bedeutendsten Symphonien der Zeitgenossen, etwa Kozeluchs g-moll-Symphonie von 1787, sind mit den Werken der Klassiker, etwa mit Mozarts g-moll-Symphonie von 1788, nicht zu vergleichen. Zur ›Zauberflöte‹ gibt es in der gesamten Überlieferung des Wiener und des deutschen Singspiels kein Gegenstück. Streichquintett und Klavierkonzert sind schon quantitativ fast ausschließlich Mozarts Domäne. – Entsprechendes gilt im europäischen Maßstab. Auch die selbständigsten und bedeutendsten Symphonien, Streichquartette und Quintette aus Paris und London, die Werke Boccherinis, Cherubinis und Clementis erreichen nicht ganz das Niveau der Wiener Klassiker. Paisiellos ›Il re Teodoro in Venezia‹ (1784) ist keine Alternative zum ›Don Giovanni‹, sein ›Il barbiere di Siviglia‹ (1782) keine zum ›Figaro‹.« [S. 238]

Begabung und Genialität scheinen somit zu verschiedenen Zeitpunkten auch recht unterschiedlich verteilt zu sein (immer vorausgesetzt, daß das eben aufgeführte Niveaugefälle im Verhältnis 3 : 1297 auch tatsächlich stimmt). Denn nur wenige Jahre später sieht die Sache vollkommen anders aus. Hier beginnen die Namen plötzlich nur noch so zu sprudeln: 1815 komponiert Franz Schubert das »Heidenröslein« und gibt mit seinen Liedern eine neue Definition dieser Gattung. Mit dem »Barbier von Sevilla« eröffnet Rossini ein neues Opernzeitalter und versetzt die europäische Musikgemeinde in einen Fieberzustand. 1817 beginnt Beethoven die Arbeit an der »Hammerklaviersonate«, die 1818 erscheint und damit sein »Spätwerk« eröffnet. Das Jahr 1819 ist durch die weniger glanzvollen Ereignisse der Karlsbader Beschlüsse in die Geschichte eingegangen: Nach der Ermordung Kotzebues kam es zu einer erheblichen Verschärfung der Zensur und Polizeikontrolle. Beethoven, der zu drastischen Bemerkungen in aller Öffentlichkeit neigte, wurde nur aus dem Grunde geschont, weil er als exzentrischer Einzelgänger mit dem Nimbus eines Genies galt, der darüber hinaus inzwischen völlig taub geworden war.

Im Strudel der Ereignisse

Die 1820er Jahre, in denen Beethoven sein Spätwerk schuf, zeigen eine musikalische Vielfalt, wie sie bunter nicht denkbar ist. 1821 findet in Berlin die Uraufführung des Freischütz statt, 1822 vollendet Beethoven

Der späte Beethoven hat sich sowohl musikalisch als auch menschlich von seiner Umwelt immer mehr getrennt. Sein Spätstil wurde von den Zeitgenossen künstlerisch nicht erkannt, sondern als unglückliches Resultat seiner Ertaubung mißverstanden. Sein bisweilen schrulliges Auftreten in der Öffentlichkeit steht in Kontrast zu den Eindrücken, die viele seiner Besucher von ihm hatten, denen er »mit bezaubernder Freundlichkeit« gegenübertreten konnte.

die Missa solemnis und die letzte Klaviersonate; Franz Schubert findet mit der Sinfonie in h-moll und der »Wandererfantasie« seinen reifen Stil in der Instrumentalmusik. 1824: Beethovens Neunte wird in Wien uraufgeführt, der dreizehnjährige Franz Liszt ruft Stürme der Bewunderung hervor; ein Jahr später komponiert der sechzehnjährige Mendelssohn mit genialem Schwung sein Oktett für Streicher op. 20; in Paris ist François Adrien Boieldieu erfolgreich mit der »Weißen Dame«. Johann Strauß (Vater) beginnt seine Karriere als Walzerkomponist. Friedrich Justus Thibaut ruft mit seiner Schrift »Über die Reinheit der Tonkunst« eine Diskussion über Palestrina und die alten römischen Meister ins Leben. 1826 entsteht Mendelssohns »Sommernachtstraum»-Ouvertüre, Schubert beginnt die »Winterreise«, Spohr schreibt das Oratorium »Die letzten Dinge«. In Paris führt Rossini seine 36. Oper auf (»Die Belagerung von Korinth«), der Rossini-Kult in Deutschland steht im Zenit. 1827 stirbt Beethoven, 1828 Schubert, dessen Todesjahr eines seiner fruchtbarsten werden sollte. In diesem Jahr entsteht in Paris einer der ersten Prototypen der »Grand Opéra«: »Die Stumme von Portici« von Auber. 1828 ist das Jahr, in welchem Paganini seine europäischen Triumphreisen beginnt und zu einem Vorbild des modernen Virtuosen schlechterdings wird. 1829 schreibt Berlioz seine »Symphonie fantastique«, die das weitere Vordringen der Programmusik entscheidend fördert, während gleichzeitig der zwanzigjährige Chopin den Etüdenzyklus op. 10 vorlegt. Mendelssohn schließlich führt in Berlin die Matthäus-Passion auf und leitet die entscheidende Wiederbelebung der Musik Johann Sebastian Bachs ein. 1830 komponiert Chopin die beiden Klavierkonzerte, Schumann veröffentlicht mit den Abegg-Variationen sein Opus 1. Rossinis »Wilhelm Tell« (1829) wird zu einem weiteren Meilenstein der Grand Opéra, Meyerbeers »Robert der Teufel« (1831) ist bereits einer der Höhepunkte dieses Genres. Im italienischen Fach beginnt in diesem Jahr der Siegeszug der Belcanto-Oper mit »La Sonnambula« und »Norma« von Vincenzo Bellini. 1834 schildert Berlioz in seiner Programmsinfonie »Harold in Italien« die Einsamkeit des romantischen Künstlers. Mit der »Lucia di Lammermoor« schließlich schafft Donizetti 1825 nicht nur sein persönliches Meisterstück, sondern gibt der Belcanto-Oper einen neuen Höhepunkt. Wahrlich ein Strudel der Ereignisse!

Der soziale Wandel begünstigt eine lebhafte Musikkultur. Beginnende demokratische Bewegungen führen zu Vereinen und Gesellschaften, welche die Pflege der Musik in ihren Mittelpunkt stellen. Es entstehen zum Beispiel die Berliner Singakademie, die Berliner Liedertafel, gemischte Chöre in großer Zahl bis hin zu Arbeitergesangsvereinen. Das große Bürgertum schließlich brauchte, wie früher die Aristokratie auch, einen Ort der Repräsentation und des Wir-Gefühls: Die großen Konzertsäle entstehen. So gesehen ist die absolute Musik des 19. Jahrhunderts nicht ganz so frei, wie sie von sich selber geglaubt hat. Sie hatte nämlich die »Funktion« übernommen, bürgerlichen Repräsentationsritualen eine Form zu geben. Gleichwohl waren die Bedingungen für die freizügige Entfaltung einer Musikkultur sicherlich bis dahin nie so günstig gewesen wie in diesem »großen« Jahrhundert der Musik. (Die Musik, die sich Friedrich II. von Preußen noch hat schreiben lassen, war sein Privateigentum und durfte nicht veröffentlicht werden.)

Neben diese fördernden Faktoren wie dem eigenen Entwicklungsstand des musikalischen Materials (die Sinfonie als die wichtigste Gattung lag gegen Ende des 18. Jahrhunderts als mustergültiger Prototyp vor), dem neuen ästhetischen Selbstbewußtsein (ein Werk als Niederschlag des Erhabenen), dem sozialen Hintergrund eines erstarkten Bürgertums, traten nun auch noch eine Reihe instrumentaltechnischer Neuerungen. So erreicht beispielsweise das Klavier in den dreißiger Jahren die technische Gestalt, die es im wesentlichen heute noch hat. Im Bereich der Kammermusik, aber auch als tragendes Instrument der Hausmusik, die in diesem Jahrhundert gepflegt wird wie noch nie, wird das Klavier zum Instrument Nummer eins. Dies wiederum führt zum Entstehen einer neuen musikalischen Gattung, dem lyrischen Charakterstück. Poetische, kleine Klavierstücke, wie sie von Schubert, Mendelssohn, Schumann und Brahms in so großer Zahl komponiert wurden, daß sie allmählich die Sonate, die bei Beethoven noch das Zentrum des Klavierschaffens ausmachte, zu ersetzen begannen.

Große Orchester entstehen, und allmählich entwickelt sich auch das, was uns heute wiederum so selbstverständlich erscheint, daß wir uns gar nicht vorstellen können, daß es dies einmal nicht gegeben haben könnte: die systematische Probearbeit unter einem Dirigenten. (Als Joseph Haydn seine sechs Pariser Sinfonien an ihren Bestimmungsort schickte, soll er die Bitte geäußert haben, das Orchester möge die Stücke vor der Aufführung wenigstens einmal durchspielen.) Der Dirigent als eigenständiger, freier Beruf ist somit eine vergleichsweise späte Errungenschaft unserer Musikkultur.

Die Institution »öffentliches Konzert« hatte sich, wie wir in einem früheren Kapitel bereits gesehen haben, in der Zeit des großen Umbruchs gegen Ende des 18. Jahrhunderts entwickelt. Die Konzertprogramme unterschieden sich von dem, was später zur Norm wurde, in zweierlei Hinsicht. Erstens waren die Gattungen, die zur Aufführung kamen, noch völlig willkürlich gemischt. Da wurden Sinfonien gespielt, manchmal auch nur einzelne Sätze daraus, dann eine Opernarie gesungen, darauf gab es eine Improvisationseinlage des Komponisten und dergleichen mehr. Die rigide Einteilung in »Sinfoniekonzert«, »Klavierabend«, »Kammerkonzert« und so weiter war noch in weiter Ferne. Darüber hinaus waren die Konzerte für heutige Verhältnisse ungewöhnlich lang. Jenes berühmte Konzert in Wien am 22. Dezember 1808, das Beethoven veranstaltet hatte, dauerte, bei unbeheiztem Saal, vier Stunden. Auf dem Programm standen:

Die 5. Sinfonie c-moll
Die 6. Sinfonie F-dur
Die Arie »Ah perfido« op. 65
Einige Sätze aus der Messe C-dur
Die Fantasie für Klavier, Chor und Orchester op. 80

Bei der Chorfantasie mußte Beethoven den Klavierpart improvisieren, da er mit der Komposition nicht rechtzeitig fertig geworden war.

Noch gilt hier die Maxime, daß Musik neu sein müsse, um authentisch zu sein! »Originell« wird noch mit »original« gleichgesetzt. Dies wird sich im Laufe dieses Jahrhunderts bekanntlich ebenfalls ändern, indem die Konzerte immer mehr die Form eines klingenden Museums annehmen: Der Anteil früher komponierter Musik gegenüber der neuen in den Konzertprogrammen nimmt unaufhaltsam zu, bis am Ende des Jahrhunderts der Zustand erreicht ist, daß die jeweils neuen oder gar uraufgeführten Werke die Ausnahme bilden, über die sich leider auch heute noch so mancher Konzertgänger eher aufregt.

Ein Schlüsselereignis, mit welchem das »klingende Museum« zwar nicht gerade eröffnet, aber gewissermaßen feierlich eingeweiht wurde, war jene schon so oft zitierte Wieder-Uraufführung der Matthäuspassion. Dieses Ereignis steht im Kontext einer großen Bewegung, ältere Werke aus früheren Zeiten wieder zu beleben. Anton Friedrich Thibaut hatte 1825 die Schrift »Über die Reinheit der Tonkunst« verfaßt und damit den Ausgangspunkt für die Palestrina-Renaissance des 19. Jahrhunderts gelegt. Doch Felix Mendelssohn-Bartholdy hat sich nicht nur für die bachsche Musik eingesetzt. 1833 führte er Händels »Israel in Ägypten« auf, was eine nachhaltige Händel-Begeisterung auslöste, 1838 begann er mit der Serie sogenannter »historischer Konzerte«, in denen nicht nur Bach und Händel, sondern auch Werke der Frühklassiker aufgeführt wurden. 1839 dirigierte er die Uraufführung der großen

C-dur-Sinfonie, die Robert Schumann ein Jahr zuvor bei Schuberts Bruder Ferdinand entdeckt hatte. Der zu seiner Zeit überaus berühmte und geschätzte Violinist und Komponist Louis Spohr (einer von denen, die das moderne »klingende Museum« nicht mehr berücksichtigt, obwohl er im Bewußtsein seiner Zeitgenossen zu den bedeutendsten Musikern überhaupt zählte) schrieb – als Ausdruck dieses neuen, geschichtsbewußten Denkens – eine Sinfonie (Nr. 6, G-dur, op. 116), die den Beinamen »Historische« bekam und folgende vier Sätze hatte: 1. Bach-Händelsche Periode 1720, 2. Haydn-Mozartsche Periode 1780, 3. Beethovensche Periode 1810, 4. Allerneueste Periode 1840.

Es sei mir an dieser Stelle noch einmal erlaubt, auf das mitunter recht trübe Kapitel der Biographik einzugehen. Im Falle Mozarts haben wir gesehen, welche Probleme bereits die um Objektivität bemühten Berichterstatter haben, sich durch den Wust unvollständiger Dokumente, geschichtlich gewachsener Vorurteile und dergleichen mehr hindurchzuarbeiten und daraus eine »Persönlichkeitsschau« zu destillieren. Wie muß es dann erst zugehen, wenn sich Dichter und Romanautoren auf ihre Opfer stürzen! Weniger als Kuriosum, dazu wäre der Platz zu schade, sondern deshalb, weil mich bestimmte Klassikfreunde immer wieder mit solchen Dingen konfrontieren und zögernd nachfragen: »Stimmt das auch?«, will ich noch einmal ein kleines Beispiel anführen. Bleiben wir dazu bei Mendelssohn und der Matthäuspassion. Hier die nüchterne, objektivierbare Version: Das elfjährige Wunderkind kam mit dieser großen Musik zum erstenmal in Berührung, als er zusammen mit der Schwester Fanny in die Berliner Singakademie eingetreten war. In den dortigen »Freitagsmusiken« wurden Teile daraus aufgeführt. Zu Weihnachten 1823 bekam der Vierzehnjährige von seiner Großmutter dann eine Abschrift des ganzen Werks. Die Uraufführung leitete er dann als Zwanzigjähriger 1829 mit größtem Erfolg.

Diese Geschichte ist ja an und für sich gesehen schon sehr interessant, wenn nicht geradezu spektakulär. Doch offenbar noch nicht genug. Im Roman (Pierre La Mure, »Jenseits des Glücks. Ein romantischer Lebensroman des Felix Mendelssohn-Bartholdy«) liest sich die Begegnung zwischen dem Genie und dem Werk, das von ihm entdeckt wird, zugegebenermaßen noch einmal ungleich wirkungsvoller:

»Die behaarten Arme entblößt und eine blutbespritzte Schürze umgebunden, unterhielt sich Martin Köhler mit einer anscheinend besonders hartnäckigen Kundin, die mit verkniffenem Gesicht auf ihn einredete. Als sie sich endlich entschlossen hatte, griff er nach einem

Stück Fleisch, wog es unter ihren mißtrauischen Blicken ab und warf es auf den Hackblock.

›Was machst du denn so lange da droben?‹ rief er mürrisch. Dann öffnete er eine Tür an der Rückwand des Ladens, steckte den Kopf durch und traktierte seine unsichtbare bessere Hälfte mit Schimpfwörtern. ›Los, bring endlich das Papier! Die Kunden warten!‹ Von der Bodentreppe her waren eine weibliche Stimme und das Knarren der Stufen zu hören. Der Fleischer setzte wieder sein höfliches Lächeln auf und erklärte der Kundin mit dem verkniffenen Gesicht, ihm sei das Einwickelpapier ausgegangen, und seine Frau hole gerade auf dem Speicher einen neuen Vorrat davon. Einen Moment später stieß Frau Köhler die Tür auf, schleppte einen großen Bündel Papier zum Ladentisch und ließ es mit einem erleichterten Seufzer fallen. Felix, der warten mußte, bis Cecile ein großes Stück Beefsteak inspiziert hatte, sah zu, wie die Fleischersfrau die Staubschicht von dem Papierstoß blies.

›Oha, diesmal sind's Noten!‹ sagte sie schmunzelnd und wischte sich den Schweiß von der Stirn. Ärgerlich schob Martin Köhler seine Frau zur Seite und war schon drauf und dran, das Fleisch für seine Kundin einzuwickeln, als Felix' Blick zufällig auf das zuoberst liegende Blatt Papier fiel. Ihm stockte der Atem. Wie vom Donner gerührt stand er da und starrte auf das vergilbte Notenblatt, auf dem in altmodischer Kursivschrift stand: Passionis Christi secundum Matthaeum per J. S. Bach.« [63, S. 147]

Inwieweit die Summe all unseren Wissens, sei es direkt biographischer Art oder als Verständnishilfe im Konzertführerstil, durch derartige Quellen gespeist ist, kann man nur schlecht abschätzen. Denn woher soll man, zumal als Laie, die objektiven Kriterien nehmen? Zieht man darüber hinaus noch in Betracht, daß selbst bei seriösen biographischen Unternehmungen Dichtung und Wahrheit in beträchtliche Nähe zueinander geraten können, wird man skeptisch. (Ich will jedoch nicht das Kind mit dem Bade ausschütten, sondern allenfalls zur kritischen Vorsicht mahnen. Daß es auch hervorragende Künstlerromane und gelungene Biographien gibt, soll nicht bezweifelt werden.)

Der Musikgeschichtsschreiber steht, wenn er sich das 19. Jahrhundert vornimmt, mehr denn je vor dem Problem: Berichte ich über die Werke, die sich im Konzert- und Opernbetrieb als aufbewahrungswürdig erwiesen haben und heute noch aufgeführt werden, oder orientiere ich mich an den Kompositionen, die in der damaligen Zeit ein großes Echo fanden und für Jahrzehnte das Musikleben beherrschten, die inzwischen allerdings in den Schlund der Vergessenheit geraten sind?

So viel steht fest: »Das Panorama, als das sich die Musikgeschichte des 19. Jahrhunderts präsentiert, wenn man vom Opern-, Konzert- und Schallplattenrepertoire der Gegenwart ausgeht, ist von dem Bild, das sich ein Zeitgenosse in Paris, Wien oder Leipzig um 1830 oder 1870 machen konnte, grundverschieden.« [12, S. 3] Wenn zum Beispiel die Opern »Faust« aus dem Jahr 1816 und »Jessonda«, 1823, beide von Louis Spohr, beim Bildungsbürgertum um 1830 »ankamen«, 1860 oder 1910 dann aber nicht mehr, wenn die »Hugenotten« von Meyerbeer allein in Paris bis zur Jahrhundertwende an die tausend Aufführungen erleben, um im 20. Jahrhundert gerade noch dem Namen nach in Geschichtsbüchern aufzutauchen: Wer regiert hier den »Geschmack«, welche Kräfte sind hier am Werk? Eine hochinteressante Frage, die wir an dieser Stelle weniger beantworten als sie uns noch einmal so richtig bewußt machen wollen. Wir hatten sie ja am Anfang des Buches bereits einmal aufgeworfen. Denn zu leicht neigt man dazu, allein den ästhetischen Wert an und für sich für das Überlebenskriterium zu halten, nach dem Motto: Das Gute setzt sich durch, das Schlechte geht unter. Doch es liegt auf der Hand, daß die Verhältnisse nicht so einfach sind. Zwar wurden tatsächlich die »Hugenotten« etwa von Schumann recht scharf kritisiert, indem er dieser Oper »äußerlichste Tendenz, höchste Nichtoriginalität und Stillosigkeit« und außerdem einen »fatal meckernden unanständigen Rhythmus« bescheinigt. Doch konnte diese Kritik den Siegeszug des Werkes im 19. Jahrhundert nicht verhindern und erklärt auch nicht, warum dieser nach 1900 dann abbrach. Die Resonanz bei der Uraufführung des ersten Klavierkonzertes von Johannes Brahms war ebenfalls mehr als fatal. (»So bleibt eine Oede und Dürre, die wahrhaft trostlos ist. – Die Gedanken schleichen entweder matt und siechhaft dahin, oder sie bäumen sich in fieberkranker Aufgeregtheit in die Höhe. – Und dieses Würgen und Wühlen, dieses Zerren und Ziehen, dieses Zusammenflicken und wieder Auseinanderreißen von Phrasen und Floskeln muß man über eine Dreiviertelstunde lang ertragen!«) Doch das Werk hat sich durchgesetzt – und zwar bis heute. Eine kleinkarierte Formkritik könnte das Werk auch heute noch in der Luft zerreißen; statt dessen reißt das Werk uns mit!

Wenn im vorigen Kapitel darüber berichtet wurde, daß ein Musikwerk im Zeichen der romantischen Ästhetik als »erhaben« galt, bedeutet dies nicht, daß sich eine entsprechende Kultur auch gleich und überall durchgesetzt hätte. Hector Berlioz gibt uns in seinen Memoiren ein paar anschauliche Bilder, anhand deren wir uns immer wieder verdeutlichen können, wie fremd uns dieses Jahrhundert, dem wir nur scheinbar so nahe sind und dem wir so viel verdanken, in Wirklichkeit doch ist:

»(Beim Korrekturlesen von Druckbögen) gerieten mir auch die Partituren Beethovenscher Symphonien, herausgegeben von Fétis, in die Hände, versehen mit den frechsten Änderungen, die die Absichten des Komponisten völlig verzerrten, und mit noch unverschämteren Anmerkungen des Herausgebers verziert. Alles, was von Beethovens Harmonien nicht in den Rahmen der von Fétis gelehrten Theorien hineinpaßte, war mit unglaublicher Dreistigkeit geändert. Beim gehaltenen Es der Klarinette über dem Akkord Des–F–B im Andante der Fünften hatte Fétis in aller Unschuld an den Rand der Partitur geschrieben: ›Dieses Es ist offenbar ein F; Beethoven kann unmöglich einen solch groben Fehler gemacht haben.‹ Mit anderen Worten: Beethoven konnte unmöglich Vorstellungen von Harmonik haben, die nicht mit denen des großen Fétis übereinstimmten. ... Ich sagte mir: Da macht man eine französische Ausgabe der großartigsten Orchesterwerke, die menschlicher Genius geschaffen hat, und nur weil der Verleger einen Professor zu Hilfe ruft, der berauscht ist von seiner Eitelkeit und im engen Bereich seiner Theorien ebenso weiterkommt wie ein Eichhörnchen, das in seinem rotierenden Käfig herumrennt, sollen jene Riesenwerke kastriert werden, soll Beethoven Korrekturen erfahren wie der geringste Schüler einer Harmonieklasse!« [5, S. 192]

Die »Zauberflöte« mußte sich ebenfalls einige Eingriffe gefallen lassen. Zunächst wurde das Libretto umgeschrieben und das Ganze mit dem neuen Titel »Die Geheimnisse der Isis« versehen. Den Fortgang der Bearbeitung schildert Berlioz dann so:

»Als dieses Meisterwerk in aller Form zurechtgezimmert war, rief der kluge Direktor einen deutschen Meister zu Hilfe, um auch Mozarts Musik zurechtzustutzen. Der deutsche Musiker hütete sich, diese gottlose Aufgabe abzulehnen. Er verlängerte um einige Takte das Ende der Ouvertüre (der Ouvertüre zur Zauberflöte!!!); aus der Sopranstimme des Schlußchores machte er eine Baßarie und fügte einige Takte eigener Erfindung hinzu; in einer Szene strich er die Blasinstrumente, in eine andere schob er sie ein; er änderte die Melodie und die Begleitfiguren der herrlichen Arie des Sarastro, fabrizierte aus dem Sklavenchor ein Liedchen mit dem Titel ›O cara armonia‹, verwandelte ein Duett in ein Terzett, und als ob die Partitur der ›Zauberflöte‹ seinem Heißhunger nicht genügte, stillte er diesen auf Kosten des ›Titus‹ und des ›Don Juan‹. ... Als nun dieser abscheuliche Mischmasch fertig war, nannte man ihn:

›Das Geheimnis der Isis‹, eine Oper; und diese Oper wurde in diesem Zustand aufgeführt und als große Partitur gedruckt ...« [5, S. 60]

Wir sehen also, zwischen der Auffassung eines unvergänglichen und unantastbaren »Werkes«, von dem E. T. A. Hoffmann spricht, und der konkreten musikalischen Praxis im Alltag stehen vorläufig noch Welten. Von »Werktreue« in unserem heutigen Sinne kann noch lange nicht die Rede sein. Selbst noch ein Gustav Mahler, der bei seinen eigenen Partituren die kleinsten Details vorgeschrieben hat, um jegliche Form interpretatorischer Willkür möglichst einzuschränken, hatte keine Skrupel, als Dirigent die Sinfonien von Beethoven zumindest hinsichtlich ihrer Instrumentierung auf den »neuesten Stand« zu bringen.

Italienische Oper oder Musikdrama

Der Ursprung der Probleme und Kontroversen, die zu diesem Thema im 19. Jahrhundert die Szene beherrschten, liegt bereits in der musikgeschichtlichen Entwicklung des 18. Jahrhunderts begründet. Wir sprachen statt von Barockzeit vom »italienischen Zeitalter« und meinten damit die Vorherrschaft des italienischen Hofopernsystems in ganz Europa. Geprägt wurde dieses System von der Opera seria mit allen Erscheinungsformen, die damals dazu gehörten. Die Freude am »Stimmenfest«, wie Hellmut Kühn sagt, war der Ausgangspunkt des Geschehens. Der Textdichter mußte von Anfang an darauf Rücksicht nehmen, eine genau kalkulierte Zahl von Arien bereitzustellen, um den Primadonnen die Gelegenheit zu geben, zu zeigen, was sie in der Kehle hatten. Der Sinn der Handlung ging gegen Null. Die Inhalte waren ohnehin langweilig, denn die antiken Götter mit ihren Intrigen waren dem Publikum längst nichts Neues mehr. Mit ihrer langatmigen Da-capo-Form war die Arie musikalisch gesehen ebenfalls eher der Ausdruck eines erstarrten Systems und somit einzig sinnvoll als Vorlage für virtuose Koloraturen.

Diesem starren System der Opera seria erwuchs bereits im 18. Jahrhundert von mindestens drei Seiten her eine bedeutsame Konkurrenz, die das System selbst allerdings noch nicht gefährden konnte. Da ist einmal die Opera buffa. Sie unterscheidet sich von der Seria einmal durch die heiteren Stoffe. Damit ist allerdings noch nicht viel gesagt, denn hinter einer heiteren Fassade kann sich dennoch ein großer Ernst verbergen. Wichtiger ist der Abschied von den mythologischen und antiken Stoffvorlagen: Jetzt wird voll in das aktuelle Leben gegriffen. (Die

Handlung zu Mozarts »Così fan tutte« spielt etwa zehn Jahre vor der Uraufführung!) Man verstößt gegen die Stilhöhenregel, die lautet, daß lediglich Vertreter der Aristokratie die erhabenen Gefühle von Trauer und Schmerz zeigen dürften. Jetzt kommen auch Bürger und »einfache Menschen« vor, die ernst genommen werden und nicht nur die Vorlage für Komik und Gespött abgeben. Musikalisch setzt sich das Ensemble durch (vom Duett bis zum Septett und mehr), was eine Durchdringung der szenischen Aktion mit lyrischem Ausdruck ermöglicht.

Die zweite Schiene der Konkurrenz bestand in der »Emanzipation der Instrumentalmusik«, wie wir sie in dem Kapitel über den »großen Umbruch« skizziert hatten. Sowohl das starre Regelwerk des »gelehrten Stils«, wie ihn Johann Sebastian Bach noch beherrschte und zur Meisterschaft führte, als auch die Erstarrungen einer auf veräußerlichten Glanz abzielenden Da-Capo-Arie, die musikalisch gesehen spannungslos war (der Unterschied des wiederholten A-Teils zum originalen bestand lediglich in den virtuosen Ausschmückungen), wurde abgelöst durch einen Stil, der sich an Elementen des »Natürlichen« und »Empfindsamen« orientierte. Das Kompositionsprinzip, das diesen neuen Stil zur Synthese brachte, war dann die Sonatenform, welche alle Hauptsätze in Sinfonien, Klaviersonaten, Streichquartetten und Solokonzerten beherrschte.

Konkurrenz Nummer drei erwuchs der Opera seria aus dem eigenen Lager. Mit seinen Reformopern versuchte Christoph Willibald Gluck (1714–1787) noch einmal zu retten, was noch zu retten war. Und zwar mit den Mitteln der Opera seria selbst. Wie die Titel seiner Opern zeigen (z. B. Orpheus und Eurydike, Alceste, Paris und Helena), hielt er an den mythologischen und antiken Seria-Stoffen fest. Zusammen mit dem Textdichter Ranieri Calzabigi versuchte er dennoch eine völlige Kehrtwendung. In der Vorrede zu seiner Oper »Alceste« schrieb er 1769:

»Als ich mich daran machte, die ›Alceste‹ in Musik zu setzen, nahm ich mir vor, sie von all den Mißbräuchen freizuhalten, die, eingeführt teils durch die übel angebrachte Eitelkeit der Sänger, teils durch die allzu große Gefälligkeit der Komponisten, die italienische Oper schon so lange Zeit entstellen und das prächtigste und schönste Schauspiel in das lächerlichste und langweiligste verkehren. Ich war darauf bedacht, die Musik wieder zu ihrer wahren Aufgabe zurückzuführen, nämlich der Dichtung in ihrem Ausdruck der Empfindungen und dem Reiz der Situationen zu dienen, ohne die Handlung zu unterbrechen oder sie durch unnütze und überflüssige Verzierungen abzukühlen.« [65, S. 87] Und etwas später schrieb er: »Der Stil, den ich einzuführen versuche, scheint mir der Kunst ihre ursprüngliche Würde wiederzugeben. Die Musik wird nicht länger auf kalte und konventionelle Schönheiten beschränkt bleiben.« [61, S. 24]

Gluck will also das Stimmenfest abschaffen und zu einer Form des Dramas zurückkehren, dem die Musik dienen solle. In der alten Seria war es umgekehrt: Das Wort war Vorlage und Auslöser virtuoser Entfaltung. Jetzt wird die Musik zur »Dienerin des Wortes«. Der große Reformator hatte in seiner Zeit großes Aufsehen erregt. In Paris gerieten die Anhänger Glucks mit denen Piccinis, der die alte Richtung vertrat, in einen offenen Streit. Damals hat Gluck gesiegt. Heute spielen seine Opern im Repertoire der großen Häuser keine nennenswerte Rolle mehr. Ob zu Recht oder zu Unrecht, sei dahingestellt. Wodurch Gluck überlebt hat, liegt einzig in seinem Willen zur Reform. Auf ihn beriefen sich alle späteren Komponisten, denen die Freude an der Melodie, am Belcanto der italienischen Oper (egal ob in der Seria oder der Buffa) nicht mehr genügte.

Rossini, Bellini, Donizetti, Verdi, Puccini. Das sind die großen Namen der italienischen Oper im 19. Jahrhundert. Was haben sie gemeinsam? Was trennt sie von der Oper des 18. Jahrhunderts einerseits, was von der Konkurrenz aus dem Norden andererseits?

Rossinis Musik läßt sich am besten im Kontrast charakterisieren. Im Kontrast zur Musik Beethovens, denn dieser Unterschied wurde von den damaligen Zeitgenossen auch sehr bewußt empfunden. 1834 erschien ein Buch mit dem Titel: »Geschichte der europäisch-abendländischen oder unserer heutigen Musik«. Autor war der Österreicher Raphael Georg Kiesewetter, ein bedeutender Vorreiter der modernen Musikgeschichtsforschung. Er schrieb wichtige Abhandlungen über die Musik der Ägypter und Griechen, über den mittelalterlichen Theoretiker Guido von Arezzo sowie über die Bedeutung der Niederländischen Schule, womit er deren Stellenwert in der Musikgeschichte als einer der ersten diskutiert hat. Wie sieht nun einer, der die Entwicklung über mehrere Jahrhunderte überblickt, seine aktuelle Gegenwart? Er spricht von einer »Epoche Beethovens und Rossinis«. Was unterschied nun die Musik dieser beiden so wesentlich, daß auch heute noch immer von »Stildualismus« oder den »zwei Kulturen der Musik« die Rede ist?

Beethoven hatte es mit seinen großen Sinfonien geschafft, die ästhetischen Ideale eines Wackenroder, Tieck, E. T. A. Hoffmann künstlerisch einzulösen. Deren Sehnsucht nach »erhabenen« Werken fand in Beethovens Schaffen ihre Erfüllung. Beethoven gelang es, den emphatischen Kunstbegriff, den lange Zeit nur die Dichtung oder die Malerei beanspruchen durfte, auf die Musik zu übertragen. Rossini war dieser Gedanke noch fremd. Eine Beethoven-Sinfonie ist ein unantastbarer »Text«, den sich die Musiker aneignen, um ihn zu »interpretieren«. Erst durch diese Interpretation, durch die künstlerische Auslegung wird das Werk für den Zuhörer aufgeschlüsselt. Es erschließt sich nicht unmittelbar. Rezeptionsgeschichtlich wird dies bezeugt durch die Ratlosigkeit der Zeitgenossen, die den Meister zwar als lebenden Heros verehrten, ihn jedoch ab der 3. Sinfonie immer wieder anbettelten, er möge ihnen wieder Werke schenken, die den ersten beiden Sinfonien gleichen. Diese habe man noch verstehen können.

Eine Rossini-Partitur dagegen wurde nicht als ein »Werk« im abgehobenen Sinne verstanden, auch nicht von Rossini selbst. Sie war eher eine »Vorlage für eine Aufführung« (Dahlhaus). Die Realität der Musik lag nicht in der Partitur, sondern einzig im Ereignis der Aufführung. Wenn es an einem bestimmten Ort nötig war, eine Stelle zu ändern, weil ein Sänger da war, der noch interessantere Koloraturen singen konnte, war dies kein Eingriff im Sinne einer Verletzung einer für die Ewigkeit bestimmten Struktur, sondern eine sinnvolle Maßnahme, die im Dienste des »Effektes« stand, den die ganze Sache zum Zwecke hatte. Wenn sich Rossini den Wünschen der Sänger fügte, war dies also für ihn keine ästhetische Charakterlosigkeit. (Wenn Beethoven gebeten wurde, nicht so schwer zu spielende Stücke zu schreiben, wehrte er sich: »Was geht mich dem Schuppanzigh seine elende Geige an!«)

Indem Rossini das Bedürfnis nach Effekten an die erste Stelle setzte, befand er sich noch ganz in der Tradition der Hofoper des 17. und 18. Jahrhunderts. Für Beethoven dagegen ist die Musik ein »Ideenkunstwerk«, das Bestand haben soll über die Zeiten hinweg. Ein solches Werk zu verstehen konnte (und durfte) durchaus auch Mühe bereiten. Anders bei den Werken Rossinis: An deren Zauber gibt es, übertrieben formuliert, nichts zu verstehen. Sie mußten unmittelbar wirken oder waren verloren. Und sie haben gewirkt! Der Rossini-Taumel, der in den Städten Europas nach 1816 losbrach, läßt sich allenfalls mit dem Beatles-Fieber in unserem Jahrhundert vergleichen.

Ist Beethovens Musik oder verallgemeinert ausgedrückt die deutsche Instrumentalmusik von Bach bis Schönberg von der Auffassung geprägt, daß das Schöne auf der Grundlage logischer Konstruktionen entsteht (die man dem fertigen Kunstwerk dann allerdings nicht mehr anmerken solle), basiert die Kultur der italienischen Opern auf der Meinung, daß es ein melodischer oder rhythmischer »Einfall« sei, der eine bestimmte Wirkung erzielt. Und von dieser Wirkung, von diesem Effekt her, entscheidet sich das Urteil über die Qualität eines Werkes. Nicht dadurch, daß man es analysiert. Den Nicht-Italienern, ob Weber oder Berlioz, war diese Auffassung natürlich ein Dorn im Auge. Ihr Musikbegriff war der beethovensche. Wenn es sich danach nicht lohnt, eine Musik mit Gewinn zu analysieren, ist sie auch nichts wert. (Dies war allerdings eher ein theoretischer Anspruch. Denn unter dem Mantel des Geniebegriffes hielten auch die deutschen Komponisten gerne den Schein aufrecht, daß das, was sie schufen, nichts mit mühevoller Arbeit zu tun hatte, sondern ebenfalls dem genialen Einfall entsprang.)

In der Tat sind die einzeln herausdestillierten Elemente des Rossini-Stils für sich gesehen dürftig. Doch unter der Maxime, aus möglichst wenig Grundsubstanz möglichst große Effekte zu erzielen, entwickelte Rossini aus einem einfachen melodischen Motivchen beispielsweise ein unwiderstehliches, überwältigendes Crescendo, welches das Publikum zur Raserei brachte. Seine Kritiker sprachen von »Wirkung ohne Ursache«. Ist in einer Beethoven-Sinfonie ein Höhepunkt der logische Abschluß einer sinnvollen Entwicklung, so entstehen bei Rossini die Höhepunkte nicht aus einer sinnbeladenen musikalischen Substanz, sondern aus dem Wirbel und dem Rausch, in den sie hineingezogen wird. Die »Mängel« in Rossinis Musik sind in Wahrheit die Voraussetzungen ihres Effekts!

Wie hält es Rossini mit der von Gluck geforderten »dramatischen Wahrheit«? Anders gefragt, wie deckt sich der musikalische Ausdruck mit dem Sinngehalt des Textes? In meinen Seminaren führe ich an dieser Stelle gelegentlich wieder den folgenden Versuch durch: Ohne zu sagen, worum es sich handelt, wird das Sextett aus der »Reise nach Reims« (Szene XI) gespielt. Die Teilnehmer werden dabei gebeten zu vermuten, was sich in der Szene gerade wohl abspielt. Alle, die kein Italienisch verstehen, kommen zu Stichworten wie: »entspannte Abschiedsstimmung«, »gemeinsames Naturerlebnis« und was auch immer. Die Überraschung ist dann groß, wenn man erfährt, daß es sich um eine Eifersuchtsszene handelt, die folgenden Text hat:

»Ich fürchte keine Gefahr. Voll Zorn erbebt mir das Herz;
Ich kann die Wut, die mich zittern läßt, nicht länger ertragen.
Die Liebe ist schon eine merkwürdige Sache! Sie läßt uns den Verstand verlieren, und der weiseste Mann wird zum Kind von einem Augenblick zum andern.
Welch ein Verdruß! Welch eine Wut!«

Einhellig sind jedoch alle Zuhörer an dieser Stelle der Meinung, daß es sich um eine »wunderschöne« Musik handle. Und damit bestätigen sie das Grundprinzip der italienischen Oper des 19. Jahrhunderts, welches Belcanto heißt. (Als Kontrast höre man allerdings auch Mozarts Sextett aus dem »Figaro«, die »Erkennungsszene«, um zu sehen, daß sich »Schönheit« und »Wahrheit« durchaus auf einen Nenner bringen lassen.)

Eine weitere Phase der Verselbständigung des Belcanto-Prinzips eröffnen Bellini und Donizetti. Sie erfinden die »melodie lunghe«, die langgestreckten Melodienbögen, welche den Inbegriff dessen darstellen, was man im 19. Jahrhundert überhaupt unter einer Melodie im emphatischen Sinne des Wortes verstand. Eine solche Melodie erfüllt alle Erwartungen an ein geglücktes Musikstück, wie sie bereits in der Frühklassik gefordert wurden: Sie erweckt den »Schein des Bekannten«, ist einfach und überschaubar (in der Frühklassik sprach man von »noble simplicité«). Gleichzeitig vermag sie trotz ihrer Länge durch gewisse harmonische Verzögerungen eine Spannung aufrechtzuerhalten, die neu ist. Es ergibt sich das »schwebende Gleichgewicht zwischen Einfachheit im einzelnen und langem Atem im ganzen« (Dahlhaus).

Rossini komponierte hauptsächlich Buffa-Opern. In seiner letzten Phase als Opernkomponist (er hört mit 36 Jahren freiwillig auf, weitere Opern zu schreiben) wandte er sich jedoch auch der Opera seria zu. Dabei verschmähte er allerdings die traditionellen Seria-Sujets mit ihren antiken Stoffen (mit Ausnahme von Semiramide), sondern wandte sich Inhalten zu, die im 19. Jahrhundert als typisch romantisch empfunden wurden.

Bellini und Donizetti setzen diese Tradition der Opera seria fort. Diese Opern als »romantisch« zu bezeichnen ist jedoch irreführend und spätestens bei Verdi vollkommen falsch. Lebt die deutsche romantische Oper tatsächlich vom Geist des »Wunderbaren«, vom dunklen, tiefen Wald und all diesen typischen Dingen, welche den politischen Alltag eher verdrängen, so wendet sich die italienische Oper des 19. Jahrhunderts direkt ans Volk, wenngleich die Stoffe selbst ebenfalls nicht unbedingt realitätsgerechter waren. Dennoch ist der Charakter einer italienischen Oper dieser Zeit der einer Kunstform für die Massen. Die kraftvolle italienische Einigungsbestrebung, das Risorgimento, erhielt durch die Oper einen wichtigen künstlerischen Ausdruck. Der Name VERDI (»Vittorio Emanuele Re d'Italia«) stand für ein politisches Programm.

Als Komponist prägte Verdi die drei Hauptcharakteristika der italienischen Oper am vollkommensten aus: das Belcanto-Prinzip, das rhythmische Ostinato und die stimmliche Virtuosität. Rhythmisches

Ostinato bedeutet, daß eine bestimmte rhythmische Figur mehrere Takte oder sogar ein ganzes Stück lang »hängenbleibt« und oft schon zwei, drei Takte vor dem Einsetzen der Melodie »vorgeschickt« wird (das berühmte »Hm-da-da« der italienischen Oper). Hinzu kommt dann noch die bis zum Exzeß getriebene Erhitzung der Affekte. Wobei diese Affekte nicht unbedingt als psychologisch motiviert erscheinen müssen. Die Vorgeschichte eines Affektes, die Frage, wie er zustande kam, ist spätestens dann überflüssig, wenn er auf der Bühne realisiert wird. So ist es auch hier die Aufgabe des Librettisten, dafür zu sorgen, daß genügend Stoff für die Darstellung hocherregter Momente bereitsteht. Beispielsweise wird bei der Vertonung von »Kabale und Liebe« die dem Stück ursprünglich innewohnende Dramaturgie von Schiller völlig außer Kraft gesetzt. Die dichterische Vorlage dient als Steinbruch, dem man so viel Material entnimmt, wie man gebrauchen kann. Den Rest läßt man liegen (Wagner hat sich in gleicher Weise der Mythologien bedient).

Die strukturelle Eigendynamik einer italienischen Oper hängt über die genannten Faktoren hinaus auch an dem ständigen Tempowechsel innerhalb der Arien selbst: dem »Cantabile« und der »Cabalette«. Um diesen Wechsel vom langsameren zum schnelleren Tempo zu ermöglichen, bedarf es eines Affektkontrastes, eines Eklats, der diesen Umschlag einigermaßen motiviert. Musikpsychologisch gesehen ist diese Tempobeschleunigung zum Ende einer Arie hin einer der wichtigsten Garanten der »Wirksamkeit« dieser Musik auf das Publikum.

Dennoch ist bei Verdi die Trennung zwischen Musik und Dichtung nicht mehr ganz so extrem wie bei seinen Vorgängern, vor allem nicht mehr in den Werken seiner späteren Phase. Rezitativ und Arie werden nicht mehr starr getrennt und erscheinen in unzähligen Zwischenformen, die versuchen, der Textvorlage gerecht zu werden. Mit zunehmenden Jahren wurde diese Tendenz bei Verdi immer ausgeprägter, und man muß darin nicht unbedingt nur die Wirkung des wagnerschen Musikdramas auf den Vollender der »Gesangsoper« sehen, sondern als den Ausdruck eines eigenen Bedürfnisses, diese Kluft zu verringern. Im »Falstaff« schließlich, dem Spätwerk von 1893, ist Verdi dort angelangt, wo sich Beethoven nie hat vertreiben lassen: bei seinen eigenen ästhetischen Ideen, ohne Rücksicht auf ein Publikum. Von diesem verlangt er eine gespannte Aufmerksamkeit, wenn es dem raschen Tempo folgen will. Der Prototyp eines italienischen »Theatermannes«, wie sich Verdi früher selber nannte, hat am Ende das Leitziel über Bord geworfen, das bei der Entwicklung der Gattung am Anfang stand: daß die Wirkung wichtiger sei als der Inhalt.

Für die deutschen Komponisten wie auch für den einzigen französischen »Romantiker«, Hector Berlioz, war die italienische Oper der Ausverkauf von Kunst schlechterdings. Was nicht ausschloß, daß man die Italiener auch unter gewissen Aspekten bewunderte. Gerade Wagner hat in seiner Rezension der »Norma« aus dem Jahr 1837 nicht mit Lob gespart. Allerdings war er zu diesem Zeitpunkt noch weit von seiner eigenen Konzeption des *Musikdramas* entfernt. Beneidenswert fanden alle zumindest das ungeheure Tempo der Italiener beim Komponieren. Rossini schrieb seine vierzig Opern zwischen dem 17. und 37. Lebensjahr, rund jedes halbe Jahr eine Oper also. Donizetti stellte zwischen 1827 und 1830 nach einem Vertrag mit dem damals berühmtesten Theaterdirektor Europas, Domenico Barbaja, nicht weniger als zwölf Opern auf die Bühne. Als er 1847 erkrankte, hatte er es immerhin auf rund 70 Werke gebracht.

Beethovens Verhältnis zu Rossini war außerdem durch direkte Konkurrenz geprägt. Zwar war Beethoven seit etwa 1803 einer der anerkanntesten Komponisten in ganz Europa. Dennoch brach in seiner Wahlheimat Wien um 1816 das Rossini-Fieber mit der größten Gewalt los, die nur vorstellbar ist. Charles Rosen beschreibt das Bild, das Beethoven von Rossini hatte, folgendermaßen: »Da Beethovens Kompositionen das Resultat einer in der Musik nahezu beispiellosen Versenkung und Mühe waren, muß ihn die großartige Gedankenlosigkeit von Rossinis Schaffen ebenso erbittert haben wie dessen Triumph in Wien mit einem wahrhaft populären Erfolgsstück, dem Beethoven nie etwas gleiches zur Seite stellen konnte. Rossini ›brauche zur Composition einer Oper so viele Wochen, wie die Deutschen Jahre‹, bemerkte er mit ebensoviel Neid wie Verachtung.« [76, S. 436]

Weber, so schreibt Constantin Floros, vergleicht die große italienische Oper mit einer langen, hageren, durchsichtigen Figur. Sie habe ein charakterloses Gesicht, das als Held, Seladon oder Barbar sich immer gleich bleibe und nur eine ungemeine Süßigkeit über sich verbreite. Oberste Maxime der Kunstgattung sei die Melodie; die Kehle des Sängers sei der Götze, dem man huldige. Speziell der Musik Rossinis räumt er einen großen Ideenreichtum ein, spricht ihr aber ab, was er für die höchsten Maximen der Opernkomposition hielt: die dramatische Wahrheit, die Wahrheit der musikalischen Rede und die Wahrheit der Charakterzeichnung [33, S. 9].

Interessant ist auch das Stimmungsbild, das Hector Berlioz in seinen Memoiren malt, wenn er auf die italienische Oper, speziell auf Rossini zu sprechen kommt. Zur Erklärung muß vorausgeschickt werden, daß der im Text erwähnte Gaspare Luigi Pacifico Spontini der einzige Italiener von Rang ist, der der nicht die typische Linie der Gesangsoper vertrat, sondern sich den Idealen von Gluck ziemlich stark annäherte. Er wird deshalb auch von Wagner und Berlioz auf eine Stufe mit dem großen Opernreformator gestellt. Destilliert man aus dem folgenden Verriß die bissige Ironie heraus und neutralisiert den Rest zu einer sachlichen Beschreibung, zeigt sich, daß Berlioz bei aller Feindschaft dennoch in der Lage war, das Charakteristische am Stil seines Gegners zu erkennen.

»Rossini aber und der Fanatismus, welcher seit kurzer Zeit in der vornehmen Pariser Welt für ihn herrschte, erzürnten mich um so heftiger, als diese neue Schule den völligen Gegensatz zu derjenigen Glucks und Spontinis darstellte. Da ich nichts kannte, was sich an großartiger Schönheit und Wahrheit mit den Werken jener großen Meister messen konnte, brachte mich Rossinis melodischer Zynismus, seine Verachtung des dramatischen Ausdrucks und der dramatischen Forderungen, seine beständig wiederkehrende Kadenzform, sein ständiges kindisches Crescendo und seine brutale große Trommel in eine solche Wut, daß ich sogar in seinem überdies so fein (ohne große Trommel) instrumentierten Meisterwerk ›Barbier von Sevilla‹ die glänzenden Eigenschaften seiner Begabung nicht zu erkennen vermochte. Ich habe mich oft gefragt, wie ich es anstellen müßte, um das Italienische Theater zu unterminieren und es mit seiner gesamten Rossinianer-Bevölkerung in die Luft zu sprengen.« [5, S. 48]

Was hatten die deutschen Komponisten den Italienern nun tatsächlich entgegenzusetzen? Es war vor allen Dingen einmal Glucks Idee von dem Streben nach »dramatischer Wahrheit«. Dies bedeutete, daß die Musik kein relatives Eigenleben einem ansonsten unwichtigen Text entlang führen dürfe, sondern ganz in den Dienst dieses Textes zu treten habe. Die melodische Struktur darf nicht zuviel Eigendynamik annehmen, sie darf nicht an jeder beliebigen Stelle »schön« sein, nur weil es um »Schönheit« an und für sich geht (dem Prinzip der Belcanto-Oper). Vielmehr geht es darum, auch die Melodie in den Dienst einer Charakterzeichnung von Personen und Situation zu stellen. So hatte es bereits Mozart getan, aus einer nicht mehr zu erklärenden genialen Selbstverständlichkeit heraus, ungetrübt von hohen »theoretischen« Erwägungen. Weber war nach Gluck und Mozart ebenfalls ein »Fanatiker der dramatischen Wahrheit und zugleich ein Fanatiker der musikalischen Charakteristik. Die Schärfe und Wahrheit der Zeichnung gingen ihm vor Schönheit. Die Tendenz einer Sache war ihm wichtiger als die Gefälligkeit«, so Constantin Floros über den auch heute und trotz des Freischütz-

Erfolges eher unterschätzten Romantiker [33, S. 16]. Er hatte eine ungeheure Begabung, bestimmte Situationen, eine seelische Gestimmtheit musikalisch auf einen erstaunlich prägnanten Nenner zu bringen. Um dies zu erreichen, bedurfte es allerdings einer neuen »Erfindung«, der Erschließung des Klangkolorits!

Es kennzeichnet alle Nachfahren der gluckschen Opernreform, vor allem Weber, Berlioz und Wagner (und als deren Nachfahren dann wiederum Mahler und Richard Strauss), daß sie die Chance erkannt haben, aus der Instrumentation mehr zu machen als eine reine Verpackung. Will man grob vereinfachen, bestand das Prinzip der Instrumentierung bis dahin und bei anderen Komponisten noch später darin, ein bereits fertig komponiertes Musikstück nachträglich auf die Instrumente des Orchesters zu verteilen. Dabei sollte der Wechsel der Instrumente auch die Form der Komposition unterstreichen, er sollte Zäsuren betonen und dergleichen mehr. Verkürzt gesagt, soll man das Ende eines Themas auch daran erkennen, daß die Oboe, die das Thema gespielt hat, danach absetzt. Das ist furchtbar grob vereinfacht und unterschlägt auch, daß es beispielsweise bei Mozart in der Art seiner Bläserbehandlung, vor allem in den Klavierkonzerten, mitreißende Belege für eine äußerst differenzierte Klangsprache gibt. Und dennoch kommt jetzt etwas völlig Neues hinzu. Klangfarbe nicht mehr nur als Verpackungsmaterial, sondern als ästhetischer Selbstzweck im Dienste des dramatischen Ausdrucks. Das alles hat auch etwas mit – Romantik zu tun. Ja, wenn der Begriff überhaupt einen Sinn haben sollte, müssen wir ihn hier gelten lassen. Von den Dichtern und Komponisten dieser Zeit gesucht und begehrt war das Dämonische, das Dunkle, das Irrationale. Diese Bereiche darzustellen gelang hauptsächlich über die neuartige Instrumentationstechnik. Die »Wolfsschluchtszene« im »Freischütz« gehört dazu. Hier wird im Sinne eines magischen Rituals ein Dämon evoziert. Weber dazu in seinen eigenen Worten: »Nun was Extras ist dieß. Teuferl kommt auch drin vor, als schwarzer Jäger, und Kugeln werden gegossen in der Bergschlucht um Mitternacht, wo all die Gestalten vorbeirauschen.« [33, S. 15] Die Geisterwelt und das Märchenhafte charakterisieren auch die dem »Freischütz« vorausgegangenen ersten deutschen romantischen Opern, den »Faust« von Spohr und E. T. A. Hoffmanns »Undine« (beide aus dem Jahr 1816). Bereits der »Oberon« von Paul Wranitzky war eine romantische Oper in dem Sinne, daß das Wunderbare, das Märchenhafte und das Exotische im Sujet vorhanden waren. Doch blieb dies nur Stoff, der noch nicht in der Lage war, musikalische Gestalt anzunehmen. Die Aufgabe, der sich die Komponisten der deutschen romantischen Oper gegenübersahen, bestand darin, das Romantische nun auch musikalisch zu realisieren. Die »Emanzipation der Klangfarbe«, die »Erfindung« des modernen Klangkolorits war die Voraussetzung für die Lösung dieses Problems.

Berlioz hat in seinem ersten Meisterwerk, der »Symphonie phantastique«, auf welches sich sein Ruhm bei den meisten Musikfreunden noch heute fast ausschließlich stützt, ebenfalls eine typisch romantische Kategorie zur Grundlage: die geistige Verwirrung, den Wahn, in Verbindung mit einer ungezügelten Leidenschaft. Vor allem im letzten Satz dieser Programmsinfonie, dem »Traum eines Hexensabbats«, kommt, wie bei Weber (der »Freischütz« wurde acht Jahre vorher komponiert) die Orchestersprache als neues Stilmittel voll zur Geltung. In einem Opiumrausch, in welchen sich ein junger Musiker von krankhafter Empfindsamkeit gestürzt hat, träumt dieser, seine Geliebte erscheine in der Walpurgisnacht auf einem Hexensabbat. Das leitmotivische Thema der Geliebten, das in allen fünf Sätzen auftaucht, nimmt hier besonders groteske Züge an, nahtlos eingepaßt in eine höllische Orgie. Ein solches Programm in Musik umzuschmelzen war nur möglich durch eine Verfeinerung der Klangsprache, wie sie vor den zwanziger Jahren des 19. Jahrhunderts nicht vorstellbar gewesen war. Berlioz schrieb dann auch, als Quintessenz seiner Erfahrungen auf diesem Gebiet, ein Lehrbuch der Instrumentationskunde.

Richard Wagner schließlich war der Vollender all dieser Bestrebungen, wie sie seit Gluck, Spontini, Weber und Berlioz im Schwange waren. Daß er diese Rolle einnehmen konnte, verdankt er allerdings weit weniger diesen seinen Vorläufern und Vorbildern als seiner eigenen Genialität, an die er allerdings bereits zu einem frühen Zeitpunkt in einem solchen Maße glaubte, daß es schon fast pathologisch erscheint. Doch welcher Komponist hatte sich auch vorher schon zugetraut, das Problem des Auseinanderklaffens zwischen Text und Musik dadurch in den Griff zu bekommen, daß er konsequent alle Libretti selbst schrieb? Welcher Opernkomponist dieser Zeit hatte schließlich eine solch ausgeprägte Vision davon, wie sich das Musiktheater aus den Niederungen einer reinen Unterhaltungsindustrie, wie man heute sagen würde, zu einer ästhetischen Würde erheben könne, wie sie bis dahin nur der Sinfonie zugestanden wurde? Wir wollen hier nur noch einige musikalische Stilmittel herausgreifen, anhand derer sich sehr anschaulich nachvollziehen läßt, worin auf der Ebene des Materials der handwerkliche Unterschied zwischen italienischer Oper und Musikdrama oder, konkret gesagt, zwischen Verdi und Wagner liegt.

Wenn es einen französischen »Romantiker« gibt, dann ist es Hector Berlioz: »Ich habe nur ein einziges Mittel gefunden, das diese ungeheure Begierde nach Gemütsbewegung völlig befriedigt, und das ist die Musik. Ohne sie könnte ich sicherlich nicht existieren!« Mit der Musik kämpft er gegen die Vereinsamung an, die er mit sechzehn Jahren bereits dramatisch erlebt haben will: »... ich muß Liebe haben, das große Leben! ... Aber ich bin ein schwerer, an das Leben gefesselter Körper! ... Und der Anfall brach in seiner ganzen Gewalt aus; ich litt schrecklich, legte mich jammernd auf die Erde, breitete meine schmerzenden Arme aus, riß krampfhaft Büschel von Gras und unschuldigen Gänseblümchen, die vergebens ihre erstaunten Augen öffneten, aus dem Boden heraus, und kämpfte ... gegen die schreckliche Vereinsamung.« [Memoiren]

Da ist einmal wieder der Unterschied in der Instrumentationstechnik. Ist für die italienischen Komponisten das Orchester nichts als eine überdimensionale Riesengitarre, wie es Berlioz ausgedrückt hat, welche die Stimmen auf der Bühne in erster Linie stützt und begleitet, gewinnt das »symphonische Prinzip« im Musikdrama derart die Oberhand, daß es durchaus plausibel ist, wenn ein französischer Kritiker schon 1861 beim »Tannhäuser« von einer gesungenen Sinfonie (»symphonie chantée«) gesprochen hat. Bereits ein optischer Vergleich zweier Partituren zeigt die Funktion, die der jeweilige Komponist dem Orchester einzuräumen bereit ist. Ein typisches Bild einer Verdi-Partitur zeigt ein Ausschnitt aus »Simon Boccanegra«. Der 3er-Rhythmus, das »Hm-da-da«, wird auf die Streicher verteilt. Die Eins spielen die Bässe, die Zwei die Bratschen, die Drei die beiden Geigenstimmen. Zunächst drei Takte lang der nackte Rhythmus vorweg, dann setzt die Singstimme ein, koloriert durch einige Holzbläser (Flöte, Klarinette, Fagott). Auffällig ist, daß beim »Hm-da-da« die Eins und die Drei pizzicato gespielt werden, während die Zwei in der Mitte erstens gestrichen und zweitens in die Drei hinein ausgehalten wird (als Viertelnote). Dazu kommt noch ein »seufzender« Vorschlag. Hieraus sieht man, wie Verdi aus einem Vorrat reinster musikali-

Verdi: »Simon Boccanegra«, Andantino aus dem Prolog »Del mar sul lido«, Takt 1–5.

scher Platitüden ein hochdifferenziertes Gebilde macht, das schon wieder eine unverwechselbare Sprache darstellt. Mit ihrer Hilfe gelingt es dem Meister der italienischen Oper, für jedes Werk eine unverwechselbare Stimmung aufzubauen, die über das Klangkolorit erzeugt wird, die »tinta musicale«, wie er es nannte, die musikalische Grundfarbe.

Was Wagner mit dem Orchester beabsichtigt, zeigt sich beispielsweise im »Lohengrin«-Vorspiel. Unser erstes Notenbeispiel (S. 240) zeigt die Gesamtübersicht aller Instrumente, die zum Einsatz kommen. Deren Zahl steht allerdings nicht primär in Zusammenhang mit einer angestrebten Lautstärke, wie dies von vielen Wagner-Gegnern ziemlich beharrlich immer wieder vorgetragen wird, sondern ganz im Dienste einer Klangdimension, die eben mehr sein will als eine »Verpackung«. Wie differenziert die Instrumente tatsächlich eingesetzt werden, soll ein Ausschnitt aus demselben Werk, Takt 53 ff., zeigen. Man braucht kein Fachmann in Sachen Kompositionslehre zu sein, um zu erahnen, welche Dimensionen die klingende musikalische Architektur auf sinfonischer Grundlage hier erreicht!

Kommen wir nun zu einer weiteren Vergleichsebene. Zu den Errungenschaften der klassisch-romantischen Musiksprache, wie sie sich in der Zeit des großen Umbruchs um 1750 herausgebildet hatte, gehörte die Auffassung, daß ein Thema eine symmetrische, meist auch periodische Struktur habe: Der »Hinweg« (meist 4 Takte lang) endet an einer Stelle, die deutlich zu erkennen ist, der »Rückweg« ist genauso lang und löst die auf dem »Hinweg« aufgebaute Spannung wieder auf. Themenstrukturen von 2, 4, 8, 16 oder 32 Takten bilden seit jener Zeit das mathematische Gerüst für eine Musik, die – ohne daß jemand bewußt die Takte mitzählen würde – den Anschein von Einfachheit und Überschaubarkeit erweckt. Wenn man die vier (oder zwei oder acht) Takte der Hinbewegung und die Rückbewegung als zwei Bewegungen (hin und zurück) zusammenzieht, kann man von einem »Rhythmus im Großen« sprechen.

Die italienische Oper machte sich dieses Strukturmodell zu eigen. Nehmen wir zur Verdeutlichung eine Arie von Verdi, die jeder kennt, und zählen einmal die Takte mit; es ergeben sich $4 \times 8 = 32$ Takte!

Wagner sah in diesem Prinzip, dem er selbst noch bis zum »Lohengrin« verpflichtet war und das er danach als »Quadratur des Tonsatzes« verhöhnte, einen unangemessenen Zwang, der vom Material ausgeht. Beispielsweise könnte ja eine melodische »Rückbewegung«, die aus Symmetriegründen realisiert werden muß, mit einer Textstelle zusammenfallen, die besser und konkreter in einer freien und irregulären Umset-

2 + 2 = 4
+
2 + 2 = 4
8 Takte

Wiederholung:
= 8 Takte

8taktige Steigerung mit Höhepunkt beim f

2 + 2 = 4
+
2 + 2 = 4
8 Takte

Verdi: »Rigoletto«
»O wie so trügerisch«.

LOHENGRIN.

Vorspiel.

3
zu 2.
Fl.
Hb.
E H.
Cl.
B-Cl.
Fag.
Hr.
Trp.
Pos.
B-T.
Pk.
Bck.
dim.
più p
sehr ruhig
3

zung ausgedrückt werden sollte. Ein Belcanto-Komponist beugt sich in diesem Zwiespalt den Erfordernissen der Melodie. Wagner vermied diese Konflikte, indem er mit dem »Rheingold« in den Bereich der musikalischen Prosa vorstieß. Entspricht das Belcanto-Prinzip einer Dichtung in Reimen (Zeile 1 reimt sich auf Zeile 3, Zeile 2 auf Zeile 4), so löst die Prosa, in der Literatur wie in der Musik, solche Zwänge auf, um eine völlig freie Gestaltung zu ermöglichen.

Wird allerdings diese »Quadratur« gesprengt, so verzichtet man auf ein ganz wesentliches Element der formalen Gestaltung. Bei »La donna è mobile« hat jeder Zuhörer, ob Fachmann oder nicht, den festen Eindruck einer formalen Geschlossenheit. Man »spürt« an bestimmten Stellen, daß die Melodik nach einer bestimmten Anspannungsphase sich »genau jetzt« wieder entspannen müsse, und dergleichen mehr. Verzichtet der Komponist auf diese leicht und schnell durchschaubaren Gliederungshilfen und komponiert einfach »dem Text entlang«, so droht die Gefahr, daß der Hörer vergeblich nach den gewohnten Strukturen sucht und das neue Gebilde als formlos empfindet. Denn das, was dabei herauskommt, wenn man die reguläre Melodienbildung aufgibt, ist die »unendliche Melodie«, die schon allein aus wahrnehmungspsychologischen Gründen nicht mehr überschaubar ist. Wagner begegnete dieser Gefahr mit zweierlei Mitteln: der thematisch-motivischen Arbeit und der Leitmotivtechnik.

Die thematisch-motivische Arbeit ist das Kernstück der klassischen Sonatenform. Dort kommt sie insbesondere in der Durchführung zum Tragen, aber auch in der Exposition oder in der Reprise, wenn diese »durchführungsartigen« Charakter annimmt. Und natürlich in der Coda, die seit Beethoven fast wie eine zweite Durchführung angesehen wurde. Ein Thema wird dabei in seine Einzelbestandteile aufgelöst, Teile davon werden zur Grundlage einer neuen, intensivierten Dramatisierung genommen. Auf diese Weise sorgt diese Technik dafür, daß auch ein längerer Satz nicht nur aus einem potpourriartigen Sammelsurium schöner Melodien besteht, sondern daß er die Energie aus einem überschaubaren Vorrat an thematischem Material bezieht, das in den Durchführungsteilen umgemünzt wird. Dadurch entstehen logische Beziehungen über einen ganzen Satz hinweg und geben diesem den inneren Zusammenhalt. Die Themen, die nun – nach dem »Lohengrin« – den Vorrat für thematisch-motivische Arbeit abgeben, sind jetzt die Leitmotive.

Wagner selbst hat das Wort nicht verwendet. Es wurde erst Jahrzehnte später von Hans von Wolzogen in die Wagner-Literatur eingeführt und hat sich dort fest etabliert. Wohl gab es den gemeinten Sachverhalt, allerdings zunächst nur als Erinnerungsmotiv, wenn also an einer späteren Stelle der Oper an ein früheres Ereignis erinnert werden sollte. Seit dem »Rheingold« haben diese Motive eine weitergehende Funktion, die über die reine Erinnerung hinausgeht. Oft weisen bestimmte Motive, meist vom Orchester gespielt, auf eine Situation hin, die der Hörer noch gar nicht kennen kann, auf die er somit vorbereitet wird. Doch nicht diese psychologische Funktion allein ist wichtig, sondern vielleicht noch viel eher die Tatsache, daß eine vom Formzerfall bedrohte Komposition, die sich in einer »unendlichen Melodie« selbst aufzulösen scheint, durch eine gewisse Anzahl von Leitmotiven, seien diese inhaltlich vorwärts oder rückwärts gerichtet, zusammengehalten wird. Daß die Leitmotive inzwischen alle einen Namen haben (»Schwert-Motiv«, »Vertrags-Motiv«, »Siegmund-Motiv«) ist gedächtnispsychologisch sinnvoll, weil sich ohne eine namentliche Benennung der Eindruck eines überschaubaren Zusammenhanges nur schwer einstellt. Andererseits ist diese Praxis aber auch verhängnisvoll. Ein gleichbleibender Name suggeriert, daß das mit diesem Namen Bezeichnete unveränderlich sein müßte. Durch den dramatischen Gang der Ereignisse auf der Bühne wie auch durch die thematisch-motivische Verarbeitung im musikalischen Material bleiben die Motive jedoch selten das, was sie einmal waren.

Auflösung eines starren Melodienschemas, das allein den Gesetzen des Schönen gehorcht, das Ausbreiten einer »unendlichen Melodie« über Werke von mehreren Stunden Dauer in Form einer reinen »Prosa« sowie das Zusammenhalten des Ganzen durch thematisch-motivische Verarbeitung von Leitmotiven, das ist es, was vielleicht den Kern des von Wagner geschaffenen »Musikdramas« ausmacht. In dieser neuen Gattung des Musiktheaters finden sich mehr Elemente der reinen symphonischen Tradition als solche aus »eigentlichen« Opern. Da Wagner dies wußte, hat er auch konsequent die Bezeichnung Oper für seine Werke vom »Rheingold« an gemieden. Und er hat schließlich für die adäquate Aufführung dieser Werke, die er nun voll im Range der symphonischen Tradition sah, sich in die Bayreuth-Idee verstiegen, die ihm noch so viel Kummer bereiten sollte.

Letztlich sind Wagners Musikdramen das Resultat einer »halsbrecherischen Anmaßung eines hemmungslosen Egozentrikers« (Dahlhaus), der sich in die Idee verstiegen hatte, daß sowohl das shakespearsche Drama als auch die beethovensche Sinfonie noch unvollständig und damit »erlösungsbedürftig« seien. Diese Erlösung schaffe das Musikdrama, in welchem beide Kunstformen am besten »aufgehoben« seien. In der Tat ein aberwitziger Anspruch! Doch es besteht kein Zweifel, daß es Wagner gelungen ist, in sich selbst ein solches Maximum an Kreativität, Inspiration und Arbeitsleistung zu mobilisieren, daß über seine Anmaßungen schon bald nicht mehr gelacht wurde. Eine gigantomanische Selbstüberschätzung hat uns in diesem Falle Werke geschenkt, die das möglicherweise bereits Pathologische auf seiten des Komponisten völlig vergessen machen.

Betrachtet man in der Musikgeschichte das Verhältnis zwischen theoretischen Ideen und deren praktischer Umsetzung in konkrete Musik, stößt man fast unentwegt auf große Diskrepanzen. Caccini verkündete in seinem Traktat von 1601 den Anspruch, die »seconda pratica« geschaffen zu haben. Die klingende Umsetzung von ästhetischem Rang gelang allerdings erst Monteverdi. Rousseau wollte seinen neuen musikalischen Ideen mit dem »Dorfwahrsager« eine exemplarische Gestalt geben. Heute wird das Singspiel so wenig gespielt wie die »Reformopern« von Gluck. E. T. A. Hoffmann konnte seine Vorstellungen von musikalischer Romantik in der 1816 komponierten »Undine« nicht überzeugend unterbringen, so wie auch das, was Franz Liszt in seinen Schriften über die von ihm proklamierte »sinfonische Dichtung« verbreitete, in den entsprechenden Werken nicht überzeugend belegt wird. So gesehen ist Richard Wagner einer der Glücksfälle der Musikgeschichte. Er hatte nicht nur verrückte Ideen, sondern auch die Genialität, sie einzulösen.

Was also im 19. Jahrhundert parallel zum Siegeszug der italienischen (und auch der französischen) Oper »Epoche gemacht« hat, ist die Verschmelzung der gluckschen Reformabsicht mit den Errungenschaften der Instrumentalmusik, die seit Tieck und Wackenroder eingebettet war in eine Philosophie des Erhabenen oder – wie es Wagner später nannte – in die Vorstellung einer »absoluten Musik«.

Um diese Idee war in der Mitte des 19. Jahrhunderts ein zweiter großer Streit entbrannt, der vielleicht noch leidenschaftlicher geführt wurde als der zwischen den Anhängern der Gesangsoper und des Musikdramas. Verkürzt gesagt heißt die Alternative jetzt:

Absolute Musik oder Programmmusik

Die Spaltung, die sich entlang den Positionen zu dieser Frage im vorigen Jahrhundert entwickelte, ist uns heute kaum mehr verständlich. Wir ste-

Bayreuth war nicht die Idee eines selbstherrlichen Gigantomanen, sondern der Niederschlag eines Kunstwillens, der nach dem Höchsten griff. An die Stelle eines heruntergekommenen Repertoire- und Unterhaltungstheaters wollte Wagner die Idee eines Kunstwerkes setzen, wie sie bisher nur die Sinfonie, und zwar allein die beethovensche, in Anspruch nehmen durfte. Die Festspielidee war eine Herausforderung, weil hier zum erstenmal in der Musikgeschichte die Oper zum Inbegriff von Kunst erklärt wurde. Aus der Verbindung des Szenischen, des Wortes und der Sinfonie erwuchs das Musikdrama, das nicht nur theoretisches Konzept blieb, sondern durch die Kraft der Inspiration seines Urhebers die Musikwelt verändert hat, wie es bis dahin einer einzelnen Person noch nicht gelungen war. Die Abbildung zeigt das Bayreuther Festspielhaus.

hen zu sehr »über den Dingen«, nehmen aus der Position der Nachgeborenen die Ereignisse nicht mehr aus der Perspektive ihrer Entstehung wahr, sondern aus der einer rückwärtsgewandten, inzwischen wohlgeordneten und geglätteten Sichtweise. Wie rauh und unbarmherzig dagegen die Situation damals war, will ich, bevor wir den Zusammenhang geschichtlich abrollen lassen, dem Musikfreund von heute mit zwei Zitaten belegen, die sich auf Bruckners 8. Sinfonie beziehen. Es geht uns dabei jetzt nicht um das Werk an sich, sondern darum zu sehen, mit welcher Heftigkeit am Ende dieses großen Jahrhunderts darüber gestritten wurde, wohin die Zukunft der Musik führen sollte.

Eduard Hanslick (1825–1904), der brillanteste Musikkritiker seiner Zeit und Anführer des einen Lagers, schrieb in seiner Kritik: »Die Eigenart dieser Werke besteht, um es mit einem Worte zu bezeichnen, in der Übertragung von Wagners dramatischem Stil auf die Symphonie ... Charakteristisch auch für Bruckners neueste c-moll-Symphonie ist das unvermittelte Nebeneinander von trockener kontrapunktischer Schulweisheit und maßloser Exaltation. So zwischen Trunkenheit und Öde hin und her geschleudert, gelangen wir zu keinem sichern Eindruck, zu keinem künstlerischen Behagen. Alles fließt unübersichtlich, ordnungslos, gewaltsam in eine grausame Länge zusammen ... Es ist nicht unmöglich, daß diesem traumverwirrten Katzenjammerstil die Zukunft gehört – eine Zukunft, die wir darum nicht beneiden. Vorläufig aber wüßten wir gern die Symphonie- und Kammermusik rein gehalten von einem Stil, der nur als illustrierendes Mittel für bestimmte dramatische Situationen relative Berechtigung hat ... Das Finale endlich, das uns mit seinen barocken Themen, seinem konfusen Aufbau und unmenschlichen Getöse nur als ein Muster von Geschmacklosigkeit erschien, ist laut Programm: ›Der Heroismus im Dienste des Göttlichen.‹ Der kindische Hymnenton dieses Programms charakterisiert unsere Bruckner-Gemeinde, welche bekanntlich aus den Wagnerianern und einigen Hinzukömmlingen besteht, denen Wagner schon zu einfach und selbstverständlich ist...« [65, S. 160]

Hugo Wolf (1860–1903), selbst Komponist, schrieb ebenfalls Kritiken. Er äußerte sich zur Achten Bruckners völlig entgegengesetzt: »Diese Symphonie ist die Schöpfung eines Giganten und überragt an geistiger Dimension, an Fruchtbarkeit und Größe alle anderen Symphonien des Meisters. Der Erfolg war trotz der unheilvollsten Kassandrarufe, selbst von Seiten Eingeweihter, ein fast beispielloser. Es war ein vollständiger Sieg des Lichtes über die Finsternis ... Kurz, es war ein Triumph, wie ihn ein römischer Imperator nicht schöner wünschen konnte. Mit welchem Gefühle mochte wohl Meister Brahms in der Direktionsloge dem Werke und der zündenden Wirkung desselben gefolgt sein! Ich möchte nicht um alle Schätze Indiens in seiner Haut gesteckt haben.« [65, S. 162]

Brahms' Sinfonien nannte Hugo Wolf pauschal »ekelhaft schale, im Grunde der Seele verlogene und verdrehte Leimsiedereien ... In einem einzigen Beckenschlage aus einem Liszt'schen Werke drückt sich mehr Geist und Empfindung aus, als in allen Brahms'schen Sinfonien.« [65, S. 162]

Was verbirgt sich hinter diesen drastischen Ausfällen? Um darauf eine Antwort zu geben, wollen wir wieder etwas in die Musikgeschichte zurückgehen. Bis zum großen Umbruch um 1750 war es selbstverständlich, daß jede Musik eine mehr oder weniger konkrete Aussage mit sich führte. Aus diesem Grunde wurde die Vokalmusik ästhetisch auch als höchste Kunstform angesehen, da sie über den Text den Sinn ihrer Aussage unmittelbar vermitteln könne. Im Bereich der Instrumentalmusik, die noch unter dem Verdacht stand, leeres Getöse zu sein, das bestenfalls die Nerven ein wenig kitzele und deshalb Gefallen finde, gab es eine Reihe von Kompositionen, die sich die Aufgabe stellten, konkrete außermusikalische Ereignisse darzustellen. Erinnert sei an die »Jahreszeiten« von Vivaldi, Tonmalereien von Couperin und dergleichen. Eine abgehobene »absolute« Musik gab es im allgemeinen Bewußtsein der damaligen Zeitgenossen noch nicht (wenngleich das esoterische Spätwerk von Johann Sebastian Bach nichts anderes darstellt). Erst als sich mit der Entwicklung der neuen Gattungen der Instrumentalmusik, der Sinfonie, der Sonate, des Streichquartetts usw., die Musik von außermusikalischen Sinngehalten löste und den erfolgreichen Versuch unternahm, mit rein musikalischen Mitteln »Logik« zu entwickeln – Prototyp war die Sonatenform –, ging der Weg in diese »absolute« Richtung. Allerdings in erster Linie in Deutschland, wo sich der Umbruch auch am konsequentesten vollziehen konnte.

In Frankreich hatte es sich schon recht bald eingebürgert, sogenannte »Symphonies à programmes« aufzuführen. Sinfonien also, zu denen Konzertzettel verteilt wurden, auf denen das Programm des Werkes angegeben war. Damals berühmt waren die Sinfonien nach Ovids Metamorphosen von Carl Ditters von Dittersdorf. Auch der Lehrer von Berlioz, F. Lesueur, schrieb solche Programmsinfonien. Anstelle des Wortes »Programmusik« hatte sich auch die Bezeichnung »Sinfonia caracteristica« eingebürgert (sie hatte einen konkreten, charakteristischen Inhalt). Beethoven nannte einige seiner Werke »charakteristisch«, so etwa die Sinfonie Nr. 6, die »Pastorale«. Um dieses Werk wird heute noch viel gerätselt, denn die Gelehrten sind sich nicht darüber einig, ob es sich um »Programmusik« handelt oder nicht. Gilt doch Beethoven gerade den Verteidigern der »Idee der absoluten Musik« als wichtigster Gewährsmann. Zusammen mit Haydn und Mozart hatte er doch mustergültig gezeigt, wie es möglich ist, ein musikalisches »Drama ohne Worte« und ohne Übersetzungshilfe zu gestalten. Die Unsicherheit hängt am Begriff selbst.

Wenn Programmusik nichts anderes heißt, als daß konkrete Tonmalereien im Mittelpunkt stehen (Schlachtenlärm, Gewitter und Sturm,

Sonnenaufgänge, Hühnergegacker und dergleichen mehr), ist auch die »Pastorale« eine Programmsinfonie. Denn auch hier geht es um eine außermusikalische Handlung: Lustiges Zusammensein der Landleute – Gewitter, Sturm – Hirtengesang. Frohe, dankbare Gefühle nach dem Sturm. Beethoven selbst muß es nicht ganz behagt haben, in diese enge Ecke der Tonmalerei gestellt zu werden: »Jede Mahlerei, nachdem sie in der Instrumentalmusik so weit getrieben, verliert«, hat er einmal geäußert. In die Partitur der »Pastorale« schrieb er: »Mehr Ausdruck der Empfindung als Malerei.«

Doch selbst wenn man von einem engen Begriff der Tonmalerei Abstand nimmt und die »Empfindung« in den Mittelpunkt stellt, löst sich das Problem noch lange nicht. Denn erstens beansprucht auch die »absolute« Musik, Empfindung auszudrücken, allerdings ohne konkrete »Übersetzung«, um welche Empfindungen es sich dabei handele. Nein, auch der spätere Haupttheoretiker der Programmusik, Franz Liszt, entfernte sich deutlich von einer Musik, die nichts mehr ist als eine platte Illustration. Unter Programmusik verstand er vielmehr eine »Folge von Seelenzuständen« oder die »Erzählung innerer Vorgänge«. Dennoch verzichtet Liszt nicht auf die Tonmalerei, dient sie ihm doch ebenfalls zur Darstellung des Helden, der Darstellung von »Affekten, die in seiner Seele walten«.

Bei Richard Strauss gewinnt die Tonmalerei wieder deutlicher die Oberhand. Claude Debussy tadelte dessen Tondichtungen als »Bilderbücher«. Strauss selbst soll auch gesagt haben, er traue sich, ein Glas Bier so materialgerecht in Musik darzustellen, daß jeder Hörer unterscheiden könne, ob es sich um ein Pilsener oder Kulmbacher handele. Wie auch immer, in der Zeit um 1900 bis etwa 1920 herum hatte diese musikalische Richtung ihren Höhepunkt. Die »Alpensinfonie«, die Strauss 1915 schrieb, ist vielleicht das Nonplusultra der Tonmalerei. Nach 1920 wurde diese Gattung suspekt, wenngleich sie sich bis heute hat halten können (vor allem im Bereich des sozialistischen Realismus).

Doch noch befinden wir uns an der Oberfläche des Geschehens. Wo bleibt der Konflikt in der Sache? Der Sprengsatz liegt offenbar nicht in der Frage, ob die Programmusik möglichst konkrete Tonmalerei betreiben oder eher im allgemein Poetischen, bei den »reinen Seelenzuständen«, bleiben solle, so heftig dies auch immer wieder diskutiert wurde. Rollen wir also das Problem noch einmal auf, und zwar aus einer anderen Perspektive.

Die entscheidende Frage gegen die Mitte des 19. Jahrhunderts war die: Wie realisiert sich »Geist« in der Musik? Die Vertreter der »Programmusik«, das Lager der »Neudeutschen« mit Liszt und Wagner als den führenden Komponisten und Franz Brendel als deren Chefideologe, waren der Meinung, daß die klassische Sinfonie, wie sie durch Beethoven zu einer nicht mehr zu überbietenden Vollendung geführt wurde, nach nunmehr hundert Jahren gewissermaßen an ihrem natürlichen Ende angelangt sei. Die Sonatenform könne nicht länger die ästhetische Richtschnur der kompositorischen Entwicklung sein. Man müsse vielmehr die Gelegenheit nutzen, das Vakuum, das die Sonatenform hinterlasse, mit folgender Vorstellung aufzufüllen: In der Zeit der absoluten Musik der Wiener Klassik war die Musik lediglich Träger eines »unbestimmten« Gefühlsausdrucks. Indem sie »charakteristische« Züge annehme, also durch ein übersetzbares Programm an Konkretheit gewinne, gewinnt sie, so die Logik der Neudeutschen, an »Geist«.

Das konkurrierende Lager, in diesem Falle Johannes Brahms als Komponist und Eduard Hanslick als Ideologe, vertrat die Auffassung, daß die Sonatenform keineswegs an ihr natürliches Ende gelangt sei, sondern wiederbelebt werden müsse. Die brahmsschen Sinfonien sind dann auch (anscheinend) ein Schulterschluß nach rückwärts. Seine Erste wurde als die »Zehnte Beethoven« gefeiert. Für Hanslick bestand nämlich der »Geist« der Musik nicht in einem übersetzbaren Programm, sondern in ihrer architektonischen Form. Ein solcher »Klassizismus« galt damals als reaktionär und konservativ. (Interessant ist, daß Brahms von dem späteren Revolutionär Schönberg als der Progressive gefeiert wurde!)

In der Tat schien die Sonatenform zur Jahrhundertmitte hin ziemlich ausgehöhlt. Berlioz verwendet sie in seinen zwei großen ersten Programmsinfonien zwar noch (der »Phantastischen« und »Harold in Italien«), doch ist sie nicht mehr als ein äußeres Gefäß, das die neuen Inhalte kaum mehr fassen kann. Und der Komponist, mit dem die Gattung scheinbar auszulaufen schien, Robert Schumann, war zwar kein engagierter Anhänger der Programmusik. Doch irgendwie spürte er, daß die neue Richtung nicht mehr aufzuhalten sei. Und so schrieb er denn auch 1843: »Vor allem laß mich hören, daß du schöne Musik gemacht, hinterher soll mir auch dein Programm angenehm sein.« Und bereits kurz zuvor hatte er gemeint: »Im übrigen aber, scheint es, hat die Form ihren Lebenskreis durchlaufen, und dies ist ja in der Ordnung der Dinge, und auch wir sollten nicht jahrhundertelang dasselbe wiederholen und auch auf Neues bedacht sein. Also schreibe man Sonaten oder Phantasien (was liegt am Namen!), nur vergesse man dabei die Musik nicht, und das andere erfleht euch vom guten Genius.« Überhaupt hielt er die Sonate (gemeint ist hier die Klaviersonate, von denen er gerade drei Stück komponiert hatte) für »eine Musikart, die in Frankreich nur mitleidig belächelt, in Deutschland selbst kaum mehr als geduldet wird«.

Damit schien also das Ende einer musikalischen Tradition angebrochen zu sein. Als dann auch nach Schumanns dritter und Bruckners zweiter Sinfonie, also grob gesagt zwischen 1850 und 1870 keine neue Sinfonie von Rang erschienen war, hielt man die *sinfonische Dichtung,* wie Franz Liszt seine Programmsinfonien nannte, für die einzig logische Weiterführung der traditionellen Sinfonie. Da die Neudeutschen trotz der heftigen Angriffe durch Hanslick den Sieg ihrer Ansichten längst für ausgemacht hielten, ließ sich Brahms, der sonst so zurückhaltende, zu der einzigen öffentlichen Erklärung in seinem Leben hinreißen, die ihm dann allerdings endgültig den Stempel des Reaktionärs einbrachte. Zusammen mit einigen weiteren Kollegen, darunter der Geiger Joseph Joachim, widersprach er der Auffassung, daß der ästhetische Kampf bereits entschieden sei:

»Die Unterzeichneten haben längst mit Bedauern das Treiben einer gewissen Partei verfolgt, deren Organ die Brendelsche Zeitschrift für Musik ist. Sie behauptet, es wäre der Streit für und wider die sogenannte Zukunftsmusik, und zwar zugunsten derselben, ausgefochten. Gegen eine solche Entstellung der Tatsachen zu protestieren halten die Unterzeichneten für ihre Pflicht und erklären wenigstens ihrerseits, daß sie die Grundsätze, welche die Brendelsche Zeitschrift ausspricht, nicht anerkennen, und daß sie die Produkte der Führer und Schüler der sogenannten ›Neudeutschen‹ Schule... als dem innersten Wesen der Musik zuwider, nur beklagen und verdammen können.«

Nachdem dieser »Protest« logischerweise keine Wirkung hatte, hielt sich Brahms zeit seines Lebens aus diesem Streit heraus. Während die Anhänger seiner »Partei«, wie wir an dem Zitat über die Bruckner-Sinfonie haben erfahren können, noch lange und heftigst weiterkämpften. Auf der anderen Seite gab es übrigens ein ähnliches Phänomen. Während Wagner vom neudeutschen Lager immer mehr in den Mittelpunkt der Auseinandersetzung gestellt wurde – er war schließlich deren erfolgreichster Komponist –, hatte er innerlich bereits eine völlige Kehrtwendung vollzogen. Durch die Bekanntschaft mit der Philosophie Schopenhauers, eines Hauptvertreters der »Idee der absoluten Musik«, machte er sich dessen Auffassung zu eigen, daß das »Eigentliche« in der Musik nicht die Texte, die Programme und das ganze Drumherum seien, sondern das musikalische Material selbst. So schrieb er denn auch, wie wir im vorigen Abschnitt gesehen haben, »gesungene Sinfonien«, gewissermaßen vokale Ausprägungen des alten beethovenschen Ideals, zu welchem er sich um so mehr berechtigt fühlte, als Beethoven selbst in seiner Neunten den Chor und vier Solisten eingeführt hatte.

Unter der Oberfläche eines inzwischen längst polemisch geführten Parteienstreites verbarg sich hinter der Kontroverse um die Programmmusik allerdings ein viel weitergehendes musiktheoretisches und philosophisches Problem. Brahms war im Grunde seiner Seele davon überzeugt, daß es einen musikalischen Fortschritt eigentlich gar nicht geben könne. Denn die Musik war seiner Ansicht nach »dauerhaft«, sie existierte gewissermaßen außerhalb der Geschichte. Wenn Brahms sich im Kontrapunkt der Barockzeit unterweisen ließ, dann nicht, um sein historisches Bewußtsein zu schulen, sondern um an etwas teilzuhaben, was er für überzeitlich hielt. Sein Denken war streng normativ. Für ihn war es klar, was eine Sinfonie war oder ein Lied und was nicht. Seine Gegner von der neudeutschen Schule waren dagegen geschichtsphilosophisch geprägt. Künstler zu sein bedeutete für sie, sich als Vollstrecker einer geschichtlichen Aufgabe zu fühlen, sich in Übereinstimmung mit dem unaufhaltsamen Gang der Geschichte zu befinden. Die Konservativen wehrten sich gegen den Begriff des Fortschritts, der in eine unbestimmte Zukunft reichte. Die Preisgabe unantastbarer musikalischer Spielregeln machte ihnen Angst, weil dies der Willkür Tür und Tor zu öffnen schien.

Doch solche Feinheiten interessierten die Streithähne längst nicht mehr. Und in der Praxis liefen die Entwicklungen parallel. Einerseits der Siegeszug der neuen Programmsinfonien, andererseits das Phänomen, das wir heute das »zweite Zeitalter der Sinfonie« nennen: über Brahms, Bruckner, Mahler, Tschaikowski bis zu Prokofjew, Schostakowitsch, Karl Amadeus Hartmann oder Witold Lutosławski in unserem Jahrhundert.

Die Anhänger der Programmusik waren von ihrer ästhetischen Auffassung so grenzenlos begeistert, daß sie sich sogar dazu hinreißen ließen, frühere, aus dem Geiste der absoluten Musik geborene Werke nachträglich mit einem »Inhalt« zu versehen. Wilhelm Lenz, der bei Liszt Klavierspielen gelernt hatte, schrieb 1860 einen »Kritischen Katalog sämtlicher Werke Ludwig van Beethovens mit Analysen derselben«. Wie sah eine solche »Analyse« damals aus?

»Auf die Knie, du alte Welt! Du stehst vor dem Begriff der großen Beethoven'schen Sinfonie. Haydn, Mozart, die unsterblichen Schöpfer des Weltoratoriums und der Weltoper, geht an die Bratsche, schlagt die Pauken im Eroica-Orchester ... Zwei Hiebe schwerer Kavallerie, die ein Orchester spalten wie eine Rübe – und das Thema im Violoncello, von

Altviole und 2. Geige schüchtern gefolgt ... Heldengeflüster zu Anfang, Heldenchöre zu Ende ... Sehen wir, wie der Feldherr seine Schlacht aufstellt. Kerntreffen: Motiv. Wie eine unbarmherzige Säge des Schicksals geht es durch den Satz ... Flügel: Gegenmotiv von drei Noten. Sie fegen den Staub von den Verflachungen des Alltagslebens: ›So komm denn aus der Scheide / Du Reiters Augenweide / Heraus, mein Schwert, heraus! ...« [57, S. 63]

Verlassen wir diese Ausführungen, bedenken dabei allerdings, daß solche Skurrilitäten damals durchaus normal waren. Die beiden wichtigsten Vertreter dieser »hermeneutischen« Richtung, wie man diese Kunst der Deutung von verschlüsselten Texten nennt, waren Hermann Kretschmar, von dessen berühmtem »Führer durch den Konzertsaal« in diesem Buch bereits die Rede war, und der große Musikforscher Arnold Schering. Dieser sieht in der Eroica, um am Beispiel zu bleiben, eine geheime Vertonung von Homers Ilias: »Das den Anfang bestimmende Phantasiebild ist folgendermaßen zu denken. Hektor hat sich den Armen der Gattin entwunden, um in den Kampf zu ziehen. Nicht rauh oder kühn jedoch, sondern schonend, zurückhaltend gibt er den Entschluß zu erkennen: Das Heldenthema tritt in zartester Form in den Bässen auf. Die Ausweichung nach Cis kann nur Überraschung bedeuten, eine Art Reflexbewegung im Antlitz des Mannes über das, was die Takte 7–15 verraten. Denn im selben Augenblick schon hat die liebende Gefährtin beschwörend die Hände gehoben: Zieh nicht hinaus! ...« [57, S. 74] Diese Deutung erschien 1933 in einer hochwissenschaftlichen Reihe (»Neues Beethoven Jahrbuch V«). So sehr uns heute diese Form des Umganges mit Musik als unendlich weit entfernt scheint: Blättern wir auch jetzt noch in so manchem Konzertführer, stoßen wir immer noch auf viele Stilblüten dieser Art. Insgesamt gesehen hat sich allerdings der Zwist um die Programmusik als überflüssig erwiesen. Selbst Richard Strauss erkannte den Streit als unsinnig an: »Es gibt nämlich gar keine sog. Programmusik. Dies ist ein Schimpfwort im Munde aller derer, denen nichts Eigenes einfällt.« [20, S. 137] Und er stellte klar heraus, daß einer Musik, der die innere musikalische Logik fehlt, auch das schönste außermusikalische Programm nichts nützen könne. Ob nun die Sonatenform als Anregung beim Komponieren dient oder ein Gedicht, das man in Töne umsetzen will: Ausschlaggebend für die Qualität des Resultats ist einzig das Vorhandensein von musikalischer Logik. Einer Logik, die sich allerdings nicht nur über den Verstand offenbart, der über sie nachdenkt, sondern eine, die der Hörer unmittelbar als ein nicht näher zu erklärendes Gefühl der »Stimmigkeit« wahrnimmt.

Mozart-Sinfonien sind nicht deshalb ästhetisch gelungen, »weil« sie in der Sonatenform geschrieben wurden. Ebensowenig ist der Don Juan deshalb ein geniales Meisterwerk des jungen Strauss, weil es ihm gelungen wäre, die Textvorlage besser zu »vertonen« als andere. Beides, die Sonatenform wie das Lenau-Gedicht, sind nur das stützende Gerüst, das abgerissen werden kann, wenn das neue Gebäude steht, das zu erbauen es geholfen hat.

Auseinandersetzungen über den hermeneutischen Zugang zur Musik haben in unserer Gegenwart an Dramatik verloren. Nicht weil die anstehenden Probleme irgendwann gelöst worden wären, nein, sie wurden nur von neuen, die wichtiger schienen, abgelöst. Gemessen an dem Schock, den die moderne Zwölftontechnik bei vielen Musikliebhabern ausgelöst hat, ist die Frage, ob Brahms eher ein Konservativer oder gar ein Revolutionär sei, ziemlich unwesentlich geworden. Und auf der Ebene der Kompositionstechnik waren die Unterschiede zwischen absoluter Musik und Programmusik schon immer viel geringer als auf der Ebene der ästhetischen Auseinandersetzungen. Bei einem analytischen Vergleich von »Tod und Verklärung« (R. Strauss) mit der 7. Sinfonie von Mahler kommt Carl Dahlhaus zu dem Schluß, daß sich die sinfonische Dichtung von der Sinfonie technisch durch »nichts oder nahezu nichts« unterscheide [15, S. 306]. Wie könnte sie auch, war doch das »Programm« zu »Tod und Verklärung«, ein Gedicht von Alexander Ritter, von Strauss erst nachträglich hinzugefügt worden. Ein Verfahren, das in der Geschichte der Programmusik nicht selten ist und nicht zuletzt den eigentlich trivialen Gedanken unterstreicht, daß das Wesentliche an der Musik – eben die Musik ist und bleibt. Ein Gedanke, dem sich schließlich – Gesamtkunstwerk hin oder her – sogar noch Wagner anschließen mußte, als er erkannte, daß sein ganzes Schaffen ein klingender Beleg dafür war.

Einige Begriffe zur Musik des 19. Jahrhunderts

Romantik. Meist wenig bekannt ist die Geschichte des Begriffes selbst: Vor allem in Frankreich unterschied man zu Beginn des 19. Jahrhunderts zwischen dem »Romanesken« und dem »Romantischen«. Unter ersterem verstand man alles, was der Welt der »Romane« entspricht, und darunter verstand man damals die Literatur, die sich ins Regellose, Lügenhafte und Phantastische verlor und deshalb nicht im Ansehen »hoher Kunst« stand, während im »Romantischen« das Phantastische und Regellose als Merkmale von Erhabenheit und Tiefsinnigkeit gedeutet wurden.

Ein Begriff, der sich durch Überbeanspruchung verschlissen hat. Als Epochenbegriff sollte er einmal alles umfassen, was zwischen Schubert und Mahler liegt, also ein ganzes Jahrhundert Musik. Das Problem dabei ist allerdings nicht so sehr die zeitliche Erstreckung dieser sogenannten Epoche, denn es ließen sich ohne weiteres auch Kriterien finden, unter denen sie zusammenzuschweißen wäre. Der Mißgriff liegt viel eher in der Unterstellung, daß das, was sich gleichzeitig abgespielt hat, einigermaßen vergleichbar gewesen sein müßte. Damit wird verdeckt, daß das 19. Jahrhundert in sich gespalten war, und zwar gleich mehrfach. Die Romantik im engeren Sinne meint davon nur ein Teilphänomen. Gemeint sind die Ausläufer dessen, was sich bereits im 18. Jahrhundert als *Empfindsamkeit* und *Sturm und Drang* entwickelt hatte und mit den Theorien von Literaten wie Wackenroder, Tieck, E. T. A. Hoffmann usw. ein geeignetes ästhetisches Konzept erhielten. Wichtig ist dabei nicht nur die Musik selbst, sondern fast noch mehr die Hörhaltung, welche von Wackenroder als »völlige Hingabe der Seele an diesen fortreißenden Strom von Empfindungen« beschrieben wird. Komponisten, die auch von den eifrigsten Kritikern des Romantikbegriffs das Etikett des Romantischen erhalten, sind Schubert, Weber, Schumann, Mendelssohn, Chopin, Wagner und Berlioz. Strukturelle Inbegriffe von Romantik sind das »deutsche Lied«, das lyrische Klavierstück, der Austausch des Streichquartetts durch Kammermusik mit Klavier und die »romantische Oper«.

Biedermeier. Während man für die »schwächeren« Komponisten um Haydn, Mozart und Beethoven, welche das Prädikat »klassisch« nicht erhielten, keinen Ersatzbegriff erfand, könnte man den Begriff »Biedermeier« auch als Sammelbezeichnung für die »Romantiker der zweiten Garnitur« verstehen. Dazu würden dann Louis Spohr, Carl Loewe, Konradin Kreutzer, Albert Lortzing, Friedrich von Flotow und Otto Nicolai gehören. Somit hätte der Romantikbegriff selbst etwas Exklusives auf seiner Seite, wäre nicht nur ein Epochen-, sondern auch ein Rangbegriff. Weniger umstritten dagegen ist es, wenn man unter Biedermeier vor allem eine Tendenz in der Restaurationszeit, zwischen 1814 und 1848, versteht, die durch eine Neigung zum Einfachen, Beschaulichen, Betulichen und Idyllischen geprägt ist. Der Rückzug des Bürgers aus der Politik ins Private und Gesellige wird auf der Ebene der musikalischen Institutionen vor allem durch die Gründung von Liederkreisen, Singakademien, der Hausmusikmode und dergleichen gefördert. Da man hinsichtlich des betreffenden Zeitraumes ohnehin an die genannte »erste« Komponistengarnitur denkt, hat sich der Biedermeierbegriff in der Musikgeschichtsschreibung nicht recht durchsetzen können. Was vielleicht ursprünglich damit gemeint war, geht somit auch hier in einem inflationär gebrauchten Romantikbegriff unter.

Musikalischer Realismus. In den meisten Künsten gibt es in der Mitte des 19. Jahrhunderts eine Tendenz, die Romantik, also grob gesagt die Welt der Imagination, aufzugeben zugunsten eines oftmals brutalen Realismus, welcher die Welt der harten Fakten der Realität zum Gegenstand von Kunst machte. In der Art und Weise, wie etwa Gustave Courbet (1819–1877) Mensch und Tier malte, war auch das Instinkthafte, das Gewöhnliche und das Häßliche mit einbezogen. Idealisierungen und Verklärungen finden keinen Raum mehr. Wissenschaftsgeschichtlich geht dieser Wechsel mit dem Umbruch von Hegels Idealismus zum Positivismus einher, welcher ebenfalls nur noch die »reinen Tatsachen«, die »harten Fakten« gelten lassen wollte. Sozialpolitisch steht die zunehmende Industrialisierung mit ihrer Verhärtung der Lebensbedingungen breitester Schichten im Vordergrund.

In der Musik kann man von einem breiten Einbruch des Realismus, vergleichbar der bildenden Kunst oder der Literatur, nicht sprechen. Ja, es erweist sich geradezu als mühsam, wenigstens bei einzelnen Komponisten einige wenige Elemente zu finden, die man als realistisch bezeichnen könnte. Genannt werden hier immer wieder *Carmen* von Bizet und *Boris Godunow* von Mussorgski. Bei Carmen ist das spanisch-zigeunerische Milieu nicht nur ein pittoresker Hintergrund, sondern steht im Mittelpunkt der Dramaturgie, so wie im Boris die geschichtliche Realität und das Volk als »Hauptperson« der Oper nicht nur einen Aspekt der Szenerie abgeben, sondern ernst genommen werden. Doch handelt es sich dabei eher um Ausnahmeerscheinungen. Die Grundauffassung, daß die Musik eben nicht die Realität widerspiegele, sondern das Herüberscheinen des Erhabenen sinnfällig mache, die Ästhetik also, mit welcher das 19. Jahrhundert begann, konnte sich in groben Zügen bis weit in das 20. Jahrhundert hinein halten (Schönberg noch eingeschlossen!). Allen »realistischen« Anfechtungen zum Trotz.

Wagner und kein Ende

Nur mit Beethoven vergleichbar, war Richard Wagner zu einer Drehscheibe der musikalischen Entwicklung geworden, an der niemand vorbei konnte. Ich möchte jetzt nicht auf die Werke eingehen, die im direkten Sinne geglückte Nachfolgewerke seiner Musikdramen sind: Strauss' »Salome« (1905) und »Elektra« (1908), Schönbergs »Erwartung« (1909) und »Moses und Aron« (1932), Bergs »Wozzeck« (1935) und »Lulu« (1937) oder noch Bernd Alois Zimmermanns »Soldaten« (1965). Und schon gar nicht auf die Vielzahl der Werke, die man nicht anders als epigonal bezeichnen kann. Denn die Wirkung Wagners ging über die Modellgebung des neuentwickelten Musikdramas wesentlich hinaus. Kompositionstechnisch profitierten auch die anderen Gattungen, die Sinfonie, die sinfonische Dichtung, die Kammermusik, das Lied von Wagners Veränderung der musikalischen Substanz. Gattungen also, die in Bayreuth nichts zu suchen hatten. Über die Musik hinaus – und in diesem Punkt übertrifft die Wirkung Wagners diejenige Beethovens – war »der Meister aller Meister« (Bruckner) zu einem Transportinstrument ästhetischer und philosophischer Ideen geworden. Die Entwicklung in Frankreich soll uns dies kurz demonstrieren.

Im Jahre 1871, kurz vor dem Einmarsch der preußischen Truppen, wurde in Paris von Camille Saint-Saëns und einigen Freunden die »Société Nationale de Musique« gegründet. Ihr Motto: »Ars gallica«. Die politische Kränkung sollte durch kulturelles Selbstbewußtsein kompensiert werden. Um so frappierender ist dann die Tatsache, daß sich auch diese Bewegung dem Einfluß der wagnerschen Musik nicht entziehen konnte. Zunächst hatte sich die Gesellschaft die Aufgabe gestellt, die Orchester- und Kammermusik aus dem Schatten der Operngeschichte herauszuführen. (Ein Vorgang, den es in Italien nie gegeben hat; es gibt keine italienische Sinfonie des 19. Jahrhunderts von Rang!) Die Vorstellung einer absoluten Musik, also einer Musik ohne Programm, erschien den Franzosen als eine Zumutung. Bereits Jahre zuvor hatte Robert Schumann in einer Rezension der Fantastischen Sinfonie von Berlioz gegen die Franzosen polemisiert: »Ich kann sie mir denken mit dem Zettel in der Hand nachlesend und ihrem Landsmann applaudierend, der alles so gut getroffen; an der Musik allein liegt ihnen nichts.« [34, S. 12]

Bei dieser Absicht, die absolute Musik und dabei vor allem die Kammermusik zu restaurieren, wäre eine Auseinandersetzung mit Brahms mehr als naheliegend gewesen. Dessen Konservativismus jedoch wurde als Inbegriff »deutscher Pedanterie« verachtet. Paradox genug orientierte man sich eher an den Maximen der Neudeutschen. Saint-Saëns beispielsweise – er war als Komponist wie als Interpret und Schriftsteller voll auf Liszt eingeschworen – kopierte die lisztsche Technik der Themenbearbeitung, die dieser für die sinfonische Dichtung entwickelt hatte – und übertrug sie auf die Sinfonie, also auf die absolute Musik.

Daß die Komponisten der »Société Nationale« nach Bayreuth pilgerten, hatte nicht nur damit zu tun, daß sie die Modernität des wagnerschen Werkes an Ort und Stelle auf sich wirken lassen wollten, sondern

Das Große Treppenhaus der Pariser Oper, die 1862–1874 von Charles Garnier erbaut wurde. Die architektonische Gestaltung verrät, daß »die Oper« im Paris des 19. Jahrhunderts mehr ist als ein Zweckbau zur Aufführung musikalischer Bühnenwerke: Sie wird zu einem gesellschaftlich-politischen Zentrum ersten Ranges.

auch mit der Tatsache, daß durch Wagners Werke in Frankreich die Philosophie Schopenhauers und Nietzsches rezipiert wurde. Dies ist sicher auch eine Erklärung dafür, daß der Wagnerianismus außerhalb Deutschlands gerade in Frankreich immer schon am ausgeprägtesten war.

Claude Debussy, der bewußte Anti-Wagnerianer, gibt mit seiner Oper »Pelléas et Mélisande« ein Beispiel für ein »Anti-Werk«. Zwar übernimmt er die Leitmotivtechnik, die er bei Wagner verspottet, verwendet sie allerdings nicht wie dieser, indem er sie einem thematisch-motivischen Prozeß unterwirft, der zu einer sinfonischen Entwicklung führt. Vielmehr löst er die Motive deutlich aus dem Orchestersatz heraus, und indem er ihnen eine dramatische Entwicklung verweigert, sie in ihrer Isolation stehen läßt, unterstreicht er den Geist der Dichtung (er übernimmt Maeterlincks Schauspieltext fast wörtlich) um so wirkungsvoller, den Geist der Jahrhundertwende von Angst und Todesverfallenheit. Die bewußte Negation des Vorgegebenen führt hier zu einem qualitativen Sprung nach vorn.

Spätromantik oder Moderne?

Die fünfundzwanzig Jahre um die Jahrhundertwende, die Zeit zwischen 1889 und 1914, die Carl Dahlhaus, der Epochenkritiker, als eine »musikgeschichtlich in sich geschlossene Epoche« darstellt, ist ein klassisches Abbild einer Münze mit zwei Seiten. Es gibt viele Aspekte, die dieses Vierteljahrhundert als Nachhang des 19. Jahrhunderts, also als »Spätromantik« erscheinen lassen. Andererseits darf nicht übersehen werden, daß diese Jahre aus dem Blickwinkel der Zeitgenossen als »modern« empfunden wurden. Der todessehnsüchtigen Fin-de-siècle-Stimmung stand ein immenser Aufbruchswille entgegen, für den der »Jugendstil« bildhaftes Zeugnis ablegt.

Das »Epochenjahr« 1889 drängt sich als solches insofern auf, als hier von zwei jungen Komponisten Werke vorgelegt werden, die biographisch gesehen jeweils den Durchbruch zu einem eigenen Personalstil, musikgeschichtlich gesehen eben den »Aufbruch in die Moderne« darstellen: die Tondichtung »Don Juan« von Richard Strauss und die 1. Sinfonie von Gustav Mahler. Fest im Erbe Richard Wagners verankert, übertrugen die beiden die hochdifferenzierte, bisweilen hitzig-schwüle Orchestersprache des Musikdramas auf die »reine Instrumentalmusik« (und brachten sie damit dorthin zurück, wo sie Wagner ursprünglich

Gustav Mahler (1860–1911), der fast ausschließlich sinfonische Werke schrieb (Sinfonien und Orchesterlieder), wurde in den letzten Jahren nach einer längeren Zeit nur geringer Beachtung regelrecht neu entdeckt. Er hatte um die Jahrhundertwende die Grenzen der Tonalität von den verschiedensten Seiten beleuchtet, sie jedoch nie überschritten. Die Schwierigkeiten, von denen viele Musikfreunde immer wieder berichten, sich das Werk Mahlers zu erobern, werden durch den Genuß, den ein aktives Erleben seiner Musik zu bieten vermag, mehr als kompensiert.

geholt hatte!). Der neue Klang, der die beiden Werke auszeichnet (man höre von beiden jeweils nur die ersten drei Minuten im Vergleich), ist weniger denn je in der Musikgeschichte nur »Verpackung«. Er ist jetzt ein völlig selbständiger musikalischer Parameter, gleichgestellt der Harmonik, Melodik und Rhythmik.

Das eigentliche wagnersche Erbe der Modernen (ihre »Spätromantik« also) – hier muß man neben Mahler und Strauss endlich den Namen Schönberg nennen – bestand in einem weiteren Punkt. Der Bayreuther Meister hatte ihnen vorgeführt, daß die eigentlich absurde Konstruktion einer Vereinigung der Theorie der reinen, absoluten Instrumentalmusik mit den Aspekten des »Außermusikalischen«, sei es das Drama oder ein Programm, gelingen kann. Oberster ästhetischer Grundgedanke war für ihn wie dann auch für Strauss, Mahler und Schönberg der, daß die Musik »das innerste Wesen der Welt« ausspricht. Die Ästhetik eines Wackenroder, Tieck, E. T. A. Hoffmann, vermittelt durch Schopenhauer. Mit dieser Philosophie im Hintergrund und einer Handwerkslehre, die ihren Rückhalt im Gedanken der klingenden Architektur suchte, wie sie in der deutschen Musik von Bach über die Wiener Klassiker bis Brahms und Wagner zu den vorherrschenden Kunstmitteln gehörte, mit diesem ideologischen und praktischen Rüstzeug ausgestattet, konnte man es durchaus wagen, in einzelnen Punkten neuen Boden zu betreten. Der konsequente Schritt in diese Richtung ist dann Schönbergs Übergang zur Atonalität, seine »Emanzipation der Dissonanz«.

Wagner hatte mit der Tristan-Partitur der Moderne gewissermaßen ihre Geburtsurkunde ausgestellt. Nicht weil er in einem hemmungslosen Wahn, das Alte zu zertrümmern und um jeden Preis Neues zu schaffen, die musikalische Tradition leichtsinnig aufs Spiel setzen wollte. Wenn im Tristan-Vorspiel die Tonart zwar a-moll heißt, der Grunddreiklang a-moll dann allerdings zwar immer wieder angepeilt, aber nie gespielt wird – wenn uns der Komponist also das tonale Zentrum seiner Musik verweigert –, dann ist das keine revolutionäre Idee um ihrer selbst willen, sondern die Konsequenz aus der Absicht, die Sehnsucht der beiden Liebenden musikalisch darzustellen. Die Suche nach »dramatischer Wahrheit« hat ihn an die Grenze der Tonalität gebracht.

Wenn Schönberg im Jahre 1907 so weit sein wird, diese Tonalitätsgrenze nicht nur zu berühren, sondern auch zu überschreiten, wird er dies ebenfalls nicht als ein Akt revolutionärer Willkür tun, sondern aus dem Bewußtsein heraus, daß die »Emanzipation der Dissonanz« eine geschichtliche Notwendigkeit darstellt. »Wagner wie Schönberg« – so

Carl Dahlhaus – »waren gerade darin groß, daß sie gewissermaßen nur mit ›Furcht und Zittern‹ Gefährdungen auf sich nahmen, die sie nicht suchten, aber als unausweichlich erkannten und die sie darum zu bestehen vermochten, weil sie keinen Augenblick lang das Gefühl dafür verloren, wie schmal der Grat war, auf dem sie sich bewegten...« [68, S. 219]

Bei vielen Musikliebhabern ruft die Tatsache, daß Schönberg eher ein Revolutionär aus Not denn einer aus Leidenschaft war, großes Erstaunen hervor. Beginnt doch für die meisten mit dem Schlagwort »Atonalität« ein neues musikalisches Zeitalter oder gar das Ende der Musik überhaupt. Schönberg selbst hat in einem Vortrag einmal gesagt: »Daß (durch die neue Kompositionsweise) eine ungewöhnliche Schwierigkeit entsteht, ist für mich sehr unerfreulich, und es kann niemanden geben, dem es schmerzlicher ist, sich seinen Zeitgenossen nicht auf verständlichere Art mitteilen zu können.« [83, S. 114]

Aus der Sicht des musikalischen Handwerks dagegen und der Ideologie, in welche dieses noch verpackt war, erscheint der Übergang zum Verlassen eines tonalen Zentrums tatsächlich kaum als Bruch. Der Knick liegt mindestens ebensosehr in unserer Wahrnehmungsfähigkeit, an unseren geübten oder ungeübten Ohren, er ist also auch ein psychologisches Phänomen.

Was hat sich bei Schönberg in den Jahren um 1910 ereignet? Zunächst eine geistige Erkenntnis, die uns eigentlich nicht mehr überraschen dürfte: daß »die Musik« kein von der Natur vorgegebenes Festes sei, sondern etwas von Menschenhand Gemachtes, ein Artefakt. Und alles, was Menschen im Laufe ihrer Geschichte produzieren, unterliegt Veränderungen, die ihrerseits wieder verändert werden können. Unser geistiges System allerdings neigt dazu, dem Menschen einer bestimmten Zeit oder einer bestimmten Umgebung den Eindruck vorzugaukeln, daß das, was er unmittelbar vor sich hat, »von Anfang an und überall« so gewesen sein muß. Wer immer in der Wüste lebt und keine weiteren Informationen hat, denkt, die ganze Erde sei eine Wüste. Die Menschen des Mittelalters »wußten«, daß es nur wenigen beschieden ist, lesen und schreiben zu lernen. Die Vorstellung einer allgemeinen Schulpflicht wäre ihnen absurd vorgekommen. Nachdem sich in Europa – im Unterschied zu fast allen übrigen Kulturen – ein Musiksystem mit sieben Tönen als Tonleiter herausgebildet hatte, erschien es den Menschen im Laufe der Jahrhunderte, daß Musik »überhaupt« nur aus Leitern mit sieben Tönen denkbar sei. Immer wieder wird die Weiterentwicklung von ihren Gegnern auch mit dem Argument abgelehnt, eine solche sei »wider die Natur«. Wir erinnern uns an die Streitfälle Artusi gegen Monteverdi (»...daß die Töne mißgestaltet und unnatürlich sind...«), Scheibe gegen Bach (»...wenn er nicht seinen Stücken durch ein schwülstiges und verworrenes Wesen das Natürliche entzöge...«), Brahms gegen die Neudeutschen (»...als dem innersten Wesen der Musik zuwider...«) und dergleichen mehr.

Gerade im zu Ende gehenden 19. Jahrhundert gehörte die Auffassung, daß die tragenden Säulen der abendländischen Musik von ewiger Dauer und fest in der Natur verankert seien, gewissermaßen zur Allgemeinbildung. Dazu gehörten das eben genannte Tonleitersystem, ferner aber auch die Gewohnheit, den Rhythmus in Takte zu gliedern, schließlich die Tendenz, zwischen Konsonanzen, die für sich stehenbleiben können, und Dissonanzen, die aufgelöst werden müssen, zu unterscheiden. Interessanterweise hatte sich dieses Bedürfnis, die Musik in der Physik zu begründen, vor allem in den Köpfen der Musiker breit gemacht. Sie wollten damit, in einem Zeitalter, in welchem die Naturwissenschaften über allem standen, ihrem Metier auch einen Hauch von »Exaktheit« zukommen lassen. Doch der einzige Musiktheoretiker, der gleichzeitig ein namhafter Physiker und Physiologe war, konnte seinen Musikerkollegen diesbezüglich keine Ermutigung zusprechen. Im Gegenteil: Bereits im Jahre 1863 hat Hermann von Helmholtz die These gegengehalten, »daß das System der Tonleitern, der Tonarten und deren Harmoniegewebe nicht auf unveränderlichen Naturgesetzen beruht, sondern daß es die Consequenz ästhetischer Principien ist, die mit fortschreitender Entwicklung der Menschheit einem Wechsel unterworfen gewesen sind und ferner noch sein werden.« [15, S. 271]

Noch im 18. Jahrhundert war man beispielsweise von der Naturgegebenheit der Unterscheidung zwischen Konsonanz und Dissonanz noch nicht so überzeugt. Im Artikel »Dissonanz« in Sulzers Theorie der schönen Künste hieß es etwa: »...so läßt sich nicht mit Genauigkeit sagen, wo das Konsonieren zweier Töne aufhöre und das Dissonieren anfange.« [17, S. 146]

Schönberg hat nun – übrigens gemeinsam mit seinem Schüler Anton von Webern – diesen Wechsel, von welchem Helmholtz sprach, vollzogen. Und zwar mit Furcht und Zittern. Denn er sah sich in dieser ersten Phase seines atonalen Schaffens dem Problem gegenüber, daß mit der Aufgabe eines tonalen Zentrums in einem Musikstück das Stück selbst »formlos« wird, daß es zerbricht. Machen wir uns durch einen kurzen Rückgriff auf die Sonatenform noch einmal klar, welch

Arnold Schönberg, der Revolutionär aus Notwendigkeit. Brief an Kandinsky aus dem Jahr 1911 mit einem Photoportrait.

wichtige Funktion die Tonartenverhältnisse zur Aufrechterhaltung einer »Form« überhaupt haben können:

Das Hauptthema steht in der Haupttonart (z. B. C-dur). Die Überleitung wechselt die Tonart und führt zum Seitenthema in der Seitentonart (z. B. G-dur). Die Durchführung führt (möglichst dramatisch) wieder zurück zur Reprise, in welcher das Hauptthema wieder in der Haupttonart (C-dur) erscheint. Damit jetzt keine unendliche Schleife entsteht, bleibt nun das Seitenthema auch in der Haupttonart, mit welcher die Coda schließt. Die beispielsweise von den Beethoven-Sinfonien so vertrauten Schlüsse mit den nicht enden wollenden Akkordwiederholungen sind nichts als Kadenzfloskeln, die nach den dramatischen Ereignissen, die vorausgegangen waren, am Ende das tonale Zentrum unerschütterlich zementieren sollen. Die Proportionierung der Tonarten ist somit ein formbildendes Element der Komposition. Wird eine bestimmte Tonart als tonales Zentrum aufgegeben, droht die Musik zu einer formlosen Ansammlung von Tönen zu werden. Dies war Schönbergs Problem. Und es hat einige Jahre gedauert, bis er es im Griff hatte. Die Lösung war dann die vielzitierte »Zwölftontechnik«, von der später ausführlicher die Rede sein wird.

Noch sind wir allerdings in der Zeit um 1910. Schönberg und Webern hatten also bereits einige Kompositionen in »freier Atonalität« vorgelegt, bei welcher ein tonales Zentrum vermieden und die Dissonanzen nicht mehr aufgelöst wurden. 1911 erschien in Schönbergs »Harmonielehre« die ästhetische Rechtfertigung, nämlich die Erkenntnis, daß Tonalität »nicht ein Naturgesetz der Musik ist«, sondern ein »Kunstgriff«, »ein berechtigtes Kunstmittel«.

Für die Weggefährten Schönbergs ging dieser Schritt dann doch zu weit. Gustav Mahler stirbt 1911. Richard Strauss, der mit »Salome« (1905) und »Elektra« (1908) zwei Prototypen der Moderne geschaffen hatte, schlug 1911 mit dem »Rosenkavalier« den Weg nach rückwärts ein. Bis 1908 hatte er Schönberg unterstützt, doch mit den »Vier Orchesterstücken« wollte er nicht mehr mitziehen: »Ihre Stücke sind inhaltlich und klanglich so gewagte Experimente, daß ich vorläufig es nicht wagen kann, sie einem mehr als conservativen Berliner Publikum vorzuführen.« [15, S. 282]

Auch bei Max Reger finden wir diesen Bruch zurück in die Geschichte. Zwischen seinen Werken aus dem Jahr 1908 »Symphonischer Prolog zu einer Tragödie« und »100. Psalm« einerseits und den Mozart-Variationen von 1914 liegen Welten. Bereits 1910 dokumentierte er seine Irritation durch Schönberg in einem Brief: »Da kann

Richard Strauss (1864–1949) gehörte zu den Trägern der musikalischen Moderne, die 1889 mit dem »Don Juan« und Mahlers 1. Sinfonie einsetzte. Nach zahlreichen weiteren Tondichtungen für großes Orchester bildeten die Opern »Salome« (1905) und »Elektra« (1908) den Höhepunkt dieser Entwicklung. Mit dem »Rosenkavalier«, der »Alpensinfonie« und der »Frau ohne Schatten« gab er die Rolle des Avantgardisten auf. Noch im höchsten Alter schuf er Werke, die an Ausdruckskraft und Inspiriertheit kaum zu übertreffen sind, beispielsweise die »Metamorphosen« (1945) für Orchester oder die »Vier letzten Lieder« (1948).

selbst ich nicht mehr mit; ob so was noch irgend mit dem Namen ›Musik‹ versehen werden kann, weiß ich nicht...« [15, S. 282] Auch Reger sieht in dem, was er unter Musik versteht, eine übergeschichtliche Konstante, die er nicht preisgeben will.

Diese Situation spaltet die bisherige Moderne in eine konservative Richtung und eine solche, die zur »Neuen Musik« führt. Für Strauss und Reger muß dieser Verzicht, »an der Spitze der Entwicklung« zu stehen, wie man damals sagte, eine schmerzhafte Angelegenheit gewesen sein. Und wenn Strauss 1948 seine »Vier letzten Lieder« schreiben wird, wirken diese in ihrer erhabenen Schönheit wie ein letzter Abgesang auf eine längst verlorene Zeit.

Das Jahr 1913 brachte mit Strawinskys »Sacre du printemps« eine weitere Grenzüberschreitung nach Schönbergs Weg in die freie Atonalität. Der Skandal bei der Uraufführung in Paris ist in die Geschichte eingegangen. Nach Carl van Vechten »war ein Teil des Publikums erregt über das, was er als einen gotteslästerlichen Versuch, Musik als Kunst zu zerstören, betrachtete, und der voller Zorn schon bald nach dem Aufgehen des Vorhangs zu miauen begann und laut Vorschläge für den Fortgang der Vorstellung machte. Das Orchester spielte, ohne daß man es hörte, außer wenn zufällig ein wenig Ruhe eintrat. Ein junger Mann, der hinter mir in der Loge saß, stand während des Balletts auf, um besser zu sehen. Die starke Erregung, unter der er litt, verriet sich darin, daß er regelmäßig mit den Fäusten auf meinen Kopf trommelte.« [81, S. 17]

Zunächst zum Inhalt des Balletts. Strawinsky beschreibt ihn selbst so: »›Le Sacre du Printemps‹ ist ein musikalisch-choreographisches Werk. Es sind Bilder aus dem heidnischen Rußland, innerlich zusammengehalten von einer Hauptidee: dem Geheimnis des großen Impulses der schöpferischen Kräfte des Frühlings.« [81, S. 9] Diesen »großen Impuls« versuchte der Russe durch die explosive Kraft des Rhythmus darzustellen. Damit gelangt er zur »Emanzipation des Rhythmus«. Neu ist an dieser »Emanzipation« zweierlei: Erstens zerbricht Strawinsky die seit Jahrhunderten übliche Taktrhythmik. Und zweitens greift der Rhythmus von der Schlagzeuggruppe, die ohnehin sehr groß ist, auf das ganze Orchester über. Ja, es kommt vor, daß ganze Abschnitte der Partitur nur vom Rhythmus bestimmt sind, ohne daß ein einziges traditionelles Schlaginstrument beteiligt wäre.

Was mit dem Zerbrechen der Taktrhythmik gemeint ist, soll kurz erläutert werden. Das moderne System der Taktarten bildete sich im 17. Jahrhundert heraus. Der Rhythmus, beispielsweise eine fortlaufende Viertelkette, perlt nicht unentwegt und gleichförmig durch ein

Musikstück hindurch, sondern wird zu kleineren Gruppen gebündelt, innerhalb derer sich Betonungsschwerpunkte bilden. Sieht die Bündelung drei Viertelnoten pro Takt vor, wird die erste Note (»die Eins«) betont, im Viervierteltakt die Eins und die Drei und so weiter. Bereits Beethoven hatte diesem selbstverständlichen Taktverständnis die Unschuld geraubt. Immer wieder bringt er Betonungen auf eigentlich unbetonten Taktteilen (Synkopen), oder er torpediert systematisch einen 3er-Takt durch eingeschobene 2er-Takte (Eroica, 1. Satz).

Ein Blick in die Partitur des »Sacre« zeigt, wie sehr Strawinsky die Erwartungen an eine durchlaufende Taktrhythmik durchkreuzt: 7/8, 3/4, 6/8, 2/4, 6/8, fünf Takte und fünf verschiedene Taktarten! Gleichzeitig wird an diesem Beispiel deutlich, wie das ganze Instrumentarium wie ein überdimensionales Schlagzeug eingesetzt wird.

Mit dem Durchbruch der »Emanzipation der Dissonanz« und der »Emanzipation der Rhythmik« um 1910 herum geht dann schließlich der musikgeschichtliche Großraum zu Ende, den Friedrich Blume als das »klassisch-romantische Zeitalter« bezeichnet hatte. In den etwa 180 Jahren seines Bestehens haben sich die vielen, vielen Werke angesammelt, die viele nicht etwa als eine Vorstufe zum Verständnis unserer gegenwärtigen Musik betrachten, sondern als »die Musik« überhaupt. Die Werke dieser Riesenepoche mit ihren vielen, vielen Widersprüchen, auf die wir in Ansätzen hingewiesen haben, bilden den allergrößten Prozentsatz dessen, was sich täglich in unserem Radio, im Konzertsaal, im Opernhaus, bei Festspielen der verschiedensten Art findet. Die zeitgenössische »Klassik« (hier ist Klassik wieder der Verlegenheitsbegriff, um die artifizielle Musik mit Kunstanspruch von der Unterhaltungsmusik, dem Jazz oder außereuropäischen Musikarten abzugrenzen – ohne diesen Musikformen von vornherein den Kunstanspruch absprechen zu wollen) steht heute eher unter dem Druck des Erbes aus der Vergangenheit. Weniger aufgrund kompositionstechnischer Bedingungen als durch die Tatsache, daß das gegenwärtige Musikpublikum das »Gefallen«, welches es bei der Museumsmusik erlebt, zum Kriterium der Beurteilung zeitgenössischer Musik macht. Mit dem Resultat, daß das Vertraute oft von vornherein besser abschneidet als das Neue und Ungewohnte, das zudem meist auch unheimlich kompliziert ist oder wenigstens kompliziert erscheint.

Den Schwarzen Peter nun allerdings global an das Publikum, das unverständige, zurückzugeben halte ich nicht für gerecht. Ja, ich möchte mich sogar zu der Aussage hinreißen lassen, daß ich es nicht für eine Katastrophe halte, wenn der eine oder andere Musikfreund die Mei-

Strawinsky: »Le Sacre du Printemps«.

nung vertritt, er könne mit zeitgenössischer Musik nicht viel anfangen. Eigentlich ist es selbstverständlich, eine solche Meinung zu tolerieren. Wer im Sport gerne die Leichtathletik verfolgt, für Tennis dagegen nichts übrig hat, wird von niemandem kritisiert, denn kein Mensch kann sich um alles kümmern. Und wer jetzt sagt, daß sich diese beiden Bereiche nicht vergleichen ließen, denn die beiden Sportarten stehen nebeneinander, während die Musikepochen zeitlich aufeinander folgen, und da könne man doch nicht einfach den »Schluß« der bisherigen Entwicklung weglassen, der irrt sich. Im Rahmen einer abstrakten Kategorie von Musikgeschichte hat er zwar Recht. Aus der Sicht des heutigen Musikliebhabers und dessen subjektiver Wahrnehmungsperspektive jedoch nicht. Denn unter dem Aspekt des Erlebens sind die Bereiche nicht austauschbar. Für manchen Musikfreund ist der Schritt zur Avantgarde ebenso aufwendig, als würde er sich entschließen, sich von heute auf morgen der Hochseetaucherei zuzuwenden. Ich polemisiere hier aus gutem Grund, denn ich verwahre mich gegen den latenten Vorwurf, der dem geneigten Publikum von vielen Fachkollegen aus der Musikwissenschaftlerecke häufig gemacht wird, daß es sich nicht genügend um die Neue Musik kümmere. So sehr ich den gegenwärtigen Zustand bedaure, zum Moralisieren eignet er sich meines Erachtens nicht. Wer sich zeit seines Lebens gerne und intensiv mit der Musik früherer Epochen beschäftigt, hat eine Fundgrube vor sich, die er ohnehin nie voll ausheben kann.

Neue Musik ist aus der Sicht einer reinen, materialorientierten Geschichtsschreibung eine logische Fortsetzung der vorangegangenen Entwicklung, die ihrerseits ihre Vorläufer hat. Erlebnispsychologisch haben wir es dagegen mit zweierlei Welten zu tun. Erst derjenige, der sich in oft mühseliger Kleinarbeit in diese neue Welt vertieft hat, macht die Erfahrung, daß die Erlebnisunterschiede meinetwegen zwischen dem Anhören einer Brahms-Sinfonie und einer solchen von Berio allein auf die tatsächlichen Merkmalsunterschiede der beiden Werke schrumpfen und nicht mehr durch den globalen Einstellungskontrast zwischen »Romantik«, die einem ins Herz geht, und »Zeitgenössischem«, das man sowieso nicht versteht, provoziert sind.

Und das ist dann der erfreulichste Punkt, den ich all denen mitzuteilen habe, die gewillt sind, sich in die neue Disziplin »Musik des 20. Jahrhunderts« zu stürzen. Wer sich vorurteilsfrei und engagiert, neugierig und mutig und vor allem ohne die zwanghafte Vorstellung, das »Gefallen« müsse die erste und einzige Richtschnur bei der Beurteilung von Kunstwerken sein, wer sich diesem für ihn neuen Metier hingibt, kann damit rechnen, eine Serie von Aha-Erlebnissen zu ernten, mit denen er vielleicht nicht gerechnet hat. Und das Schönste dabei ist, daß es bei solchen Verstehenserlebnissen allein nicht bleiben wird. Denn die Mechanismen des »aktiven Hörens« bewirken in unserem Wahrnehmungs- und Erlebnissystem in aller Regel eine Umstrukturierung, die dann in der tiefsten verarbeitenden Seeleninstanz als »Wohlgefallen« auftaucht. Dieses »Gefallen« steht also nicht am Anfang, sondern am Ende des Annäherungsprozesses. Es läßt sich auch nicht mit Willensdruck herbeiführen. So wenig der Befehl »Ich bin jetzt fröhlich!« zu einer Stimmungsanhebung führt (man spricht in der Psychologie von einer »paradoxen Intention«, die das Gegenteil von dem bewirkt, was beabsichtigt ist), so wenig nützt es, sich zu sagen: »Ich bin jetzt ganz offen dieser Musik gegenüber, also hat sie mir zu gefallen!« Dieses Gefallen muß wachsen durch geistige Strukturierung und vor allem durch: hören, hören, hören. Man stelle sich vor, man habe in seinem Leben schon so oft Musik von Stockhausen gehört wie Beethoven-Sinfonien: Einen Großteil dieser Diskussion könnten wir uns sparen!

Was die Strukturierung angeht, so will ich im folgenden den Versuch machen, mit einem Minimum an Information einige wenige, aber in meinen Augen wichtige Hintergrundinformationen so aufzubereiten, daß gerade der Leser, der von sich am meisten überzeugt ist, daß er von all dem »überhaupt nichts versteht«, vielleicht doch ein paar Aha-Erlebnisse davonträgt. Das einzige, was wir dazu gemeinsam brauchen, ist eine gewisse Neugier und ein offenes Herz für Überraschungen.

Neoklassizismus und Zwölftonmusik

Die erste »Überraschung«, was die geschichtliche Entwicklung angeht, ist die, daß nach dem ungeheueren revolutionären Schwung, der zwischen 1889 und dem »Sacre« im Gang war, um 1920 eine allgemeine Tendenz nach rückwärts einsetzt. Strawinsky, der 1913 den vielleicht größten Theaterskandal der Musikgeschichte provoziert hat, wird zum Vorreiter und Anführer eines Neoklassizismus, der die Musik des 18. Jahrhunderts in den Mittelpunkt stellt. Schönberg bringt seine »freie Atonalität« in ein wohlgeordnetes System, die »Zwölftontechnik«.

Als Neoklassizismus bezeichnete man die Tendenz, stilistische Züge aus früheren Epochen (es muß nicht unbedingt die »Klassik« im engeren Sinne sein) in die zeitgenössische Musik einzuschmelzen. Dies gab es in der Musikgeschichte schon früher. Mendelssohns Stil könnte man mit Bezug auf Mozarts Stil auch klassizistisch nennen, ebenso wie Brahms »klassizistisch« auf Beethoven zurückgeht. Der Neoklassizismus unterscheidet sich von diesen früheren klassizistischen Strömungen dadurch, daß er eine Ästhetik verfolgt, die mit derjenigen Schönbergs eine Gemeinsamkeit hat: Beide erkennen, daß Musik eine geschichtlich gewachsene Schöpfung des Menschen ist, deren Merkmale keinen Ewigkeitsanspruch erheben können. Schönberg zog aus dieser Erkenntnis die Konsequenz, die Grundstruktur des Materials – als diese sah er den Tonvorrat an – neu zu ordnen. Von der Bevorzugung eines 7-Ton-Systems ging er zur Gleichberechtigung aller zwölf Töne über. Die Neoklassizisten verfolgen eine andere Zielrichtung. Sie nehmen gegebene Vorbilder als Ausgangspunkt, beispielsweise ein klassisches Menuett. Eine solche Vorlage heißt ja deshalb »klassisch«, weil alle Einzelelemente, aus denen sie besteht, so elegant und harmonisch einem Ganzen untergeordnet sind. Dieses Ganze vermittelt den Charakter der Geschlossenheit, der Vollkommenheit und des natürlich Gewachsenen. Diesen Eindruck wollen die Komponisten des Neoklassizismus aufheben. Man erkennt zwar ständig die Elemente der Vorlage, doch immer so, daß ihre Künstlichkeit durchschimmert. Durch Hervorhebung, Übertreibung, Ironisierung oder Demontage werden einem die Elemente, aus denen die Musik besteht, regelrecht bewußt gemacht. Wenn auch aus einem anderen Zusammenhang heraus, aber doch mit einem ähnlichen Resultat gehören hierher auch schon die Scherzo-Sätze der Mahler-Sinfonien, die ja auch oft »Ländler« und andere Vorlagen verwenden, die dann nach und nach in Einzelteile aufgelöst werden.

Der Neoklassizismus hatte sich verschiedene Ziele gesetzt. Das eine bestand darin, das, was man ab den zwanziger Jahren das »schlechte Jahrhundert« nannte, die Romantik, endgültig zu überwinden. Aus dieser Perspektive heraus wurde auch die Epoche der »Modernen« nicht primär als modern empfunden, sondern als »spätromantisch«, wobei dieses Wort etwas Abwertendes an sich hatte. Die schwüle, überhitzte Expressivität, die spätestens mit Wagner beginnt und in den riesigen Orchesterwerken von Mahler und Richard Strauss ihren Höhepunkt hatte, wurde argwöhnisch abgelehnt. Die ganze romantische Ästhetik, die über hundert Jahre lang gültig war, war jetzt verpönt. An die Stelle der Auffassung von Musik als einer »Kunstreligion« trat die Forderung nach einer nüchternen Sachlichkeit. Statt ästhetischer Autonomie, also Kunst um ihrer selbst willen, strebte man nach Funktionalität. Der

Glaube an das Genie wurde durch eine Handwerksideologie ersetzt, beides Elemente, die auch in die barocke Theorie der Musik gepaßt hätten.

Definierte Kant das Wesen der Kunst noch als »zweite Natur«, bei der die Technik, durch die sie entstand, im Resultat nicht mehr spürbar sein sollte – ein Gedanke, der vom romantischen Geniekult gerne übernommen wurde –, so sollte jetzt im Gegenzug gerade das Hervorbringen von Musik provokativ vorgezeigt und akzentuiert werden. Schönberg, der sich von dieser neoklassizistischen Ideologie nicht beirren ließ und fest an der romantischen Genie- und Inspirationsästhetik festhielt (»Der Komponist muß an eine Macht glauben, die ihn nötigt, auszusprechen, was nicht sofort Beifall findet« [83, S. 223]), sprach davon, daß man beim Neoklassizismus Leim und Nägel sichtbar mache. Paul Hindemith gehörte in erster Linie zu den Komponisten, denen es darauf ankam, das »Machen« von Musik deutlich werden zu lassen. Musik soll nicht ästhetisch abgehoben in der Luft schweben, sondern als Resultat einer sichtbaren Aktivität erkennbar bleiben. Carl Dahlhaus bringt es auf diese Formel: »Hindemith schrieb, pointiert ausgedrückt, Musik zu dem Zweck, die Tätigkeit des Streichens und Blasens von Instrumenten in Gang zu setzen, während Wagner die Instrumente als Werkzeuge ansah, um tönende Phantasmagorien hervorzurufen, deren Ursprung der Hörer vergessen sollte, wenn er sich kontemplativ einem musikalischen Beziehungszauber überließ, in dem sich nach Schopenhauer das ›innerste Wesen der Welt‹ offenbarte.« [14, S. 59] Cocteau hatte 1918 bereits verkündet: »Schluß mit den Wolken, den Wellen, den Aquarien, den Undinen und den nächtlichen Düften. Wir brauchen eine Musik, die auf der Erde steht, eine Alltagsmusik. ... eine objektive Kunst, die den Hörer bei klarem Bewußtsein läßt.« [28, S. 533]

Schönbergs Weg in den zwanziger Jahren ist durch den Willen gekennzeichnet, zu zeigen, daß es durchaus möglich sei, auch in der Sprache der Atonalität die großen klassisch-romantischen Formen tragfähig am Leben zu erhalten. Man kann sagen, daß Schönberg in allen musikalischen Belangen, die über die allerdings entscheidende Neuordnung des Tonsystems hinausging, ein Traditionalist geblieben war. Sein Formbewußtsein war so ausgeprägt wie das eines Brahms oder Beethoven. Aus diesem Grunde war es für ihn auch unbefriedigend geblieben, in der ersten Phase der freien Atonalität nur kleine Miniaturstücke komponieren zu können. Um größere »Formen« erstellen zu können, bedurfte es eines übergeordneten Systems, in welchem die vielen jetzt gleichberechtigten Töne nach rationalen Prinzipien, eben im Sinne einer Handwerksregel, verwaltet werden sollten. Die wichtigsten dieser Prinzipien waren:

1. Der Tonvorrat innerhalb einer Oktave besteht aus zwölf Tönen, die in Halbtonschritten voneinander getrennt sind. Zu dieser alten Ausgangslage tritt nun die neue Forderung:

2. Alle zwölf Töne sind gleichberechtigt. Das bisherige System hatte bestimmte Töne herausgehoben. So wurden in die Tonleitern nur sieben Töne aufgenommen, von diesen wiederum war der Grundton (als Vertreter des tonalen Zentrums) besonders wichtig. Aber auch der Leitton, der zum Grundton zurückführt, oder die Töne der Unter- oder Oberquint (= Subdominante oder Dominante). Damit der Komponist nicht, alten Gewohnheiten folgend, immer auf diese Töne zurückkommt, gilt folgende Grundregel:

3. Ein Ton darf erst dann ein zweites Mal gespielt werden, wenn alle übrigen elf ebenfalls da waren. (Gewisse Zugeständnisse, etwa für rhythmisch motivierte Wiederholungen und so weiter, wurden dabei gemacht.)

4. Die Grundlage eines jeden Werkes ist eine Zwölftonreihe. Dies ist eine kreative und willkürliche Anordnung des Tonvorrats. Die Reihe ist dabei noch nicht etwa das »Thema« eines Satzes. Sie ist eher vergleichbar mit der Funktion, die früher eine Tonleiter hatte. In einem Walzer, der in C-dur steht, kommt die C-dur-Tonleiter in Reinform ja auch nicht vor. Allerdings sind alle Themen und Motive in ihrer Grundsubstanz aus dieser Tonleiter entwickelt.

Die Reihe, die sich Schönberg für seine Orchestervariationen op. 31 zusammengestellt hat, heißt so:

Dies ist die Reihe in ihrer Grundgestalt (G). Offenbar angeregt durch barocke Techniken, läßt Schönberg von dieser Reihe auch noch ihren Krebs (die Reihe vom letzten Ton beginnend) (K), ihre Spiegelung oder Umkehrung (U) und ihre Krebsumkehrung (KU) gelten. Die Reihe hat somit insgesamt vier Gestalten:

Diese vier Gestalten können nun aber auch noch von verschiedenen Tönen aus starten: Ohne Veränderung ihrer inneren Intervallstruktur werden sie einfach nach oben oder unten versetzt. Um fünf Halbtöne nach unten versetzt, heißen die vier Grundgestalten der Reihe in diesem Werk:

Insgesamt ergeben sich somit 48 (4 mal 12) Möglichkeiten, wie die Reihe in Erscheinung treten kann.

5. Ein »Thema« wird nun aus dieser Reihe in einem weitern kreativen Vorgang herausgefiltert. Dabei wird aus einer quasi mathematischen Figur insofern »Musik«, als jetzt die Komponenten Rhythmik, Klangfarbe, Dynamik und dergleichen mehr mit zum Tragen kommen.

Das Thema der Orchestervariationen sieht dann so aus (Oktavwechsel und enharmonische Verwechslungen [z. B. e = fes] sind möglich):

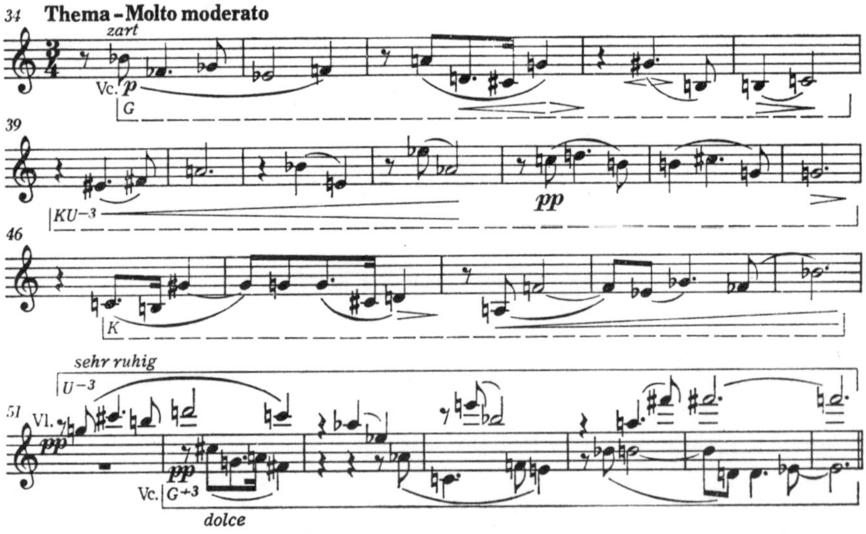

Doch wie steht es dann mit der »harmonischen Stütze«?

6. Der gesamte Tonsatz unterliegt dem Reihungsprinzip. Die Töne müssen allerdings nicht unbedingt zeitlich (»melodisch«) hintereinander liegen, sondern können auch zu Akkorden (»harmonisch«) zusammengefaßt werden. Die »Begleitung« der ersten Takte des eben zitierten Themas heißt dann folgendermaßen:

Ein weiteres Beispiel soll zeigen, wie es Schönberg gelingt, als Hommage an Johann Sebastian Bach die Töne B-A-C-H an herausragender Stelle zu plazieren, ohne die Regeln der Reihentechnik zu verletzen:

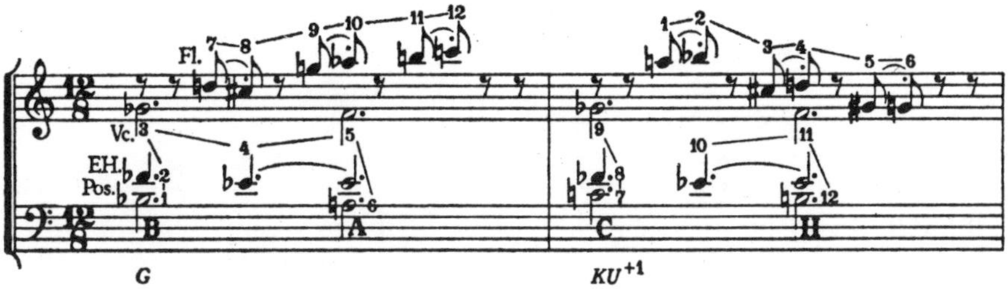

Als Schönberg diese Technik entwickelte, war er sich zunächst nicht sicher, ob sie ausreichen würde, »große Werke« zu schaffen. In einem Aufsatz aus dem Jahre 1950 schrieb er rückblickend: »Bei den ersten Werken, in denen ich diese Methode anwandte, war ich noch nicht überzeugt, ob der ausschließliche Gebrauch einer einzigen Reihe nicht zur Monotonie führen müsse. Würde sie die Schaffung einer ausreichenden Zahl von charakteristisch differenzierten Themen, Phrasen, Motiven, Sentenzen und anderen Formen erlauben? Doch bald entdeckte ich, daß meine Furcht unbegründet war; ich konnte sogar eine ganze Oper, ›Moses und Aron‹, ausschließlich auf einer einzigen Reihe aufbauen; und ich stellte fest, daß ich im Gegenteil, je vertrauter ich mit dieser Reihe wurde, desto leichter Themen aus ihr abzuleiten vermochte. So hat sich die Wahrheit meiner ersten Vorhersagen glänzend erwiesen. Man muß der Fundamentalreihe folgen; dennoch komponiert man ebenso frei wie vorher.« [55,S. 295]

Letzteres ist eine Behauptung, welche die meisten Musikfreunde nicht so recht glauben mögen. Halten sie doch meistens die (romantische) Idee am Leben, daß große Kunst nicht durch die Einhaltung von Regeln entsteht, sondern durch einen »genialen Wurf«. Dem steht die Beobachtung entgegen, daß die Musik aller Epochen stark regelbetont war, und wenn wir uns daran erinnern, welchen Einschränkungen sich ein Johann Sebastian Bach gegenübersah und welche er sich auch selbst auferlegt hat (Zahlensymbolik und so weiter), können wir keinen großen Unterschied mehr feststellen. Aber auch damals hieß es ja: »Wenn er nur mehr Annehmlichkeit hätte...«

Zieht man eine Bilanz der Musikgeschichte in der ersten Hälfte des 20. Jahrhunderts, kommt man zu dem (für manche überraschenden) Resultat, daß die Gesamtzahl der atonalen oder in der Zwölftontechnik komponierten Werke in Anbetracht der überhaupt komponierten Musik fast verschwindend gering ist. Vor allem waren es Schönbergs Schüler Alban Berg und Anton von Webern, aber auch Ernst Křenek, die sich dieser Methode annahmen.

Der neue Aufbruch

Nach 1945 dagegen sah die Situation anders aus. Der Neoklassizismus ging seinem Ende entgegen, obwohl Paul Hindemith auf dem Gipfel seines Ruhmes stand. Die Generation junger Komponisten, die sich bei den Darmstädter Ferienkursen in einer unbefangenen Internationalität die Werke Schönbergs aneignete, schlug bald neue Wege ein. Von Schönberg übernahm man die Idee der Reihenkomposition, kritisierte aber heftig, daß er nur den Parameter der Tonhöhe in die Reihenkonstruktion einbezogen und die übrigen Parameter wie Rhythmik, Lautstärke, Klangfarbe weiterhin »romantisch«, das heißt als Mittel des »Ausdrucks«, verwendet habe.

Die Heftigkeit, mit welcher der junge Pierre Boulez mit dem Mittel eines »Nachrufs« 1951 unter dem doppeldeutigen Titel »Schönberg ist tot« mit dem Avantgardisten von damals abrechnet, ist sehr aufschlußreich. In diesem Text wird, wie so oft, der eigene Standpunkt dadurch verteidigt, daß gegen anderes polemisiert wird. Darüber hinaus wird psychologisch deutlich, welch ein ausgeprägtes Selbstbewußtsein ein Künstler offenbar braucht, wenn er am Anfang einer Entwicklung steht, von deren Zukunft er überzeugt ist. Das Gerechtigkeitsempfinden bleibt dabei meistens auf der Strecke. Auch Beethoven war seinem Lehrer Haydn gegenüber mehr als undankbar, und die Bosheit, die Wagner an Meyerbeer und Mendelssohn ausließ, sollte lediglich die Tatsache vertuschen, wie sehr er sie in Wirklichkeit um ihren Erfolg beneidete.

Was Boulez an Schönberg am meisten aufregt, ist dessen Zwitterposition als Avantgardist und Spätromantiker: »Zwei Welten sind nicht auf einen Nenner zu bringen; und dabei hat man noch versucht, die eine durch die andere zu rechtfertigen. Dies als eine vertretbare Haltung anzusprechen ist nicht möglich; außerdem hat sie genau zu dem Ergebnis geführt, das vorauszusehen war: zum schwerwiegendsten Mißverständnis. Zu einem verbogenen ›Romantico-Klassizismus‹, an dem selbst der gute Wille noch abstoßend wirkt... Um es offen zu sagen: Wir sehen uns hier einer unglücklichen Hinterlassenschaft gegenüber, die zurückgeht auf nur schwer entschuldbare Verkalktheiten einer von der Romantik übernommenen Zwittersprache. Aber nicht nur in diesen verstaubten Vorstellungen, sondern im Tonsatz selber stoßen wir auf die Erinnerung an eine überlebte Welt. Aus Schönbergs Feder fließen nerventötende stereotype Tonsatzklischees in Fülle, auch sie bezeichnend für romantische Großsprecherei und Zopfigkeit... Wir meinen schließlich die lächerlich armselige, ja häßliche, dazu noch lustlos und langweilig gehandhabte Rhythmik...

Der Fall Schönberg zeigt eine ›Katastrophe‹ des Abirrens, die ohne Zweifel beispielhaft bleiben wird.

Dennoch ist einzusehen, warum Schönbergs Reihenmusik zum Scheitern verurteilt war. Die Reihenwelt wurde nämlich von vornherein nur einseitig erforscht: Es fehlte die rhythmische Ebene, es fehlte das, was ins Gebiet des eigentlichen Klangs gehört: die Lautstärken und die Spielarten ... Wir wollen keine lächerliche Verteufelung betreiben, sondern nur den einfachsten Sinn für Realität sprechen lassen, wenn wir sagen, daß nach den Entdeckungen der Wiener Schule jeder Komponist unnütz ist, der sich außerhalb der seriellen Bestrebungen stellt...

Es ist an der Zeit, den Fehlschlag zu neutralisieren. Wenn man solchermaßen Position bezieht, hat das nichts mit billiger Prahlerei oder eitlem und scheinheiligem Selbstbewußtsein zu tun, vielmehr mit einer Strenge, die sich von Schwäche oder Kompromißlerei frei weiß. Wir haben nicht das geringste Interesse an einem törichten Skandal, aber auch verschämte Heuchelei und unnütze Melancholie liegen uns fern, wenn wir jetzt ohne Zögern sagen: *Schönberg ist tot.*« [23, S. 401]

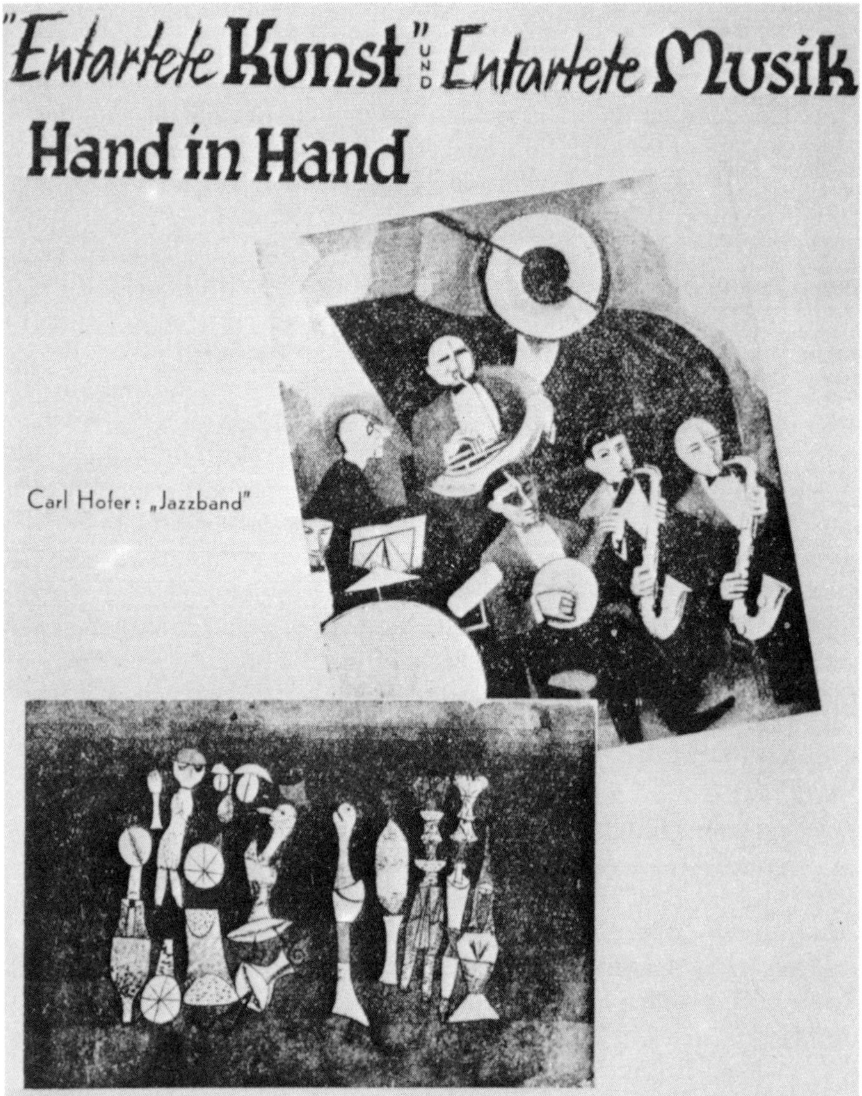

In einer dunklen Zeit wurde der Name, den sich die deutsche Musik und Kultur über Jahrhunderte hin erworben hatte, durch ein Denken ruiniert, das sich durch Begriffe wie Ignoranz und Borniertheit nur unvollkommen beschreiben läßt. Wie ein Wunder mutet es deshalb an, daß nach der künstlerischen Verödung im »Tausendjährigen Reich« der wesentlichste Teil der Entwicklung der Neuen Musik nach 1945 von deutschem Boden ausging.

Olivier Messiaen hatte mit seiner Komposition »Modus der Dauern und der Intensitäten« 1949 zum ersten Male nicht nur die Tonhöhe, sondern auch andere Parameter »in die Reihe« gebracht. Seine wichtigsten Schüler, Karlheinz Stockhausen und Pierre Boulez, haben dann daraus systematisch die *serielle Musik* entwickelt. Nehmen wir zur Verdeutlichung dieser Technik eineinhalb Takte aus dem Stück »Marteau sans maître« (1952–1954) von Boulez:

Die Komposition ist in vier Systemen notiert. Sie beinhaltet ein System von drei Reihen.

1. Reihe: *Tonhöhen*
Alle zwölf Töne erscheinen nach den Regeln von Schönberg.

2. Reihe: *Tondauern*
Die Wahl der Tondauern wurde bei Schönberg noch ganz dem kreativen, künstlerischen Empfinden unterstellt, dem »Einfall des Genies«, an welches Schönberg noch glaubte. Boulez erstellt hier für die Tondauern ebenfalls eine Reihe, die an die Tonhöhe gekoppelt wird:
Der Ton d hat die Dauer von 1 Sechzehntel,
der Ton es hat die Dauer von 2 Sechzehnteln,
der Ton e hat die Dauer von 3 Sechzehnteln usw. bis:
der Ton cis hat die Dauer von 12 Sechzehnteln.
(Es macht Spaß, die einzelnen Werte wie in einem Suchbild einmal dingfest zu machen.)

3. Reihe: *Lautstärke*
Die Tondauer steigt also mit der Tonhöhe. Entgegengesetzt verhält es sich mit der Dynamik. Sie beginnt beim Ton b mit einem akzentuierten Fortissimo. Die höher werdenden Töne sollen immer leiser gespielt werden, so daß das a im *pp* steht. Allerdings ergibt sich kein kontinuierliches Leiserwerden, sondern das völlig ungewohnte Bild, daß jeder Ton seine eigene Lautstärke hat.

Karlheinz Stockhausen hat in seiner Komposition »Gesang der Jünglinge« (1955/56) schließlich nicht nur die Klangfarbe, sondern auch noch die Textverständlichkeit dem Reihenprinzip unterworfen. Technisch war dies möglich durch den Einsatz elektronischer Mittel, die durch Stockhausen in diesen Jahren besonders in das öffentliche Bewußtsein gerückt sind. Der Parameter »Sprachverständlichkeit« wird hier in sieben Stufen unterteilt: 1. nicht, 2. kaum, 3. sehr wenig, 4. fast, 5. nicht genau, 6. mehr, 7. ganz verständlich.

Somit war bei dieser Kompositionsweise jeder Ton bezüglich seiner Höhe, Dauer, Klangfarbe, also fast jeder auch nur denkbaren Komponente total determiniert! So sehr dies von der mathematischen oder technischen Seite her bestechen mag: Für die künstlerische Kreativität ist es das Todesurteil.

Die Ästhetik der seriellen Musik liegt nicht in ihrer musikalischen Substanz, die sich dem Erleben erschließt, sondern in ihrer logischen Klarheit. Hier hat die »klingende Architektur« eine Grenze überschritten, die ein adäquates Erleben nicht mehr zuläßt. Der Grund liegt darin, daß wesentliche Schwellenwerte unseres Wahrnehmungssystems über- oder unterschritten werden. So ist es uns zum Beispiel nicht möglich, eine saubere Trennung zwischen einem normalen Pianissimo und einem solchen mit einem Akzent herauszuhören. Geht man schließlich davon aus, daß unser Gedächtnis gerade etwa sieben neue Informationen gleichzeitig in seinem Kurzzeitspeicher halten kann, so wird es absurd, wenn, wie im eben zitierten Beispiel von Boulez, in weniger als eineinhalb Takten 36 Informationen (Tonhöhe, Dauer, Dynamik) registriert werden müssen.

So erstaunt es nicht, daß, sondern eher, wie schnell die selbstbewußten jungen Komponisten erkannt haben, in welche Sackgasse sie sich verrannt hatten. Bereits 1957 verkündete Boulez in einem Vortrag mit dem Titel »Alea«: »Komposition ist es schuldig, in jedem Augenblick eine Überraschung bereitzuhalten.« Die Aleatorik brachte somit das genau Entgegengesetzte zur seriellen Überdetermination ins Spiel: den Zufall!

Karlheinz Stockhausen erklärt während eines Sommerkurses der »Darmstädter Schule« 1961 die serielle Ordnung seiner Komposition »Kontakte«. Wie selten in der Musikgeschichte wurde es von den Komponisten dieser Generation als notwendig empfunden, ihre Werke zu erläutern. Was im klassisch-romantischen Denken als unangebrachter Einblick ins Handwerkliche verabscheut wurde, stilisierte sich hier zum Prinzip.

Stockhausen seinerseits hat nach der seriellen Phase bekanntlich den Weg zur intuitiven Musik gefunden, bei der dann auch wieder das »Gefühl« zum Zuge kam. Zu seiner Komposition »Stimmung« schrieb er selbst: »Ich verwendete Texte, die ich in verliebten Tagen des April 1967 schrieb... Feinste Schwebungen – kaum Ausbrüche – alle Sinne sind wach und ruhig. In der Schönheit des Sinnlichen leuchtet die Schönheit des Ewigen...« [25, S. 10]

Diesen Satz, daß in der Schönheit des Sinnlichen die Schönheit des Ewigen leuchtet, hätte ein Wackenroder, ein E. T. A. Hoffmann, ein Schopenhauer nicht klangvoller formulieren können. Palestrina, Bach oder Mozart hätten ihm sicher zugestimmt, doch Schreiben in dieser Sprache war damals noch nicht Mode. Was die Musik wirklich und tatsächlich sei, läßt sich unterhalb dieser allgemeinen ästhetischen Begriffswolken nicht verallgemeinernd sagen. Um hier eine genauere Antwort geben zu können, muß man immer wieder die konkreten Umstände

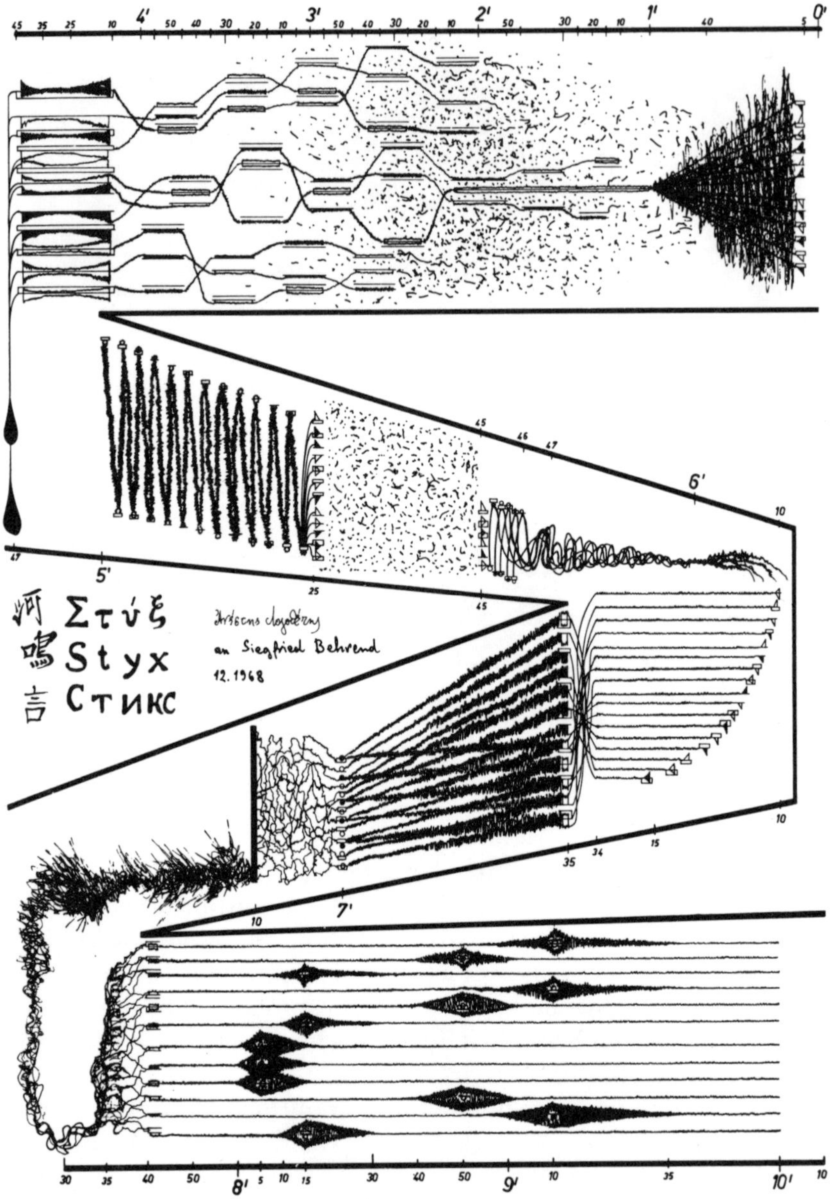

Das traditionelle Notenschriftbild erwies sich in der Neuen Musik nicht selten als völlig unzureichend und wurde durch graphische Formen der Darstellungen ersetzt, wie in dem hier abgebildeten Beispiel (Anestis Logothetis: Styx. Komposition für variable Besetzung, 1968).

ihrer Entstehung, den Zweck ihrer Entstehung, ihre Rezeptionsgeschichte und nicht zuletzt auch die psychologischen Rahmenbedingungen, unter welchen diese Urteile überhaupt zustande kommen, berücksichtigen.

Herzensschrei oder klingende Architektur?

Wes Geistes Kind wir sind

Das große Auto, welches der kleine Felix eben noch bestaunt hat, fährt hupend die Straße hinunter. Wenn wir dem kleinen Felix jetzt tief in die Augen schauen könnten, und zwar bis zur Netzhaut, würden wir feststellen, daß dieses wunderbare Auto mit zunehmender Entfernung immer kleiner wird. Außerdem steht es auch noch auf dem Kopf. Allerdings wäre der süße Felix sicher schlau genug, keine Wette darauf einzugehen, daß das Auto wirklich kleiner geworden ist, denn er »weiß«, daß alle Gegenstände in der Ferne »kleiner« aussehen als von der Nähe betrachtet. Ist ja auch klar, daß er das weiß: Wie oft hat er nicht schon die Erfahrung gemacht, daß das Auto, wenn es zurückkommt, wieder »größer« wird und daß die Leute, die darin sitzen, unterwegs keineswegs wie in einer Zitronenpresse zerquetscht wurden.

»Kognitive Wahrnehmungskonstanz« heißt in der Psychologie der Fachbegriff für dieses Phänomen. Kognitionen nennt man alle geistigen Vorgänge im Großhirn, welche die Aufmerksamkeit, das Denken, die Wahrnehmung und so weiter steuern. Um ein Konstanzphänomen handelt es sich deshalb, weil die kognitive Leistung darin besteht, die »falschen« Informationen, die das Sinnesorgan Auge empfängt, in der Weise zu korrigieren, daß der Wahrnehmende weiß, daß die Größe des Gegenstandes auch dann konstant bleibt, wenn sich sein Abbild auf der Netzhaut verkleinert. Da sich Tausende solcher Vorgänge in unserem kognitiven System abspielen, entziehen sie sich natürlich einer bewußten Beobachtung. Wir würden unter fataler Reizüberflutung leiden, wenn wir ständig mitbekämen, was unser Gehirn alles »denkt«.

Was uns die Sinnesorgane liefern, ist somit noch lange nicht der Weisheit letzter Schluß. Was durch Auge und Ohr, Mund und Nase zu uns durchdringt, wird erst im reizverarbeitenden System aktiv zu einer Wahrnehmung aufbereitet. Die Wahrnehmung besteht nicht in einem passiven Aufnehmen von Sinnesinformationen, sondern umfaßt zusätzlich den geistigen Akt der Integration des Aufgenommenen in den Kontext früherer Erfahrungen. Daß das Auto beim Wegfahren nicht kleiner wurde, veranlaßt Felix, der optischen Information, die seine Netzhaut empfängt, zu mißtrauen. Eine Photokamera kennt dieses Mißtrauen nicht. Sie »glaubt«, daß der Kirchturm tatsächlich auf dem Kopf steht, denn für ihr »Handeln« hat dies auch keine Konsequenzen. Eine Photoaufnahme ist das Paradebeispiel eines passiven Wahrnehmungsvorganges, wie es ihn beim Menschen (und natürlich auch beim Tier) überhaupt nicht gibt.

Menschliche Wahrnehmung und damit alles, was von dieser abhängt, zum Beispiel das Denken und das Fühlen, setzt sich somit aus diesem komplizierten Mechanismus von Sinnesinformation plus kognitiver Verarbeitung zusammen. Wenn wir das Brahms-Violinkonzert hören, fällt uns dieses nicht einfach »fertig« ins Ohr, sondern es bedarf der geistigen Aufarbeitung. Nehmen wir einmal an, unser kognitives System sei in bezug auf Musik völlig leer: Wir würden einen Geiger sehen, der auf seinem Instrument kratzt, ein Orchester, das dabei ist, mit unzählig vielen Instrumenten einen mal mehr, mal weniger lauten Lärm zu produzieren. Gut, wir können uns die Situation nicht vorstellen, denn unser Gehirn ist ja voll von kognitiven Strukturen, die dieses seltsame Schauspiel sofort erklären: Das Gekratze ist in Wirklichkeit eine Melodie, die aus lauter Tönen besteht, die typisch sind für das abendländische Tonsystem, mit welchem wir aufgewachsen sind. Treten Intervalle auf, die kleiner sind als ein Halbton, dann »wissen« wir, daß dies keine geniale Erfindung von Brahms darstellt, sondern daß der Geiger unsauber spielt. Schließlich wissen wir vielleicht noch, daß eine führende Melodie in einem solchen Stück »Thema« heißt und daß es davon in einer »Sonatenform« meistens zwei gibt: ein aggressives und ein lyrisches. Wenigstens bei den Klassikern ist es so. Und da Brahms, wie es ja im Programmheft steht, ein »Klassizist« war, wird es bei ihm schon auch noch stimmen. Schließlich wissen wir, daß in einem zivilisierten Konzertsaal im ausgehenden 20. Jahrhundert seitens des Publikums Ruhe zu herrschen hat. Beifallskundgebungen sind erlaubt, aber wohlgemerkt an der richtigen Stelle. Mitsingen und -dirigieren verbietet der Anstand, ebenso das Herumlaufen.

Das alles »wissen« wir! Und alles zusammen baut unser musikalisches Erleben auf. Jede »Störung« unserer Erwartung, sei es das unsaubere Spiel des Geigers oder das Fingernägelkauen unseres Nachbarn, beeinträchtigt dieses Erlebnis. Säßen wir in einem Konzert der Mozart-Zeit, fänden wir es befremdlich, wenn alle Besucher wie gebannt auf die Bühne zu den Musikern starren würden, statt sich galanten Konversationen hinzugeben.

Eine »Erwartung« ist nichts anderes als die Summe der bereits vorhandenen Informationen und Vorerfahrungen zu einem angekündigten Sinneseindruck. Lege ich die »Eroica« auf den Plattenteller, stellt sich bereits beim Anblick der Platte ein mehr oder weniger deutliches akustisches Klangbild ein, samt den ganzen latenten Wissensstrukturen über Beethoven, seine Person, seine Zeit, und so weiter. Wären die (nicht bewußten) Erwartungen identisch den akustischen Informationen, würde es uns schnell langweilig werden. Gerade die von ihrer Natur her komplizierte abendländische Kunstmusik gibt da allerdings keinen Anlaß zur Sorge, denn fast bei jedem erneuten Anhören erkennt man Neues, und bis man die inneren Strukturen der »Eroica« tatsächlich einmal völlig in Besitz genommen hat, können Jahre vergehen. Dennoch kann es vorkommen, daß man sich bei einem bestimmten Stück, vor allem wenn es sich auch noch immer um dieselbe Interpretation handelt, »überhören« kann, wie man dann sagt.

Sind umgekehrt überhaupt keine kognitiven Strukturen da, die den akustischen Reiz zu einer sinnvollen »Wahrnehmung« machen, löst die entsprechende Information Verwirrung und Abwehr aus. Da heißt es dann, wenn der Geiger nicht die Saiten streicht, sondern den Korpus traktiert: »Das ist doch keine Musik mehr, was die heutzutage machen!« In einem Kommentar aus einer medizinischen Fachzeitschrift zum Thema »Die Pein moderner Musik« wurde neulich gefragt, »weshalb diese Sammlung Mark und Bein durchdringender Geräusche ein Werk der Musik sei«.

Musik als ein vom Menschen geschaffenes künstliches Gebilde ist die Kombination aus einer akustischen Reizquelle und deren kognitiver Aufbereitung. In früheren Kapiteln hatten wir von »Kategorien« oder »kategorialer Formung« gesprochen. »Vertraute« Musik ist solche, bei welcher beide Systeme gut zueinander passen: Die akustischen Reize stimmen mit den kognitiven Strukturen überein. Ein in seiner unmittelbaren Umgebung »erfolgreicher« Komponist ist in der Regel ein solcher, der beim Komponieren aufgrund seiner Erfahrungen in der Lage ist, die Wahrnehmungsstrukturen seiner potentiellen Zuhörer bereits miteinzubeziehen (wie dies bei Schlagerkomponisten in der Regel der

Fall ist). Wenn er damit Erfolg hat, heißt es, er habe mal wieder »genau den Geschmack« getroffen.

Hat der Komponist dagegen den Anspruch, etwas Kreatives, Neues zu schaffen, so wird er auf die geistigen Strukturen des Publikums keine Rücksicht nehmen. Wie das Publikum auf diese »Rücksichtslosigkeit« reagiert, wissen wir zur Genüge. Aber Kreativität ist eben von ihrer Natur her nicht dazu da, irgendwelche Erwartungen zu erfüllen, sondern neue, bisher ungeahnte Wege zu beschreiten. Dennoch wissen wir, daß viele Leute eine auftretende Diskrepanz zwischen akustischem Reiz und innerer Erwartung bei einem neuartigen Musikstück nicht als ein Defizit in den eigenen Wahrnehmungsstrukturen erkennen (und das Publikum hat gegenüber dem Künstler immer ein solches Defizit), sondern sich immer und immer wieder auf die angebliche »Natur« des Schönen berufen, von dem sie zu wissen glauben, wie sie beschaffen sei: eben genau so wie die Summe der jeweils geltenden kognitiven Systeme. Dies ist dann ästhetischer Dogmatismus, denn Dogmatismus bedeutet nichts anderes, als daß kognitive Strukturen, die irgendwann einmal aufgebaut wurden, sich verhärten und unflexibel werden. Neue Informationen, die den bereits vorhandenen Strukturen zuwiderlaufen, werden diesen nicht angeglichen, sondern als »Zumutung« abgelehnt. Das Problem tritt natürlich nicht nur in geschichtlichen Umbruchssituationen auf, sondern auch zwischen konkurrierenden Systemen, die gleichzeitig verlaufen. Um einen solchen Fall handelt es sich beispielsweise, wenn die euphorisch gestimmten Eltern von einem Sinfoniekonzert nach Hause kommen, dort schon an der Tür die »ewige Rumsmusik« ihrer Jüngsten hören, worauf der Vater seiner Tochter wieder einmal »erklärt«, was »wirklich gute Musik« sei.

Die Vorgänge bei der Wahrnehmung von Musik sind lediglich ein Spezialfall dessen, was sich in der psychologischen Wahrnehmung generell abspielt. Seit sich in den sechziger Jahren in der Psychologie die »kognitive Wende« vollzogen hat, ist es nicht mehr möglich, die komplizierten Vorgänge im Bereich der Wahrnehmung allein mit dem vielzitierten »gesunden Menschenverstand« zu erklären. Dieser stützt sich auf eine naive Abbildtheorie: So wie die Photokamera sind auch die Sinnesorgane nichts anderes als Instrumente, welche die von außen kommenden Informationen, die dort bereits »fertig« sind, möglichst originalgetreu in unser Bewußtsein übermitteln. Die kognitive Theorie geht im Gegensatz dazu von einem komplizierten System der »Wahrnehmungssynthese« aus. Um bei der Musik zu bleiben: Was ein Pianist auf der Bühne produziert, ist (noch) nicht Musik, sondern es sind akustische

Reize. Allerdings solche, die dafür gedacht sind, im Ohr eines Hörers, der mit den dazu passenden Erwartungsstrukturen ausgestattet ist, im Zuge einer Wahrnehmungssynthese zu »Musik« gemacht zu werden.

Wir alle kennen den Vorgang von der Sprache her. Das Wort gdyz ist für denjenigen, der kein Polnisch versteht, nichts als ein akustischer Reiz. »Verstehen« heißt, über kognitive Strukturen zu verfügen, die diesen Reiz interpretieren und mit »Sinn« ausstatten können. Eine Sprache zu beherrschen bedeutet, über einen Vorrat von relevanten Kognitionen zu verfügen, die man sich im Laufe der Zeit angeeignet hat. Wer eine Fremdsprache fließend spricht, wird von sich behaupten, daß er beim Sprechen überhaupt nicht mehr »denken« muß. Das ist richtig, wenn mit Denken ein bewußter, meist anstrengender Vorgang gemeint ist. In Wahrheit jedoch findet in einer großen Geschwindigkeit eine kognitive Vergleichsanalyse statt, die das Übersetzen erst bewerkstelligt. Doch spielt nicht nur die Denotation eine Rolle, also die konkrete, im Lexikon nachschlagbare Bedeutung eines Wortes. Es gibt auch noch den Bereich der Konnotation, zu welchem all das gehört, was assoziativ und gefühlshaft »mitschwingt«. So bedeutet denotativ das Wort *il sole* »die Sonne«, konnotativ denkt der eine dabei aber an einen herrlichen Sommer auf Sizilien, der andere an ein schönes Erlebnis, das er in Hamburg in der Pizzeria »Sole« hatte und dergleichen mehr. Diese konnotative Aura ist bei jedem subjektiv etwas anders gewichtet, wenngleich es auch gruppenspezifisch mitschwingende Bedeutungshöfe gibt (diese verdichten sich oft zu regelrechten Stereotypen oder Vorurteilen, im positiven wie im negativen Sinn).

Bei der Musik haben wir kein Denotat. Es gibt keine lexikalisch abgesicherte Übersetzung dessen, was ein Musikstück »bedeutet«. Um so größer ist der Bereich der Konnotation. Wenn wir eine Mozart-Sinfonie hören, die uns vertraut ist, »verstehen« wir diese ebenso, wie wir eine Sprache verstehen, die wir gelernt haben. Obwohl wir die Sinfonie nicht »übersetzen« können. Doch konnotativ schwingt eben alles mit, was wir über das Werk wissen. Dieses Wissen (zu dem auch Erinnerungen an frühere Gefühle gehören) gibt dem akustischen Reiz einen Sinn und macht ihn damit zur Musik.

Daß diese Transformation eines akustischen Reizes zu einem ästhetisch relevanten musikalischen Ereignis potentiell funktioniert, hängt damit zusammen, daß der Komponist in seinem kreativen Prozeß den genau umgekehrten Weg bereits durchgemacht hat. Phantasien, Träume, Imaginationen sind analoge Vorgänge wie die Wahrnehmungssynthese. Nur daß hier das, was sonst als Information von außen kommt, jetzt »innerlich« abläuft und vom Komponisten als »Einfall« wahrgenommen wird.

Ein Beispiel. John Cage, das Enfant terrible in der Musik des 20. Jahrhunderts, sitzt am Schreibtisch und macht sich Gedanken über ein neues Werk. Nein, »Werk« kann man nicht sagen, denn in seinem kognitiven System hat sich hinsichtlich des Werkbegriffes, den er als geschichtlich entstanden durchschaut hat, eine Veränderung vollzogen. Er meint, daß die Zeit vorbei sei, die Musik als ein an Notentexte gebundenes Klangphänomen mit dem Anspruch auf ewige ästhetische Gültigkeit anzusehen. Viel sinnvoller sei es, dem Publikum zu zeigen, daß Schallinformationen aller Art, also auch zufällige, eine ästhetische Dimension bekommen können. Diese Gedanken schlagen sich dann in einer konkreten »Komposition« nieder, welche folgende Gestalt hat: Das Stück heißt »4 Minuten 33 Sekunden«. Ein Akteur stellt sich mit einer Stoppuhr auf die Bühne und – macht nichts. Nach 4.33 Minuten stellt er die Uhr wieder ab und geht. In dieser langen Zeit hat sich natürlich sehr viel ereignet: das Publikum war gewissermaßen das »Orchester«. Es hat zunächst erwartungsvoll gelauscht, wurde dann unruhig, die Klimaanlage hat gebrummt, die notorischen Konzerthuster haben sich eingeschaltet, geräuschmäßig war da wirklich viel los. Nur: In der Wahrnehmungssynthese des Publikums hat nichts mehr gestimmt. Erwartet wurde der »adäquate« Reiz. Wenn schon kein Beethoven – man wußte ja, daß ein »Moderner« auf dem Programm stand –, dann wenigstens ein wildes Experiment auf einem Klavier. Statt dessen bietet er die »Wahrnehmung von Alltagsgeräuschen«! Extremer kann die Nichtübereinstimmung zwischen den kognitiven Strukturen eines Komponisten und denen seines Publikums nicht mehr sein. Insofern ist ein »Verstehen« auch nicht möglich. Erst wenn das Publikum wenigstens erfährt, was die Intention des »Komponisten« ist, kann es vielleicht nach und nach einen »Sinn« in dieser »Aufführung« sehen.

Die vielleicht ungewöhnliche Struktur dieses Buches zielte darauf ab, Musikgeschichte nicht nur als Kette musikhandwerklicher Erfindungen darzustellen, sondern als ein System von Elementen, die ständig ineinandergreifen. Dabei gehören neben die handwerklich-technischen Fragen als ebensowichtig die der sozialen und kulturellen Einbettung und die der ästhetischen Reflexion. Gleichgültig, ob die Verarmungstheorie nun stimmt oder nicht, ist es nicht unerheblich, ob sie in dem gigantischen System sich verzahnender kognitiver Vorgänge, die aus den erklingenden Schallwellen in unserem Bewußtsein eine »Jupiter-Sinfonie« machen, als kleines Zahnrädchen mit vorhanden ist oder nicht. Wer sich Mozart bei diesem Werk als verarmt und am Hungertuch nagend vorstellt, hört es anders, als der, welcher sich ein erfolgreiches, selbstbewußtes Genie ausmalt, das vielleicht ein schlechtes Gewissen hat, weil die Spielschulden gerade so hoch sind, zumal, wenn die Frau auch noch krank ist. Und nochmals anders hört der, welchem das alles gleichgültig ist, der sich auf den aktiven strukturellen Nachvollzug des Werkes stürzt, dem die Fugen in der Coda des Finalsatzes vielleicht noch gelungener vorkommen als bei Bach.

Aktives Musikhören und -erleben bedeutet so gesehen, daß man das Denken über die Musik nicht dem Zufall überläßt, sondern in die Struktur seiner »kognitiven Reizverarbeitung« aktiv eingreift. Der erste Schritt auf diesem Wege ist bereits die Erkenntnis, daß diese Struktur individuellen und gesellschaftlich-geschichtlichen Wandlungen unterliegt. Borniertheit in ästhetischen Dingen, das Schlimmste, was es in der Kunst geben kann, resultiert aus der Verabsolutierung des trügerischen Glaubens, daß das Bild, das man sich von der Musik gemacht hat, von ewigem Bestand sei, und Abweichungen davon »gegen die Natur«. Unterhalb dieser Schwelle der Bereitschaft zu ständiger ästhetischer Reflexion liegt der Weg zum aktiven Erleben darin, sich die innere Struktur eines Musikstückes durch wiederholtes, bewußtes Takt-für-Takt-Hören, durch (verständliche) Strukturanalysen, durch allgemeingeschichtliche und biographische Hintergrundinformationen usw. in der Weise anzueignen, daß das akustische Substrat zusammen mit der inneren Erwartung eine abgerundete Synthese ergibt.

Arnold Hauser kommt bei dieser Frage in seiner »Soziologie der Kunst« zu folgender Konsequenz: »Die Genugtuung, die das Erlebnis, der Mitvollzug, das innere Sichaneignen von Kunstwerken bildet, ist keine mühelose, billige, ungemischte Freude, sondern meistens eine schwierige Aufgabe, eine strenge intellektuelle und moralische Prüfung. Die künstlerische Schöpfung ist keine zum Abbrechen reife Frucht; um sie zu genießen, hat man einen vom Künstler selbst unbeendeten Prozeß weiterzuführen.« [49, S. 471]

Die Musik geht unter die Haut

Die Wirkung von Musik vollzieht sich ganz über die vegetativen Funktionen unseres Körpers. In einem Experiment von Harrer [48, S. 43] wurde ein Ausschnitt aus Griegs »Peer-Gynt-Suite Nr. 2« mehreren Versuchspersonen vorgespielt, wobei deren Puls und Atemfrequenz gemessen wurden. Das Ergebnis-Diagramm (von rechts nach links zu lesen!) zeigt, wie mit anwachsendem Rhythmus Atmung und Puls sich beschleunigen und nach dem Ende des Musikstücks sich deutlich wieder verlangsamen:

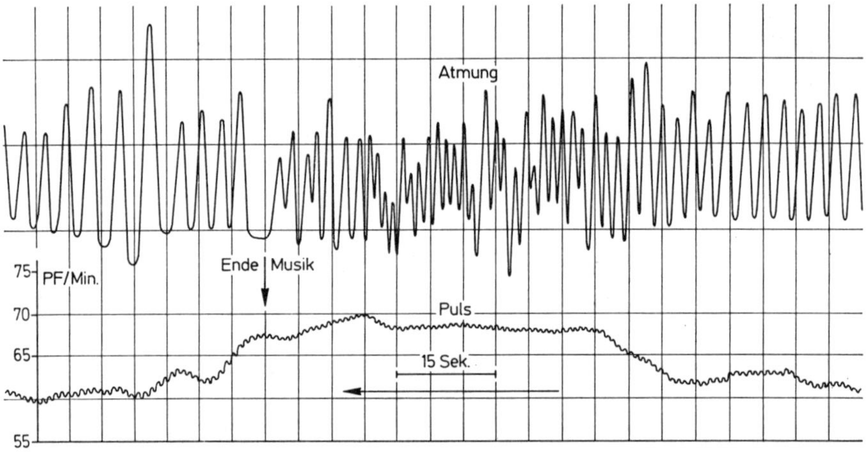

Dieses Phänomen, das uns als so selbstverständlich erscheint, hat allerdings noch nichts mit Musik als »Kunst« zu tun, sondern spielt sich auf einer archaisch-biologischen Grundlage ab, die möglicherweise auf uralte Verhaltensweisen bei Mensch und Tier zurückgeht, nämlich auf akustische Signale hin mit einer körperlichen Aktivierung, deren ursprüngliches Ziel die Fluchtreaktion war, zu reagieren. Musik ist letztlich nichts anderes als die Fähigkeit des Menschen, sich dieses Spiel mit seiner körperlichen Erregbarkeit in einer kulturell sublimierten und kunstvoll gestalteten Art und Weise nutzbar zu machen. Das folgende Diagramm (ebenfalls von Harrer, S. 44) mag dies belegen. Es zeigt den Anstieg der Pulsfrequenz beim Anhören eines immer schneller werdenden Metronoms.

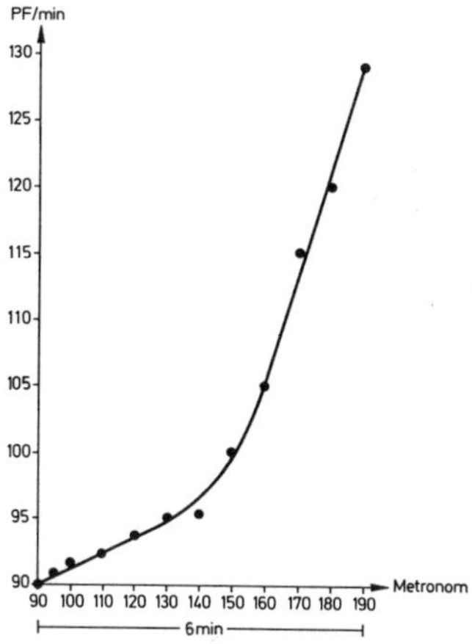

Doch auch in diesem scheinbar so unmittelbar wirkenden Phänomen sind kognitive Steuerungen beteiligt. Fehlt die entscheidende Kategorie, daß es sich bei dem Reiz, dem man gerade ausgesetzt ist, um »Musik« handelt, führt dies zu Angst und Ablehnung (vgl. das Problem mit mancher Form von Neuer Musik), wird derselbe Reiz jedoch als ein ästhetisch sinnvolles Gebilde wahrgenommen, ergötzen wir uns daran, daß es uns mal wieder so richtig »packt« und uns »unter die Haut« geht.

Wo bleibt das Gefühl?

Erst wenn einem so richtig klargeworden ist, welch wichtige Rolle die Kognition beim Zustandekommen einer Wahrnehmungssynthese spielt, ist die Frage sinnvoll, wo beim Vorgang des Musik-Erlebens die »Gefühle« stecken. Denn der gesunde Menschenverstand verlegt sie in aller Regel dorthin, wo sie nicht sind: in die »Musik«, und dabei meint er das, was wir die akustische Reizquelle genannt haben. Wenn diese Reizquelle selbst noch gar keine Musik ist, sondern erst durch den Akt der kognitiven Aneignung zu einer solchen wird, dann ist es auch nicht möglich, daß sie bereits eine emotionale Bedeutung im Sinne einer ästhetischen Qualität besitzt.

Gefühle im Zusammenhang mit dem Musik-Erleben können erst entstehen, wenn die Wahrnehmungssynthese abgeschlossen ist. Lediglich aufgrund der Tatsache, daß diese Synthese so enorm schnell vonstatten geht, entsteht in uns der Eindruck, daß das Gefühl sich gleichzeitig mit dem Erklingen des ersten Tones einstellt. Daß Gefühle ebenso einer kognitiven Steuerung unterliegen, überrascht viele, die zum ersten Male davon hören. Meistens wird dabei auch folgendes verwechselt: Worum es geht, ist die Tatsache, daß der kognitive Prozeß in erster Linie daran beteiligt ist, das Gefühl als solches überhaupt erst aufzubauen. Dies hat nichts mit der landläufigen Meinung zu tun, daß Gefühl und Verstand sich gegenseitig ausschließen. Damit ist nämlich gemeint, daß Gefühle und Emotionen – nachdem sie in der kognitiven Synthese entstanden sind! – willentlich nicht in jedem Fall leicht zu kontrollieren sind. Das sind also zweierlei Dinge: die Synthese von Gefühlen, welche ähnlich wie die Wahrnehmungssynthese unter der kognitiven Steuerung steht, und der Umgang mit bereits aufgebauten Gefühlszuständen.

Daß die Gefühle nicht so eindeutig an den akustischen Reiz gebunden sind, wie man so leicht glaubt, sondern erst durch das Hinzutreten von kognitiven Strukturen in der Wahrnehmungssynthese geformt werden, belegt auch die Leichtigkeit, mit welcher die Gefühlssynthese beeinflußt werden kann. Wer würde nicht zugeben, daß die meisten geistigen und emotionalen Reaktionen auf ein bestimmtes Musikstück nicht einzig auf das »neutrale« Anhören des Stückes zurückgehen, sondern eindeutig auch mit dem in Verbindung stehen, was man in der Schule, im Konzertführer, im Musikseminar oder auf der Plattenhülle darüber gehört und gelesen hat. Zwar kann man davon ausgehen, daß diese Beeinflussung um so größer ist, je weniger jemand ohnehin über das Stück weiß, das er da gerade hört (seine kognitiven Strukturen nehmen also bereitwillig und unkritisch alles auf, was dem akustischen Reiz einen Sinn geben könnte), doch sind andererseits auch Profis nicht gegen Beeinflussungen gefeit, da der Grundmechanismus immer derselbe ist, der da abläuft.

Helga de la Motte-Haber hat 1972 ein diesbezügliches Experiment [66, S. 206] durchgeführt, von dem ich ein paar Ergebnisse mitteilen will, da sie unsere bisherigen Gedanken überzeugend veranschaulichen. 64 Musikstudenten, die mit Neuer Musik vertraut waren, wurde Musik vorgespielt, darunter die »Venezianischen Spiele« von Witold Lutosławski.

Es wurden vier Gruppen zu je 16 Studenten gebildet:
- Gruppe 1 hörte die Stücke neutral, also ohne zusätzliche Informationen,
- Gruppe 2 bekam positive Hintergrundinformationen (angebliche Kritiken),
- Gruppe 3 wurde mit negativen »Kritiken« versorgt,

– der Gruppe 4 wurde mitgeteilt, daß Publikum und Kritik bisher keine einheitliche Meinung zu dem Stück hätten.

Die Urteile erfolgten anhand einer Liste von zehn Adjektiven, von denen ich die Prädikate »kunstvoll« und »schön« herausgreifen will.

	Die Information ist			
	neutral	positiv	negativ	unentschieden
kunstvoll	11	15	2	7
schön	11	14	3	3

(Die Ziffern geben an, wie viele aus der jeweiligen Gruppe das entsprechende Adjektiv angekreuzt haben [maximal 16]).

Kann man eindeutiger zeigen, wie zwischen dem Erklingen eines akustischen Reizes und dem schließlichen Urteil kognitive Kategorien wirksam werden? Die Kategorie, die hier experimentell variiert wurde, war die der »wertenden Vorinformation«. Die Beeinflussung läuft parallel, egal ob es sich um einen Urteilsbereich handelt, den man eher der »geistigen« (kunstvoll) oder der »emotionalen« (schön) Ebene zuordnet: Bei einer positiven Zusatzinformation steigt das Wohlwollen, das von Anfang an gar nicht gering war (11 von 16 Personen) noch einmal deutlich an, sackt aber in der Gruppe mit negativen Informationen ganz extrem ab.

Soweit das Experiment. Es gibt allerdings auch in unserem Konzertrepertoire Stücke, die wir daraufhin einmal kritisch unter die Lupe nehmen müßten. Ich greife eines davon heraus, ein »Heiligtum« gewissermaßen: das Mozart-Requiem. Bekanntlich hat es der Meister nicht mehr selbst vollenden können, sondern es wurde von Franz Xaver Süßmayer vollendet. Eines steht schon fest: Gäbe es in irgendeiner Stadt am kommenden Sonntag eine Aufführung eines Requiems von einem »Kleinmeister der Mozart-Zeit«, F. X. Süßmayer, die Veranstalter hätten wohl keine Chancen, ihre Unkosten zu decken. Und das Publikum würde hier ebenso reagieren wie die Fachwelt, welche den Werken des Mozart- und Salieri-Schülers »jede Tiefe und Originalität« [4, S. 647] abspricht. Andererseits hält der Mozart-Liebhaber gerade das Requiem für den Inbegriff Mozartscher Tiefe und Innerlichkeit, wobei er natürlich nicht unterscheidet in Teile von Süßmayer und solche, die von Mozart selbst stammen! Wenn nach dem achten Takt des Lacrimosa Mozarts Inspiration endet und Süßmayers »Ratlosigkeit« [72, S. 465] einsetzt: Hören wir das überhaupt? Ist das wunderbare Sanctus auch dann noch »wunderbar«, wenn wir uns dabei genau vergegenwärtigen, daß davon kein Takt von Mozart stammt?

Es hilft alles nichts: Musik ist nicht das, was als Schallwelle in unser Ohr dringt, sondern das, was wir daraus machen.

Man kann die Argumentation natürlich auch umdrehen. Wer von sich sagt, daß ihm die Teile aus dem Requiem, von denen er jetzt weiß, daß sie mit Sicherheit nicht von Mozart stammen (das Sanctus, das Agnus Dei, das Benedictus), dennoch gefallen – und das sind ehrlicherweise die meisten von uns –, wird künftig vielleicht verstärkt auch Kompositionen gegenüber offen sein, die nicht das Etikett eines großen Komponistennamens tragen. Wir hatten im letzten Kapitel ja bereits die Frage aufgeworfen, ob es denkbar sei, daß von den 1300 im »Lexikon der Klassik« von Baumgartner aufgeführten Komponisten außer Haydn, Mozart oder Beethoven kein einziger »gute« Musik geschrieben habe. Wenn uns das Sanctus von Süßmayer im Mozart-Requiem so gut gefällt, warum dann nicht auch das Requiem in c-moll von Luigi Cherubini, das immerhin an Beethovens Beerdigung gespielt wurde? Nur als kleines Experiment? Warum sollen wir das imaginäre Museum, das im Konzertrepertoire seit hundert Jahren in fast immer gleicher Weise bestückt wird, dank der Möglichkeit der Schallplatten nicht selbst gelegentlich einmal neu einrichten?

Musikpsychologische Spielwiese

Für diejenigen Leser, die gerne experimentieren, ohne die Ergebnisse allzusehr auf die Goldwaage zu legen, möchte ich ein »Inventar« vorstellen, mit dessen Hilfe es möglich ist, eine etwas differenziertere Auskunft darüber zu erhalten, erstens, wie jemand ein Musikstück, das er gerade hört oder gehört hat, beurteilt (Beurteilungsinventar), und, zweitens, wie er sich beim Anhören oder danach fühlt (Erlebnisinventar). Das ganze System heißt MEBI (Musikerlebens- und -beurteilungsinventar). Es ist aufgebaut nach dem Prinzip des »Polaritätsprofils«: Jeweils zwei Adjektivpolaritäten (z. B. »schön–häßlich«) stehen sich in einer Zeile gegenüber, pro Inventar sind es zwanzig Stück. Man muß dabei jeweils entscheiden, ob eher die rechte oder die linke Alternative paßt. Um ein differenziertes Bild zu bekommen, gibt es sieben Abstufungen. Bei der Polarität schön/häßlich würde also ein Kreuzchen über der linken »2«

etwa bedeuten: Ich finde das Stück »eher schön«. Es müssen also insgesamt 40 Polaritäten durch jeweils ein Kreuzchen entschieden werden. Verbindet man hernach die einzelnen Ankreuzungen, ergeben sich zwei typische »Profile«, eines für die Beurteilung (»Dieses Musikstück halte ich für«) und eines für die Erlebensseite (»Beim Anhören dieses Musikstückes fühle ich mich«). Es ist interessant, eine Erhebung zum selben Musikstück mit verschiedenen Leuten zu machen oder mit sich selbst in verschiedenen Situationen, zum Beispiel vor und nach der Lektüre von Hintergrundinformationen zu einem Stück und dergleichen mehr. Wissenschaftliche Anwender seien auf die Originalquelle verwiesen [71].

Herzensschrei oder klingende Architektur?

Wenn ich bisher behauptet habe, daß »Musik« das Resultat sei aus dem akustischen Reiz und der dazugehörigen kognitiven Aufarbeitung, habe ich bewußt einen Aspekt ausgeklammert, der vielleicht der wichtigste ist: die Intention des Komponisten. Die Frage, ob Musik gewissermaßen der klingende Niederschlag einer Künstlerbiographie ist oder das Resultat einer mühseligen Konstruktionsarbeit auf dem Reißbrett, haben wir in diesem Buch öfters gestellt. Sie wird auch so lange unentschieden bleiben, wie dem Fragesteller daran liegt, eine Antwort ausschließlich in einer der beiden möglichen Richtungen zu erhalten. Wäre Musik nichts als nackte, klingende Logik, könnten sich alle Komponisten zu Programmierern umschulen lassen, denn ein Computer würde in dieser Richtung sicher die schönsten Resultate ermöglichen.

Die paradoxe Wesensstruktur von Musik – und fügen wir noch einmal an, daß wir die abendländische Kunstmusik meinen, von der in diesem Buch die Rede war – liegt darin, daß in ihr beide Elemente in vollkommener Undurchschaubarkeit vereint sind. Hans Heinrich Eggebrecht spricht von »Emotio« und »Mathesis«, wenn er gefragt wird, was Musik sei. Wobei wir inzwischen wissen: Musik »hat« keine Emotionen, sondern sie hat die Fähigkeit, in uns Hörern eine Wahrnehmungs- und Gefühlssynthese in Gang zu setzen, deren Resultat eine seelische Gestimmtheit *in uns* ist, die wir in das akustische Substrat zurückversetzen. »Mathesis« meint dagegen alles, was mit Logik und klingender Architektur zu tun hat. Betrachtet man die Musikgeschichte unter dem Vorrang des Mathesis-Anteils, stellt sie sich uns dar wie eine lange Geschichte von Problemlösungen: Jeder neue Stil, jeder Umbruch in der Arbeitsweise eines Komponisten wäre somit eine Lösung eines Pro-

MEBI

Inventar zur Erfassung des Erlebens und Beurteilens von Musik

MEBI-E

Beim Anhören dieses Musikstückes fühle ich mich:

1	entspannt	3 2 1 0 1 2 3	angespannt
2	deprimiert	3 2 1 0 1 2 3	heiter
3	tatendurstig	3 2 1 0 1 2 3	untätig
4	gereizt	3 2 1 0 1 2 3	ausgeglichen
5	geborgen	3 2 1 0 1 2 3	bedroht
6	zornig	3 2 1 0 1 2 3	sanft
7	kraftlos	3 2 1 0 1 2 3	kräftig
8	ausgeliefert	3 2 1 0 1 2 3	geschützt
9	froh	3 2 1 0 1 2 3	bedrückt
10	zappelig	3 2 1 0 1 2 3	gelassen
11	erschöpft	3 2 1 0 1 2 3	aktiviert
12	furchtlos	3 2 1 0 1 2 3	furchtsam
13	offen	3 2 1 0 1 2 3	verschlossen
14	nachgiebig	3 2 1 0 1 2 3	trotzig
15	vertraut	3 2 1 0 1 2 3	unheimlich
16	matt	3 2 1 0 1 2 3	frisch
17	aggressiv	3 2 1 0 1 2 3	friedvoll
18	ruhig	3 2 1 0 1 2 3	unruhig
19	traurig	3 2 1 0 1 2 3	fröhlich
20	ausgeglichen	3 2 1 0 1 2 3	nervös

MEBI-B

Dieses Musikstück halte ich für:

21	hart	3 2 1 0 1 2 3	weich
22	aktiv	3 2 1 0 1 2 3	passiv
23	fließend	3 2 1 0 1 2 3	stockend
24	unangenehm	3 2 1 0 1 2 3	angenehm
25	schnell	3 2 1 0 1 2 3	langsam
26	dunkel	3 2 1 0 1 2 3	hell
27	ansprechend	3 2 1 0 1 2 3	abstoßend
28	farbig	3 2 1 0 1 2 3	blaß
29	grob	3 2 1 0 1 2 3	fein
30	chaotisch	3 2 1 0 1 2 3	zusammenhängend
31	heiter	3 2 1 0 1 2 3	trübe
32	müde	3 2 1 0 1 2 3	lebhaft
33	schön	3 2 1 0 1 2 3	häßlich
34	aggressiv	3 2 1 0 1 2 3	friedvoll
35	schwungvoll	3 2 1 0 1 2 3	lahm
36	klar	3 2 1 0 1 2 3	verschwommen
37	schlecht	3 2 1 0 1 2 3	gut
38	zurückhaltend	3 2 1 0 1 2 3	aufdringlich
39	traurig	3 2 1 0 1 2 3	froh
40	geordnet	3 2 1 0 1 2 3	durcheinander

blems, das allgemein oder individuell in dem betreffenden Augenblick gerade anstand. Franz Schubert, den die halbe Musikwelt für die Inkarnation des romantischen Gefühlsgenies hält, hat zwischen seiner sechsten Sinfonie und der »Unvollendeten« jahrelang mit dem Problem gekämpft, wie er seine eigene lyrische Musiksprache mit der monumentalen Breite einer Beethoven-Sinfonie in Einklang bringen kann. (Die Lösung bestand darin, die dramatische Energie in der Durchführung und der Coda nicht aus den beiden lyrischen Themen zu beziehen, sondern aus der achttaktigen Einleitung, die dem ersten Thema vorausgeht, und dort noch nichts von der potentiellen Energie erkennen läßt, die tatsächlich in ihr steckt.)

Musikologen, die den Mathesis-Aspekt gerne in den Vordergrund stellen, neigen dazu, den Anteil der »Emotio« im kompositorischen Prozeß zu unterschätzen. Sie hängen dem Ideal an, daß Musikgeschichte tatsächlich reine Problemlösungsgeschichte sei, Komponieren wäre demnach eine Wissenschaft mit anderen Mitteln, eine Auffassung, welche die längste Zeit der europäischen Musikgeschichte, von den Griechen bis Bach, unangefochten gültig war. Erst im klassisch-romantischen Zeitalter hat sich eine Gefühlsästhetik durchgesetzt, die noch eine weitere Implikation mit sich brachte, nämlich die, daß es nicht nur irgendwelche Gefühle sind, die »in der Musik« stecken, nein, es sind dies die persönlichen Gefühle des Komponisten selbst.

Wir könnten uns nun lange streiten, ob ein Shakespeare alle die vielfältigen Emotionen, die er seinen großen (und kleinen) Figuren auf der Bühne unterschiebt, in seiner eigenen Erlebenserfahrung abgespeichert gehabt haben muß oder ob sein Genie nicht vor allem darin bestand, sich solche Emotionslagen einfach nur vorstellen zu können, nachdem er durch Beobachtung seiner Mitmenschen von deren Vorhandensein genügend Kenntnis hatte. Gewiß, gefühlsarm und unsensibel darf er nicht gewesen sein. Das zeichnet einen großen Künstler aus, egal in welchem Metier. Was aber sicher ebensowichtig war wie seine Kenntnis der Spannweiten menschlicher Emotionen, war seine Fähigkeit, diese Welt der Gefühle und Leidenschaften in einen Bogen sinnvoller formaler Abläufe zu bringen, wovon Shakespeares Dialoge beredtes Zeugnis ablegen.

Bevor wir uns in einer langen und nutzlosen Diskussion aber in diesem Streit verlieren, will ich den Versuch machen, anhand eines konkreten Beispieles zu zeigen, wie sehr beide Aspekte ineinander übergehen und wie sinnlos es ist, wenn einer davon allein zur Grundlage eines Erklärungsmodells gemacht wird.

Robert Schumann gilt unstreitig als ein wichtiger Vertreter dessen, was man deutsche Romantik nennt. In seinen Kompositionen nach dem Prinzip »Emotio« zu suchen fällt natürlich nicht schwer. Ob man allerdings auf den Spuren der »Mathesis« ebenso leicht fündig wird? Betrachten wir dazu die Klaviersonate fis-moll, op. 11, die der 25jährige seiner damals noch sehr jungen, nämlich 16jährigen Freundin Clara gewidmet hat. Im Konzertführerjargon heißt es dazu: »Die Widmung ist hier mehr als eine äußere Handlung; denn in der Sonate spiegelt sich die stürmische Liebe des jungen Schumann dichterisch wider; die Sonate ist, wie er später seiner Frau sagte, ›ein einziger Herzensschrei nach dir‹.« [85, S. 411] Spätestens wenn er diese »Einführung« gelesen hat, ist jeder Musikfreund davon überzeugt, mit dieser Sonate einen einzigen seelischen Erguß voll Sehnsucht und Leidenschaft vor sich zu haben. Wenn er sich jedoch als »Aktivhörer« einmal die formalen und dramaturgischen Strukturen des ersten Satzes bewußt macht, wird er mit Überraschung feststellen, daß der Niederschlag eines »Herzensschreis« die Aspekte von klingender Architektur, und zwar in höchster Vollendung, nicht ausschließt. Um dies zu verdeutlichen, wollen wir uns diesen Satz einmal genauer vornehmen.

Der Satz beginnt mit einer langsamen Einleitung mit einem Thema, das von Schumann an einer späteren Stelle als »parlando« bezeichnet wird, offenbar, weil es einen etwas rezitativischen Charakter hat. Wir wollen es hier als Thema L (wie »langsame Einleitung«) bezeichnen:

Der Hauptteil des Satzes (Allegro vivace) wird eröffnet mit einem rhythmischen Motiv in der linken Hand, von dem man noch nicht weiß, ob es das Hauptthema sein soll. Vielleicht ist es auch nur ein Teil davon. Da es wie ein »Motto« klingt, will ich es hier als Thema M bezeichnen, wobei wir eine erste (Ma) und eine zweite Hälfte (Mb) unterscheiden können:

M

a b

In den folgenden Takten wird unsere Erwartung an ein »Hauptthema« erfüllt. Allerdings hat es nicht die Gestalt eines »romantischen«, runden Melodiebogens. Vielmehr hat es den Charakter eines melodischen Mottos, und zwar mit einem sehr prägnanten Rhythmus, der an dieser Stelle allerdings noch fest in die Melodie eingebunden ist. Das (vermutete) Hauptthema heißt dann also:

H 

Dieses Thema wird in der rechten und linken Hand weitergeführt, bis in einem Forte-Ausbruch das Anfangsmotto M erscheint. Danach wird das Hauptthema wieder weitergeführt, dabei allerdings in der Weise verändert, daß der in ihm steckende Rhythmus jetzt nicht mehr nur die melodietragende Stimme, sondern auch den Baß und die Mittelstimmen zu beherrschen beginnt. Diese rhythmische Struktur, die sich aus dem Hauptthema heraus verselbständigt hat, wollen wir als R bezeichnen:

R

Unterbrochen durch einen erneuten Einwurf von M steuert die Entwicklung nun auf das Seitenthema zu, das allerdings den Erwartungen an ein solches, wie man es von der Wiener Klassik her kennt, völlig zuwiderläuft: Es ist nicht ruhig und lyrisch, sondern von mitreißendem Schwung und voller Leidenschaft (»passionato«).

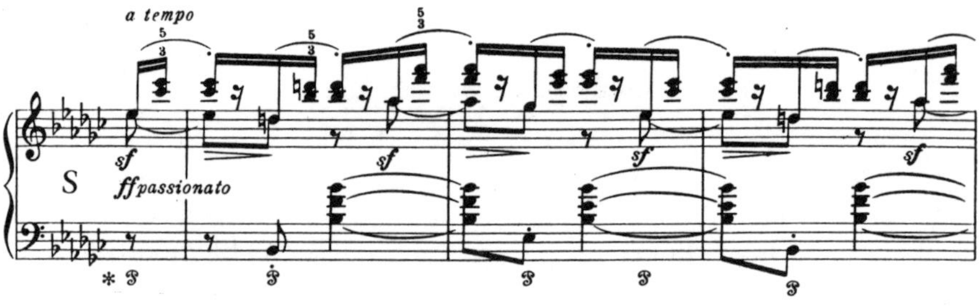

Erst der Epilog (più lento) bringt die kontrastierende Ruhe, wobei auch hier über weite Strecken der Rhythmus R dominiert. (Man kann sich fragen, ob nicht das Thema im Epilog das »eigentliche« Seitenthema sei, doch ändert dies hier nichts an der Argumentation.)

Nach dieser durchaus dramatischen Exposition folgt nun die Durchführung, nicht weniger dramatisch zwar, aber von einer solchen inneren Symmetrie, wie man sie in einem »romantischen« Werk wohl kaum vermutet hätte. Ich will den formalen Aufbau mit den eben eingeführten Abkürzungen hier darstellen:

A-Teil: R – Mb R Mb Mab als Steigerung zu S, danach wieder Mab
B-Teil: H zunächst lyrisch verarbeitet, dann als Steigerung zu L
A′-Teil: R – Mb R Mb Mab als Steigerung zu S, danach wieder Mab

Bereits optisch erkennt man den für eine »Durchführung«, die doch in einer Sonatenform die größten Freiräume bietet, untypischen dreiteiligen Aufbau (A-B-A′). In den A-Teilen wechseln sich die beiden rhythmischen Elemente R und M ab, als melodischer Höhepunkt erscheint S.

Erst im B-Teil kommt das Hauptthema zum Zuge, das nach einer dramatischen Entwicklung und zur allgemeinen Überraschung zu L führt, dem Thema aus der langsamen Einleitung. Schumanns »Formbewußtsein« war hier so ausgeprägt, daß er an der zentralsten Stelle des Satzes einen Rückbezug zur Einleitung herstellt (was selbst bei Beethoven, dem Meister der Sonatenform, fast nie vorkommt!).

Einen weiteren Beleg dafür, wie der junge Schumann der »Emotio« nicht einfach freien Lauf läßt, sondern sie »in Form« zwingt, bringt der Anfang der Reprise. Nach alter Tradition handelt es sich um die Stelle, an der das Hauptthema nach allen Verwicklungen, die es in der Durchführung vielleicht hat über sich ergehen lassen müssen, wieder in seiner klaren, ursprünglichen Gestalt, die es in der Exposition noch hatte, erscheint. Doch so einfach und klar war die Angelegenheit in der Exposition gar nicht. Wir hatten zwar jenes melodische Teilchen H als »Hauptthema« bezeichnet. Doch war es eingerahmt durch das vorangehende rhythmische Motto M und später durch den sich verselbständigenden Rhythmus R. Gehörten M und R nicht vielleicht doch auch schon zum »Thema«?

Offensichtlich ist dies der Fall, denn Schumann zeigt uns am Beginn der Reprise eine wunderbare Synthese aus allen drei Elementen: in der Oberstimme H, in den Mittelstimmen R und M im Baß!

Diese kleine Analyse zeigt uns überdeutlich: Emotio und Mathesis, Gefühl und Struktur haben einen gemeinsamen Nenner gefunden! Der »Herzensschrei« löst sich nicht etwa auf unter der Gewalt der rationalen Konstruktion, sondern diese ist die Voraussetzung dafür, daß er sich überhaupt artikulieren kann, in einer Form, die künstlerischem Rang entspricht, die den Logikern der Wiener Klassik alle Ehre gemacht hätte, wenngleich rein formal viele Elemente neu definiert wurden.

Wer mit seinen Freunden ein kleines »musikpsychologisches Experiment« veranstalten will, kann einer ersten Gruppe (oder Einzelperson) den Schumann-Satz zunächst ohne alle Informationen vorspielen und mit dem MEBI beurteilen lassen, einer anderen Gruppe mit dem Herzensschrei-Zitat und einer dritten schließlich mit der Strukturanalyse. Die Profile werden deutlich darüber Aufschluß geben, wie unterschiedlich unsere Wahrnehmungs- und Gefühlssynthesen ablaufen, je nachdem, welche Formen des »Wissens« über Musik in unserem Kopf abrufbereit sind.

Damit wären wir am Ende einer Reise durch die Musikgeschichte angelangt, bei der es weniger um die geschichtlichen Tatsachen an und für sich ging als vielmehr darum, das musikalische Material mit dem »Denken über Musik« in Verbindung zu bringen.

Quellennachweis

1 Abert, Hermann: *W. A. Mozart.* Neubearbeitete und erweiterte Ausgabe von Otto Jahns *Mozart,* 3 Bde. VEB Breitkopf und Härtel, Leipzig 1983, 10. Aufl.
2 Abraham, Gerald: *Geschichte der Musik.* Bd. 9 (I) und 10 (II) aus: *Das Große Lexikon der Musik.* Herder, Freiburg 1983.
3 Adler, A. (Hg.): *Handbuch der Musikgeschichte.* 1924, Nachdruck der 2. Aufl. von 1930. dtv, München 1975.
4 Baumgartner, Alfred: *Musik der Klassik.* Kiesel, Salzburg 1982.
5 Berlioz, Hector: *Memoiren.* Athenäum, Königstein 1985.
6 Borris, Siegfried: *Marginalien zur Bachverehrung.* Musica 3/1985.
7 Braun, Werner: *Der Stilwandel in der Musik um 1600.* Wissenschaftliche Buchgesellschaft, Darmstadt 1982.
8 Braun, Werner: *Die Musik des 17. Jahrhunderts.* Neues Handbuch der Musikwissenschaft, Bd. 4. Athenaion, Wiesbaden 1981.
9 Braunbehrens, V.: *Mozart in Wien.* Piper, München 1986.
10 Burney, Charles: *Tagebuch einer musikalischen Reise.* Heinrichshofen's Verlag, Wilhelmshaven 1980.
11 Dahlhaus, C. und de la Motte-Haber, H.: *Systematische Musikwissenschaft.* Neues Handbuch der Musikwissenschaft, Bd. 10. Athenaion, Wiesbaden 1982.
12 Dahlhaus, C.: *Richard Wagners Musikdramen.* Orell Füssli, Zürich 1985, 2. Aufl.
13 Dahlhaus, C.: *Die Musiktheorie im 18. und 19. Jahrhundert.* Bd. 1. Wissenschaftliche Buchgesellschaft, Darmstadt 1984.
14 Dahlhaus, C.: *Grundlagen der Musikgeschichte.* Gerig, Köln 1977.
15 Dahlhaus, C.: *Die Musik des 19. Jahrhunderts.* Neues Handbuch der Musikwissenschaft, Bd. 6. Athenaion, Wiesbaden 1980.
16 Dahlhaus, C.: *Analyse und Werturteil.* Schott, Mainz 1970.
17 Dahlhaus, C.: *Schönberg und andere.* Schott, Mainz 1978.
18 Dahlhaus, C.: *Musikalischer Realismus.* Piper, München 1984, 2. Aufl.
19 Dahlhaus, C.: *Musikästhetik.* Gerig, Köln 1967.
20 Dahlhaus, C.: *Die Idee der absoluten Musik.* dtv/Bärenreiter, Kassel 1978.
21 Dahlhaus, C. (Hg.): *Die Musik des 18. Jahrhunderts.* Neues Handbuch der Musikwissenschaft, Bd. 5. Laaber, Laaber 1985.
22 Dahlhaus, C., und Eggebrecht, H. H.: *Was ist Musik?* Heinrichshofen's Verlag, Wilhelmshaven 1985.

23 Dahlhaus, C., und Zimmermann, M.: *Musik zur Sprache gebracht.* dtv/Bärenreiter, Kassel 1984.
24 Deutsch, O., und Eibel, J. H.: *Mozart. Dokumente seines Lebens.* dtv, München 1981, 2. Aufl.
25 Deutscher Musikrat: *Zeitgenössische Musik in der BRD.* Beiheft zu Platte 7 EMI Elektrola 1983.
26 Dibelius, U.: *Mozart-Aspekte.* Bärenreiter, Kassel 1972.
27 *dtv-Atlas zur Musik,* Bd. 1. dtv/Bärenreiter, Kassel 1977.
28 *dtv-Atlas zur Musik,* Bd. 2. dtv/Bärenreiter, Kassel 1985.
29 Eggebrecht, H. H.: *Die Musik Gustav Mahlers.* Piper, München 1982.
30 Eggebrecht, H. H.: *Versuch über die Wiener Klassik.* Steiner, Wiesbaden 1972.
31 Einstein, A.: *Mozart. Sein Charakter – Sein Werk.* Fischer, Frankfurt/Main 1978.
32 *Epochen der Musikgeschichte in Einzeldarstellungen.* Epochenartikel aus der Enzyklopädie Musik in Geschichte und Gegenwart. dtv/Bärenreiter, Kassel 1974.
33 Floros, Constantin: *Carl Maria von Weber,* in: Musik-Konzerte 52, Edition Text + Kritik, München 1986.
34 Floros, Constantin (Hg.): *Programmusik.* Laaber, Laaber 1983.
35 *Funkkolleg Kunst.* Studienbegleitbrief 7. Beltz, Weinheim 1985.
36 Gebhardt: *Handbuch der deutschen Geschichte.* dtv, München 1970.
37 Geiringer, Karl: *Johann Sebastian Bach.* Beck, München 1978.
38 Gerhartz, L. K.: *Oper.* Laaber, Laaber 1983.
39 Godel, Arthur: *Schuberts letzte drei Klaviersonaten.* Koerner, Baden-Baden 1985.
40 Gradenwitz, Peter: *Johann Stamitz. Leben – Umwelt – Werk,* 2 Bde. Heinrichshofen's Verlag, Wilhelmshaven 1984.
41 Gregor-Dellin, M.: *Heinrich Schütz.* Piper, München 1984.
42 Gregor-Dellin, M.: *Das Kleine Wagner-Buch.* Rowohlt, Hamburg 1982.
43 Gregor-Dellin, M.: *Richard Wagner.* Piper, München 1980.
44 Greither, A.: *Mozart.* Rowohlt, Hamburg 1962.
45 Gurlitt, Willibald: *Musikgeschichte und Gegenwart I.* Steiner, Wiesbaden 1966.
46 Gurlitt, Willibald: *Johann Sebastian Bach.* dtv/Bärenreiter, Kassel 1980.
47 Handschin, Jacques: *Musikgeschichte im Überblick.* Heinrichshofen's Verlag, Wilhelmshaven 1981, Nachdruck der 2. Aufl. von 1964.
48 Harrer, G. (Hg.): *Grundlagen der Musiktherapie und Musikpsychologie.* Gustav Fischer, Stuttgart 1982, 2. Aufl.
49 Hauser, A.: *Soziologie der Kunst.* Beck, München 1987, 2. Aufl.
50 Herzfeld, F.: *Kleine Musikgeschichte.* Zimmermann, Frankfurt 1984.
51 Hildesheimer, W.: *Mozart.* Suhrkamp, Frankfurt 1980.
52 Hildesheimer, W.: *Wer war Mozart? – Becketts »Spiel«. – Über das absurde Theater.* Suhrkamp, Frankfurt 1987, 6. Aufl.
53 Hirsbrunner, Theo: *Igor Strawinsky in Paris.* Laaber, Laaber 1982.
54 Honolka, Kurt: *Knaurs Weltgeschichte der Musik.* Droemer Knaur, München 1979.
55 Honolka, Kurt: *Knaurs Weltgeschichte der Musik II.* Droemer Knaur, München 1979.
56 Kesting, Jürgen: *Die großen Sänger.* Claassen, Düsseldorf 1986.

57 Klüppelholz, W., und Busch, H. J.: *Musik gedeutet und gewertet.* dtv, München 1983.
58 Kraemer, U.: *Wer hat Mozart vergiftet?* Musica 1976.
59 Kramer, H.: *Geschichte Italiens,* Bd. 2. Kohlhammer, Stuttgart 1968.
60 Kretschmar, H.: *Führer durch den Konzertsaal.* Liebeskind, Leipzig 1887.
61 Kühn, H.: *Musikgeschichte 1.* Quadriga, Weinheim 1986.
62 Kunze S. (Hg.): *L. v. Beethoven. Die Werke im Spiegel seiner Zeit.* Laaber, Laaber 1987.
63 La Mure, Pierre: *Jenseits des Glücks.* Der romantische Lebensroman des Felix Mendelssohn-Bartholdy. Knaur, München 1980.
64 Leopold, S.: *Monteverdi und seine Zeit.* Laaber, Laaber 1982.
65 Meierott, L., und Schmitz, H. B.: *Materialien zur Musikgeschichte,* Bd. I. Bayerischer Schulbuch-Verlag, München 1981.
66 Motte, D. de la: *Harmonielehre.* dtv/Bärenreiter, Kassel 1976.
67 Motte-Haber, H. de la: *Handbuch der Musikpsychologie.* Laaber, Laaber 1985.
68 Müller, U., und Wapnewski, P.: *Wagner-Handbuch.* Kröner, Stuttgart 1986.
69 Neisser, U.: *Kognitive Psychologie.* Klett, Stuttgart 1974.
70 Oki, M.: Begleitheft zur CD 38C37–7014. Pcm Digital Recording 1984.
71 Pahlen, Kurt: *Große Meister der Musik.* Orell Füssli, Zürich 1968.
72 Paumgartner, B.: *Mozart.* Atlantis Musikbuch-Verlag, Zürich 1986, 9. Aufl.
73 Platon: *Der Staat.* Übersetzt von A. Herneffer. Kröner, Stuttgart 1955.
74 Rexroth, D.: *Beethoven.* Goldmann/Schott, Mainz 1982.
75 Rolland, Romain: *Musikalische Reise ins Land der Vergangenheit.* Abendland-verlag, Innsbruck o. J.
76 Rosen, Ch.: *Der klassische Stil – Haydn, Mozart, Beethoven.* dtv/Bärenreiter, Kassel 1983.
77 Rummenhöller, P.: *Die musikalische Vorklassik.* dtv/Bärenreiter, Kassel 1983.
78 Rummenhöller, P.: *Wiener Schule.* Das große Lexikon der Musik. Herder, Freiburg 1978.
79 Schaub, S.: *Methodenbeiträge zur Erforschung des Musik-Lernens.* Schott, Mainz 1984.
80 Schaub, S.: *Wer ist Kozeluch? Zu Mozarts Abstieg in die Isolation.* Deutsches Ärzteblatt 31/32, 1986.
81 Scherliess, Volker: *Igor Strawinsky, Le Sacre du Printemps.* Wilhelm Fink, München 1982.
82 Schleuning, Peter: *Geschichte der Musik in Deutschland.* Das 18. Jahrhundert. Der Bürger erhebt sich. Rowohlt, Hamburg 1984.
83 Schönberg, A.: *Stil und Gedanke.* Aufsätze zur Musik. Hg. v. I. Votjech. Fischer, Frankfurt 1976.
84 Schulze, Hans Joachim: *J. S. Bach, Leben und Werk in Dokumenten.* dtv/Bärenreiter, Kassel 1975.
85 Schumann, Otto: *Handbuch der Klaviermusik.* Heyne, München 1982.
86 Schurig, A.: *W. A. Mozart. Sein Leben, seine Persönlichkeit, seine Zeit.* Breitkopf & Härtel, Leipzig 1923, 2. Aufl.
87 Schurig, A.: *Konstanze Mozart.* Dresden 1922.
88 Struss, D.: *Deutsche Romantik.* Bertelsmann, München 1986.
89 Umbach, K.: *Jezo vergeht mir die Geduld.* Spiegel 12, 1985.

90 Wackenroder, W. H., und Tieck, L.: *Herzensergießungen eines kunstliebenden Klosterbruders* (Berlin 1797). Reclam, Stuttgart 1985.
91 Wackenroder, W. H., und Tieck, L.: *Phantasien über die Kunst* (Hamburg 1799). Reclam, Stuttgart 1983.
92 Wörner, K. H.: *Geschichte der Musik.* Vandenhoeck & Ruprecht, Göttingen 1972.

Abbildungsnachweis

dtv-Atlas zur Musik, Kassel/München 1977: S. 28
Bärenreiter-Bildarchiv, Kassel: S. 37
Germanisches Nationalmuseum, Nürnberg: S. 55
Zentralbibliothek Zürich: S. 57, 61, 81, 123, 201, 236, 259, 263, 265
Österreichische Nationalbibliothek, Wien: S. 85
Rijksmuseum, Amsterdam: S. 128
Britannia Illustrata, London 1707: S. 132
Hirschfeld, Theorie der Gartenkunst, Leipzig 1779–1785: S. 133
Kunstsammlung Veste Coburg: S. 137
Pahlen, Das Mozart-Buch, Zürich 1985: S. 173
Neues Handbuch der Musik, Laaber 1985: S. 209
Rexroth, Beethoven, München/Mainz 1982: S. 214
Staatsbibliothek Preußischer Kulturbesitz, Berlin: S. 217, 278
Pahlen, Oper der Welt, Zürich 1987: S. 245, 257
Internationales Musikinstitut, Darmstadt: S. 281
Harrer, Grundlagen der Musiktherapie und Musikpsychologie, Stuttgart/New York 1982: S. 292/293